Beck'sche Schwarze Reihe
Band 175

ERNST KORNEMANN

Geschichte der Spätantike

Herausgegeben
von Hermann Bengtson

VERLAG C.H.BECK MÜNCHEN

Mit vier Karten

Teilabdruck 1978 aus:
Ernst Kornemann, Weltgeschichte des Mittelmeerraumes.
Ungekürzte Sonderausgabe 1967

CIP-Kurztitelaufnahme der Deutschen Bibliothek

Kornemann, Ernst
Geschichte der Spätantike/hrsg. von Hermann
Bengtson. – 1. Aufl. – München: Beck, 1978.
(Beck'sche Schwarze Reihe; Bd. 175)
ISBN 3 406 06775 1

ISBN 3 406 06775 1

Einbandentwurf von Rudolf Huber-Wilkoff, München
Umschlagbild: Constantin mit dem Christogramm auf dem Helm,
mit freundlicher Genehmigung der
Staatlichen Münzsammlung München.

Gesamtherstellung: C.H. Beck'sche Buchdruckerei, Nördlingen
Printed in Germany

Vorwort des Herausgebers

Eine moderne Geschichte der Spätantike ist seit vielen Jahren ein Desiderat der Wissenschaft. Ernst Kornemann hatte im Rahmen seiner „Weltgeschichte des Mittelmeerraumes" einen umfangreichen Abriß der Geschichte des spätrömischen Reiches gegeben, der hier nun wieder abgedruckt wird. Er beginnt mit dem Jahre 305 n. Chr., dem Jahr der Abdankung des Kaisers Diokletian. Was die Frage nach der zeitlichen Abgrenzung der Spätantike betrifft, so hatte sich Kornemann dafür entschieden, die Zeit des Kaisers Diokletian (reg. von 284 bis 305) als einen Übergang anzusehen. Seine Regierung, die sich durch zahlreiche Neuschöpfungen auszeichnet, gehöre nicht mehr in die Geschichte des Prinzipats, sie sei aber auch noch kein Teil der Spätantike. Diese beginnt nach Ansicht Kornemanns vielmehr erst mit Constantin I., dem Kaiser, der das Christentum zur gleichberechtigten Religion im Reich gemacht hat. Dies allein würde genügen, in seiner Regierung einen neuen Anfang zu sehen, dazu kommen aber noch zahlreiche Neuerungen in der Verwaltung und im Heerwesen, die weit über Diokletian hinausführen.

Der vorliegende Abriß bringt die Grundgedanken Kornemanns deutlich zum Ausdruck: den weitreichenden Einfluß des persisch-iranischen Gedankenguts und die Entstehung des mittelalterlichen Europa aus dem staatlichen und kulturellen Erbe der Spätantike. Neurom und Neupersien, das sind die großen Mächte dieser Epoche, dazu kommt der Aufstieg der Araber unter den Nachfolgern des Propheten Muhammed. Nach dem Willen Kornemanns bildet das Kaisertum Friedrichs II. von Hohenstaufen den Endpunkt (1215–1250). Diesen Herrscher hat Kornemann als einen Weltenkaiser und Pantokrator stark antiker Prägung gesehen.

Um zu zeigen, auf welchen Grundlagen Kornemann seine Darstellung aufgebaut hat, sind die Anmerkungen im Anhang beigegeben worden. Unter ihnen befinden sich auch einige, die auf den Herausgeber zurückgehen; sie sind in eckigen Klammern gesetzt worden. Seit dem Tode Ernst Kornemanns im Jahre 1946 ist die Forschung nicht still gestanden. Wer sich darüber orientieren will, sei auf das am Anfang des Bandes abgedruckte Literaturverzeichnis hingewiesen.

München, im Herbst 1977 Hermann Bengtson

Inhalt

Verzeichnis der Karten

Ausgewähltes Literaturverzeichnis

Im folgenden werden einige Werke genannt, die für die Spätantike von Bedeutung sind. Es versteht sich, daß hier nur eine Auswahl gegeben werden kann.

1. Größere Darstellungen und Handbücher

O. Seeck, Geschichte des Untergangs der antiken Welt, 3. bzw. 2. Aufl., Berlin 1920–1921.
E. Stein, Histoire du Bas-Empire, éd. J.-R. Palanque, I–II, Paris 1949 und 1959.
The Cambridge Ancient History, Band XII, Cambridge 1939 (Neudruck 1956).
The Cambridge Medieval History, Band I, Cambridge 1911.
A. Piganiol, L'Empire chrétien (385–395), Paris 1947.
F. Lot, Ch. Pfister, F. L. Ganshof, Les destinées de l'Empire en Occident 395–768, Paris 1928.
J. B. Bury, History of the Later Roman Empire from the Death of Theodosius I. to the Death of Justinian, 2 Bände London 1923 (Neudruck New York, o. J.).
G. Ostrogorsky, Geschichte des Byzantinischen Staates, 3. Aufl., München 1963 (im Handb. d. Altertumswiss.).
J. Vogt, Der Niedergang Roms, Metamorphose der antiken Kultur, Zürich 1965 (in Kindlers Kulturgeschichte).
H. Pirenne, Mahomet et Charlemagne, Brüssel 1937, deutsch: Geburt des Abendlandes, übs. v. P. Hübinger, Amsterdam o. J. (1939).
A. H. M. Jones, The Later Roman Empire 284–602, 3 Bände, Oxford 1964.

2. Von Constantin bis zum Ende des Weströmischen Reiches

O. Seeck, Regesten der Kaiser und Päpste 311–476 n. Chr., Stuttgart 1919.
A. Piganiol, L'Empereur Constantin, Paris 1932.
Ed. Schwartz, Kaiser Konstantin und die christliche Kirche, 2. Aufl. 1936.
J. Vogt, Constantin und sein Jahrhundert, 2. Aufl. München 1960.

A. Alföldi, The Conversion of Constantine and Pagan Rome, Oxford 1948.
J. Bidez, La vie de l'empereur Julien, 1930, deutsch: Julian der Abtrünnige, München 1940.
J. Straub, Vom Herrscherideal der Spätantike, Forschungen zur Kirchen- und Geistesgeschichte 18, 1939 (unv. Neudr. 1964).
J. Straub, Regeneratio Imperii. Aufsätze über Roms Kaisertum und Reich im Spiegel der heidnischen und christlichen Publizistik, Darmstadt 1972.
K. F. Stroheker, Germanentum und Spätantike, Zürich und Stuttgart 1965 (Gesammelte Aufsätze).
S. Mazzarino, Aspetti sociali del quarto secolo, Rom 1961.
A. Lippold, Theodosius d. Gr. und seine Zeit, Stuttgart 1968.
A. Alföldi, A Conflict of Ideas in the Late Roman Empire, Oxford 1952.
E. Demougeot, De l'unité à la division de l'Empire romain (395–410), Paris 1951.
P. Courcelle, Histoire littéraire des grandes invasions germaniques. 3. Aufl., Paris 1963.
E. A. Thompson, A History of Attila and the Huns, Oxford 1948.
J. Werner, Beiträge zur Archäologie des Attila-Reiches, Abh. d. Bayer. Akad., N.F. 38, 2 Bände, 1956.
W. Enßlin, Theoderich d. Gr., 2. Aufl. München 1959.
F. W. Walbank, The Decline of the Roman Empire of the West, London 1946.
Der Untergang des römischen Reiches. Herausgeg. von Karl Christ (Wege der Forschung, Bd. 269), Darmstadt 1970 (Gesammelte Aufsätze von E. Gibbon, O. Seeck, J. Beloch u. a.).
S. Mazzarino, Das Ende der antiken Welt, München 1961 (Sammlung Piper).
F. G. Maier, Die Verwandlung der Mittelmeerwelt (Fischer Weltgeschichte, Bd. 9), Frankfurt a. M. 1968.

3. Das Zeitalter Justinians

N. H. Baynes u. H. S. L. B. Moss, Byzantium. An Introduction to East Roman Civilization, London 1948.
W. Schubart, Justinian und Theodora, München 1943.
B. Rubin, Das Zeitalter Justinians, Bd. I, Berlin 1960.
B. Rubin, Prokopios von Kaisarea, Stuttgart 1956.
H.-G. Beck, Kirche und theologische Literatur im byzantinischen Reich, München 1959 (im Handb. d. Altertumswiss.).

4. *Die abendländische Kirche und der römische Staat*

E. Caspar, Geschichte des Papsttums, Bd. I, Tübingen 1930.

H. von Campenhausen, Ambrosius von Mailand als Kirchenpolitiker, Berlin und Leipzig 1929.

W. Enßlin, Die Religionspolitik des Kaisers Theodosius d. Gr., Sitz.-Ber. d. Bayer. Akad. 1953, Heft 2.

J. Gaudemet, L'Église dans l'Empire romain (IVe–Ve siècles), Paris 1958.

A. Momigliano (Herausg.), The Conflict between Paganism and Christianity in the Fourth Century, Oxford 1963.

H. I. Marrou, St. Augustin et la fin de la culture antique, 4. Aufl., Paris 1958.

F. G. Maier, Augustin und das antike Rom, Stuttgart 1955.

5. *Die Germanen*

L. Schmidt, Geschichte der deutschen Stämme bis zum Ausgang der Völkerwanderung. I. Die Ostgermanen, 2. Aufl., München 1934; II. Die Westgermanen, 2. Aufl. 1938; I u. II im Neudruck 1941; Geschichte der Wandalen, 2. Aufl. 1942.

E. Schwarz, Germanische Stammeskunde, Heidelberg 1956.

W. Capelle, Die Germanen der Völkerwanderung, auf Grund der zeitgenössischen Quellen dargestellt, Stuttgart 1939.

Th. Mommsen, Ostgothische Studien, in Ges. Schriften VI S. 362ff.

Th. Mommsen, Stilicho und Alarich, in: Ges. Schriften IV S. 516ff.

C. Courtois, Les Vandales et l'Afrique, Paris 1955.

H. Aubin, Die Umwandlung des Abendlandes durch die Germanen, in: Neue Propyläenweltgeschichte, hg. von W. Andreas, II (1940) S. 45–172.

R. Buchner, Die römischen und die germanischen Wesenszüge der neuen politischen Ordnung des Abendlandes, Spoleto 1958.

6. *Der Islam*

C. Brockelmann, Geschichte der islamischen Völker und Staaten, 2. Aufl., München 1943.

C. Cahen, Der Islam I. Vom Ursprung bis zu den Anfängen des Osmanenreiches (Fischer Weltgeschichte, Bd. 14), Frankfurt a. M. 1968.

7. *Die Kunst der Spätantike*

H. Kähler, Rom und seine Welt, 2 Bände, München 1958 und 1960.

W. Deichmann, Ravenna, Hauptstadt des spätantiken Abendlandes, 3 Bände, Wiesbaden 1969–1976.

R. Delbrück, Spätantike Kaiserporträts von Constantinus Magnus bis zum Ende des Westreiches, Berlin 1933.

R. Delbrück (Herausg.), Studien zur spätantiken Kunstgeschichte, Berlin 1925ff.

H. P. L'Orange u. P. J. Nordhagen, Mosaik. Von der Spätantike zum Mittelalter, München 1960.

B. Schweitzer, Die spätantiken Grundlagen der mittelalterlichen Kunst. Zur Kunst der Antike, II, Tübingen 1963.

J. Wilpert, Die römischen Mosaiken und Malereien vom IV. bis XIII. Jahrhundert, I–IV, 3. Aufl., Freiburg 1924.

R. Heidenreich u. H. Johannes, Das Grabmal des Theoderich zu Ravenna, Wiesbaden 1971.

8. *Historische Karten*

Großer Historischer Weltatlas, herausgegeben vom Bayerischen Schulbuchverlag, I. Teil: Vorgeschichte und Altertum, bearbeitet von H. Bengtson, Vl. Milojčić u. a., 5. Aufl., München 1972; dazu die „Erläuterungen", 4. Aufl. 1976.

Großer Historischer Weltatlas, herausgegeben vom Bayerischen Schulbuchverlag, II. Teil: Mittelalter, redigiert von J. Engel, München 1970.

Atlas zur Kirchengeschichte. Die christlichen Kirchen in Geschichte und Gegenwart, bearb. von J. Martin, Freiburg i. Br. 1970.

Einführung

Zwischen der Welt des Altertums und der des Mittelalters liegt ein mehrhundertjähriger Zeitabschnitt, den man lange Zeit nur als ein Ende und nicht auch als einen Anfang gewertet hat. Und doch ist es die Epoche mit einem Januskopf, in der Altes und Neues nebeneinander herlaufen und vielfach im Kampfe miteinander liegen.[1] Das Alte ist das übervölkisch gewordene Römerreich, dessen Mission zu Ende zu gehen begann. Das Neue repräsentieren die bisher dem Reiche unterworfenen oder unter seinen Einfluß gebrachten Völker, die an den Rändern allmählich abbröckeln[2] oder die im Innern des Reiches in Form nationaler Gebilde oder geistig-religiöser Potenzen mit eigenvolklichen Tendenzen, verstärkt zuweilen durch Zuwanderer von außen, durch die römische Decke hindurchzustoßen sich anschicken. Bislang sah der Erforscher von Staat und Wirtschaft Neuroms hier mehr den Niedergang, der Religions-, Literatur- und Kunsthistoriker mehr den Aufstieg der „frühbyzantinischen" Zeit. Wie so oft in der Weltgeschichte, decken sich auch diesmal die politischen und die kulturellen Entwicklungslinien nicht ganz. Die Zeit muß mehr als bisher von sich aus betrachtet werden.[3]

Diese eigentümliche Zwischenwelt der Spätantike nimmt ihren Anfang mit dem Wirken Constantins I., der das „metaphysische Weltzeitalter" heraufgeführt hat.[4] Das Ende beginnt bald nach Justinian; der wirkliche Ausklang setzt aber im Osten erst mit Herakleios ein: in Zahlen ausgedrückt ist es die Zeit von 305 bis 640 n. Chr. Von der Geschichte des römischen Staates aus gesehen, nennen wir sie die Epoche der autokraten Staatsform des „Dominates". Der Dominat hat den „Prinzipat" (27 v. Chr. bis 305 n. Chr.) abgelöst und dauerte ebensolange wie dieser, nämlich 330 Jahre.[5] Er war der Vorläufer des durch die Logothesien- und Themenverfassung des Herakleios errichteten byzantinischen Staates. Sie hat eine straffere Zusammenfassung der staatlichen und militärischen Kräfte gebracht, die die Verteidigung von Byzanz möglich gemacht und es in das christliche Mittelalter hinübergerettet hat.

Die Epoche wird noch ganz beherrscht von dem Gedanken der Reichseinheit trotz aller Reichsgliederungen, wie sie Diokletian zunächst für die Verwaltung und die Verteidigung geschaffen hatte und trotz des allmählich immer stärker werdenden Auflösungsprozesses an den Reichsrändern. Dazu kommt noch erstens das starre Festhalten an dem Lateinischen als der eigentlichen Reichssprache (auch im griechischen Sprachgebiet), zweitens das Ausklingen des Hellenismus und drittens der Sieg des Christentums auf der ganzen Linie durch die Selbstbekehrung Constantins nach dem Siege über Maxentius. In jeder Hinsicht bedeutete kurz vor dem Zusammenbruch Justinians Großstaat-Politik ein letztes großes Bekenntnis zu dem Imperium Romanum. Er hat die Universität Athen, die Hochburg des Hellenentums und des Neuplatonismus, im Jahre 529 geschlossen – dies bedeutete die Absage an Platon, den größten Mann, den die Geisteskultur des Altertums hervorgebracht hat, und damit das Altertum selbst –, er hat zum letztenmal die Wiederherstellung des Gesamtreiches und der christlichen Glaubenseinheit versucht und hat das gewaltige lateinische Gesetzgebungswerk der Digesten (Pandectae) durch seinen ausgezeichneten juristischen Berater Tribonian zustande gebracht.[6] Er und seine nächsten Nachfolger gehören daher noch in die Geschichte des Altertums.

Aber trotz allem römischen Schein thront über dieser letzten Epoche antiken Lebens nicht nur Iulius Cäsar, sondern auch Alexander d. Gr. Der Universalismus von Staat und Kirche, der schließlich über alle Welt gesiegt hat, geht in letzter Linie auf den großen kosmopolitisch denkenden Makedonen zurück. Auch Constantin I. fühlt sich als Weltherrscher und war nach der christlichen Anschauung dazu von Gott berufen.[7]

Im Orient, wo einst die Geschichte der antiken Völker begonnen hatte, endete diese Epoche im Nebeneinander von Neurom und Neupersien. Aus der gegenseitigen Befruchtung von Romanentum und Germanentum im Westen, von Hellenismus und Iranismus im Osten ist die neue Welt entstanden. Im Osten ist daraus die arabische Kultur hervorgegangen, die sich räumlich und zeitlich weithin ausgewirkt hat, zeitlich bis tief hinein in die mittelalterlich-germanische Welt. Einer der Wege zum Verständnis des Mittelalters und des ,,Römischen Reiches Deutscher Nation" führt über Byzanz, Neupersien und den arabischen Orient.[8]

1

Auflösung der diokletianischen Staatsform. Aufstieg Constantins I. Der Sonnengottkult als „Brücke zum Christentum"

(305–324 n. Chr.)

Die diokletianische Verfassung schien anfangs auch ohne Diokletian zu funktionieren. Die beiden neuen Augusti widmeten sich zunächst dem Grenzschutz ihrer Reichsteile, Constantius in Britannien, Galerius gegen die Sarmaten. Da starb Constantius plötzlich in seinem Hauptquartier Eburacum (York), der Todesstadt des Septimius Severus. Seine Soldaten riefen am 25. Juli 306 seinen ältesten Sohn aus illegitimer Ehe mit einer Gastwirtstochter aus Nisch, Constantin (geb. um 285),[1] zum Augustus aus, ein Ereignis von grundsätzlicher Bedeutung. Damit setzte sich die barbarische Armee, wie nicht anders zu erwarten war, über die künstliche Ordnung Diokletians kurzerhand hinweg und nahm das Heft wieder in die Hand. Galerius, der übriggebliebene Augustus, begegnete dem Schlag dadurch, daß er Constantin bewog, sich mit der Cäsarwürde und mit Britannien und Gallien als Wirkungskreis zu begnügen. Der „Ordnung" gemäß wurde Flavius Severus zum zweiten Augustus erhoben und erhielt außer seinem Bezirk, dem Westen, noch die spanische Diözese.

Rein psychologisch betrachtet, war es für jeden Tieferblickenden eine bare Unmöglichkeit, daß jeweils vier Herrscher ohne die bestimmende Macht eines Oberkaisers vom Schlage Diokletians so genau aufeinander abgestimmt werden konnten, daß sie dauernd an dem gleichen Strange zogen. Dazu kamen sofort sachliche Schwierigkeiten. Als das neue Kollegium im Jahre 306 die diokletianische Grundsteuer *(capitatio)* auch auf die Städte ausdehnte und Severus sogar einen Gedanken des Galerius in die Tat umzusetzen versuchte, nämlich die Steuerfreiheit Roms aufzuheben und zudem die Prätorianergarde ganz zu beseitigen, brach ein stadtrömischer Aufstand aus. Dabei wurde Maximians Sohn Maxentius am 28. Oktober 306 zum Augustus ausgerufen. Ihm fielen außer Rom Mittel- und Süditalien zu. Hier reagierte also nicht nur das Legitimitätsprinzip, sondern auch die entthronte „ewige Stadt" gegen das künstliche Erzeugnis des Dalmatiners.

Die Folge war ein Krieg aller gegen alle an Stelle eines auf die Dauer neu geordneten Staatswesens, wovon Diokletian geträumt hatte. Maxentius suchte zunächst einen Einbruch in die Reichsordnung zu vermeiden und begnügte sich mit dem farblosen Titel eines „Prinzeps von Rom", blieb also in der wiedererstandenen Prinzeps-Ideologie. Da brach der Vater, der Altkaiser Maximian, seinen dem Jupiter geleisteten Eid und erschien wieder in dem politischen Leben. Erst seine Annahme des Kaiserpurpurs und sein Eintreten für den Sohn führten den Bruch mit der Vergangenheit herbei, während der „Jovier" (Diokletian) ein gleiches zu tun ablehnte. Das diokletianische System begann schon nach noch nicht zwei Jahren des Bestehens erledigt zu werden.

Die Reichsexekution gegen Maxentius, mit der der Westaugustus Severus beauftragt war, scheiterte völlig, da vor dem entscheidenden Schlage des Severus Truppen zu dem Gegner überliefen. Nachdem ihm durch Maximian die Erhaltung seines Lebens eidlich zugesichert worden war, dankte er Anfang des Jahres 307 ab. Daraufhin ließ sich Maxentius von seinen Soldaten zum Augustus des Westens erheben und besetzte das für die Verpflegung Roms wichtige Nordafrika. Maximian aber reiste nach Gallien. Hier gelang es ihm, auch Constantin durch Verheiratung mit seiner Tochter Fausta und durch die Verleihung des Augustustitels für die neue, in der Bildung begriffene „herculische Dynastie" wenigstens äußerlich zu gewinnen. Innerlich hielt sich Constantin dagegen noch fern von den jetzt einsetzenden Reichswirren, widmete sich vielmehr als Sohn seines pflichttreuen Vaters den äußeren Angelegenheiten. Er schlug einen überraschenden Einfall der Franken am Niederrhein zurück, wurde aber trotzdem in einen schweren Germanenkrieg im Jahre 308 verwickelt. Er konnte nur mit äußerster Härte glücklich zu Ende geführt werden, ermöglichte aber eine ausgezeichnete

Schulung seiner Truppen. Seine Zeit, in die inneren Angelegenheiten einzugreifen, war noch nicht gekommen.

Unterdessen war Galerius selbst gegen Rom vorgerückt. Aber auch ihm gelang es nicht, den Maxentius zu stürzen. Vielmehr mußte auch er, da seine Truppen im Kampfe gegen Rom gleichfalls unsicher wurden, den Rückzug antreten. Bei der Verfolgung des Gegners ließ Maxentius den Severus trotz des von seinem Vater gegebenen eidlichen Versprechens töten (Herbst 307). Noch immer verhielt sich Constantin, durch den Germanenkrieg voll beschäftigt, abwartend. Immerhin wurde seine Haltung gegen Maxentius damals schon feindlicher, weil nach dessen Sieg über Galerius auch noch Spanien zu ihm übergegangen war. Maxentius' Lage wurde jedoch dadurch erschwert, daß Maximian Differenzen mit seinem Sohne wegen der Tötung des Severus bekam und ihn zum Rücktritt von der Augustus-Stellung zu veranlassen suchte. Als aber die stadtrömische Soldateska offen Partei für den Sohn ergriff, ging der Alte abermals nach Gallien zu Constantin, konnte aber den verfassungstreuen Schwiegersohn immer noch nicht aus seiner Reserve herauslocken.

Da trat ein, was manche schon lange erwartet hatten: in der großen Not wandte man sich an Diokletian, um ihn zur Wiederaufnahme der Regierung zu bewegen. Galerius und Maximian trafen sich – ohne Constantin – mit ihm im Herbst 308 in Carnuntum (Petronell östlich von Wien). Der „Jovier" blieb trotz der Hinweise auf die dringende Staatsnotwendigkeit unbelehrbar und lehnte eine erneute Übernahme der Macht ab. Angeblich soll er gesagt haben: „Ich wollte, Ihr könntet mit mir meinen Kohl in Spalato bauen; dann wäre Euch besser!" Erreicht wurde auf der Konferenz nur der Rücktritt Maximians. Damit wurde die Bahn für Galerius frei. Als Oberkaiser machte er daraufhin seinen alten Kriegskameraden Licinius Licinianus an Stelle des Severus zum Augustus des Westens, während Maxentius in Reichsacht verfiel. Der Fehler gegen die „Ordnung" lag diesmal darin, daß Licinius sofort Augustus wurde, ohne Cäsar gewesen zu sein. Dagegen empörten sich die beiden Cäsaren Maximinus Daia und Constantin. Sie wurden zunächst durch die Verleihung des Titels „Söhne der Augusti" *(filii Augusto-*

rum) beschwichtigt und dann im Jahre 310 ebenfalls zu Augusti erhoben.

So hatte das Reich jetzt vier legitime Augusti und daneben noch einen nicht anerkannten fünften, den Maxentius. Da fiel nach dem Kongreß von Carnuntum Afrika von Maxentius ab und drängte einem Manne namens Domitius Alexander den Purpur auf (309 n. Chr.). Um die Verwirrung voll zu machen, hatte sich endlich Maximian in Gallien, während Constantin bei Köln in einen erneuten schweren Kampf gegen die Franken verwickelt war, noch einmal selbst zum Augustus gemacht. Aber er wurde von seinem Schwiegersohn verleugnet und fand ein trauriges Ende durch Selbstmord (310). Nach dem Sturze des Maxentius verfiel er sogar der *damnatio memoriae* durch den Senat.[2]

Constantin sagte sich daraufhin im Jahre 310 offen von der Herculier-Dynastie los, proklamierte die Abstammung seines Hauses von Claudius II. Gothicus und nahm statt Hercules den unbesiegbaren Sonnengott *(Sol invictus)* Aurelians, der als Apollo eifrig in Gallien verehrt wurde, als Schutzgott seiner neuen Dynastie, der sog. ,,zweiten flavischen", an.

Nachdem Galerius im Jahre 311 einem Krebsleiden erlegen war, blieben nur noch drei legitime Augusti übrig, daneben immer noch Maxentius, gegen den nun der Kampf vorbereitet wurde. Die diokletianische Tetrarchie war somit noch zu Lebzeiten ihres Begründers so gut wie tot. Auch die Reichseinheit war über den Kämpfen der letzten Jahre tatsächlich verlorengegangen. Sogar der Handelsverkehr zwischen den einzelnen Teilgebieten des Reiches stockte. Eine engere Gemeinschaft zwischen Constantin und Licinius, die durch die Verlobung des Licinius mit Constantins Schwester Constantia besiegelt wurde, veranlaßten Maxentius und Maximinus, der zu Licinius wegen der Abgrenzung ihrer Länder in einem gespannten Verhältnis stand, sich einander zu nähern.

Das interessanteste Gebilde dieser stürmischen Übergangszeit in ein neues Weltenzeitalter war aber das Reich des Maxentius. Mit der Existenz dieses Reiches hat sich Rom noch einmal gegen seine Entthronung aufgelehnt. Seit der Ausschaltung des Senates vor hundert Jahren durch Septimius Severus war die Beseitigung der

Herrenstellung Roms durch Diokletian die schwerste Bresche, die je in die Grundmauern des augusteischen Baues gelegt wurde. Man stand vor einer neuen Säkularfeier, die im Jahre 313 fällig war. An diesem stadtrömischen Feste hing nach altem Glauben das Schicksal der Welt. Für diese Feier benötigte man einen echt römischen Kaiser. Diesen glaubte man in Maxentius gefunden zu haben.

Obwohl als Sohn einer syrischen Mutter kaum für diese große Rolle wirklich geeignet, wurde Maxentius anfangs von der Gunst der Massen und der römischen Garnison getragen. Ihnen zuliebe hat er den Christenverfolgungen Diokletians wie schon sein Vater in seinem Reichsgebiet nicht voll stattgegeben, sondern ein hohes Maß von Duldung gezeigt, ja schließlich in manchem besonderes Entgegenkommen bewiesen.[3] Das Zerrbild des Christenverfolgers Maxentius in der kirchlichen Überlieferung ist unhistorisch, ebenso aber auch die Auffassung, als habe er ,,die christliche Kirche in den sozialen Aufbau des Staates einbeziehen wollen", sei also gewissermaßen ein Vorläufer des Constantin I. gewesen.[4] Davon kann keine Rede sein.

Mit einem gewissen romantischen Idealismus hat aber Maxentius den Kult der ewigen Stadt gepflegt, sie noch einmal als die Königin der Welt geschmückt, u.a. mit der gewaltigen Basilika an dem Forum, dem größten gedeckten Bauwerk des Altertums,[5] Michelangelos Vorbild für St. Peter, und mit dem Zirkus draußen vor S. Sebastiano, so daß Rom unter ihm tatsächlich auch äußerlich noch eine späte Glanzzeit erlebt hat.

Dieser letzte in Rom residierende Prinzeps, der als leiblicher Sohn seines Vaters, so kurz seine Regierung auch war, noch einmal den Prinzipat erblich machen wollte, scheiterte wie alle seine Vorgänger, die Blutserben gewesen waren. Sein junger Sohn Romulus starb schon im Jahre 309. Maxentius errichtete ihm zwei Heroa, eines vor dem erwähnten Zirkus, ein zweites auf dem Forum (heute Vestibül von S. Cosmas und Damian), später geziert mit einer Weihinschrift für Constantin, der bekanntlich alle Bauten seines Gegners nach dem Siege übernommen hat.[6]

Seit diesem Jahre ging es mit dem Maxentiusreich bergab. Der vorübergehende Abfall Afrikas rief eine schwere Hungersnot in

Rom hervor. Es folgte im Jahre 311 der Verlust Spaniens. Gleichzeitig sind Maxentius' Versuche, in das legitime Herrschergremium aufgenommen zu werden, endgültig gescheitert. Er blieb außerhalb der Legitimen, und Rom wurde trotz aller seiner Bemühungen nicht wieder Weltmittelpunkt. Zudem verlor Maxentius, der sich längst mit der führenden Schicht der Stadt überworfen und sich durch zu hohen Steuerdruck bei den Senatoren unbeliebt gemacht hatte, auch allmählich die Sympathien der Massen.[7]

Unter dem Schlagwort der Befreiung Roms und des Senates von seinem „Tyrannen" marschierte daher Constantin im Frühjahr 312 in Italien ein, dessen Besitz für ihn bei seinem Streben nach einem umfassenderen Herrschaftsgebiet unerläßlich war.[8] Nach der Eroberung der Poebene, schließlich des festen Verona, rückte er blitzschnell vor Rom.

Maxentius plante zunächst eine reine Defensive. Er ließ zu diesem Zwecke sogar die Mulvische Brücke *(Pons Mulvius)*, über die die flaminische Straße von Norden her nach Rom führt, abbrechen und setzte die Festung Rom in jeder Beziehung für den Verteidigungskampf in Bereitschaft.[9] Sein Unglück wollte es, daß er im letzten Augenblick – wohl mit Rücksicht auf die Unruhe der Bevölkerung – den reinen Defensivplan aufgab und sich zu einer Feldschlacht entschloß. Das Heer wurde auf einer oberhalb des zerstörten Pons Mulvius hergestellten Schiffbrücke auf das nördliche Flußufer gebracht. Es kam auf der flaminischen Straße, nach der Überlieferung an den „Roten Felsen" *(Saxa Rubra)*, in Wirklichkeit vielleicht noch etwas näher dem Flusse,[10] zur Schlacht. Völlig geschlagen – vielleicht hat Verrat mitgespielt –, ist Maxentius auf der Flucht bei dem Passieren der Schiffsbrücke in den Tiber gestürzt und ertrunken (28. Oktober 312).

So waren die beiden Kaisersöhne zum Kampf um Rom gegeneinander angetreten, und Constantin war Sieger geblieben. Diokletian war noch am Leben und mußte sehen, wie sein tetrarchisches System in Trümmer geschlagen wurde. Noch hielt sich aber Constantin im Rahmen der „Ordnung". Nur ließ er sich nach seinem Einzug in Rom zur Tarnung seines Staatsstreiches vom Senat, dem er mit Achtung begegnete, zum rangältesten Augustus *(Maximus*

Augustus), d.h. also zum Leiter des Kaiserkollegiums, wählen und beseitigte auf diesem für die neue Zeit ungewöhnlichen Wege Maximins Vorrecht. Nebenbei bemerkt, war dies die letzte Amtshandlung, die ein römischer Kaiser von dem Senat in Anknüpfung an dessen altes Recht im Falle eines Interregnums ausüben ließ.

Die von dem Sieger überlaut gefeierte ,,Befreiung" der Reichshauptstadt war höchstens vergleichbar den ,,Befreiungen" von Hellas durch die Makedonen und durch die Römer. Hier wie dort bedeutete die Befreiung die endgültige Vernichtung der politischen Macht des Befreiten. Der Erbe der ,,Kaiserstadt" *(Urbs Sacra)* wurde, wie Cäsar dies schon erstrebt hatte, das ,,Kaiserreich" *(Imperium Sacrum),* das nun, des alten italischen Ausgangspunktes und Zentrums beraubt, schneller als vorher in seine natürlichen Teilgebiete, vor allem in die östliche und in die westliche Reichshälfte, auseinanderfiel. Das Römerreich ohne Rom als Spitze war ein Unding wie in der vorigen Epoche der Prinzipat ohne Prinzeps. Rom verflüchtigte sich zur Romidee und bildete nur noch als solche die alles weiterhin zusammenhaltende Klammer. Die wohlwollende Haltung des jungen Siegers gegenüber den alten Mächten Senat und Rom[11] sollte nur verdecken, daß die Welt des Augustus und des Prinzipates der Vergangenheit angehörte. Wie Diokletians so war auch Maxentius' Versuch, den alten Zustand wiederherzustellen – diesmal auf engerem Raume –, vergeblich gewesen. Der orientalisch eingestellte Dominat, die vollendete Autokratie, zog herauf.

Die Ausschaltung Roms aus der Reichsmitte und damit die endgültige Schöpfung des ,,Kaiserreiches" unter der Herrschaft eines allmächtigen Autokraten war aber nicht das einzige, worin die weltgeschichtliche Bedeutung des Jahres 312 deutlich wurde. Ein zweites, vielleicht ebenso wichtiges Moment, das ,,die Zeitwende von ungeheurem Ausmaß"[12] gerade in dieses Jahr verlegt, war die Hinwendung Constantins zum Christentum.[13] Nach der auf uns gekommenen christlichen Tradition glaubte Constantin dem Christengott, wie einst Aurelian dem Sonnengott, seinen Sieg zu verdanken. Er selbst hat durch Erzählung und Handlung (Traum vor der Entscheidung, Anbringung des Christus-Monogramms auf den

Schilden der Soldaten) deutlich zu erkennen gegeben, wohin er neigte. Die Tradition enthält sicher Wahres[14] und steht vielleicht unter dem Einfluß des seit Ende des Jahres 312 in der Umgebung Constantins weilenden Bischofs Ossius (Hosius) von Corduba, eines Orientalen, wohl Ägypters von Geburt, der anfangs der Ratgeber des Herrschers in allen die christliche Kirche betreffenden Fragen gewesen ist.

Die merkwürdige „ängstliche Gläubigkeit" des Zeitalters legte auf die himmlische Sicherung besonderen Wert. Wie sich Maxentius vor dem Verlassen der Festung Rom des Einverständnisses der alten Götter versichert hatte (Befragen der Opferschauer und der sibyllinischen Bücher), so suchte auch Constantin vor der Entscheidung einen „Schlachtenhelfer". Daß damals der Christengott vor die Seele des größten und mächtigsten Mannes der Zeit getreten ist und zu einem persönlichen Erlebnis wurde, ist die entscheidende und heute nicht mehr wegzuleugnende Tatsache.[15] Wie Constantin zu dieser religiösen Wandlung gekommen ist, läßt sich schwer sagen. Man glaubt, Anzeichen dafür zu haben, daß schon in dem väterlichen Hause das Christentum positiv bewertet und manches aus christlicher Sitte übernommen wurde (z. B. der Name Anastasia, den eine Halbschwester Constantins trug).[16] Auf Grund seiner Münzen steht fest, daß bei Constantin an Stelle des Hercules und Mars seit der Proklamation seiner Abstammung von Claudius Gothicus im Jahre 310 zunächst der unbesiegbare Sonnengott *(Sol invictus)* als Schutzpatron getreten ist. Dieser war seit Aurelian in Rom anerkannt und für Constantin der beste Ersatz für Diokletians Jupiter. Denn diese henotheistische, gleichzeitig pantheistisch eingestellte Sonnenreligion kam dem Streben der Zeit nach einem höchsten Gott *(summus deus)* im Vielgötterhimmel in manchem entgegen. „Vielleicht betrachtete sich der Kaiser als das irdische Abbild des Sonnengottes und schrieb sich in diesem Glauben das Recht auf umfassende Herrschaft zu."[17]

Daß Constantin aus seinem Erlebnis vor der Schlacht Konsequenzen gezogen hat, zeigt sich in einer Reihe von Tatsachen, die beweisen, daß er für seine Person seit dem Siege eine mehr christenfreundliche und gleichzeitig dem alten Glauben gegenüber kühlere

Haltung eingenommen hat, so z. B. die Ablehnung des Opferganges zum Capitol bei seinem feierlichen Einzug in Rom nach dem Siege oder das Erscheinen des Christus-Monogramms am Helme Constantins auf Silbermünzen der Prägestätte Trier[18] oder sein persönliches Zurücktreten auf einer Serie derselben Münzstätte aus dem Jahre 312/13, bei der die Münzen des Maximin diesen Kaiser auf der Rückseite als Sol invictus, die des Licinius diesen Augustus als Jupiter zeigen, während Constantin sich keinem Gotte gleichgestellt, ja nicht einmal einen Gott als Bringer des Sieges genannt hat.[19] Dazu kommen die Gunstbezeugungen, die der Kaiser unmittelbar nach seinem Siege den Christen in Rom und in dem übrigen Maxentius-Reich (vor allem in Afrika) zuteil werden ließ, in Rom die Schenkung des Laterans, d. h. des Palastes der Kaiserin Fausta, an den Papst als bischöfliche Residenz und der Bau der Lateransbasilika *(mater et caput omnium ecclesiarum),* in Afrika die Rückgabe der Güter an die Christengemeinden, die Befreiung der Kleriker von den Munizipallasten, wodurch die Gunstbeweise des Maxentius, die sich im Rahmen von Galerius' Toleranzedikt des Jahres 311 bewegt hatten, weit übertrumpft wurden, endlich die erste Andeutung von Maßnahmen gegen die damals in Afrika um sich greifende Sektenbewegung der ,,Donatisten".[20]

Umstritten ist nur die von Eusebius, des Kaisers ,,Hofhistoriographen", gebrachte Nachricht von der Errichtung einer Siegerstatue des Kaisers auf dem Forum mit der Siegesfahne der Schlacht in der Hand, auf der vielleicht zum erstenmal das Monogramm Christi (wie es später die neue Kaiserstandarte, das ,,Labarum", trug) als Symbol der wahren Virtus angebracht war.[21] Es ist jedoch schwer zu glauben, daß dieser Bericht den Tatsachen wirklich entspricht, denn ein so offenes Hervortreten des Herrschers mit seinem neuen Gott ist nirgendwo bemerkbar. Aber die neueste Forschung hat versucht, der positiven Einstellung zum Durchbruch zu verhelfen[22] und an Hand der Inschrift zu beweisen, daß Constantin die Wiederherstellung von Roms Freiheit und Größe als das Werk des neuen Gottes ansah, eine Wiederherstellung, wie sie ,,die früheren Kaiser von Jupiter oder Mars entgegengenommen hatten".

Abgesehen von diesem umstrittenen Siegesdenkmal ist für das

erste Jahrzehnt der Christenpolitik Constantins charakteristisch ein gewisser Schwebezustand zwischen altem und neuem Glauben und ein, ich möchte sagen, nur ganz langsames Vortasten des großen Staatsmannes in den Bereich der neuen Glaubenswelt. Der Boden in Rom war besonders heiß, da die senatorische Aristokratie in der größeren Mehrzahl streng altgläubig war. Constantin hat daher zunächst das Christentum nur neben den alten Kulten anerkannt und hat nur für sich und seine Umgebung die Hilfe des Christengottes in Anspruch genommen.[23] Für die altgläubig eingestellten Untertanen blieb der Sonnengott auch weiterhin der Schützer des Herrschers. Ein zu der Feier der Mailänder Begegnung mit Licinius zu Beginn des Jahres 313 und noch einmal im Jahre 315 herausgebrachtes Goldmedaillon zeigt Constantin noch „als göttlichen Zwilling des Sonnengottes". Entsprechend hat die Untersuchung des Constantinsbogens, der in den Jahren 312–315 von dem Senat erbaut wurde, ergeben,[24] daß der aus dieser Zeit stammende Bildschmuck (das meiste ist bekanntlich von älteren Denkmälern zusammengetragen worden) durchaus auf den Sol invictus als Constantins Schutzgott abgestellt ist, während die Inschrift nicht so weit geht wie der plastische Schmuck, sondern den Schwebezustand dadurch deutlich zum Ausdruck bringt, daß der Sieg von Constantin errungen sei „auf Eingebung der Gottheit *(instinctu divinitatis)*", eine Formulierung, die dem Sonnengottkult, dem neuplatonischen Glauben und dem christlichen Monotheismus in gleicher Weise gerecht wird. Daneben ist dies ein interessantes Beispiel für das Auseinandertreten von Bild und Schrift in dem gleichen Monument, das die Zwiespältigkeit der Zeit glänzend illustriert, zugleich aber auch für „die außerordentlich behutsame Art", mit der Constantin, der ruhig die Würde eines *Pontifex maximus* beibehielt, anfangs vorgegangen ist.

Sein Handeln war unstreitig zunächst durch die Interessen des Staates bestimmt. Es war das eigentlich Römische an dem gewaltigen Neuerer aus der balkanischen Welt. Seinem unbeirrbaren Streben nach der Errichtung der Universalmonarchie *(principatus totius imperii)* ordnete der in das römische Denken tief eingedrungene Staatsmann „mit regem Machtinstinkt" nicht nur alles politische, sondern auch alles religiöse Denken und Handeln unter. Die Übernahme von Maxentius' Titel „des ganzen Erdkreises Imperator" *(totius orbis imperator)* beweist das gleiche. Neben dem Christengott blieb daher noch eine Zeitlang der Sonnengott sein Helfer, so daß zunächst von einer Art „Doppelversicherung" im Himmel gesprochen werden kann.[25]

Nicht leicht ist die Frage zu beantworten, wie Constantins erster Eindruck von dem Christentum gewesen ist. Er hielt es vielleicht anfangs für eine weitere Form der großen, kosmisch unterbauten Universal-Sonnenreligion, die in die allgemeine Religionsmischung der Zeit mit eingeschmolzen werden könne.[26] Wie vielen Ostreligionen war dem Christentum der Glaube an einen höchsten Gott, Schöpfer der Welt, eigen. Dies allein war nach der allgemeinen Anschauung der Zeit „wahrer Glaube" *(vera religio)*. Christus war für diese Auffassung wie der Sonnengott und Mithras nur der Mittler zwischen Himmel und Erde, zugleich der Erlöser, der Erretter und Sieger. Sein „Symbol" kam der abergläubischen Einstellung der Menschen dieses Glaubenszeitalters entgegen und übte einen magischen Zauber auf die ungebildeten Soldaten jener Zeit aus.

Galerius hat kurz vor seinem Tode (Anfang Mai 311) in dem Glauben, daß ihn die Gottheit wegen der Leiden, die Diokletian und er selbst über die Menschheit gebracht hatten, mit der schweren Krankheit (Krebsleiden) strafe, die Christenverfolgung abgebrochen und im Namen des Kaiserkollegiums das für alle Zukunft entscheidende Toleranzedikt vom 30. April 311 erlassen.[27] Als trotzdem Maximins Politik im Osten in den alten Bahnen weiterlief, bestimmte ihn Constantin in einem Schreiben (wohl vom Ende 312) zu der Einstellung der Verfolgungen. Noch bedeutsamer wurde Constantins Vereinbarung in Mailand mit Licinius zu Beginn des Jahres 313 nach dessen Vermählung mit seiner Schwester. Obwohl man hier nicht so weit ging wie in der von Constantin in Afrika befolgten Christenpolitik, wurde immerhin die Formel für die Anerkennung des Christentums als einer im Reich erlaubten Religion gefunden. Diese Formel bestimmte, daß die nach dem Galerius-Edikt im Osten verfügte Einengung der christlichen Religionsfreiheit wegfallen und daß den Kirchen ihr Eigentum zurückerstattet werden solle. Das Mailänder Treffen brachte also den wichtigen Schritt ,,von einer nur widerwilligen und verklausulierten Duldung zu einer entschlossenen Bejahung der unbesieglichen Kräfte des Christentums".[28] Echt constantinisch war darin die individualistische Formulierung der Religionsfreiheit, insofern von der Religion gesprochen wird, ,,die jeder will" oder ,,die jeder als am besten für sich geeignet empfindet". ,,Das ist offenkundig die Ausdrucksweise eines Mannes, der eine höchstpersönliche Entscheidung getroffen hatte, daher jedem anderen dasselbe Recht zubilligte und mit dieser Parole sich in den Ländern des noch christenfeindlichen Maximin eine starke Wirkung verspricht."[29]

Der Gegensatz des Constantin und des Licinius zu Maximin in der Politik verschärfte sich auf religiösem Gebiete. Licinius übernahm den Kampf gegen Maximin, den gemeinsamen Feind, der Byzanz, Perinth und Herakleia erobert hatte und sich zu dem Vormarsch auf Adrianopel anschickte. Licinius siegte am 1. Mai 313 bei Tzirallum (nicht weit von Herakleia in Thrakien) nach einem vor der Schlacht von dem Sieger angeordneten Gebet für seine Soldaten, offenbar einem Gebet zu dem höchsten Gott Sol Invictus, das ihm aber nach der christlichen Tradition von einem Engel offenbart worden war.[30] Daß also damals auch Licinius christenfreundlich regierte, steht fest. Das Toleranzedikt für den gequälten Orient wurde von ihm am 13. Juni 313 unterzeichnet. Maximin war unterdessen auf kleinasiatischen Boden zurückgegangen und starb im August desselben Jahres in Tarsos. Nun setzte sich die Mailänder Toleranzverfügung im Gesamtreiche durch.

Der Bund der verschwägerten Augusti Constantin und Licinius hatte bisher auf der gemeinsamen Gegnerschaft zu Maxentius und Maximin beruht. Seit dem Tode des Maximin war der letzte Rest der diokletianischen Tetrarchie beseitigt und das Kaisertum war wieder ein Doppelprinzipat. Daß dieser Zustand noch zehn Jahre gedauert hat, ist das Verdienst Constantins, der auch hier, wie auf dem religiösen Gebiet, äußerst behutsam vorgegangen ist und bei seinem starken angeborenen Rechtsgefühl den Rechtsboden nie verlassen hat. Er beschränkte sich auf das Westkaisertum mit dem

Sitz offenbar in Arelate (Arles) und überließ dem Schwager das größere Ostreich.

Schließlich machte er noch einmal den Versuch einer Kür und ließ den mit seiner Halbschwester Anastasia vermählten Bassianus zum Cäsar wählen, dessen Bruder Senecio ein Parteigänger des Licinius war. Er teilte ihm Illyricum gewissermaßen als Pufferstaat zwischen beiden Reichen zu. Daß diese Neuregelung nicht von Dauer war, lag an Licinius. Bassianus' Bruder wurde von ihm angestiftet, Constantin zu töten. Aber dieser entdeckte die Verschwörung, ließ Senecio hinrichten und forderte die Auslieferung des Bassianus. Als sie verweigert wurde, kam es im Jahre 314 zu dem ersten Kriege zwischen den beiden Machthabern. Er begann mit dem blitzschnellen Einmarsch des Constantin in Pannonien, wo Licinius trotz seiner zahlenmäßigen Überlegenheit bei Cibalae an der Save (etwas östlich von Vinkovce) geschlagen wurde. In Thrakien (wohl zwischen Philippopolis und Adrianopel) kam es dann zu einer Schlacht, die unentschieden blieb, und danach im Dezember zu einem faulen Frieden.

Licinius mußte ganz Illyricum einschließlich Makedoniens und Griechenlands, jedoch ohne die thrakische Diözese nebst der vorgelagerten mösischen Donaulandschaft abtreten. Dafür verzichtete Constantin auf das ihm nach der diokletianischen Reichsordnung als ältestem Augustus allein zustehende Gesetzgebungsrecht. Damit war der erste Schritt von der Reichsgliederung zu der Reichsteilung getan. Der zweite war der, daß die Reichsgebiete von jetzt ab so scharf gegeneinander abgeschlossen wurden, daß der eine Augustus ohne die Erlaubnis des anderen dessen Hoheitsgebiet nicht mehr betreten durfte. „Das römische Reich hatte sich in zwei gesonderte Staaten aufgelöst, die sich gegenseitig mißtrauisch beobachteten."[31]

Im Reiche Constantins ging die christenfreundliche Politik weiter. Das Konzil von Arles (314) bestimmte, daß die christlichen Soldaten, die in Friedenszeiten die Waffen ablegten, aus der Gemeinschaft ausgeschlossen werden sollten. Dieser Beschluß war ein Entgegenkommen der Kirche gegenüber dem ihr nahestehenden Herrscher.[32] Im Jahre 315 feierte Constantin seine Dezennalien mit prächtigen Spielen in Rom, aber er gestattete nicht die Anwendung der alten religiösen Riten. Dadurch nahm die Spannung zwischen dem Kaiser und Rom zu. Da der Senat auf seiner ablehnenden Haltung beharrte, versuchte Constantin Ende des Jahres 316 die Privilegien des Senates – allerdings vergeblich – zu schmälern.[33] In dieser Zeit, wohl am 3. Dezember 316, ist Diokletian, der „gleich einem verwitterten Felsen aus Urgestein in eine neu aufsteigende Zeit" hineinragte,[34] seinem schweren Leiden im Palast von Spalato erlegen.[35] Seine Frau und Tochter sind bald dem furchtbaren Wüten des Licinius gegen die Familien des Galerius und Maximin in Saloniki mit zum Opfer gefallen.

Im Jahre 317 ging es mit der diokletianischen Reichsordnung weiter abwärts. Am 1. März erhoben nach Verabredung beide Augusti ihre Söhne, Constantin den damals etwa 12jährigen Crispus und dessen viel jüngeren Halbbruder Constantin, Faustas ältesten Sohn, Licinius seinen einzigen noch unmündigen Sohn gleichen Namens zu Cäsaren. Das Adoptionsprinzip war abgeschafft und die leibliche Erbfolge für die beiden Reiche proklamiert.

Wie die Thronfolge gemeinsam geregelt wurde, so wurden auch die damaligen Kämpfe gegen Sarmaten, Goten und Karpen gemeinsam geführt. Aber in der Religionspolitik schieden sich die Geister. Schon vor der Ernennung des Crispus zum Cäsar war ihm Lactantius, der als christlicher Schriftsteller Ansehen genoß, als Erzieher gegeben worden. Damit war die christliche Tendenz des Weltkaisertums auch für die nächste Generation festgelegt.[36] Ganz im Gegensatz hierzu ergriff Licinius, wohl anfangs der Kirche gegenüber noch freundlich eingestellt, allmählich wieder Maßnahmen, die auf eine fortgesetzt sich steigernde Verfolgung der Kirche und des Klerus hinzielten. Die Spannung wuchs zusehends. Constantin, der anfangs außer in Arles auch in Trier residiert hatte, war im Jahre 316 nach Sirmium, das Maximian bereits zu einer prächtigen Residenz ausgebaut hatte, und von Sirmium unmittelbar an die Grenze seines Reiches nach Serdica (Sofia) übergesiedelt, das er zur Hauptstadt zu machen suchte.[37] Je feindlicher Licinius dem neuen Glauben wurde, um so freundlicher gab sich ihm gegenüber Constantin. In dem Jahr 317 begann die antike Götterwelt auf den Münzen des Westreiches zurückzutreten; von 320/21 ab verschwand sie ganz und machte christlichen Emblemen und Beschriftungen Platz. Selbst Constantins Hauptgott Sol war nicht davon ausgenommen.

Seit dem Jahre 321, dem Jahre, in dem von dem Westkaiser den bischöflichen Kirchen durch ein ungemein folgenschweres Gesetz die Erbfähigkeit verliehen wurde, zeichnete sich das beginnende Zerwürfnis der beiden Machthaber deutlich ab. Ein Einbruch der Goten über die Donau zwang Constantin, da der Mitkaiser sich nicht regte, zum Schutze des Imperiums ungefragt durch des Licinius' Reich zu marschieren. Darüber kam es zum Ausbruch des zweiten Krieges zwischen ihnen. Licinius erlitt am 3. Juli 324 eine schwere Schlappe bei Adrianopel. Nach einem Flottensiege des Crispus im Hellespont[38] mußte er Byzanz räumen und nach Asien zurückgehen. Obwohl er hier in Eile sein Heer durch barbarische Kontingente verstärkte, wurde er bei Chrysopolis (Skutari) am 18. September 324[39] entscheidend geschlagen und mußte kapitulieren. Da der besiegte Gegner noch einmal die alten Götter, vor allem Sol, zu seinem Schutze angerufen, Constantin aber unter der neuen Kaiserstandarte, dem Labarum mit dem Christusmonogramm, gesiegt hatte, ist diesmal der Krieg zwischen dem alten und dem neuen Glauben offen zum Austrag gekommen. Constantin war Alleinherrscher, und gleichzeitig hatte die Kirche im Gesamtreiche die volle Gleichberechtigung mit den Kulten des alten Glaubens erlangt. Das christliche Weltreich unter einem autokraten Herrscher, dem ersten, der sich dem Christengott schon vor zwölf Jahren gläubig anvertraut hatte, war geboren. Der Senat war gerade noch gut genug, das Todesurteil über Licinius zu fällen, um nicht den Sieger mit diesem Odium zu belasten.

2

Constantins Alleinherrschaft. Der neue Gott und die neue Hauptstadt. Die neue Weltmonarchie

(324–337 n. Chr.)

Das neue Weltreich war nicht nur räumlich, sondern auch ideell dem Orient stärker verhaftet und öffnete ihm weit die Tore. Es war altorientalische Herrschersitte, gleichzeitig einen neuen Gott zu proklamieren und ihm eine neue Hauptstadt zu gründen. Von höchster weltgeschichtlicher Bedeutung war der Schritt Constantins auf religiösem Gebiet im Jahre 312. Der furchtbare Glaubenskrieg, der noch einmal durch Diokletians Wüten gegen die Christen grauenvolle Auswirkungen gezeitigt und viel Blut und Tränen gekostet hatte, war zu Ende, und die Glaubensfreiheit wurde verkündet. Die beiden größten Schöpfungen der Prinzipatsepoche, die politische des Augustus und die religiöse Jesu Christi, waren aus dem Gegensatz, in dem sie bis dahin zueinander gestanden hatten, herausgetreten, beide durchtränkt von dem niedergehenden Hellenismus und von dem aufsteigenden Orientalismus, von denen dieser in Aurelians staatlich sanktionierter Sonnengott-Religion, „der Brücke zum Christentum", seinen ersten und vornehmsten Ausdruck gefunden hatte.

Mit dem Sieg über Licinius hatte sich das Christentum endgültig seinen Eintritt in die Reihe der den Staat tragenden Religionen erkämpft. Noch aber ruhte das Reich gleichermaßen auf dem alten und dem neuen Glauben – das Heer sogar mehr auf jenem, denn der Soldatengott Mithras war hier nicht so leicht zu verdrängen –, so sehr auch von nun an Constantin von seinem persönlichen Glauben aus die Kirche immer mehr begünstigte und in ihre inneren Verhältnisse von Staats wegen eingriff. Denn in dem Augenblick des christlichen Sieges bahnte sich schon das später so unheilvoll gewordene Staatskirchentum an. Ohne Frage haben beide Mächte, der Staat und die Kirche, durch die sich jetzt plötzlich überschnell vollziehende Annäherung nicht nur eine Stärkung, sondern gleichzeitig auch eine Schwächung erfahren, eine Schwächung schon deshalb, weil die Zielsetzung beider ihrem innersten Wesen nach grundverschieden war und sein mußte. Es war kein Glück für die Kirche, daß ihr Sieg erst in die Zeit des völlig allmächtig gewordenen Zwangsstaates fiel, in dem alles, auch das geistige und religiöse Leben der Untertanen, echt römisch, lediglich unter dem Gesichtspunkt des Nutzens für den Staat geregelt wurde.[1]

Noch zur Zeit der Verfolgungen war die Gesamtorganisation der Kirche schwach gewesen, sie bestand in der Hauptsache nur in einem geistigen Band, das die mehr oder weniger selbständigen Gemeinden und Bistümer umschloß. Diesem Mangel hatte sie ihre Rettung und schließlich auch ihren Sieg zu verdanken.[2] Constantin hat die christlich-klerikale Organisation sofort gestützt, da er von ihrem Einbau in den Staat Großes erhoffte. Die bitterste Enttäuschung für ihn aber war sicherlich die Tatsache, daß er keine einheitliche, in sich geschlossene Kirche vorfand, sondern eine Kirche, die durch Kämpfe um die Reinheit des Glaubens (z. B. geführt von den Donatisten in Afrika) oder durch theologische Streitigkeiten um das Wesen des menschgewordenen Gottessohnes (die besonders seit dem Auftreten des alexandrinischen Presbyters Arius die Gläubigen des Ostens entzweiten) oder endlich durch ungelöste Probleme des Verfassungslebens innerlich zerrissen war.

Gleich in dem Epochenjahr 325 erlebte die Welt auf dem ersten christlichen Reichskonzil zu Nicäa ein Schauspiel, das kein Mensch zwanzig Jahre früher selbst bei kühnster Phantasie für möglich gehalten hätte: ein Kaiser, der selbst äußerlich noch nicht den Übertritt zu dem Christentum vollzogen hatte, der nach den Gesetzen des römischen Staates noch *Pontifex maximus* des alten Glaubens war, der von seinen altgläubigen Untertanen noch als Helios *(Sol)* verehrt und apotheosiert wurde, war der ,,Präsident" eines christlichen Kirchenparlamentes, in dem u. a. die heikelsten dogmatischen

Themata der christlichen Theologie diskutiert und zu ihrer Lösung seine Mitentscheidung zugelassen wurden.

Dies alles versteht man nur, wenn man das heiße Bemühen Constantins um die Herstellung einer einigen, das ganze Imperium umfassenden Reichskirche vom ersten Augenblick seiner Bekehrung an bedenkt. Das Vorspiel zu allem war des Herrschers Eingreifen in den afrikanischen Donatistenstreit, d. h. in den Streit jener Sekte der nordafrikanischen Kirche, die nach einer Doppelwahl für den Bischofssitz von Karthago die Mehrzahl der außerkarthagischen, besonders der numidischen Bischöfe unter Führung des Donatus umfaßte.[3] Sie führten im Sinne des dahingegangenen großen Vorkämpfers der afrikanischen Kirche, des karthagischen Bischofs Cyprian, einen erbitterten Kampf um die Reinerhaltung des Priesterstandes und der kirchlichen Gnadenmittel, vor allem der Taufe. Constantin hatte gleich nach den Vereinbarungen von Mailand, zuerst durch Bischof Ossius, dann durch Synoden, am 2. Oktober 313 in Rom und am 1. August 314 in Arles, den Streit unter Anerkennung des donatfeindlichen Bischofs Cäcilianus von Karthago beizulegen versucht. Als dies auf kirchlichem Wege nicht gelang, hat der Herrscher schon damals zu der Anwendung staatlicher Machtmittel gegriffen. Die Folgen waren katastrophal: Anarchie und blutiger Bauernkrieg, da sich die religiösen Schwarmgeister mit den wirtschaftlich bedrückten Menschen Nordafrikas verbanden. Constantin, der auf diesem Neuland der Politik zwischen Gewalt und Nachgiebigkeit schwankte, hat sicher aus diesem ersten Kapitel seiner Kirchenpolitik unendlich viel gelernt, wie seine Briefe an Bischöfe mit Mahnungen zum Frieden immer wieder beweisen. Ganz im Gegensatz zu Diokletian hat er früh Milde und Nachsicht geübt und ist dadurch staatsmännisch zu einer seltenen Höhe emporgestiegen. Die Entstehung einer donatistischen afrikanischen Sonderkirche hat er aber nicht zu verhindern vermocht, genug, daß sie die Grenzen Afrikas nicht überschritten hat. Dort jedoch besaß sie bald die Mehrheit und ist erst 100 Jahre später durch keinen Geringeren als Augustin überwunden worden.

Das Streben Constantins nach Einigung innerhalb der Kirche mußte, wenn sie ihm und seinen Nachfolgern gelang, zur Staatskirche führen, wie sie später Theodosius I. unter gleichzeitiger Unterdrückung des alten Glaubens geschaffen hat. Die Hauptetappe auf diesem Wege war die erwähnte Reichssynode von Nicäa, die von dem Kaiser selbst einberufen und am 20. Mai 325 eröffnet wurde. Sie hat Epoche gemacht wie keine zweite nach ihr in der Weltgeschichte.

Auf dem Gebiete der Kirchenverfassung schuf sie eine höhere Instanz über den einzelnen bischöflichen Gemeinden, d. h. sie schuf die kirchliche Provinz mit dem Metropoliten, dem Bischof der Provinzialhauptstadt, an der Spitze und danach übertrug sie den Stufenbau innerhalb der Beamtenschaft des Reiches auf die Organisation der Kirche bis zum späteren Ausbau der Patriarchate in den größten Städten (Rom, Karthago, Alexandreia, Antiocheia).[4]

Das Wichtigste aber, das die Synode erzielte, war die allerdings nur äußere Einigung in dem von Arius entfachten christologischen Streit um das Verhältnis Christi zu dem Gottvater, ob dieses „wesenseins" oder, wie Arius wollte, nur „wesensähnlich" sei, ein Streit, der schon unter Licinius' Regierung den Osten stark erregt hatte, einfach aus der Angst heraus, daß die arianische Auffassung zurück zu der Vielgötterei führen könne.[5] Auch in dieser Frage hat Constantin, wie im Donatistenstreit, zunächst eine Einigung durch Vermittlung des Bischofs Ossius herbeizuführen gesucht und dann erst das allgemeine Konzil einberufen, das allerdings von den Bischöfen des Westens nur sehr schwach besucht war (im ganzen etwa 320 Teilnehmer).

Von tief einschneidender Bedeutung waren demnach die Resultate des ersten großen Kirchenparlamentes, das die Welt gesehen hat, sowohl was die Verfassung der Kirche als auch was das Verhältnis von Gottvater zu Gottsohn betraf. Die christliche Kompromißformel, die gegen Arius für die Wesensgleichheit des Sohnes mit Gottvater eintrat, wurde schließlich von dem zunächst sich streng neutral verhaltenden Kaiser aufoktroyiert und legte den Grundstein für den rechten Glauben im Christentum, für die Orthodoxie.

Die Formel hatte folgenden Wortlaut:[6] Wir glauben an einen Gott, den Vater und Allherrscher, Schöpfer aller sichtbaren und unsichtbaren Dinge, und an einen Herrn Jesus Christus, den Sohn

Gottes, gezeugt aus dem Vater als einziger Sohn, d.h. aus dem Wesen des Vaters, Gott aus Gott, Licht aus Licht, wahrer Gott aus wahrem Gott, gezeugt, nicht geschaffen, wesenseins (ὁμοούσιος)[7] mit dem Vater, durch den alles entstanden ist, was sich im Himmel und auf der Erde befindet, der um unser, der Menschen willen und um unseres Heiles willen herabgekommen, Fleisch und Mensch geworden ist, gelitten hat und am dritten Tage auferstanden ist, zurückgekehrt ist in die Himmel und wiederkommt, um zu richten Lebende und Tote. Und an den Heiligen Geist. Wer aber sagt: es gab eine Zeit, als er nicht war und: bevor er gezeugt wurde, war er nicht und: er entstand aus Nichtsseiendem, oder wer behauptet, der Sohn Gottes sei aus anderem Bestande oder Wesen oder geschaffen oder anderer Art oder angemessen, solche verdammt die allgemeine Apostolische Kirche." Der letzte Satz enthält die Abwehr der abweichenden Meinung des Arius und anderer Häretiker. Arius und zwei ihm treu gebliebene Anhänger wurden nach der kirchlichen Exkommunikation von dem Kaiser in die Verbannung geschickt.

Die Art dieser Einigung zeigte den Kaiser und damit den Staat der Kirche übergeordnet. Dadurch war der Weg zu der späteren einheitlichen Staatskirche gebahnt, wenngleich der Glaube zunächst noch in sich gespalten war. Aber die Stärkung der obersten Reichsgewalt wurde wieder wettgemacht durch die Preisgabe der eben erst proklamierten staatlichen Neutralität in allen religiösen Fragen, auch gegenüber den Schismatikern (Donatisten, Arianern u.a.). Dadurch wurde der am Ende der constantinischen Zeit immer mehr hervortretenden Intoleranz auch gegenüber den Altgläubigen Vorschub geleistet. Die Kirche aber hat ihren Sieg mit „einem starken Sinken ihres geistigen Niveaus erkaufen müssen" (Ed. Schwartz).

Ihre Anerkennung durch den Kaiser brachte also sofort auch das gewaltige Problem „Staat und Kirche" ins Rollen, jenes Problem, das seitdem zuerst Europa, dann die ganze Welt immer wieder beschäftigt und vor tausend ungelöste Rätsel gestellt hat. Als Constantin versuchte, Arius nach einer zweiten Tagung des nicänischen Konzils im Jahre 327 nachträglich zur Annahme der 325 beschlossenen Formel und damit zur Wiederaufnahme in die Kirchengemeinschaft zu bringen, widersetzte sich der junge kompromißlose alexandrinische Bischof Athanasios (seit 328 im Amt) dem kaiserlichen Versuch. Der Kampf mit diesem streitbaren Bischof dauerte jahrelang. Er endete mit seiner Absetzung und seiner Verbannung nach Trier. Dadurch wurde die Grundlage zu einer tatsächlichen Umwandlung des erst seit Diokletian in den allgemeinen Staatsverband eingeordneten, aber jetzt in der Opposition verharrenden Ägyptens zu einer Art von Kirchenstaat des alexandrinischen Patriarchen gelegt. Das Ganze aber mutet wie ein Vorspiel zu den Kämpfen zwischen Kaiser und Papst im Mittelalter an. Fast gleichzeitig mit dem ersten christlich orientierten Kaiser erschien auch der gewaltige Gottesstreiter und Eiferer aus der Reihe der kirchlichen Würdenträger auf Erden. Er duldete keine Kompromisse in Glaubensfragen, wie sie der geschmeidigere Politiker und Staatsmann immer wieder anstrebte, um eine Universalkirche neben seinen Universalstaat zu stellen und diesem dienstbar zu machen. So haben „die politischen und kirchlichen Gebilde, die aus Constantins Wollen und Schaffen sich heraus entwickelten, jahrhundertelang die Welt in Fesseln gehalten und üben ihren Druck bis auf den heutigen Tag".[8]

Gleich nach der Annahme des Christentums durch Constantin dachte er an die Gründung einer neuen Hauptstadt im östlichen Reichsteil: der beste Beweis dafür, daß der neue Gott in ihm gesprochen hatte. Nach längerem Suchen und Tasten, wobei Städte wie Serdica (Sofia), Saloniki und Sirmium in Betracht gezogen wurden,[9] fand er die geeignete Stätte für seine Planung auf dem Boden der alten griechischen Stadt Byzanz, in der Nähe des Verwaltungszentrums seines Vorgängers Diokletian, nicht aber an dem gleichen Platze. Denn Constantin verfolgte ganz andere Ziele mit seiner Hauptstadtgründung als der Dalmatiner. Byzanz, zur Constantinstadt (Constantinopel) erhoben, sollte ein zweites Rom, und zwar das christliche Rom werden. Unmittelbar nach der Besiegung des Licinius, des letzten Verfolgers der Christen, in der Schlacht von Chrysopolis begannen die Vorbereitungen zum Bau der neuen Hauptstadt. Am 26. November 326 wurde der Grundstein gelegt. Byzanz wurde zu einer Großstadt mit festen Mauern auf der Landseite ausgebaut. Am 11. Mai 330 wurde sie noch vor der völligen Fertigstellung zur Feier der 25. Wiederkehr von Constantins Regierungsantritt eingeweiht. Die Gedenkmünzen dieses Jahres zeigen als Stadtgöttin die „Tyche", aber mit dem Kreuze Christi und mit dem Globus in der Hand, wodurch die Stadt als der ideelle Mittelpunkt des Universalreiches der Christenheit bezeichnet wird.[10]

Die zweite Reichshauptstadt wurde in allem zum Abbild der alten gemacht, selbst in den Ausmaßen, in der Bodengestaltung, in der Bezirkseinteilung und in der Bewohnerzahl. Man zählte auch am Bosporus sieben Hügel – einer von ihnen hieß Capitolium – und 14 Stadtdistrikte. Der neue Kaiserpalast war nicht kleiner als der von Rom. Man schuf einen Hippodrom ähnlich dem römischen Zirkus, es gab Fora und Repräsentationsgebäude, einen goldenen Meilenzeiger u. a. m.

Wie das Äußere, so ahmte man auch die Verfassung Roms sklavisch nach. Man hielt in der ehemals griechischen Gemeinde an der lateinischen Staatssprache fest. Die Stadt erhielt das mit Steuerprivilegien ausgestattete „italische Recht" *(ius Italicum)*, bekam einen Senat, und zwar durch Verpflanzung angesehener Familien aus Rom und aus den kleinasiatischen Diözesen (der Besitz von Großgütern dort wurde an den gleichzeitigen Besitz eines Stadthauses gebunden), des weiteren einen *populus Romanus* und eine mit Freibrot und Spielen gegängelte Plebs. Die neugeschaffenen Bauten und Mauern wurden mit Kunstwerken, die aus ganz Hellas in einem noch nie dagewesenen Umfange zusammengeraubt waren, auf das prächtigste ausgeschmückt. Aber immerhin: der Primat des alten Rom wurde unbedingt aufrechterhalten. Die Senatoren von Constantinopel waren nicht wie die von Rom *viri clarissimi*, sondern nur *viri clari*, der Stadtpräsident führte nicht wie drüben den Titel eines *praefectus urbi*, sondern hieß nur Prokonsul. Als Constantin im Juli 326 daran ging, seine Vizennalfeier in Rom zu begehen, kamen jene früher schon erwähnten Gedenkmünzen heraus, auf denen „der ewige Ruhm von Senat und römischem Volk" *(aeterna gloria senatus populique Romani)* verherrlicht wurde.[11]

Trotz allem: der Sieg des Orients über den bis jetzt führenden Westen wurde durch diese glänzende Stadt-Neuschöpfung am Bosporus besonders sinnfällig. Von der Gründung Neuathens durch Hadrian bis zur Schöpfung Neuroms durch Constantin führt eine gerade Linie der Entwicklung, in der das Wirken des Septimius Severus, der syrischen und der illyrischen Kaiser wichtige Etappen bildet. Schon der letzte Prinzeps, Diokletian, gab Altrom auf, aber erst Constantin, der erste christlich eingestellte Autokrat *(dominus)*, schuf das „zweite Rom" am Bosporus, das christliche Rom, dessen Lage von dem Standpunkt der inneren und äußeren Politik aus gesehen gleich vortrefflich gewählt war.

Schon seit 100 Jahren stellte nicht mehr Italien, sondern die Balkanhalbinsel die besten Soldaten und die tüchtigsten Kaiser des Reiches. Die Wahl des Platzes für die neue Zentrale entsprach den geopolitischen Verhältnissen der Zeit sowie dem Umstande, daß das Reich seit 226 immer wieder von neuem zu einem Zweifrontenkampf gegen Norden (Goten) und Osten (Perser) gezwungen wurde. Auf der Grenze von Europa und Asien, an der wichtigsten Wasserverkehrsstraße von Nord nach Süd, see- und landmächtig gelegen, war die neue kaiserliche Kapitale zugleich eine starke Festung, die nur noch von dem Meere aus zu erobern war. Genau in der Mitte zwischen den beiden größten Gefahrenzonen des Reiches, der Euphratgrenze und dem Einfallstor an der unteren Donau gelegen, war sie von nun an berufen, zwischen zwei Kulturwelten die Vermittlerin zu spielen. „Seitdem Alexander die Weltstadt in Ägypten geschaffen hatte, hat keine Stadtgründung die Geschichte in so neue Bahnen gelenkt wie die Umwandlung der verfallenen Griechenstadt in die gewaltige Veste, die noch heute von dem Herrschergeist ihres Gründers zeugt."[12] Von dem Standpunkt der Geschichte der Spätantike aus gesehen, war die Balkanhalbinsel von jetzt ab noch einmal in den Mittelpunkt alles Geschehens gerückt wie ehedem in der großen Zeit der Griechen und der Makedonen. Rom und Italien hatten abgewirtschaftet. Die Zukunft gehörte dem Ostreich. Der Westen war dem Untergang geweiht. Die Verhältnisse, wie sie Augustus durch den Prinzipat und durch den Primat Italiens geschaffen hatte, waren ein für allemal in ihr Gegenteil verkehrt.

Dies zeigte sich auch in der Verfassung des längst völlig militarisierten Staates, der viel stärker unter den Einfluß des Hellenentums und des Orients geriet als in der Zeit des verrömerten Diokletian.

Aber auch dieser christliche Staat Spätroms, der dem byzantinischen Staat Form und Richtung gegeben hat, ist in kaum einer Beziehung eine Neuschöpfung, sondern nur eine Fortsetzung der Entwicklung, die der Prinzipat in den Tagen des Commodus und Septimius Severus durch die stärkere religiöse Untermauerung und durch die Betonung der Autokratie genommen hat. Ebensowenig wie Diokletian ist auch Constantin für die allgemeinen Grundlagen ein „Erfinder" *(inventor),* sondern wie jener nur Ausgestalter und Vollender eines längst erreichten, womöglich zur Gewohnheit gewordenen Zustandes,[13] allerdings nunmehr in christlicher Form. Dies muß bei der Lektüre des Folgenden stets im Auge behalten werden. Und noch ein Zweites: wenn von persischen Einflüssen die Rede ist, so kommt hier mehr der altpersische achämenidische Königshof, der durch die hellenistische Tradition lebendig geblieben war, als der neupersische der Sasaniden in Betracht. Diokletian, der sich in seinem Manichäeredikt so abfällig über die Sasaniden ausgesprochen hat, kann unmöglich von ihnen irgendwelche Anregungen empfangen haben,[14] vielmehr gehen sie – über Alexander und den Hellenismus – auf die Achämenidenzeit zurück.[15]

Prinzipat und Dominat unterscheiden sich vor allem durch die zunehmende und sakral stärker betonte Abschließung des spätantiken Herrschers gegen das Volk. In dem Prinzipat waren die Augusti noch Menschen, in dem Dominat erstarrten sie immer mehr zu Idolen. Mannesmut und Feldherrntalent waren ehedem unabdingbar für den Herrscher. Jetzt verschwindet der Kaiser immer mehr in seinem Palast, ist aber in eben dieser Eigenschaft *victor omnium gentium,* ohne daß er noch den Arm zu rühren braucht.[16] Die aus dem alten Staatsrecht der Römer übernommenen, den Kaiser begleitenden Liktoren wurden in dem neuen Militärstaat durch die soldatische Eskorte ersetzt, die bei der kaiserlichen Pompa als Garde in die Erscheinung trat.[17] Aber ein in die sakrale Sphäre erhobenes und militarisiertes Kaisertum war längst vorhanden, ehe Constantin zur Regierung kam. Es war nur die Frage, wie der erste christlich eingestellte Kaiser sich demgegenüber verhalten würde. Im allgemeinen ist zu sagen, daß dieser Neuerer nicht mehr viel ändern, sondern nur manchmal die Akzente anders verteilen mußte. Schon in der Zeit des Aufstieges Constantins, noch mehr aber unter seiner Alleinherrschaft ist das Kaisertum ausgebaut worden: dieser Vorgang zeigt dasselbe doppelte Gesicht wie alle Maßnahmen dieses von dem Christenglauben tief erfaßten ,,Heiden".

Die constantinische Verfassung war, nachdem der Senat ausgeschaltet war, auch im Hinblick auf die Gesetzgebung eine reine orientalische Autokratie, lateinisch gesprochen: ein Dominat. Constantin knüpfte hier mehr an Aurelian als an Diokletian an. Für Senat und Volk hatte man nur noch pomphafte Verherrlichungen (neben den Senatsmünzen mit *aeternitas* solche mit der Aufschrift *genius populi Romani*). Der Senat von Constantinopel war staatsrechtlich ohne Bedeutung, obwohl es unter den Neubauten am Bosporus auch ein ,,Haus des Senates" gab. Im Mittelpunkt der neuen Hauptstadt und des Reiches standen allein der Kaiser und sein prunkvoller Hof, für den das achämenidisch-hellenistische Zeremoniell vorgeschrieben war. Der Kaiser war zunächst als *dominus et deus* wie Aurelian mit der Strahlenkrone geschmückt, später, und zwar seit den Vizennalien des Jahres 326, mit dem ständig getragenen Banddiadem des Hellenismus (ebenfalls aus Persien durch Alexander übernommen), wie es zum erstenmal vorübergehend Gallienus getragen hatte; neben ihm wurde zehn Jahre später unter den barbarischen Einflüssen der Zeit der mit Juwelen geschmückte Perlenkranz bevorzugt.[18] Der große Gegensatz zu dem Vorgänger zeigt sich darin, daß Diokletian nie das Diadem getragen hat. Seitdem sich Constantin offen zu dem Christentum bekannt hat, also seit dem Sieg über Licinius, ist die Strahlenkrone, das Wahrzeichen des den Sonnengott verehrenden Kaisers,[19] verschwunden. Eine andere Form des göttlichen Lichtglanzes, der Nimbus, der ebenfalls aus dem Sonnenkult stammt und früher kaum eine Rolle in Rom gespielt hatte, trat jetzt, vereinzelt schon unter den diokletianischen Regenten, an ihre Stelle. Auch der Nimbus wurde unter Constantin ein Attribut der kaiserlichen Majestät und hat sich auf seine christlichen Nachfolger vererbt.

Damit stehen wir vor dem merkwürdigsten Ergebnis einer langen Entwicklung der antiken Formengestaltung auf dem Gebiete dessen, was wir ,,Kaiserkult" nennen. Die Verweigerung der Verehrung des gestorbenen, dann des lebenden Herrschers als Gott hatte das Christentum schwere Verfolgungen, ja Ströme von Märtyrerblut gekostet. Die Vergottung des Herrschers verbot der Geist des neuen Glaubens. Trotzdem ist sie nicht ganz verschwunden, obwohl sie offiziell abgelehnt wurde. Aus der ,,Vergottung" wurde die ,,Gottähnlichkeit" oder ,,Gottgleichheit". Als ,,fast göttliche Menschen" werden auch jetzt noch die längst hoch über die Untertanen hinausgehobenen Herrscher in einem komplizierten Zeremoniell verehrt oder wenigstens gepriesen.[20]

Constantins Verhalten spiegelt auch hier seine Wandlung vom altgläubigen Herrscher zum ersten Christenkaiser wider. Er begann mit einer radikalen Rezeption der überreich gewordenen Kaisertitulatur bis hin zu all jenen Bezeichnungen, durch die bisher die Göttlichkeit der Reichsspitze deutlich zu erkennen war (*aeternus, sacer* und *sanctus* mit ihren Superlativen). Nicht nur die Person des Kaisers blieb *sacer* und *sanctus,* sondern auch alles, was mit ihm in Berührung stand, galt als geheiligt. Ebenso waren die Kleider, die Insignien und die Ausstattung der kaiserlichen Umgebung so festgelegt und in das Bewußtsein der Massen übergegangen, daß auch hier nicht viel geändert zu werden brauchte. Wie wir an dem Diadem und an dem Nimbus sahen, ist Constantin hier eher vorwärts als rückwärts gegangen. Aber auch die übrigen Teile der kaiserlichen Tracht zeigten zu Beginn des vierten Jahrhunderts ihre höchste Vollendung: in dem goldenen Panzer und in dem mit Edelsteinen besetzten Helm und mit dem Schwert tritt der Kaiser vor das Heer, in dem purpurgoldenen, juwelenbeladenen Galakostüm vor den Senat.[21]

In einem Punkt zeigt sich ganz besonders die Steigerung über das alte vergottete Kaisertum hinaus. War der Kaiserpalast im Prinzipat seit dem zweiten Jahrhundert und noch mehr in dem dritten Jahrhundert bis unter Diokletian als Lager *(castra)* aufgefaßt worden, ganz entsprechend der dauernd zunehmenden Militarisierung des Staates, hatte sich sogar noch Diokletian in einem nach Lagerart erbauten Riesenpalast in Spalato zur Ruhe gesetzt, so wurde das kaiserliche Haus jetzt in der offiziösen Sprache als Tempel bezeichnet.[22] In dem gewaltigen Palast, den sich Constantin in seiner neuen christlichen Hauptstadt erbauen ließ, wurde der Thronsaal in Basilikaform wie ein Heiligtum ausgestattet.[23]

Für dieses Heiligtum wurde ein Zeremoniell bis ins einzelne ausgearbeitet, das sehr nahe an eine göttliche Verehrung heranreichte. Nur unter Beobachtung des zeremoniellen Schweigens *(silentium)* und mit verhüllten Händen *(manus velatae)*[24] durfte sich der Untertan dem Kaiser nähern, dessen Thronsitz unter einem reich ausgestatteten Baldachin endgültig schon seit Constantius Chlorus zu dem Allerheiligsten gestempelt worden war.[25] Wie in dem Kultus der Mysterienreligionen herrschte schon längst (den ersten *silentiarii* begegnen wir unter Hadrian) über dem Hofe der Kaiser ähnlich wie über dem der Sasaniden die feierliche Stille. ,,Wenn der Kaiser nahte, wurde *silentium* verkündigt und *silentium* hieß auch die Sitzung des Kronrates."[26] Noch wichtiger aber war in diesem Zeremoniell der Vorhang *(velum),* den auch das Mithrasheiligtum und der christliche Kult gekannt hat, der aber auch an dem Hofe der Sasaniden Brauch war. Doch darf daraus nicht ohne weiteres geschlossen werden, daß er von dort direkt übernommen wurde. Zweimal hob sich ein Vorhang, der erste bei dem Eintritt des Kaisers in den Saal, der zweite vor dem Thronsitz; mit diesem bildete er das vornehmste Stück der kultischen Ausstattung, gewissermaßen das Allerheiligste.[27] Nachdem sich der zweite Vorhang gehoben hatte, fand die kniefällige Begrüßung *(adoratio)* statt, die die Griechen bei der Beschreibung des Perserhofes die Proskynese nannten.[28] Nach deren Vollzug durfte man nur stehend in der Nähe Seiner Majestät verweilen, daher der Ausdruck *consistorium* (von *consistere* = stehen) für den Kronrat dieser Zeit.

Über dieser neuen Welt des Dominates steht nicht mehr nur Iulius Cäsar wegweisend, sondern auch Alexander d. Gr., der Nachahmer der Achämeniden, unter denen uns die Unnahbarkeit des Königs bei feierlichen Anlässen zum erstenmal entgegentritt. Daß nicht bei den Sasaniden, sondern schon bei den Achämeniden die Wurzel dieses Zeremoniells zu suchen ist, geht auch daraus hervor, daß die Anfänge dazu schon früher, nämlich unter Commodus, zu beobachten sind, d. h. also vor der Entstehung des Sasanidenreiches. Der späte Prinzipat faßte das Kaisertum bereits sakraltheologisch auf. Aber erst der Dominat, am stärksten Constantin I., hat die Entwicklung in dieser Beziehung maßgebend gefördert.

Auch der feierliche Einzug des Kaisers in Rom, die Pompa, vollzog sich in der christlichen Zeit in den alten Formen und ging höchst zeremoniell vor sich, wie der berühmte Einzug des Constantius II. in Rom im Jahre 357 beweist, der vortrefflich von Ammianus beschrieben wurde.[29] Auch hier ist alles Menschliche und Natürliche in der Person des Kaisers unterdrückt, um den Untertanen seine Gottähnlichkeit glaubhaft zu machen.[30] Alles war in sakralen Formen gehalten, weil der Kaiser-Erlöser nahte. Die alte Erlösersymbolik ist in der christlichen Fassung kaum verändert, bis hin zu den Akklamationen des byzantinischen Hofes, in denen wie in dem Empfangszeremoniell für die Kaiserbildnisse bei dem Regierungsantritt eines neuen Herrschers die Heilandserwartungen der heidnischen Zeit nachklingen.[31]

Für diesen Übergang heidnischen Sakralgutes und seiner Formensprache in die christliche Auffassung vom Herrschertum ist Constantin I. am meisten verantwortlich. Man hat sogar nachweisen wollen, daß er selbst noch in den ersten Jahren nach den Vizennalien an seine Apotheose gedacht hat und daß er aus diesem Grunde – was vielleicht gar nicht so unrichtig ist – von dem Senat Altroms nach seinem Tode konsekriert worden ist.[32] Merkwürdig ist der Raub der Porphyrsäule mit einer Heliosstatue aus Ilion, die ein Werk hellenistischer oder römischer Kunst war, und ihre Verpflanzung auf das nach Constantin benannte Forum der neuen Hauptstadt. Dort wurde sie, wie sich aus einer daran angebrachten Ehreninschrift schließen läßt, dem Kaiser geweiht (heute die „Verbrannte Säule" genannt), ohne daß die typischen Merkmale des Sonnengottes, nämlich Strahlenkrone und Globus, beseitigt wurden.[33] Dies ist das letzte Beispiel der Nachwirkung der ehemaligen Sol-Verehrung durch Constantin. Es ist jedoch nicht seine Schuld, wenn in der Folgezeit diese Heliostatue von Heiden und Christen in gleicher Weise verehrt wurde. Diese Tatsache ist eine Ausnahme, allerdings mit starker Wirkung in die Ferne; aber sie zeigt, daß der „Heide" in Constantin noch lebendig war.

Im übrigen hat der „Umstürzer" *(turbator)* nur die gröbsten

Erinnerungen an die alte Titulatur auszumerzen versucht. Die Sitte, auch den lebenden Herrscher als Divus zu bezeichnen, wie seit Probus die Erlasse der Kaiser zeigen, ist im Gegensatz zu Diokletian und seinen Mitregenten unter Constantin nicht mehr nachweisbar. Ebenso verschwand der dem Sonnengott besonders eignende Titel *Invictus* zur gleichen Zeit wie die Strahlenkrone und machte farbloseren Siegestiteln[34] Platz wie νικητής, ,,der Siegreiche", oder *ubique victor* oder *victor omnium gentium*. Dies bedeutet, ebenso wie der Verzicht auf die Strahlenkrone, ein Abrücken von dem offiziellen Sonnengottkult. Um so auffallender bleibt die Errichtung der Heliossäule auf dem Constantinsforum.

Daß der Kaiser den Titel *Pontifex maximus* beibehielt, erklärt sich daraus, daß dieses Amt nicht nur eine sakrale, sondern auch eine staatliche und juristische Bedeutung hatte. Aus der engen Verflechtung von römischem Staat mit römischer Religion ist das Verhalten Constantins in manchen Fällen überhaupt erst richtig zu deuten. Den Bau heidnischer Tempel gestattete er, weil damit gewisse Rechte des Volkes, z. B. auf die dem betreffenden Gott zustehenden Spiele, gewahrt wurden. Besonders hervorzuheben ist, daß er der umbrischen Stadt Hispellum (Spello) die Erlaubnis zu dem Bau eines Heiligtums zu Ehren seines Geschlechtes, der *gens Flavia,* gab (aber man beachte die Weihung an den Namen, *nomen,* nicht an die Göttlichkeit, *numen,* des Geschlechtes); mit ihm waren alljährliche Spiele verbunden. Die Genehmigung wurde aber mit der ausdrücklichen Auflage gegeben, daß der Tempel nicht ,,durch den Betrug irgendeines ansteckenden Aberglaubens befleckt werde".[35] Damit können nur die heidnischen Kult- und Opferhandlungen gemeint sein. Denn gesetzlich war festgelegt, daß die Person des Kaisers keine kultische Persönlichkeit mehr war und daß vor seinem Bilde keine Opfer mehr dargebracht werden durften. Überhaupt wurden die heidnischen Riten, vor allem die blutigen Opfer, auch außerhalb des Kaiserkultes, abgestellt. Darin, wie auch in der Abschaffung des Eides bei dem Genius des Kaisers äußert sich am deutlichsten die Christianisierung des Reiches seit dem tiefen inneren Erlebnis des Herrschers von dem Jahre 312.

Constantin war wie Augustus ein durchaus konservativer Reformator, der sich den Sinn für die große Tradition Roms erhalten hatte. Er ging daher in religiösen Fragen äußerst behutsam vor. Im Gegensatz zu seinem Vorgänger Diokletian hatte er warten gelernt und hat manches auch der Zeit überlassen. Denn er hat gewußt, „daß Ungeduld die beste Konzeption zerstören kann".[36] Dies vor allem ist der Beweis dafür, daß er der größere Staatsmann gewesen ist; in dieser Beziehung erinnerte er an Augustus. Vieles war längst geworden und nicht mehr rückgängig zu machen. Vieles, was altgläubig-religiös anmutete in dem überspannten Zeremoniell und in dem vielfältigen Titelwesen, war im Begriff zu verflachen und immer mehr äußerliches Zierwerk zu werden. Der große Pomp und die übertriebene Pracht um den Herrscher waren aber in den Augen des Volkes, „das zum großen Teil das Bild des orientalischen Gottkönigs in sich trug",[37] offenbar notwendig. Auch die christlichen Schriftsteller, vor allem Eusebius, machen davon keine Ausnahme, ja, sie haben diese Tendenz noch gefördert. In vielem waren diese späten Herrscher Roms in verstärktem Maße Kinder ihrer furchtbaren Zeit, die gleichermaßen auf Zwang, Glaube und Anbetung abgestellt war. Jeder Mensch, sei er auch noch so groß, bleibt in den Schranken, die ihm von seiner Umwelt gezogen sind. Man darf deshalb an diese Menschen nicht den Maßstab eines großen kritischen und freien Zeitalters anlegen, denn das hieße ihnen bitter Unrecht tun.

Betrachtet man neben dem allmächtig gewordenen Kaiser seinen Hof und seine riesenhaft aufgeblähte Reichsbeamtenschaft, so war auch bei den Würdenträgern alles titelmäßig höchst klangvoll und zeremoniell hochfeierlich ausgestattet. In einem so völlig autokrat gewordenen Staatswesen war der Hof der Mittelpunkt der ganzen Maschinerie. Das intimste, das Schlafgemach *(cubiculum)* des Kaisers wie der Kaiserin – nach ihm wurden die gesamten Privaträume des Herrschers in dem Palaste genannt – wurde von Eunuchen *(cubicularii)* beaufsichtigt und stand unter dem obersten Hof-Eunuchen, dem „Oberkammerherrn" *(praepositus sacri cubiculi),* der mit seiner immerfort steigenden Machtfülle das orientalische Palastregime am sinnfälligsten repräsentierte und schließlich den obersten Staatswürdenträgern gleichgestellt wurde. Ebenso wichtig wie die *cubicularii* waren die *silentiarii,* die Schweigen geboten bei dem Nahen des Kaisers und überhaupt für Ruhe im Palast zu sorgen hatten.

Der alte kaiserliche Staatsrat *(consilium principis),* dem auch der Oberkammerherr angehörte, hieß schon seit Diokletian nach seinem Versammlungsraum und nach dem Gebot, die kaiserlichen Botschaften stehend anzuhören, *sacrum consistorium.* Die Regel, daß der Kaiser sitzt und der Untertan steht, ist von jetzt ab selten durchbrochen worden. Nur die Kirche schuf sich hier eine Sonderstellung. Schon in Nicäa durften die Bischöfe in Gegenwart des Herrschers sitzenbleiben. Dies war der Anfang der mannigfachen Bevorzugungen, die der geistliche Stand seit der Anerkennung seines Glaubens durch Constantin und seine Nachfolger erfahren hat.[38]

Der Staatsrat stand unter der Leitung des *quaestor sacri palatii,* des „Justizministers". Er umfaßte als ständige Mitglieder *(comites consistorii)* die höchsten Beamten in der Zentrale des Reiches, während die Prätorianerpräfekten – seit Diokletian die Leiter der vier Bezirke der Außenverwaltung – ihm nur dann angehörten, wenn sie in der Reichshauptstadt anwesend waren, also immer der *praefectus praetorio per Orientem,* d.h. der Leiter des damals vornehmsten Reichsbezirkes „Orient".

Bei der schon berührten eigentümlichen Verquickung von Staats- und Palastwirtschaft kam dem jetzt geschaffenen *magister officiorum,* dem „Haus- und Hofminister", eine besonders hohe Bedeutung zu. Er führte die Aufsicht über die verschiedenen Hofämter *(officia)* und deren Kanzleien *(scrinia),* als über das *scrinium sacrarum epistularum,* d.h. aller von dem Kaiser ausgehenden Schriftstücke, über das *scrinium sacrorum libellorum* = Kanzlei für die einlaufenden Gesuche und Beschwerden, das *scrinium sacrae memoriae,* d.h. die Kanzlei „des kaiserlichen Gedächtnisses", also die Akten-Registratur.

Dem *magister officiorum* unterstanden auch die *referendarii,* die „vortragenden Räte" des Kaisers, die Palasttruppen, die Constantin nach Auflösung der Prätorianergarde geschaffen und in *„scholae"* eingeteilt hatte, endlich das gesamte kaiserliche Hofgesinde. Er hatte die Sorge für die persönliche Sicherheit des Kaisers. Aber nicht genug damit: er hatte auch die Oberaufsicht über die kaiserlichen Waffenfabriken, die Verantwortung für die hohen Beamten, die dem Kaiser bei Reisen Unterkunft besorgten, die „Reichspost" *(cursus publicus),* die Aufsicht über den Verkehr mit ausländischen Gesandten, das Kommando über die geheime Staatspolizei *(agentes in rebus),* ein ausgesprochen militärisch organisiertes Korps von Polizeibeamten und Depeschenreitern, die Nachfolger der Polizeitruppe der *frumentarii,* die Diokletian abgeschafft hatte.[39] In gewissen Verwaltungsgeschäften war der *magister officiorum* auch Vertreter des Kaisers, also sozusagen eine Art Majordomus.

Constantin wurde endlich der Schöpfer eines neuen Officium am Hofe, das allein direkt dem Kaiser unterstellt war, der sog. *schola notariorum* (Schriftführer) unter dem *primicerius notariorum* (= Träger der ersten Kerze bei der Prozession). Er war mit dem wichtigen Personalreferat zur Besetzung der militärischen Stellen betraut; seine Untergebenen wurden als kaiserliche Sendboten mit Sonderaufträgen und Inspektionen in den Provinzen beauftragt.

In der Staatsverwaltung wurden die Finanzen und das Heer mit besonderer Sorgfalt betreut. Der Fiskus und die *res privata* wurden von neuem gegeneinander abgegrenzt, insofern die Privatkasse von jetzt ab stärker an den durch Erblosigkeit und Konfiskationen anfallenden Erbmassen beteiligt wurde. Der Fiskus wurde in *sacrae largitiones* (= „kaiserliche Spenden") umgetauft. Denn die Ausgaben bestanden hauptsächlich in den herrscherlichen Geldgeschenken, die die Soldaten neben der regelmäßigen Naturalverpflegung bei festlichen Gelegenheiten empfingen. Der Vorsteher, der *comes sacrarum largitionum,* war gewissermaßen der „Reichsfinanzminister". Neben ihm stand, verantwortlich für die Einnahmen des kaiserlichen Hauses, besonders aus den Domänen, der *comes rerum privatarum,* der kaiserliche „Domänenminister", dem etwas später, aber vielleicht noch unter Constantin I., der *comes domorum per Cappadociam* und *per Africam* zur Leitung der besonders ausgedehnten Kronländereien Kappadokiens und Nordafrikas sowie der Vorsteher der kaiserlichen Privatschatulle *(comes largitionum privatarum)* unterstellt wurden.

An der Spitze des Heeres standen als oberste Generäle seit Constantin die sog. „Heermeister" *(magistri militum)*, in der Regel in der Zweizahl (*magister equitum* = General der Kavallerie, ursprünglich der damaligen Bedeutung der Kavallerie im Heere entsprechend der ranghöhere General, und der *magister peditum* = General der Infanterie), Ämter, die eine längere Entwicklung durchgemacht haben. Seit Constantius II. gab es neben den Generälen in der Reichszentrale (= *magistri praesentales*) noch Generäle in den Außenbezirken: für den Orient, für Illyricum, Gallien, vorübergehend auch noch für das seit Theodosius I. wegen der Gotengefahr von dem Orient abgezweigte Thrakien.[40] Die Prätorianer hat Constantin nach der Schlacht an der Mulvischen Brücke endgültig beseitigt und durch eine berittene Leibgarde ersetzt, die in sog. *scholae*, sieben an der Zahl, eingeteilt waren. Wegen ihrer Anwesenheit an dem kaiserlichen Hofe hießen sie *praesentales*, als Palasttruppe hatten sie auch den Namen *palatini*, als Schützer der kaiserlichen Majestät nannte man sie *domestici* oder *protectores*.[41] Ihre höheren Offiziere waren *comites* und unterstanden, wie gesagt, dem *magister officiorum*, der hier auch militärische Befugnisse hatte.

Alle diese hohen Reichsbeamten, denen im Rang nur der Senat und die Konsuln übergeordnet waren – der Senat war damals nur noch der dem Senatorenstand angehörende oberste Reichsbeamtenkreis, der *ordo senatorius*, das Konsulat ein hochvornehmer Ehrenplatz –, führten bestimmte Ehrentitel, die im Laufe der Zeit noch vermehrt wurden, wenn die alten im Werte sanken. Der Titel *vir clarissimus*, einst den Senatoren vorbehalten, wurde jetzt der Titel aller die höhere Laufbahn einschlagenden Beamten, die je nachdem zum *vir spectabilis* und *illustris*, seit Justinian sogar noch zum *vir gloriosus* emporstiegen. Titel, die meist natürlich im Superlativ gebraucht wurden.[42] Höher als alle anderen stand nur der Titel *nobilissimus*, der dem kaiserlichen Hause vorbehalten war und in der Regel dem Thronfolger zukam. Alle Hofbeamten und Hoftruppen hießen *palatini*, womit ihre Beziehung zum Palast *(palatium)* ausgedrückt wurde.

Der Schwerpunkt aller constantinischen Reformen lag im Finanzwesen. Das diokletianische Naturalsteuersystem wurde nach wiederhergestellter Goldwährung (Hauptmünze: der Goldsolidus zu $^1/_{72}$ Pfund Gold, eingeteilt in 24 Siliquae = Silbermünzen) durch eine Reihe von Geldsteuern ergänzt. Schon im Jahre 312 wurde der sog. *follis senatorius* oder die *collatio glebalis* dem reichsten Stande im Reiche, den Senatoren, auferlegt, die zu einer Grundbesitzer-Kaste von großem Reichtum geworden waren. In eine etwas spätere Zeit fällt die Steuer für die Handel- und Gewerbetreibenden, die *auri lustralis collatio,* die bald nicht nur alle fünf Jahre, sondern auch häufiger eingehoben und zu einer schweren Last für den erwerbstätigen Mittelstand wurde.[43] Der staatlichen Naturalwirtschaft im Steuerwesen wurde damit ein starker Riegel vorgeschoben. Auf der constantinischen Währungsreform ruhte seitdem die Geltung des Reiches in Ost und West und später, als nur noch das Ostreich übrigblieb, die Weltstellung der Byzantiner. Allein schon von dieser starken Folgewirkung aus gesehen, bedeutete sie die größte Leistung des ersten christlichen Herrschers und stellte ihn, wenigstens auf diesem Gebiete, neben Cäsar und Augustus.

In der Reichsverwaltung wurde die von dem Vorgänger erstrebte Trennung von Zivil- und Militärgewalt konsequent durchgeführt und damit das ureigenste Grundprinzip des Römerstaates, der in seiner Glanzzeit auf der Einheit der Gewaltübung *(imperium)* geruht hatte, endgültig aufgegeben. Die völlige Beseitigung aller militärischen Funktionen der Prätorianerpräfektur erfolgte wohl schon im Jahre 318, als der älteste Sohn Crispus nominell die Verwaltung Galliens erhielt. Die Prätorianerpräfekten waren seitdem von der Person des in der Zentrale wohnenden Kaisers losgelöst und Zivilbeamte in den vier Reichssprengeln, die noch aus der Tetrarchie Diokletians stammten. Sie vertraten den Kaiser in diesen Außenbezirken auf allen Gebieten, außer dem militärischen, besonders aber auf dem Gebiete des Steuerwesens. Ihre Erlasse glichen in der Form den kaiserlichen. Gegen ihre Urteile gab es seit dem Jahre 331 keine Appellation mehr an den Kaiser.[44] Die Tetrarchie lebte verwaltungsmäßig in dieser Form bis zum Jahre 337 weiter, in dem an die Stelle der Vierzahl die Dreizahl trat, eine Maßnahme, die durch die jetzt noch verbliebenen drei Constantinssöhne bedingt war.

Jede Präfektur umfaßte wie unter Diokletian mehrere Diözesen, jede von diesen eine Anzahl von Provinzen. Unter Constantin begann die völlige Unterordnung der die Diözesen leitenden Vikare sowie der diesen gleichgestellten Prokonsuln von Asia und Afrika unter die Prätorianerpräfekten. Für den gesamten Provinzialdienst wurde die Scheidung zwischen senatorischen und ritterlichen Reichswürdenträgern ein für allemal aufgehoben. Mit der Bekleidung gewisser hoher Ämter war automatisch die Aufnahme in den Senatorenstand verbunden.

Von der allgemeinen Reichsverwaltung ausgenommen blieb nach wie vor nur Rom, in dem der dem Kaiser direkt unterstellte Stadtpräfekt *(praefectus urbi)* die Leitung hatte. Erst im Jahre 359 wurde auch Constantinopel dieser erhöhte Status zuteil. Die Stadt erhielt jetzt ebenfalls einen *praefectus urbi* (Eparchos), der die gleichen Rechte hatte wie der von Rom.

Im Heerwesen war Constantin der Vollender des großen Marsch- und Feldheeres *(comitatenses)*, in das er Teile der Grenztruppen einreihte.[45] Auch war er der Schöpfer einer höheren höfischen soldatischen Elite, der *palatini*. Beiden gegenüber traten die „Grenzer" *(limitanei)* weit zurück. In dem Gesamtheere gewann die Reiterei eine noch größere Bedeutung, weil man sich der persischen Kampfesweise in immer höherem Maße anpassen mußte.

Für den Eintritt in das Heer, in dem die Auxiliartruppen und die Kontingente der Föderaten allmählich höher eingeschätzt wurden als die Legionen, war jetzt fast ausschließlich die rohe Körperkraft maßgebend. Sie wurde, wie immer in niedergehenden Zeitläuften, zu dem allbeherrschenden Faktor im Reiche. Dabei „wurde nicht bloß die Beschränkung der Truppenbildung auf das Inland prinzipiell aufgegeben, sondern auch mehr oder minder ausländischen der Vorrang vor den inländischen eingeräumt".[46] Die Armee, einst die Förderin der Romanisierung in den Grenzprovinzen, stand nunmehr umgekehrt im Dienste des Ausgleichs von Reich und Ausland und damit im Dienste der Barbarisierung der Reichseinwohnerschaft. Daß das Heer vorwiegend aus den Klientelrandstaaten ergänzt wurde, hatte seinen letzten Grund in dem Bestreben, die immer mehr schwindenden Arbeitskräfte des Reichsinnern der Bebauung von Grund und Boden, der auf weite Strecken brachzuliegen begann, zur Verfügung zu stellen.

Im Offizierkorps war schon im Laufe des dritten Jahrhunderts die alte ständische Gliederung des Augustus gefallen. Wer sich durch Gestalt und Körperkraft auszeichnete, stieg zunächst unter den Bauern des Grenzheeres oder der Föderaten zu den Chargen empor, kam von da in das Feldheer, darauf in die Palasttruppen, endlich in die berittene Leibgarde der constantinischen *scholae palatinae*. Ihre höheren Offiziere, darunter viele vornehme Germanen, besaßen die Anwartschaft auf die Stellen als *duces,* d. h. als Provinzialgrenzgeneräle oder auf den Posten des Heeresmeisteramtes. Der höchste Inhaber dieses Amtes wurde manchmal durch Verleihung des Titels *patricius* geehrt, wodurch die Stellung des dem Throne am nächsten stehenden Kommandoinhabers bezeichnet wurde. Im Besitze großer germanischer Herrschergestalten stieg der Patriziat am Ende des Reiches in einzelnen Fällen zum Vizekaisertum empor.[47]

Das eigentlich Schöpferische und Neue in Constantins Verfassung aber war der Einbau der Kirche in den Staatsorganismus. Sie wurde nicht nur in den Staat herübergenommen, sondern selbst zum staatlichen Organ erhoben und konnte so „neben Heer und Beamtentum eine weitere starke Klammer der Reichseinheit werden".[48] Nur ein Herrscher, der die Kirche für den Staat dringend benötigte, konnte einen so unentwegten Kampf um ihre Einheit führen. „Wie früher die römischen Staatsgötter unlösbar am römischen Staate hafteten, so wurde jetzt die Kirche unter Leitung des Kaisers eine Einrichtung des Reiches."[49] Der Geist dieses Reiches war trotz aller Verrömerung durch Diokletian jetzt griechisch, und die letzte Tat dieses griechischen Geistes war die Ausbildung des christlichen Dogmas mit den Waffen der griechischen Philosophie. Hier eine Einheit zu schaffen, dazu reichten selbst die Machtmittel des damaligen Zwangsstaates nicht aus. Den Arianismus zu beseitigen gelang ebensowenig wie die Niederkämpfung der Donatisten in Afrika, die nur als ein Beispiel für die vielen Sektenbildungen genannt seien. Das schlimmste aber war, daß sich der rationalere Arianismus mit dem Germanentum verbündete. Von hier aus wurde frühzeitig ein besonderer Druck auf die Einheitsbewegung in der orthodoxen Reichskirche ausgeübt. Immerhin der griechische Geist liebte nicht die Uniformierung und drängte immer wieder zu neuen dogmatischen Fragestellungen und Lösungen, vor allem in dem Streitobjekt ,,Wesen Gottes und des Sohnes", während der Westen von vornherein echt römisch mehr praktisch-sittliche Ziele mit der neuen Religion verfolgte. Dazu kam in dem dritten Jahrhundert das letzte Geschenk Ägyptens an die Welt: das Mönchtum, das ,,eine besondere Kraft der Kirche, freilich auch eine Gefahr für sie" bedeutete.[50]

So trat in den uniformierten Zwangsstaat der Spätantike mit der Kirche ein Faktor der Gärung und der Vielgestaltigkeit ein, an dem die Versuche der Gleichschaltung zunächst abprallten, so sehr sich auch Constantin bemühte, dem neuen Glauben und seinen Organen eine möglichst hohe Stellung einzuräumen. Nicht nur prächtige Kirchen hat der Herrscher überall bauen lassen. Er befreite auch den Priesterstand von allen lästigen Pflichten gegen den Staat und die Gemeinde. Die Bischöfe erhielten darüber hinaus weitgehende richterliche Befugnisse. Bei Berufungen im Zivilprozeß galt ihr Urteil als endgültig. So wuchs die Kirche früh zum Staate im Staate empor.

Was bisher die Schwäche der Kirche gewesen war, ihre Verfassung, wurde jetzt mit ihrem Einbau in den Staat immer mehr ihre Stärke. Im allgemeinen folgte die Bischofskirche den Formen des Stadtstaates, den das Reich seit langem darstellte.[51] In jeder größeren Stadt bildete der Bischof das Haupt der Gemeinde. Nur im Osten kamen auch nichtstädtische Bischöfe, Landbischöfe (Chorepiskopoi) vor. Ihrer Unterstützung dienten die Archidiakonen. Unter den Bischöfen standen die Diakonen, Subdiakonen, Presbyter, Lektoren, Sänger usw. Auf dem Lande kam man mit einem Geistlichen aus. Der Bischof unterstand dem Metropoliten, dem Bischof der Metropole, d. h. der Provinzialhauptstadt. Sein kirchlicher Bezirk fiel in der Regel mit der Provinz zusammen. Die Kirchenprovinzen waren zu größeren Bereichen, Patriarchaten, zusammengefaßt: Rom, Constantinopel, Antiocheia, Jerusalem und Alexandreia. Dieses war im vierten und fünften Jahrhundert fast so mächtig wie Rom. Constantinopel rückte in dem staatlichen wie auch in dem kirchlichen Leben allmählich an die zweite Stelle.

Der Bischof war die Seele der Kirche, aber auch der Leiter des äußeren Apparates, hier unter Mithilfe des Oikonomos, des Ekdikos und des Notarios. Er verwaltete das Vermögen seiner Kirche, das in der Regel aus Grundbesitz bestand, und bestritt daraus den eigenen und der Geistlichen Unterhalt, die Kosten der Kirchen- und der sonstigen Bauten, vor allem der den karitativen Zwecken dienenden Anstalten. Die Kirche war fähig, Vermögen zu erwerben und Geschenke anzunehmen; hinsichtlich der Veräußerung des Kirchengutes waren die Machtbefugnisse der Bischöfe beschränkt.

Schon Constantin hatte regelmäßige Synoden in jeder Kirchenprovinz eingeführt. Über ihnen standen als höchste kirchliche Autorität die allgemeinen Reichssynoden, die der Kaiser einberief, ja mehr als einmal selbst leitete oder leiten ließ. Ihre Beschlüsse hießen „Canones"[52] und wurden, auch solche auf dogmatischem Gebiet, durch kaiserliche Bestätigung und Verkündigung Reichsgesetze. Die Bischöfe unterstanden den Synoden, hatten aber selbst, falls angerufen, über Geistliche und Laien Gerichtsbefugnisse. Dem Bischofsgericht stand eine große Entwicklung bevor; man traute ihm mehr Gerechtigkeit zu als dem der weltlichen Beamten. Neben der Berechtigung, in das Justizwesen einzugreifen, war das Asylrecht der Kirche sehr wichtig und berührte stark die Interessen des Staates. Schon Theodosius I. sah sich genötigt, es einzuschränken.

Das Recht des Kaisers, in Angelegenheiten der Kirche entscheidend mitzureden, stand seit Constantin außer Frage. Die Mittel dazu waren einmal die Synoden, sodann kaiserliche Erlasse und persönliche Einwirkungen mancherlei Art. Der Weg zu der Staatskirche war also schon durch die staatliche Anerkennung des Christentums gebahnt.

Man spürt von dem ersten Augenblick an die Parallelität zu dem Aufbau des römischen Staates, allerdings in einer etwas älteren Form als die, die das constantinische Reich mit seinem reinen Absolutismus darstellt. Daß die Kirche durch das Synodalwesen die Institution des Reichskonzils in dem Verfassungsleben verankerte, ist vielleicht ihr größtes Verdienst; allerdings waren „die Synoden durchaus aristokratische Versammlungen, und das Kirchenvolk kam auf ihnen nicht zum Wort".[53] Noch konnte man aber damals nicht voraussehen, daß durch die Tat Constantins I. und durch die seiner Nachfolger „an Stelle der nationalen Einheit des Volkstums die Einheit der Religion – die stärkste Wurzel, aus der die byzantinische Kultur ihre Lebenskraft gezogen hat – als feste Grundlage des Staates geschaffen war".[54] Noch war der Staat zunächst religiös paritätisch aufgebaut und alles eben Erwähnte war nur keimhaft vorhanden.

Ein Ehrenblatt in der Geschichte Constantins I. ist und bleibt aber: gegenüber den Altgläubigen hat er auf jegliche Gewaltanwendung zum Zwecke der Bekehrung verzichtet, ganz im Gegensatz zu seinen viel gröber veranlagten Söhnen. Nur das Orakelwesen und einzelne unsittliche Tempelkulte unterdrückte er sowie die blutigen Opfer und den Opferdienst der staatlichen Beamten. Aus den damaligen christlichen Anschauungen von dem „feindlichen Volke" und der „gotteslästerlichen Religion" heraus erklärt sich Constantins Politik gegenüber dem Judentum.[55] Für Palästina wurde das alte hadrianische Verbot des Betretens von Jerusalem erneuert. Nur an einem Tage des Jahres war es den Juden gestattet, die Stadt und den Tempelplatz aufzusuchen. Dafür wurde die ehemalige jüdische Metropole durch den Kaiser und seine Mutter mit großartigen Kirchenbauten geschmückt und ihr dadurch ein christliches Aussehen gegeben. Überall erfolgte eine scharfe Scheidung gegenüber dem jüdischen Glauben, vor allem durch das Verbot des Übertritts zu ihm. Erst Julian hat die judenfeindliche Politik geändert, Julian, der hier wie überall der Antipode Constantins war.

Außenpolitisch war die Regierung Constantins eine glückliche Zeit für das Reich. Wie ehedem die Reichsgrenzen so standen in den Jahren der gemeinsamen Herrschaft mit Licinius wie auch während der Alleinherrschaft die beiden größten Gefahrenzonen des Reiches, im Norden die Donau, im Osten der Grenzraum gegen die Perser, unter dem besonderen Schutze des Kaisers. Die rege Bautätigkeit an der Donau diente vor allem Befestigungszwecken. Im Jahre 328 war Constantin mit seinem Sohne, dem Cäsar gleichen Namens, noch einmal in Trier und erfocht von hier aus seinen letzten Sieg über die Alamannen. In dem Grenzland an der oberen und mittleren Donau wurden neue Waffenplätze gebaut: die Festung Fafianae (Mautern an der Donau) als Lager der neugeschaffenen ersten norischen Legion, die Festung bei Mauer an der Url, Adiuvense (Ybbs) und Lentia (Linz). Weit im Hinterland erhielten wichtige Etappenorte wie Scarbantia (Ödenburg) und Teriolis (Zirl) Garnisonen, um dortige Depots und die Zufuhr an die Grenze zu sichern. Am Bodensee bei Bregenz und an der Donau verstärkten Marinestationen den Wachtdienst. Mit ihren kaiserlichen Schildfabriken, die für den Heeresbedarf arbeiteten, wurden Lauriacum (Lorsch) und Carnuntum (Petronell) wichtige Produktionszentren. Was hier auf dem heute österreichischen Boden geschah und durch Ausgrabungen erwiesen ist,[56] das spielte sich auch weiter donauabwärts längs der ganzen Grenze ab.

Vor dem Beginn der Alleinherrschaft waren die Goten in das Reich eingefallen; möglicherweise waren sie durch Licinius dazu veranlaßt worden. Nach dem ersten Bürgerkriege fand dann im Jahre 315 eine gemeinsame Operation gegen Norden statt. Die Stadt Tropaeum Traiani wurde damals wiederhergestellt und dahinter ein durch eine Mauer verstärkter Erdwall mit 26 Kastellen angelegt. Constantin I. führte seitdem den Siegertitel Gothicus Maximus. Vor dem zweiten Kriege zwischen Licinius und Constantin sind die Goten (Terwinger), da die Grenzen im Reiche des Licinius nicht genügend bewacht wurden, über die Donau tief in Niedermösien und Thrakien eingebrochen, wobei Teile der thrakischen Bevölkerung mit den Germanen fraternisierten.[57] Constantin nahm den Kampf unter Verletzung des licinianischen Reichsgebietes auf, drang bis in die Walachei vor und besiegte dort die Goten.

Als Alleinherrscher hat der Kaiser weiterhin auf die Donaugrenze sein besonderes Augenmerk gerichtet. Auch an der Stromgrenze wurden neue Kastelle gebaut.[58] Nur zwei Stromübergänge wurden freigegeben und auf beiden Flußufern durch militärische Anlagen geschützt: eine steinerne, im Jahre 328 vollendete Brücke zwischen Oescus (Gigen) und Sucidava (Celei) und eine Fähre von dem neu erbauten Kastell Daphne aus nach Transmarisca.[59]

Die Sarmaten, die des Kaisers Hilfe gegen die Goten (Terwinger und Taifalen) nach dem Jahre 330 anriefen, unterstützte Constantin tatkräftig, und unter nomineller Leitung seines Sohnes Constantin II. konnte ein entscheidender Sieg über ihre Gegner errungen werden. Durch Klientelvertrag wurden dann die Goten gegen jährliche Subsidien mit der Grenzwacht in diesem Vorfeld an der Donau betraut und außerdem verpflichtet, Hilfstruppen für das kaiserliche Heer zu stellen.

Für die Banat-Sarmaten hatte allerdings dieser Krieg eine verhängnisvolle Folge. Ihre Hörigen, Limigantes genannt, ließen sich nach dem Siege ihre Waffen nicht abnehmen, sondern vertrieben im Jahre 334 ihre bisherigen Herren aus dem Lande. Ein Teil der Sarmaten zog zu den neben den Quaden im nördlichen Ungarn wohnenden Viktofalen (300000 mit Frauen und Kindern); einen anderen Teil, die Argaragantes, nahm der wieder an die Donau geeilte Constantin I. in das Reich auf. Alle Dienstfähigen wurden in das Heer eingereiht, die übrigen in Italien, Makedonien, Thrakien und in der Dobrudscha als Kolonen angesiedelt.[60] Die Goten wurden von jetzt ab zu einer seßhafteren Lebensweise veranlaßt. Der Kaiser aber rühmte sich, das traianische Dakien wieder erobert zu haben.[61] Es ist etwas Wahres daran; denn die Goten haben als Föderaten des Reiches an der Nordgrenze ihres Gebietes die vordringenden asdingischen Vandalen in einer blutigen Schlacht abgewiesen (um das Jahr 335).[62] Wie unter Diokletian durch Galerius die Persergefahr für ein Menschenalter gebannt wurde, so konnte jetzt durch Constantin I. auch an der Nordgrenze das Ansehen des Reiches wiederhergestellt werden.[63]

Im Orient hat sich Persien unter Schapur II. (310–379) unter Bruch des im Jahre 297 geschlossenen Friedens im Jahre 334 vorübergehend wieder des unterdessen christlich gewordenen Armeniens bemächtigt. Auch hier konnten, diesmal durch den Cäsar Constantius, die Gegner aus dem Lande vertrieben werden. Im Jahre 335 wurde Constantins Neffe und Schwiegersohn Hannibalianus zum „König Armeniens und der verbündeten Nationen ringsum" erhoben; damit wurde eine Art antiker Markgrafschaft in dem Osten mit Cäsarea in Kappadokien als vorläufiger Residenz des jungen Herrschers errichtet. Eine geplante große Offensive gegen die Perser wurde, wie einst am Ende von Cäsars und Aurelians Leben, durch den Tod Constantins I. (bei Nikomedien am 22. Mai 337) verhindert. Auch die Stellung Hannibalians blieb infolge seiner frühzeitigen Ermordung nur eine Episode. Aber die in das Grenzsystem hineingetragene Idee der Zusammenfassung an Stelle der bisherigen Isolierung der Randstaaten gegeneinander und die Idee der Sichtbarmachung an Stelle der bisher geübten Verschleierung ist auch an den übrigen Grenzen deutlich geworden: alles Land der Reichsklienten (Föderaten) in den Randgebieten wurde als „reichsangehörig" erklärt.[64] Dadurch wurde der Reichsumfang um die hereingenommenen, bisher nur mittelbar beherrschten Völker *(gentes)* vergrößert, ohne daß ein Schwertstreich nötig war. Dies war vielleicht die bedeutendste Tat Constantins auf dem Gebiete der Außenpolitik. Sie hat weittragende Nachwirkungen für das Reich gehabt.

Zusammenfassend kann man sagen: Constantins epochemachende Regierung hat nach außen und im Innern das Zeitalter des Dominates eingeleitet wie ehedem Augustus das des Prinzipats. Für den Unterschied der beiden Regierungsformen ist nichts charakteristischer als die fundamentale Umstellung von der stärker rechtlichen zu der mehr religiösen Bindung der Bürger an den Herrscher, von der Bürgerpflicht zu der persönlichen Devotion der Untertanen.[65] Schon im Prinzipat hatte dies nicht gefehlt; aber es war zunächst nur eine Unterströmung gewesen; erst im Dominat kam es ganz an die Oberfläche. Diesen Prozeß hat die Christianisierung des Kaisertums nicht aufgehalten; sie hat ihm nur die kultische Kulminierung an der obersten Spitze genommen. *Deus et dominus natus* durfte der christliche Kaiser nicht mehr heißen, doch war er wie in der Geburtsstunde des Prinzipates *bono rei publicae natus* = „zum Heil des Staates in die Welt gekommen".[66] Nur war diese Formel durch die unterdessen stark vertiefte Auffassung von dem Kaiser als dem Erlöser und von dem Kaiser als dem Wohltäter der Menschheit religiös viel stärker untermauert und mit anderen Beiwörtern verbunden. Eine Inschrift,[67] die Constantin I. galt, zeigt dies. Sie lautet: *D(omino) n(ostro) Fl(avio) Val(erio) Constantino maximo beatissimo ac supra omnes retro principes piissimo et victoriosissimo semper Augu-*

sto b(ono) r(ei) p(ublicae) n(ato): ,,Unserem Herrn, dem großen Constantin, dem glücklichsten und gemessen an allen früheren Herrschern frömmsten und siegreichsten, dem Augustus, der zum Heil des Staates geboren wurde." Dies ist die Sprache des Dominates, der, im Zwangsstaate groß geworden, jetzt alles religiös einkleidete.

In eine solche Welt wurde Constantin, der Sohn eines mäßig gebildeten Mannes, aber eines Mannes von ausgezeichneter Begabung, und der Sohn einer Frau aus dem Volke, Helena, mit der Constantius Chlorus, wie Eusebius bezeugt, im Konkubinat gelebt hatte, hineingeboren, ,,ein völlig neues Gesicht in der Reihe der römischen Kaiser und endlich wieder ein genialer Mensch".[68] Er hat wie alle Imperatoren der Spätzeit als Offizier begonnen, hat früh taktische Ideen entwickelt und darüber hinaus den kriegerischen Geist der Truppe zu wecken verstanden. Seine Erfolge als Cäsar und als junger Führer der Rheinarmee überragen infolge der glänzenden Menschenbehandlung und Menschenbeherrschung weit die seiner Zeitgenossen. Sie sind aber zum Teil durch furchtbare Härte errungen worden, offenbar mit hervorgerufen durch die Grausamkeiten und Zerstörungen seiner Gegner.

Der Kampf gegen Maxentius im Jahre 312 bedeutete den Wendepunkt im Leben des jungen Offiziers, der sich seitdem als ,,Mann Gottes" mit besonderer Mission betraut fühlte. Ob das Blut der niedriger geborenen Mutter, die er zeitlebens hoch verehrte, in ihm nachwirkte, wer vermag es zu sagen? Die Annahme liegt nahe, daß sich die tiefe Religiosität der einfachen Frau auf den Sohn übertragen hat. Constantin hat durch ihre kaiserliche Bestattung in einem Porphyrsarkophag inmitten einer Grabes-Rotunde (Torre Pignattara) an der Via Labicana bei Rom (Mausoleum der Helena) zu erkennen gegeben, daß die Mutter eine besondere Bedeutung in seinem Leben gehabt hat. Vielleicht kamen von ihr her auch sein sanguinisches Temperament und seine Aufgeschlossenheit gegenüber allen Religionen, ja allem Visionären weit über die damals so gläubig gewordene Umwelt hinaus.

Tatsache ist, daß die größte Tat seines Lebens die Einordnung des bisher so hart bekämpften Christentums in den Staat gewesen ist. Er war ähnlich wie Augustus ein ausgesprochener Kompromißpolitiker und hat wie der Prinzipatsschöpfer 25 Jahre gebraucht, um zu dem großen Ziele seines Daseins zu gelangen: die Kirche in den längst umgeformten augusteischen Staat einzubauen.

Dem äußeren Kampf um das gewaltige Problem entsprach auch ein innerer. Die erste Stufe war der Abfall von dem Vielgötterglauben Roms und – wohl schon in dem Elternhause – die Hingabe an den solaren Monotheismus, der, auf dem Neuplatonismus gegründet, unter Aurelian Staatsreligion geworden war. Der Sonnengott hat unstreitig zuerst den Sieg über Roms Götter in Constantins Seele errungen. Den Kampf mit ihm hat der Sieger von Saxa Rubra, ehe er wirklich Christ wurde, in seinem Innern ausfechten müssen. Bis zum Jahre 324 zeigen seine Münzen deutlich das Bekenntnis auch zu dem Sol Invictus.[69] Bis zu diesem Jahre mindestens reicht des großen Mannes Doppelverpflichtung gegenüber dem Sonnengott und dem Christengott. Wie er sich im Innern mit dieser Zweigläubigkeit auseinandergesetzt hat, wird wohl sein ewiges Geheimnis bleiben. Aber es scheint, daß unter dem Einfluß des Hofbischofs Ossius (Hosius) langsam, aber sicher der Glaube an Christus in ihm gesiegt hat. Des Kaisers Wort an die Bischöfe, daß sie nur „die innerhalb der Kirche" (die Worte sind unbedingt konkret zu verstehen),[70] er aber auch „die außerhalb" als Aufseher (ἐπίσκοπος = Bischof) zu betreuen habe, daß er also gewissermaßen als außerkirchlicher Bischof allen, auch den christlichen Bischöfen übergeordnet sei, hat vielleicht seine Wurzel in dieser Übergangszeit von dem Sonnengott zu dem Christengottglauben, als noch zwei Seelen in seiner Brust miteinander rangen. Aus dieser religiösen Zwiespältigkeit heraus hat der große Staatsmann den für ihn grundlegenden Gedanken konzipiert, daß der Staat der Kirche übergeordnet sei. Dazu hat natürlich auch sein „Auserwähltheits-Anspruch" und seine „Überzeugung, in einem persönlichen Missions- und Erleuchtungsverhältnis zu Gott zu stehen",[71] Wesentliches beigetragen. Schon bei der Übernahme des Vorsitzes auf dem Konzil von Nicäa zeigt sich der christliche Mensch, zugleich aber auch der römische Politiker, dem der Staat über allem steht. Der Zeit der Sonnengott-Mitverehrung entstammt auch mancherlei, das die später gewordene Reichskirche übernommen hat, wie (seit dem Jahre 321) die Heiligung des Sonntags als des „Tages der Sonne"[72] und später – 358 in Rom, im Reich endgültig erst im Jahre 388 – die Festlegung des Geburtsfestes Jesu auf den 25. Dezember, den alten Festtag des Sonnengottes, während bis dahin Epiphanias (der 6. Januar) das „Weihnachtsfest" der alten Kirche gewesen war.

Die Kirche war ausgesprochen schwach gegenüber einem Herrscher, der weit über alle Erwartungen hinaus ihr das Tor zur Welt und zur Herrschaft plötzlich öffnete. Anders wäre es nicht zu verstehen, daß sie einem noch nicht Christ gewordenen Manne die Leitung des nicänischen Konzils überließ, seine Eingriffe in die Debatte duldete und seine Teilnahme an der Festsetzung der Einheitsformel für die Lehre sowie an den inneren Angelegenheiten der Gemeinschaft gestattete,[73] obwohl er nicht die geistlichen Weihen besaß, ja „noch nicht einmal Katechumene war".[74] Das, was man später gern mit dem unglücklichen Ausdruck „Cäsaropapismus" bezeichnet hat, war schon in der Wurzel insofern eine Unwahrheit, als der Cäsar nicht zugleich *papa* war, sondern als weltlicher Fürst nur Aufsichtsrechte beanspruchte.

Immerhin hat es Constantin der anderen Seite leicht gemacht, seine weitgehenden Eingriffe zu ertragen. Der christliche Geist, der neben die antike *humanitas* die Demut, *humilitas,* als Ideal des neuen Menschen gesetzt hat, erfaßte auch früh den „religiösesten Kaiser" *(religiosissimus Augustus)* und gab vor allem seinem Handeln gegenüber den Dienern der Kirche Richtung und Inhalt. Daß das allgemeine Zeremoniell am Hofe, wonach der Monarch sitzt und seine Berater stehen, mit dem Sitzrecht der Bischöfe bei den Synoden in Gegenwart des Herrschers durchbrochen wurde, ist schon erwähnt worden. Die Sitte, daß sich die christlichen Kaiser bei dem Erscheinen von Bischöfen erhoben,[75] geht wohl auf Constantin I. zurück. Darin lag eine Selbstdemütigung des allmächtigen Herrschers, vor dem alle übrigen das Knie zu beugen hatten, die ganz einzigartig war und als Ehrfurcht vor Gott zu werten ist. Wenn Constantin einen Bischof im Briefwechsel als „Mitknecht", „mein geliebter Bruder" anredet und sich als einen von ihnen bezeichnet, so folgt daraus nicht, daß er sich Bischofsqualität zugelegt hat, sondern nur, daß er sich an diese hohe Sphäre heranreichen fühlte.

Seit dem Siege über Licinius nahm Constantin sein persönliches Christentum ernst. Wieweit das schwere Leid in seiner Familie, das bald danach über ihn kam, läuternd gewirkt hat, ist schwer zu sagen. Im Jahre 326 mußte er seinen ältesten Sohn, den Cäsar Crispus – er stammte wie er selbst aus einem vorehelichen Verhältnis, nämlich mit einer gewissen Minervina –, etwas später auch seine Gattin Fausta, des Crispus Stiefmutter, wegen ihres ehebrecherischen Verhältnisses zueinander beseitigen. Wahrscheinlich neigte er unter diesem schweren Lebensschicksal immer stärker zu dem Glauben an den Erlöser. Wie weit er, der sich bekanntlich erst auf dem Totenbett hat taufen lassen, ein wirklich christlicher Mensch geworden ist, darüber gibt am besten die Art und Weise Auskunft, in der er am Ende seines Lebens sein Mausoleum in dem Bezirk der von ihm in Constantinopel erbauten Apostelkirche gestaltet hat.

Wie Augustus scheint er sich schon früh mit dem Gedanken seiner Grabstätte beschäftigt zu haben. Es ist jüngst die Meinung geäußert worden, daß er ursprünglich die Absicht gehabt habe, sich in Rom in dem neben der Basilika zu Ehren der Märtyrer Petrus und Marcellinus errichteten Mausoleum seiner Mutter Helena in einer Familiengrabstätte beisetzen zu lassen.[76] Erst seit der Weihung der neuen christlichen Hauptstadt hat offenbar der andere Plan des Baues der Apostelkirche mit der kaiserlichen Grab-Rotunde Gestalt angenommen. Die Art, in der dieses bis zu seinem Tode noch nicht vollendete Mausoleum ausgeführt wurde, ist bezeichnend für die Denkweise des älter gewordenen Kaisers. Die Verbindung einer Erinnerungskirche für die Apostel Christi mit dem Mausoleum[77] ist sicher der ureigenste Gedanke des Kaisers. Für die Grabstätte muß in der Apostelkirche (auch „Martyrion" genannt), die in basilikalem Stil erbaut war, ein besonderer Bau in Rundform, der in dem Bezirk der Basilika zwischen Atrium und Kirchentür gelegen war, angenommen werden, wie Heisenberg in einer eingehenden Untersuchung nachgewiesen hat.[78] Die merkwürdige Gestalt des Grabbaues und seine Verwendung beschreibt Eusebius mit folgenden

Worten:[79] „Er gab auch den Befehl, dort Gottesdienste zu halten, und er stellte dazu in der Mitte einen Altar auf. Zwölf Grabmäler errichtete er dort wie heilige Stelen zu Ehren und zum Gedächtnis der Apostelschar; mitten unter sie stellte er aber seinen eigenen Sarg, zu dessen beiden Seiten sich je sechs Apostel befanden." Heisenberg folgend hat man bisher allgemein die zwölf Apostel-Kenotaphien als monumentale Sarkophage aufgefaßt. Es handelte sich aber in Wirklichkeit um zwölf Ehrengrabmäler in Gestalt von Grabstelen ganz einheitlicher Formung und Ornamentik, also um etwas Ähnliches wie die mit Mischkrügen gekrönten zwölf Säulen in Christi Grabeskirche zu Jerusalem.[80] Weitere Sarkophage außer dem des großen Toten wurden in dem Mausoleum erst seit seinem Umbau durch den Sohn Constantius II. und nach seiner Umwandlung in ein Grabmal der Dynastie um das Jahr 360 aufgestellt. Denn für das fortgeschrittene christliche Bewußtsein der nachconstantinischen Zeit war es unerträglich, daß das Mausoleum in der ursprünglichen Form „eigentlich noch ein Tempel des Divus Constantinus war".[81] Dafür spricht, daß Constantin im Anschluß an die antike Auffassung von dem „13. Gotte"[82] wenigstens der 13. Apostel sein wollte, was nur die griechische Kirche, die bekanntlich als einzige ihn heilig gesprochen hat, durch die Ehrenbezeichnung „der Apostelgleiche" (ἰσαπόστολος) anerkannt hat.[83] Es war eine Verirrung der Wissenschaft, dem Kaiser unterzuschieben, er habe sich durch den „Dreizehnten" mit Christus in Parallele setzen wollen. Allein die Tatsache, daß sein Grabbau in dem heiligen Bezirk der prächtigen Apostelkirche errichtet worden ist, läßt keine andere Auffassung als die von dem „dreizehnten Verkündiger des wahren Glaubens" zu.[84] Der in der Antike hoch angesehene „dreizehnte Gott" ist hier zu dem „dreizehnten Apostel" geworden: wieder eine abschwächende Umbiegung einer überkommenen Idee in das Christliche. Ohne Zweifel war Constantin durchaus dem antiken Denken verhaftet. Aber wir erkennen hier, daß er im Alter den Schritt zur Christianisierung tief eingewurzelter Ideen und Traditionen getan hat. Die Taufe auf dem Totenbett hat schließlich der Welt verkündet, daß er wirklich Christ geworden ist, der sich nicht ungern auch mit Moses hat vergleichen und sich zwar nicht als Bischof, wohl aber als Stellvertreter Christi *(vicarius Christi)* hat feiern lassen.[85]

Als Staatsmann hatte er einst die henotheistische Glaubensform übernommen. Dann hat das Christentum mit seinen Heilswahrheiten auch den Menschen Constantin erfaßt und stark geformt, obwohl er wahrscheinlich ohne wirkliche religiöse Tiefe war. Höher als der christliche Gottesmann ist der römische Staatsmann in Constantin zu werten. Seine staatsmännischen Qualitäten hat er vielleicht nirgends so eindeutig unter Beweis gestellt wie in dem langsamen und behutsamen Vorwärtstasten bei dem Einbau des Christentums in den Staat. Kein Pfeiler wurde ab- oder eingebaut, ehe nicht die Tragfähigkeit des Ganzen erprobt war; dabei ließ er unter Umständen alte Formen bestehen oder stellte das Neue neben das Alte, um nicht durch überstürzte Maßnahmen im Augenblick der radikalen Umwälzung Unheil zu stiften. Wie als Offizier an Aurelian, so erinnert er als vorwärtstastender Staatsmann gerade in seiner behutsamen Art an Augustus, an den Mann der Tradition mit der Devise: „Spute dich langsam“, und an den Mann der Ehrfurcht vor den geistigen Werten und Bildungselementen seiner Zeit. Dadurch vor allem ist er der Bahnbrecher eines neuen Weltenzeitalters von mehrhundertjähriger Nachwirkung geworden.

Den Staatsmann aber zeichnet zweierlei aus: Wahrhaftigkeit und Gerechtigkeit; darin war er ein echter Römer. Wenn die Geschichte Constantin den Beinamen des „Großen“ gegeben hat, so geschah dies nicht wegen seiner Taten oder Erfolge, sondern weil er bei allen Fehlern und Mißgriffen ein ehrlicher, ein wahrhaftiger Mensch gewesen ist in einer Umwelt, die das Gegenteil von ihm war. Gerechtigkeit hat er von Jugend auf angestrebt. Schließlich pflegte er das Rechtsgefühl in seiner Brust mit einem wahren Fanatismus. Dies zeigt seine gesamte umfangreiche Gesetzgebung, die bei aller Härte der Strafen – es gibt nichts Grausameres als das stark nach dem assyrisch-persischen Vorbild gestaltete byzantinische Strafrecht – neben, wenn auch schwachen, hellenischen Einschlägen bereits die ersten Einflüsse der christlichen Ethik erkennen ließ,[86] so z. B. in dem Sklavenschutz, in dem weiterentwickelt wurde, was Hadrian begonnen hatte, oder in der Linderung des Loses der Gefangenen, in der Humanisierung der blutigen Gladiatorenspiele (Verbot des Kampfes der Gefangenen mit wilden Tieren), in der strikten Durchführung des völkerrechtlichen Grundsatzes, daß die Kriege von der Zivilbevölkerung möglichst fernzuhalten seien. Im übrigen verrät Constantins persönlicher Anteil an dem Gesetzgebungswerk eine auffallende Primitivität des Rechtsempfindens und eine allzu große Leidenschaftlichkeit im Denken und Handeln, eine Leidenschaftlichkeit, die sich mit einer unparteiischen Rechtsprechung nicht vereinbaren läßt. Überall bricht immer wieder durch, daß er kein italischer, sondern ein balkanischer Römer war. Dies wird auch in den Schattenseiten seiner glanzvollen Regierung offenbar. Die steuerliche Überbelastung der Untertanen drückte schwer auf die produktiven Kreise der Bevölkerung. Trotz aller Gesetze Constantins gegen die Verwaltungskorruption gedieh diese doch infolge der Günstlingswirtschaft am Hofe.[87] Schlimm war auch die Verschwendungssucht des Kaisers selbst. Sie wurde gern umgebogen in die Tugend der Freigiebigkeit, die zu den Kardinaltugenden des Herrschers zählte.[88]

Aber immerhin stand dem großen Staatsmann über allem die Res publica. Er, der in der kulturell höheren Sphäre des Ostkaiserhofes großgeworden war, hat gegenüber der Unbildung, die das Kaisertum des dritten Jahrhunderts unter der Herrschaft von Nur-Militärs schließlich kennzeichnete, ein gewisses Maß von Bildung als unbedingt notwendig erachtet. Er hat daher dem Geistesleben des Imperiums in seiner Weise wieder Verständnis und Förderung zuteil werden lassen. Constantinopel bekam eine Hochschule[89] und eine wissenschaftliche Bibliothek, die natürlich beide nicht das gleiche Ausmaß und die gleiche Bedeutung wie die berühmten hellenistischen Vorbilder hatten. Wie alles war auch diese Seite von Constantins Tätigkeit auf den Staat und auf die Reichs- sowie auf die Kaiseridee hin orientiert. Für den Neurömer des Ostens verflachte sich der Begriff der alten Humanitas zu dem der praktisch-philosophischen und rhetorischen Bildung, wie sie der Beamte des Zwangsstaates benötigte. Nach der Bildungs-Abgewandtheit der vorangegangenen Epoche, in der nur noch einzelne ganz Große wie Plotinos und Origenes originelles Denken vertreten hatten, war dieses nur dem Staate dienende Erziehungswesen schon ein wesentlicher Fortschritt, wenn auch nur eine gewisse allgemeine Bildung ohne besonders hohes Niveau erreicht wurde. Immerhin hatte man sich endlich wieder zu dem richtigen Gedanken durchgerungen, daß sich ein Staat, der Bildung und Wissenschaft nicht förderte, zumal ein Staat, der eine so gewaltige Erbmasse griechischen und lateinischen Geistesgutes zu verwalten hatte, die Wurzeln seines Daseins selbst durchschnitt. Der Anteil Constantins I. an dieser geistigen Reaktion des vierten Jahrhunderts gegen die Barbarei des vorangegangenen darf nicht unterschätzt werden.

Daß er die Bedeutung einer gründlichen geistigen Schulung der Jugend erkannt hat, geht auch daraus hervor, daß er für die Erziehung seiner Söhne die hervorragendsten Lehrer der einzelnen Wissensgebiete heranzog und daß er selbst die Unterweisung in der eigentlichen Herrschertätigkeit übernahm. Daß damit bei den Söhnen nicht mehr erreicht worden ist, hängt nicht etwa mit einem Unvermögen des fürstlichen Erziehers, sondern lediglich damit zusammen, daß da, wo wenig vorhanden ist, auch durch die beste Schulung nichts erreicht wird.

Das Konzil von Nicäa und die Gründung von Constantinopel stehen an der Pforte der neuen Zeit, die jetzt beginnt. Für ihre Gestaltung hat Constantin unendlich mehr beigetragen als Diokletian, der in so vielem, auch menschlich, ganz anders geformt war.[90] Daß das religiöse Denken der Menschheit gegen früher oberflächlicher geworden ist, ist nicht Constantins Schuld. Das liegt in der Zeit. Aus dem Polytheismus des vorangegangenen Jahrhunderts wurde über schwere Widerstände hinweg der Monotheismus. Aber es war ein Unglück, daß dieser Monotheismus sofort auch zur Uniformität strebte auf einem Gebiete, das von Natur aus so schwierig ist wie kein anderes, weil jeder Mensch sein Verhältnis zu Gott und zum Tode von sich aus suchen muß. Der Zwangsstaat, der damals alles beherrschte, siegte auch über die Seelen und Gewissen der Menschen. Die intolerante Orthodoxie ist das letzte und das am schwersten wiegende Erbteil, das Europa dem Zwangsstaate der Antike zu verdanken hat.

„Es war wahrhaftig kein alltäglicher Mensch, für jeden Forscher der europäischen Geschichte unentrinnbar",[91] der diesen Tribut dem größten Glaubenszeitalter der Menschheit gezollt hat. Er hat eine Unzahl äußerer und innerer Siege errungen, aber einen Menschen hat er nicht besiegt: Athanasios, den größten Kirchenmann und Gegenspieler der Staatshoheit, ehe die großen mittelalterlichen Päpste von Rom auf Erden erschienen sind. In der Stunde, in der der Staat dem religiösen Problem der Zeit gegenüber die höchste Kraft entfaltete, hat auch die Kirche den Gottesstreiter hervorgebracht, der sofort den Kampf um den Glauben in einem Kampf um die Macht gewandelt und für die spätere vorübergehende Priesterherrschaft über Europa die Bahn frei gemacht hat.

Das gewaltige Tun Constantins I. war unstreitig getragen von der christlichen Ideologie, wie sie vor allem sein ausgezeichneter Apologet und Historiker Eusebius von Cäsarea dargestellt hat. Sein „großartiges christliches und römisches Geschichtsbild"[92] ist nicht denkbar ohne die gewaltige Geistesarbeit des Alexandriners Origenes, der wie Plotinos ein Schüler des Ägypters Ammonios Sakkas war. Origenes' Scheidung des Christentums von dem Judentum, seine Platonisierung des Christentums bei gleichzeitiger Anerkennung der jüdischen Leistung in der Vergangenheit für die richtige Gottesschau, ferner Origenes' Universalisierung des neuen Glaubens unter positiver Einstellung zu dem Römerreich (dessen politische Einheitswirkung wird als Hilfe bei der Ausbreitung des einen Glaubens betrachtet[93]) sind die Grundgedanken, auf denen Eusebius seine Werke, die „evangelische Beweisführung" *(demonstratio evangelica)* und die „Kirchengeschichte" *(historia ecclesiastica)*, aufgebaut hat.[94] Die Tatsache, daß der größte Staat der Zeit und die universale Religion zueinander fanden, hat also die Wissenschaft vorweggenommen. Constantins befreiende Tat liegt somit im Zuge der Zeit. Große Männer geben oft nur den vorhandenen Strömungen Richtung und Ziel. Wenn nicht das Hellenentum den römischen Staat und die christliche Religion einander näher gebracht hätte, wäre wohl die Tat des „Umstürzers" nicht so schnell und so vollendet gelungen. In Origenes' Logoslehre wirkte noch einmal Platon, der wie überall und zu jeder Zeit so auch hier in Europas geistiger Gestaltung den ersten Platz einnimmt. Origenes hat das Christentum durch die Gleichsetzung des Gottessohnes mit dem Logos zu seiner geschichtlichen Mission in dem neuen „Kontinent" befähigt: „Die Menschheit Jesu nähert sich immer mehr dem göttlichen Wesen und wird nach der Auferstehung völlig eins mit dem Logos."[95] Das ist im Grunde platonische Ideenlehre, die von Origenes ins Christliche übersetzt wurde. Seitdem war das Christentum auch ein Stück des Hellenentums und stand neugekräftigt da. „Die Staatsklugheit des Constantin aber erkannte, daß dem geretteten Reichskörper vor allen Dingen innere Ruhe zur Gesundung und Kräftigung nötig sei, und so ließ er das Christentum im Reiche oder das Reich im Christentum aufgehen."[96]

Die Geschichte des christlichen Kaiser-Universalreiches hat nach dem Vorbilde des heidnischen Alexanderreiches begonnen und begleitet uns bis zum Ende des tausendjährigen Weltentages; von hier an geht es in zwiefacher Form als griechischer und römischer Katholizismus in die Geschichte Europas ein. Augustus hat die römische Republik überwunden und den Prinzipat geschaffen. Constantin hat den antiken Polytheismus beseitigt, dem Christentum den Weg zur Staatsreligion gebahnt und dadurch den Dominat verchristlicht. Welches war wohl die größere Tat? Wenn man den aus dem neurömischen Staat entstandenen byzantinischen dazu rechnet, war Constantins Neuschöpfung in ihrer Fernwirkung noch viel größer als die des Augustus. Wieder hatte ein Großer der Welt die Richtung gewiesen. Nicht in dem Prinzipat des Augustus, sondern in diesem letzten Reich der Römer, wie es die Spätantike zurückgehend auf Alexander d. Gr. weitergeformt hat, wurzeln die Herrscher des Morgenlandes und des Abendlandes, oder sie knüpfen wenigstens daran an bis hin zu dem deutschen Kaisertum der Franken, Sachsen und Staufer und ihrem großen Gegenspieler, dem Papsttum.

3

Rom bis zur „Reichsteilung". Julians altgläubige Reaktion, lateinische Restauration der Valentinianer, Theodosius d. Gr.: Vollendung der Orthodoxie. Wiederaufstieg der Neuperser und der mazdaistischen Staatskirche

(337–395 n. Chr.)

Zum drittenmal waren zwei Große über die Weltenbühne geschritten. Zum drittenmal trat die furchtbare Leere ein, als der Tod den noch im besten Mannesalter stehenden Constantin I. hinwegraffte. Er hat nicht wie Augustus einen Tiberius zum Nachfolger gehabt. Durch Hereinnahme seiner drei Söhne und seines Neffen Dalmatius als Cäsaren in die Regierung entstand ein vierköpfiges Familienregiment. Dadurch wurde eine Dynastie geschaffen, in der die leiblichen Verwandten sich schlechter bewähren sollten als der Stief- und Adoptivsohn des großen Augustus. Die Dynastieschöpfungen im Prinzipat hatten alle ein schlimmes Ende genommen. Je weiter die Zeit fortschritt, um so entarteter zeigten sich die leiblichen Söhne. Im Dominat sollte es noch schlechter gehen. Selten aber ist wohl der Abstand der Söhne von dem Vater in geistiger und moralischer Hinsicht größer gewesen als in dieser „zweiten flavischen Dynastie".

Constantin I. hatte zur Zeit der gemeinsamen Regierung mit Licinius am 1. März 317 seine beiden Söhne, die Halbbrüder Crispus und Constantin, zu Cäsaren ernannt und damit gezeigt, daß er die Nachfolger wie einst Septimius Severus in der Familie suchte. Dann war Crispus im Jahre 326 wegen der mit seiner Stiefmutter begangenen Freveltat beseitigt worden. Aber es waren nun die Söhne der Fausta hinzugekommen, so daß schließlich drei Cäsaren aus der eigenen Familie vorhanden waren: Constantin II., Constantius II. und Constans. Um die Vierzahl voll zu machen, wurde noch

Dalmatius, der älteste Sohn seines ältesten Halbbruders Flavius Dalmatius, unter die Cäsaren aufgenommen. Schon bei Lebzeiten des Herrschers waren die vier mit der Verwaltung von Reichsteilen betraut worden:[1] Constantin II. war an die Stelle des Crispus gerückt und hatte die Leitung der Westländer übernommen, Constantius II. den Osten, Constans Italien und seine Nebenländer, Dalmatius Teile des Balkans. Des Cäsars Dalmatius bedeutenderer Bruder Hannibalianus war mit des Kaisers ältester Tochter Constantia vermählt worden, blieb aber außerhalb der Cäsarenreihe und fand als Sonderherrscher *(rex)* Armeniens und der angrenzenden östlichen Randstaaten Verwendung.

Constantins letzter Wille war es augenscheinlich, daß die vier Cäsaren ihm nachfolgen sollten und da, wie es scheint, nichts anderes verfügt war, offenbar alle vier in der gleichen Rangstellung, d. h. als Augusti. Diokletians Tetrarchie lebte also in Form eines Familienregiments wieder auf, aber ohne die Abstufung in Augusti und Cäsares. Trotz der schlechten Erfahrung, die der alte Kaiser mit der Mitregentschaft des Licinius gemacht hatte, ließ er das Prinzip der Alleinherrschaft, kaum errungen, wieder fallen, beging also die Unklugheit der Preisgabe rein monarchischer einheitlicher Führung zum zweitenmal, und zwar in noch schlimmerer Form. Denn von einer geplanten Oberleitung in dem Kaiserkollegium durch den ältesten Sohn war nicht die Rede. Hier stehen wir vor einem Rätsel ähnlich dem am Lebensende des Augustus, als dieser Livia zur Augusta erhob.

Wie kam Constantin I. zu seiner Lösung? Ihm mußte doch bekannt sein, daß vier Nullen keine eins ausmachen und daß eine falsche Maßnahme, selbst wenn zum zweitenmal getroffen, keine Besserung bringt. Am merkwürdigsten war die Erhebung des Dalmatius zum vierten Cäsar. War es die Macht der diokletianischen Tetrarchie, die da mitwirkte? Oder war es das Territorialprinzip, das sich aus dem Mehrprinzipat längst entwickelt hatte? Ehedem hatte die Überlastung des einen Prinzeps, die die Leitung des Großreiches mit sich brachte, die Doppel- und Mehrprinzipatsform geschaffen. Dann hatte die Mehrköpfe-Herrschaft eine immer stärkere Reichsgliederung zur Folge gehabt, unter Diokletian schließlich in vier Reichsteile.[2] Jetzt scheint vielleicht umgekehrt die Schöpfung der vier Reichsverwaltungskörper unter *praefecti praetorio* das Vierkaisertum hervorgebracht zu haben. Mit anderen Worten: die Verwaltungserfordernisse siegten über die Einheitlichkeit der Reichsführung. Das Ganze war nur noch eine große Administrations-Maschinerie. Der Reglementierer aus Dalmatien hat vielleicht doch tiefere Spuren hinterlassen, als man auf den ersten Blick glauben möchte.

Als Constantin am Pfingstsonntag 337 bei Nikomedien (Ismid) starb, weilten die vier Cäsaren in ihren Reichsteilen. Nur Constantius, der Herr des Ostens, eilte sofort nach Constantinopel. Groß und echt war die Trauer um den dahingeschiedenen neuen Staatsschöpfer. Die Leiche wurde von dem Sterbeort nach Constantinopel in den Kaiserpalast überführt. Bei dem in einem goldenen Sarg aufgebahrten großen Toten in Purpur und mit dem Diadem auf dem Haupte hielten Soldaten die Totenwache. Die zur Proskynese zugelassenen Beamten und Senatoren erwiesen ihm täglich ihre kniefällige Verehrung.[3]

Aber noch angesichts des großen Toten trennten sich die Wege des altgläubigen Rom und des neugläubigen Constantinopel. In Rom entsprach der Senat dem bei Lebzeiten nicht ausgesprochenen, aber in manchem wohl erkennbaren Wunsch des Dahingegangenen und nahm die Apotheose vor, allerdings in Formen, die das christliche Empfinden zu schonen bemüht waren. So wurde z. B. das eigentliche Symbol der Apotheose, der Scheiterhaufen, auf den Konsekrationsmünzen weggelassen. Dagegen aber ist das Viergespann *(quadriga)* auf ihnen dargestellt, auf dem der Sonnengott und die altgläubigen Kaiser einst zum Himmel gefahren waren, eine Vorstellung, die auch den Christen durch die Himmelfahrt des Elias geläufig war.[4] In Constantinopel wurde die Leiche nach der Ankunft des Constantius in feierlichem Trauerzug in die Apostelkirche gebracht. Nach der Erfüllung des heidnischen Zeremoniells im Palast fand in der Kirche die christliche Trauerfeier für den „apostelgleichen" Kaiser statt.[5] Dabei zog sich Constantius mit den Soldaten zurück und überließ den Priestern und den Gläubigen die Totenfeier in einer bis dahin noch nicht dagewesenen Form. Eusebius' Betonung von Constantius' Fernbleiben von dieser Feier hat man mit Recht als ein Zeichen der „Unsicherheit" angesehen, „mit der man dieser völlig neuen Situation der Beisetzung des ersten christlichen Kaisers gegenüberstand".[6]

Das christliche Gebet, überhaupt der christliche Ritus der Totenfeier leitete die Beisetzung des Kaisers als des dreizehnten Apostels in dem noch nicht ganz vollendeten Mausoleum ein. So begleitete die heidnisch-christliche Zwiespältigkeit den Kaiser bis in sein Grab. Daß Constantin gleichzeitig ein Divus wie die altgläubigen Kaiser in Rom und der „Apostelgleiche" in Constantinopel sein konnte, ergab sich daraus, daß der große Herrscher nur von der griechisch-orthodoxen Kirche unter dem neuen Beinamen heilig gesprochen worden ist. Das alte Rom, das den Kaiser divinisierte, ging eigene Wege. In dem Augenblick, in dem das neurömische Reich mit der Hauptstadt im Osten und mit der Leiche des Staatsgründers in ihren Mauern errichtet wurde, war der Gegensatz zu der tausend Jahre älteren Schwester in Italien gegeben. Das christliche Kaisertum hatte seine Pflanzstätte im Osten, Rom aber, das schließlich der Sitz des Papsttums wurde, blieb länger heidnisch.

Sicher war das neue Zeremoniell in der Apostelkirche stimmungsvoll. Aber was außerhalb der Kirche folgte, war orientalisch-heidnisch mit all jenen Grausamkeiten, wie sie der Alte Orient seit Jahrtausenden bei Thronwechseln nur allzuoft gesehen hatte. Unter Constantius' Augen und mit seiner offenbaren Duldung haben nämlich die aufständisch gewordenen Hoftruppen auf das falsche Gerücht hin, der alte Kaiser sei von Constantius' höher geborenen Brüdern vergiftet worden, den als Nachfolger in der Herrschaft mit vorgesehenen Neffen des Verstorbenen, Dalmatius, sowie seinen Vater und Constantins zweiten Bruder Julius Constantius, den Vater der allein übriggebliebenen Prinzen Gallus und Julianus, sowie viele mißliebige Personen des Hofes, darunter den Prätorianerpräfekten Ablabius, kurzerhand in einem furchtbaren Blutbad beseitigt. Das Heer hat also den dynastischen Gedanken reiner zur Geltung gebracht wissen wollen als der dahingegangene, von ihnen hochverehrte Senior des Geschlechtes, der sie einst von Sieg zu Sieg geführt hatte. Dies ist der Anfang der blutigen Dominatsepoche. Er hat die in Aussicht genommene Familien-Tetrarchie unmöglich gemacht und zu der in der Geschichte des Prinzipats wie in der des Dominats gleich ungewöhnlichen Herrschaft dreier Kaiser – wenigstens für kurze Zeit – geführt.

Aber vorher hat nach dem Willen der Armee gewissermaßen der Tote noch eine Zeitlang das Reich weiterregiert, d.h. es trat wie nach Augustus' Tod eine Art von Interregnum ein, und zwar bis zum 9. September des Jahres 337. An diesem Tage wurden die drei Söhne Constantins I. zu Augusti ausgerufen und von dem römischen Senat bestätigt. Eine Verwaltungs-Dreiteilung statt der bisherigen Vierteilung war seit dem Herbst des Jahres 337 die Folge. Constantin II. behielt das Westreich und Constantius II. das Ostreich einschließlich der thrakischen Diözese. Constans dagegen bekam das „Reich der Mitte", aber, da er erst vierzehn Jahre alt war, unter der Vormundschaft und der Aufsicht des ältesten Bruders. In dieser Beziehung war also der älteste Sohn bevorzugt gegenüber dem zweiten. Im übrigen wurde das Reich in der freieren Form geteilt, wie dies einst zwischen Constantin I. und Licinius vereinbart worden war. Doch erstreckte sich das Gesetzgebungsrecht des Westkaisers auch auf den mittleren Reichsteil, vielleicht hatte er auch hier allein das Recht, die höchsten Beamten zu ernennen. Insofern steht hinter dem durch das Wüten der Soldateska geschaffenen ungewöhnlichen Dreikaisertum bereits ein Doppelreich, in dem der in einen schweren Perserkrieg verwickelte Constantius II. gegenüber dem älteren Bruder benachteiligt war.

Das Schlimmste war, daß die Söhne noch zu jung waren für die großen Aufgaben, die ihnen in dem eben erst christianisierten Reich gestellt waren. Im Gegensatz zu dem Prinzipat geriet so der Dominat ohne eine Regierung, wie die des Tiberius einst gewesen war, sogleich in die Hände geistig unzulänglicher, gemessen am Vater moralisch nicht sehr hochstehender Jugendlicher. Alles war zudem noch komplizierter als ehedem, sowohl außen- als auch innenpolitisch. Außenpolitisch durch die dauernde Germanen- und Persergefahr, also durch eine Bedrohung des Reiches gleichzeitig von Norden und von Osten her. Innenpolitisch, weil das politische und soziale Leben in dem Zwangsstaat infolge der großen religiösen

Gegensätze immer schwieriger wurde. Der dahingegangene alte Kaiser war sich all der Schwierigkeiten wohl bewußt gewesen und hatte versucht, durch eine Politik des Ausgleichs und der Milde auch auf religiösem Gebiete vorwärtszukommen. Den Söhnen fehlte jede Erfahrung. Sie verfuhren daher ohne tiefere Kenntnis der Zusammenhänge in einer fast täppischen Art und Weise. Auch hatten sie allerlei Passionen und Liebhabereien, die sie höher schätzten als die Staatskunst. Der Jüngste, Constans, war offenbar begabter, auch energischer als die Brüder, aber er lebte, was bei seiner Jugend verständlich war, mehr dem Sport (Jagen und Turnen) als den Staatsgeschäften.

Constantin II. brach schon vor seiner Augustus-Proklamation mit seines Vaters Kirchenpolitik: er befreite Athanasios aus seinem Exil in Trier, setzte den in seiner Lehre wie in der Verdammung seiner Gegner gleich starren Kirchenmann in sein alexandrinisches Bischofsamt wieder ein und amnestierte viele seiner Glaubensgenossen. Constantin I. hatte ganz richtig in dem alexandrinischen Kirchenfürsten, der alle ägyptischen Bischöfe beaufsichtigte und großes Ansehen in der gesamten östlichen Kirche genoß, den größten Hemmschuh seiner auf Ausgleich und Einheit gerichteten Bestrebungen gesehen. Vielleicht wollte der Sohn bei seinem offensichtlichen Streben nach der Vorherrschaft über das Gesamtreich sich den streitbaren Mann verpflichten. Während der kluge Vater zeit seines Lebens die Bischöfe beherrscht hatte, gerieten die Söhne bald unter den Einfluß der verschiedenen Kirchenparteien. Athanasios aber entwickelte nach der Rückkehr sein Bistum zu einer Art von ägyptischem Kirchenstaat, nicht ohne blutige Tumultszenen. Die Rivalität Roms und Alexandreias, schon lange Zeit im alten Staat des Prinzipates vorhanden, entbrannte jetzt in der Kirche für die Zeit von über hundert Jahren in verstärktem Maße.

Zu alledem kam noch ein Bruderstreit zwischen den beiden Westkaisern. Schon im Jahre 339 wurde Constans von ehrgeizigen Männern seiner Umgebung dazu verleitet, sich gegen seinen Bruder Constantin II. zu erheben. Zu Beginn des Jahres 340 kam es zum Kampfe zwischen beiden. Constantin II. wollte nach seinem Einmarsch in Italien dem Constans den Rückweg nach Rom versperren, der gegen die neuerlich in das Reich eingefallenen Sarmaten focht und in Illyricum weilte, verlor aber bei Aquileia (April 340) die Schlacht und sein Leben. Constans vereinigte nunmehr den gesamten Westen mit dem größten Teil des Balkans in seiner Hand, d.h. fast zwei Drittel des Reiches, während Constantius II. weder Landentschädigung noch Unterstützung in dem Perserkriege erhielt. Die bisherige Reichs-Dreiteilung blieb bis zum Jahre 395 bestehen. Aus Gründen der Verwaltung wurden die drei Reichspräfekturen beibehalten. Politisch dagegen war das Imperium in dem Jahrzehnt 340–350 wieder ein Doppelreich unter zwei leiblichen Brüdern, die sich zwar beide als Christen fühlten und dem alten Glauben viel schärfer entgegentraten als der Vater, die aber menschlich, wie das so oft bei Brüdern vorkommt, grundverschieden waren.

Außenpolitisch übernahm Constantius II. als der Ostkaiser den Kampf gegen die Perser, Constans im Westen den gegen die Germanen. Der schwierigere Teil fiel dem älteren Bruder zu. Die Erbfolge der beiden waren ungleich. Das Perserreich, durch Constantins I. Tod vor dem schwersten Schlage bewahrt, begann wieder stärker expansiv zu werden. Der befähigte Schapur II., der fast siebzig Jahre regierte (310–379), stand während seiner Minderjährigkeit unter der Leitung seiner Mutter, war aber jetzt volljährig und sehr tatendurstig. In seinem Reiche kam es zu schweren Christenverfolgungen, die zu Verwicklungen führten, die sich in Armenien, ja bis nach Rom hin auswirkten. Ihrer konnte Constantius II. trotz jahrelanger Kämpfe nicht Herr werden. Es war ein Unglück, daß dem Sohne für diesen Kampf nicht wie dem Vater die Wehrkraft des Gesamtreiches zur Verfügung stand. Die Folge war, daß das für die Lösung dieser großen Aufgabe unzureichende Ostreich in die Defensive gedrängt wurde.

Erst nach schweren Anstrengungen gelang es, die Provinz Mesopotamien und vor allem die auch als Handelsplatz so wichtige Hauptgrenzfestung Nisibis zu sichern. Aber in den hin und her wogenden Kämpfen erlitt das kaiserliche Heer mehrere Niederlagen, obwohl die Armee durch Goten verstärkt und die Reiterei nach persischem Vorbild umgestaltet worden war (Eisenpanzerung). Erst im Jahre 350 hörte der persische Ansturm eine Zeitlang auf: Nordvölker vom Kaukasus und von den Gestaden des Kaspischen Meeres waren wieder einmal in Iran eingefallen und lähmten die persische Offensive. Aber Schapur II. gelang es schließlich, Bündnisse mit den Chioniten und den Saken (in Sakastan) abzuschließen.[7]

Constans war in seinen kriegerischen Unternehmungen glücklicher als der Bruder. Er kämpfte mit Erfolg gegen die Alamannen und Franken. Schon im Jahre 342 konnte er ohne große Kriegsanstrengungen Frieden mit den Franken schließen und im Winter 342/43 nach Britannien hinüberfahren.[8] Aber im Innern machte er sich durch die strenge Disziplin in dem zuchtlos gewordenen Heere und bei der Zivilbevölkerung durch sehr harte finanzpolitische Maßnahmen verhaßt. Bei seiner sportlichen Einstellung hatte er eine große Vorliebe für die Germanen, deren Größe und Kraft ihm imponierten.

Am 18. Januar 350 wurde er das Opfer eines höheren Offiziers, der mütterlicherseits aus fränkischem Blute stammte, des Flavius Magnus Magnentius.[9] Er stürzte den jungen Kaiser bei einem Festmahl in Augustodunum (Autun) und ließ ihn auf der Flucht umbringen. An Stelle der vielen illyrischen Herrscher und Gegenkaiser im dritten Jahrhundert begann jetzt die Reihe der germanischen Usurpatoren im Römerreich. Sie waren keineswegs mehr mit Rom so verbunden, wie es die Pannonier gewesen waren.

Die Untat an dem Bruder zwang Constantius, neben dem langwierigen äußeren Krieg einen inneren zu führen, d. h. nach Westen zu ziehen, um den Magnentius zu beseitigen. Auf dem Marsche dorthin erhob er, da er in zwei Ehen kinderlos geblieben war, am 15. März 351 in Sirmium seinen damals 25jährigen Neffen Gallus, Julians Bruder, einen völlig ungeistigen und brutalen Menschen, zum Cäsar und vermählte ihn mit seiner Schwester Constantia, der Witwe Hannibalians, die sich ebenfalls als recht gewalttätig entpuppte. Nach Antiocheia als Platzhalter des abwesenden Augustus gesandt, bewährte sich Gallus in keiner Weise.

Obwohl Magnentius im Westen die besitzenden Kreise durch

Steuern schwer belastete, fiel ihm das ganze Reich des Constans außerhalb des Balkans zu. Nur in Rom selbst errichtete Constantius' Vetter Nepotianus (ein Sohn von Constantins I. Halbschwester Eutropia) ein Gegenregiment zugunsten der Dynastie; er wurde aber schnell überwältigt. Unter diesen Umständen war es ein großes Glück für Constantius, daß der alte Heermeister von Illyricum Vetranio, der von Constantia bewogen am 1. März 350 den Purpur genommen hatte, obwohl von beiden Parteien umworben, sich schließlich auf die Seite des einzigen noch lebenden Constantinssohnes schlug. Er erkannte Constantius als Oberkaiser an und trug deshalb nicht das Diadem, sondern nur den Lorbeerkranz, das Abzeichen des rangzweiten Augustus in der damaligen Zeit.[10] Er übergab sein Heer dem legitimen Herrscher und verstärkte dadurch dessen Schlagkraft gegen Westen.

Magnentius machte mehrfach große Anstrengungen, um auch seine Anerkennung bei Constantius durchzusetzen. Es gelang ihm nicht. In der blutigen Schlacht bei Mursa (Pannonien) siegten am 28. September 351 mit dem letzten übriggebliebenen Constantinssohne nicht nur die legitime Dynastie, sondern auch das Römertum und Christentum über die germanischen Heerscharen des altgläubig gebliebenen Magnentius. Der geschlagene Gegner mußte nach Westen flüchten. Constantius verfolgte ihn zunächst nach Norditalien, wo sich Magnentius bei der feindlichen Stimmung der Bevölkerung nicht halten konnte. Nach seiner Niederlage ging der Usurpator nach Gallien, wo er am 10. August 353 in Lyon Selbstmord beging. Einige Tage später tötete sich auch sein Sohn, der unterdessen zum Cäsar ernannte Decentius. Seit diesen Tagen war Constantius Alleinherrscher des Gesamtreiches.

Die Doppelregierung mit dem Bruder und die jetzt beginnende Zeit der Alleinherrschaft des Constantius II. befaßte sich vor allem mit der Religionspolitik, die aber gegenüber der des Vaters immer unglücklicher wurde. Athanasios' Rückkehr nach Alexandreia hatte den Ostkaiser, der selbst zum arianischen Bekenntnis neigte, zu harten Maßnahmen gegenüber den Unruhen veranlaßt, die durch die Wiedererrichtung athanasianischer Bistümer entstanden waren. Schließlich wurde Athanasios abermals abgesetzt. Er floh wiederum nach dem Westen, und zwar diesmal zu Bischof Julius I. von Rom. Dieser wie der Westkaiser machten seine Sache zu der ihrigen. Eine nach Serdica (Sofia) im Herbst 343 einberufene Reichssynode, die vermitteln sollte, hatte nicht den gewünschten Erfolg. Vielmehr mußte Constantius, um einen Bürgerkrieg zu vermeiden, die abermalige Rückkehr des Athanasios nach Alexandreia gestatten, in das der streitbare Kirchenfürst am 31. Oktober 346 einen triumphalen Einzug hielt. Seine Richtung hatte auf der ganzen Linie gesiegt. Die Arianer spalteten sich in zwei Lager, in das der „Semiarianer" und in das der Radikalen um Eunomios, die nach wie vor die völlige Wesensverschiedenheit von Gott-Vater und Sohn vertraten.

Constans bekämpfte, wie sein Vater, die afrikanischen Donatisten. Sein Vorgehen war aber ohne Erfolg. Die religiöse Bewegung war längst wirtschaftlich und völkisch untermauert und dadurch ungemein gestärkt worden. Das offizielle Christentum, wie es jetzt der Staat anerkannt hatte, war seiner Entstehung gemäß eine Städtereligion; auf den Städten aber ruhte das Reich, zumal das neurömische, das den lateinischen Geist und die lateinische Sprache betonte. Dagegen erhoben sich das bäuerliche Element und die Eingeborenen. Auch bei der Donatisten-Bewegung handelt es sich um einen Kampf der „Pagani" (= Bauern, ein Wort, das in der Spätsprache soviel wie „Heiden" bedeutete) gegen die romanisierten Städte. Dies war besonders verständlich in Nordafrika, in dem die Urbanisierung während der Kaiserzeit seit den Severern geradezu beängstigend schnelle Fortschritte gemacht hatte.[11]

Constans' Nachfolger im Westen, der altgläubige Magnentius, suchte bei seinem Kampfe gegen den legitimen Throninhaber mit Athanasios in Verbindung zu treten und auch sonst die Geister gegen das Arianertum mobil zu machen. Aber nach seinem Sturz infolge der verlorenen Schlacht bei Mursa und durch Constantius' Machtübernahme auch in dem Westen bekam das Arianertum wieder Oberwasser. Auf den Synoden von Arles (353) und von Mailand (355) wurde sein Sieg in jeder Beziehung bestätigt. Doch gleichzeitig wurde die Herrschaft der weltlichen Gewalt über die Kirche in einer Weise betont wie noch nie zuvor. Der römische Bischof Liberius (352–366), der sich wie andere der Verurteilung des Athanasios widersetzte, wurde kurzerhand verhaftet und Ende des Jahres 355 für drei Jahre nach Thrakien in die Verbannung geschickt. Infolgedessen erwachte die Opposition der rechtgläubigen Bischöfe und gewann eine ungeahnte Stärke; sie traten für die Freiheit der Kirche und des Glaubens ein. Die kaiserliche Theokratie und die kirchliche Opposition haben somit eine Geburtsstunde: „sie sind feindliche Zwillinge".[12] Constantius hat daraufhin durch Verwässerung der nicänischen Glaubensformel den Gegensatz der beiden feindlichen Lager im Christentum auf den Synoden von Sirmium (357) und von Ariminum (359) zu überbrücken versucht und sich schließlich dem Wahn hingegeben, wie die Reichseinheit, so auch die Kircheneinheit wieder hergestellt zu haben.

In Wirklichkeit aber haben gerade die damaligen religiösen Kämpfe zu einer wachsenden Entfremdung von Ost- und Westrom wesentlich beigetragen. Damals ist der erste Schritt auf dem Wege, der zu der späteren Trennung der griechischen Kirche von der lateinischen führte, getan worden. Wilhelm Schubart hat den Gegensatz glänzend formuliert:[13] „So gut wie alle großen Theologen, die an den Lehrfragen mitgearbeitet haben, gehörten zum östlichen, griechischen Bereich der Kirche; die großen Synoden fanden im Osten statt und wurden weit überwiegend von östlichen, griechischen Bischöfen besucht. So gut wie nichts hat die Kirche des Abendlandes zum Ausbau der Lehre beigetragen: Dogmatik und Philosophie lagen ihr fern. Sie blieb auf dem Glauben der Anfänge stehen und empfand kein Bedürfnis, in die Tiefe und Höhe der Gottheit einzudringen. Dem Forschen und Suchen des griechischen Geistes war der nüchterne Wirklichkeitssinn des Römers abgekehrt, und römisch geprägt war die ganze westliche Kirche. Nicht ob die Erlösung aus dem Wesen Gottes erklärbar und möglich sei, wollte sie wissen, sondern wie der Mensch sie sich aneignen könne; auch Augustin ist nicht darüber hinausgegangen. Daß die Kirche des Ostens sich von der des Westens löste und auch weiterhin alle Versuche der ‚Union' scheiterten, beruht auf dem tiefen Unterschied griechischen und römischen Wesens; *der Christ des Gedankens und der Christ der Tat fanden nicht zueinander.*"[14]

Im Osten, und zwar in Ägypten, war außerdem eine ganz andere

Bewegung als Reaktionserscheinung gegen die schnelle und dauernde Anpassung der Kirche an die Staats- und Gesellschaftsordnung der Zeit von unten her emporgekommen: das Mönchtum. Es hat wahres Christentum – wie zuerst der heilige Antonius in der Wüste – in der Einsamkeit und in strengster Weltflucht gesucht:[15] eine neue orientalische Welle in dem unterdessen griechisch umgebildeten neuen Glauben, die dem Ostchristentum bis heute einen ganz besonderen Stempel aufgedrückt hat.[16]

Die Religionspolitik der Constantinssöhne wurde aber vor allem bestimmt durch den – an der vorsichtigen Politik des Vaters gemessen – viel offeneren und härteren Kampf gegen den alten Glauben. Schon im Jahre 341 ergingen durch Constans das Verbot der heidnischen Opfer und das Gebot der Schließung der Tempel. Der Erfolg war wiederum mangelhaft, zumal die kaiserliche Gesetzgebung auf diesem Gebiete nicht ganz einheitlich war. Constantius II. und Constans befahlen z. B. im Jahre 346 die Erhaltung von Tempeln in Rom außerhalb der Stadtmauern, damit das Volk der Freude an den mit diesen Kultstätten verknüpften Gladiatorenspielen nicht beraubt werde.[17] Durch das Edikt vom Jahre 353 wurden auch die nächtlichen Opfer verboten, die Magnentius seinen Glaubensgenossen gestattet hatte. Es folgte im Jahre 356 die Erneuerung des Verbotes vom Jahre 341 und seine Ausdehnung auf die Verehrung der heidnischen Kultbilder. Aber in dem folgenden Jahre hat Constantius bei der Feier seines Persertriumphes, seinem einzigen Besuch in Rom (28. April bis 29. Mai 357), bei dem er von tiefster Bewunderung für die Herrlichkeiten der ewigen Stadt ergriffen wurde, zwar das Weihrauchopfer auf dem Altar vor der Statue der Victoria im Sitzungssaal des Senates verboten und den Altar entfernt, gleichzeitig aber ist er nach dem großen Romerlebnis in der Durchführung seiner heidenfeindlichen Gesetze – abgesehen von der Enteignung des Tempelgutes, womit sein Vater schon begonnen hatte – etwas lässiger geworden.

Rom war damals noch die Hochburg des alten Glaubens. Die stadtrömische Aristokratie war die Trägerin altrömischer nationaler und religiöser Gesinnung. Ihr ist es gelungen, einen friedlichen Ausgleich mit dem christlichen Kaiser zu finden. Man glaubt in dem damaligen Stadtpräfekten Memmius Vitrasius Orfitus, der hochadeliger Herkunft und ein strenger Vertreter des alten Glaubens war, den Wegebereiter dieses Ausgleichs sehen zu dürfen. Er, dessen Tochter mit dem Sohne des älteren Symmachus verheiratet war – dieser Sohn wurde der berühmte Führer der nationalheidnischen Reaktion in der folgenden Generation –, war schon Ende des Jahres 353 Stadtpräfekt und wurde zum zweitenmal in den Jahren 356/57 auf diesen wichtigen Posten gestellt. Als solcher hat er, ein bewährter Jurist, aber auch als Offizier nicht ohne Bedeutung, wahrscheinlich den Kaiserbesuch in Rom vorbereitet und den Herrscher empfangen.[18] Sein Verdienst ist es wohl gewesen, daß der etwas bigottchristliche, bereits echt byzantinische Kaiser die große Tradition Roms anerkannt hat und den alten Glanz der Welthauptstadt noch einmal für ein paar Wochen hat aufleben lassen,[19] vor allem aber, daß er seitdem dem Polytheismus, der ihm in Rom in seiner alten Größe noch einmal entgegentrat, mehr Verständnis entgegenbrachte. Begleitet war der Kaiser von seiner Gattin Eusebia und seiner Schwester Helena, der Frau Julians, der damals schon Cäsar war. Der Herrscher selbst stand bei diesem Besuche noch einmal im Banne seines Vaters, der nach der Feier seiner Vizennalien in Nikomedien im Jahre 325 dieses Fest 326 in Rom wiederholt hatte, „um den nationalheidnischen Senat zu beschwichtigen".[20] Denn von dem Todestage seines Vaters ab gerechnet (22. Mai 337) war Constantius damals zwanzig Jahre Beherrscher des Reiches. Der Triumph war der Sitte der Zeit gemäß nur ein Anhängsel des Kaiserfestes, der Vizennalien.

Neuerdings hat man wahrscheinlich zu machen versucht, daß es der genannte mächtige Stadtpräfekt Orfitus auch gewesen sei, unter dessen Verwaltung Roms die altgläubige Senatsaristokratie jene münzähnlichen Medaillen aus Messing oder Bronze mit allerlei Erinnerungen aus der Geschichte und Kultur Altroms und der Antike, die als Neujahrsgeschenke Verwendung fanden (sog. „Kontorniaten"), hat prägen lassen. Sie wurden damals zum Kampfmittel der altgläubigen Reaktion, die sich über achtzig Jahre erstreckte, und lassen uns den Kampf des altgläubigen Rom gegen die Verchristlichung des Reiches miterleben.[21] Ihr Wert als Geschichtsquelle und als Anschauungsmittel für die geistige Haltung dieser letzten heidnischen Opposition ist nicht gering.

Die älteren „Kontorniaten“ (356–395) sind geprägt und entstammen zumeist der Münzstätte von Rom. Die späteren zwischen 395–410 herausgekommenen sind gegossen, während nach 410 wieder das Prägeverfahren angewandt wurde.[22] Unter Benutzung älterer Münzbilder ist hier eine Pseudogeschichte der Zeit von Alexander d. Gr. bis zur Gegenwart von dem heidnischen Standpunkt aus gegeben, von Rom selbst sogar von der Urzeit (Äneas, Troia) an. Der Aberglaube und die Spielwut, die Hauptcharakteristika der Spätantike, treten uns auf diesen fiktiven Münzen so stark wie nirgendwo anders entgegen. Mit Olympias' Drachengeburt Alexanders d. Gr. beginnt die Reihe. Literarische Größen der Antike, in der Gestalt von Weisen und von Wundermännern, außerdem Kaiser der Vergangenheit – vor allem Nero, Traian, Pius – und der Gegenwart – so erscheint z. B. Julian auf den späteren gegossenen Stücken – sind auf den Kontorniaten abgebildet. Das Spielwesen aller Art, auch Musik, Tanz und Theater, nehmen einen breiten Raum ein.

Das Merkwürdigste aber sind die „Beizeichen“,[23] die auf den ältesten Stücken bis zum Jahre 360 auf den Prägestempeln mit den übrigen Darstellungen angebracht, später in der Regel nachträglich eingeritzt sind (sehr häufig das Monogramm P.-E., oder nur E., ein Palmzweig, ein herzförmiges Blatt, die Sonnenscheibe, vereinzelt auch Blätter anderer Art, Lorbeer, Blumen, Trauben, Kirschen, verschiedene geometrische Zeichen, Tierdarstellungen usw.).[24] Diese „Beizeichen“ sind offenbar abergläubische Signierungen mit übelabwehrender und glückbringender Bestimmung, die die „talismanhafte“ Rolle der Kontorniaten trefflich illustrieren.

So ist dieses Material nicht nur eine Quelle ersten Ranges für die bekannte Wundergläubigkeit der Zeit, sondern auch ein Hinweis darauf, wie der dahinschwindende alte Glaube die große Vergangenheit Roms und des Griechentums aufgefaßt wissen wollte. Die größte Autorität im vierten Jahrhundert besaß neben Homer vor allem Vergil, nicht nur als Dichter, sondern auch als Prophet.[25]

Heidnische Wundermänner wie Apuleius oder Apollonios von Tyana – dieser als Gegenchrist – hatten ihr Vorbild in der sagenumrankten Gestalt des Pythagoras, der in der Gedankenwelt der Neuplatoniker eine große Rolle spielt. Die auf den Kontorniaten erscheinende Sapientia der Spätzeit war nicht mehr das Symbol einer rein wissenschaftlichen Erkenntnis, sondern sie suchte die letzten Geheimnisse des gequälten menschlichen Daseins zu enträtseln. Alles aber ist christenfeindlich abgewandelt.[26] Die Äneis ist „eine Art Bibel der nationalbewußten Kreise" geworden. Rom beginnt bereits zur Romidee zu werden. Die Geschichte der Vergangenheit ist ein großer Mythos. Jetzt begreifen wir erst, seitdem uns Andreas Alföldi dieses hochwichtige Material verstehen gelehrt hat, das so stark gefälschte Geschichtsbild der Historia Augusta, das uns so lange getäuscht hat: es ist der Niederschlag dieser Mythisierung der Kaisergeschichte seit Hadrian aus dem Kreise der Senatsaristokratie.[27]

Unter den Göttern des alten Glaubens hat sich die in die Herzen ihrer Anhänger am tiefsten eingedrungene, jetzt völlig hellenisierte ägyptische Göttin Isis am längsten lebensfähig erhalten, und zwar bis in die spätere Regierungszeit des Honorius.[28] Der Umstand, daß seit langem im Volke das „Heil des Herrschers" *(salus Augusti)*[29] den ägyptischen Göttern anvertraut wurde und daß am Neujahrsfest das Glücksschiff der Isis nach wie vor in den Straßen der Stadt einherfuhr, hat sie weit über die Lebensdauer der übrigen alten Götter triumphieren lassen.[30] Ihre tiefe Verankerung in den Herzen der heidnisch gebliebenen stadtrömischen Senatsaristokratie wie auch des niederen Stadtvolkes hat unstreitig viel zu der Vertiefung des christlichen Marienkultes in diesen Zeiten des Übergangs beigetragen.

Constantius' Alleinherrschaft hat mit einem großen Unglück für die Dynastie begonnen. Des Kaisers Cäsar Gallus, sein unfähiger Vetter, ließ sich im Osten in völliger Verkennung seiner Herrscherpflichten voll Größenwahn unter dem Einfluß seiner stolzen Gattin schwere Rechtsverletzungen zuschulden kommen. Er wurde nach plötzlicher Entziehung seines Truppenkommandos vor den Augustus zitiert und in Istrien in der Nähe von Pola vor Gericht gestellt, für schuldig befunden und hingerichtet (Ende 354), während seine Gattin Constantia auf der Reise in Bithynien starb.[31]

In den Prozeß wurde auch Gallus' Halbbruder Julianus (geb. 331) verwickelt. Durch die Fürsprache der jungen schönen Kaiserin Eusebia wurde er jedoch von allem Verdacht gereinigt und erhielt die Erlaubnis, zum Studium nach Athen zu gehen. Dies war für den geistig hungrigen, religiös in starker Wandlung begriffenen jungen Mann, der das gerade Gegenteil seines Halbbruders war, eine Erlösung in jeder Hinsicht. Aber schon im Oktober 355 wurde er nach Mailand an das kaiserliche Hoflager zurückbefohlen, auf Eusebias Rat zum Caesar für den gallischen Reichsteil ernannt (6. November 355) und mit des Kaisers jüngster Schwester, der etwas älteren Helena, vermählt. Die Ehe dauerte nur kurz und war wenig glücklich.[32]

In Gallien war unterdessen ein Usurpator, der bisherige Reichsfeldherr Silvanus, den seine Soldaten am 11. August 355 in Köln zum Kaiser ausgerufen hatten, durch Ursicinus beseitigt worden. Aber sein Untergang war das Signal zu einem Angriff der Franken, die im November Köln eroberten. Zusammen mit den Alamannen hatten sie ein Gebiet westlich des Rheins verwüstet, die Alamannen außerdem am Bodensee Raum gewonnen.[33] Gegen diese äußeren Feinde mußte vorgegangen werden. Constantius war im Kampfe gegen Magnentius so unklug gewesen, Angehörige germanischer Rheinföderatenvölker in das Reich zu rufen. Sie waren der Aufforderung nur allzu bereitwillig gefolgt. Der erst 24jährige athenische Student Julian, innerlich schon seit dem Jahre 351 von dem Christentum abgefallen, dabei durchwühlt von Kämpfen um eine neue Weltanschauung, die große Bewunderung des alten hellenischen Geistesgutes mit zeitgemäßer chaldäisch beeinflußter Wundergläubigkeit („Theurgie")[34] verband, war plötzlich vor eine politische und militärische Aufgabe ersten Ranges gestellt. Sie erforderte die größte Aufmerksamkeit und Umsicht nach allen Seiten hin. Denn das Mißtrauen seines kaiserlichen Vetters hatte sich auf die Generalität und die Beamtenschaft in Gallien übertragen. Ihr gegenüber mußte sich der junge Cäsar erst durchsetzen. Dies geschah mit Unterstützung seines Quästors, des älteren hochgebildeten Hofbeamten Saturninius Secundus Salutius (Salustius), eines überzeugten Anhängers des alten Glaubens, der bald aus einem ihm bestellten Beobachter zu Iulians treuestem Mentor wurde.[35]

Schlimm für Gallien war es, daß in dieser Zeit die Alamannen ihre Raubzüge statt wie bisher nur nach Süden (Rätien) nun auch nach Westen ausdehnten. Franken und Alamannen hatten von neuem die Rheingrenze überschritten, als Julian den Oberbefehl in Gallien übernahm. Die Alamannen waren auch am Oberrhein wieder im Angriff. Gegen sie führte Constantius selbst den Kampf, offenbar mit Hilfe der hinter ihnen wohnenden Burgunder.[36]

Nach verschiedenen Erfolgen Julians im Jahre 356, darunter der Zurückeroberung Kölns, kam es gegen die Alamannen nach ihrem Überfall auf Julians Winterlager in Sens, der glücklich abgeschlagen wurde, zu der blutigen Entscheidungsschlacht bei Straßburg im Jahre 357. In sie hat der junge Cäsar nach einem anfänglichen Erfolg der feindlichen Kavallerie persönlich eingegriffen und die Schlacht zugunsten Roms entschieden. Dann überschritt er bei Mainz den Rhein und stellte alle Befestigungen Traians jenseits des Stromes wieder her. Nachdem in dem folgenden Jahre auch gegen die Franken im Norden die Rheingrenze endgültig gesichert und die Getreideversorgung Galliens von Britannien her geregelt worden war, wurden die Rechtspflege und das Steuerwesen in gerechter Weise neu geordnet, wobei sich der ungewöhnlich stark entwickelte soziale Sinn des jungen Herrschers zum erstenmal zeigte.

Damals hat Julian Paris als strategischen und politischen Mittelpunkt Galliens für den Abwehrkampf am Unter- und Oberrhein (Franken und Alamannen), gleichzeitig auch als Handelszentrum für den Verkehr mit Britannien sozusagen entdeckt. Er hat nach der Schlacht bei Straßburg drei aufeinanderfolgende Winter über hier residiert und neben der Neuordnung der Verwaltung Galliens die Ruhe mit Studien philosophischer und historischer Art ausgefüllt.[37] Denn der Krieg vermochte ihn nicht von seinen Büchern zu trennen und von der brieflichen Aussprache mit seinen Freunden abzuhalten. Das Hauptanliegen seiner Regententätigkeit in Gallien aber war und blieb die durch weitere Rheinübergänge erfolgte Wiederherstellung des römischen Ansehens gegenüber den Germanen, die es später Valentinian I. ermöglichte, den rheinischen Grenzschutz durch den Bau des letzten römischen Limes neu zu gestalten. Ein harter Schlag für Julian war die durch hinterhältige Intrigen am Hofe veranlaßte Abberufung des Salutius.[38]

Den Rheinkämpfen Julians gingen im Jahre 357/58 erfolglose Versuche der den Alamannen verwandten Juthungen, in Rätien die Römerstädte zu erobern, und im Jahre 358 ein Donaukrieg des Constantius gegen die Quaden und Sarmaten parallel. Die Sarmaten, gegen die Constantius durch die gotischen Taifalen unterstützt wurde,[39] erhielten das Banat zurück, das ihnen trotz einer abermaligen Erhebung (359) belassen wurde.

Nachdem das Christentum die Donauländer längst erreicht hatte (304 n. Chr. Martyrium des hl. Florian in Lauriacum = Lorch), und zwar sowohl von Oberitalien (Mailand und Aquileia) als auch von dem Balkan her, wurde um die Mitte des Jahrhunderts die kirchliche Organisation ausgebaut, vor allem in Binnen-Noricum und in Pannonia prima. Bischofsstädte wurden Aguntum (bei Lienz, Osttirol), Teurnia (bei Spittal an der Drau in Oberkärnten), Virunum (am Zollfeld, Mittelkärnten), ebenso Savaria (Stein am Anger) und vielleicht auch Scarbantia (Ödenburg) und Juvavum (Salzburg), während Carnuntum (Petronell) wohl eine Christengemeinde, aber keinen Bischof hatte. In die äußersten Grenzgebiete, die längst völlig germanisch besiedelt waren, versuchte erst Ambrosius von Mailand in dem letzten Jahre seines Lebens missionierend vorzudringen, aber der Zusammenhang mit dem romanischen Süden begann dort damals schon verlorenzugehen.[40]

Wichtiger als all dies war die Tatsache, daß sich das Christentum unter den Donaugoten durch Wulfila nach mancherlei sporadischen Anfängen im Krimgebiet ausbreitete. Im Jahre 311 im Gotenland geboren, erhielt er, für den geistlichen Stand bestimmt, seine Erziehung z.T. außerhalb der Heimat und war wohl als Dolmetscher einer Gesandtschaft beigeordnet, die die Goten zwischen den Jahren 335 und 337 zu Constantin I. gesandt hatten. Im Jahre 341 wurde er von dem Patriarchen Eusebius von Constantinopel zum Missionsbischof der Donaugoten ernannt und vollbrachte das größte Werk in der zweiten Zone, nämlich die Übersetzung der Bibel in die gotische Sprache. Als das Christentum zu weite Kreise erfaßte, wurde der christliche Bevölkerungsteil durch einen Gaufürsten, wahrscheinlich Athanarich, vertrieben, und Constantius II. wies den Flüchtlingen in Niedermösien in der Gegend von Nikopolis im Jahre 348 neue Wohnsitze an.[41] Dem Glauben nach blieben sie Arianer, zu dem auch der Kaiser selbst neigte.[42]

Am Ende seines Lebens überraschte den Constantius der Wiederausbruch des schweren Krieges mit den Persern. Friedensverhandlungen mit ihnen zwischen 356 und 358 waren gescheitert. Die Perser hatten den Armenierkönig Arschak auf ihre Seite gezogen und am 6. Oktober 359 Amida am oberen Tigris unter schwerer römischer Einbuße an Menschen und Material nach längerer Belagerung erobert. Da forderte Constantius in seiner Not von Julian Truppen aus den germanischen Randstaaten an, um die Orientarmee zu verstärken. Aber die Mannschaften behaupteten, nicht zur Verwendung außer Landes angeworben zu sein. Sie meuterten und riefen ihren Cäsar im Februar 360 in Paris zum Augustus aus. Dabei trugen sie ihn mit einem Torques (keltischem Halsband, an Stelle des Diadems) geschmückt nach germanischer Sitte auf einem Schild durch das Lager.[43] Die von dem Erkorenen bei dem bisherigen Herrscher ehrerbietigst nachgesuchte Anerkennung wurde verweigert. Der unmittelbar darauf erfolgende Tod der Kaiserin Eusebia und der von Julians Gemahlin Helena verschärften stark die Gegensätze zwischen den Vettern.

Der Bruch war unvermeidlich, wurde aber noch etwas hinausgezögert, da Constantius seine ganze Kraft zunächst gegen die Perser richten mußte. Julian dagegen führte einen letzten Schlag gegen die attuarischen Franken; nachdem er den Winter in Vienne zugebracht hatte, wo er sich am 6. November 360 selbst zum Augustus proklamierte,[44] unternahm er einen Zug gegen die Alamannen am Oberrhein. Dann ging es Mitte des Jahres 361 in drei Heeressäulen von Basel aus nach Osten zum Kampf gegen den Kaiser. Julian selbst marschierte an der Donau entlang auf Sirmium zu und bezog nach Einschließung Aquileias, das allein der südlichen Armee Widerstand leistete, Winterquartiere in Naissos (Nisch). Constantius mußte trotz einer neuen feindlichen Offensive den Perserkrieg abbrechen und sich gegen den Vetter wenden. Aber er starb, wie der Vater erst auf dem Totenbett getauft, während des Durchmarsches durch Kilikien am 3. November 361 am Fieber, erst 44 Jahre alt.

Unter allgemeiner Begeisterung hielt Julian am 11. Dezember 361 seinen Einzug in Constantinopel, nunmehr anerkannter Alleinherrscher über das Gesamtreich (361–363), nachdem er kurz vorher die bis dahin getragene christliche Maske abgelegt und die Apostasie, einer mystischen Berufung folgend,[45] vollzogen hatte, vor allem zur Rettung der eigenen Seele. Constantius war kurz vor seinem Tode noch eine dritte Ehe eingegangen, aus der posthum eine Tochter, Constantia, hervorging, die spätere Gemahlin des Kaisers Gratian. Der Sterbende soll sich noch auf dem Totenbette dazu durchgerungen haben, seinen Gegner zum Nachfolger zu bestimmen. Aber auch ohne dieses Einverständnis hätte niemand dem neuen Herrscher seine in Gallien bereits errungene Machtstellung streitig machen können.

Nach dem ehrenvollen Begräbnis seines Vorgängers erschienen noch vor dem Jahre 361 die Toleranzedikte Julians, die die religiöse Lage wiederherstellten, wie sie vor Constantins I. Anerkennung des Christentums gewesen war: ein Beweis dafür, wie wenig gefestigt noch die Verbindung von Kaisertum und Christentum war. Was Julian aber „wiederherstellte“, war tatsächlich nicht der alte Polytheismus, sondern es war vor allem der Neuplatonismus, der sich bei ihm auf dem Wege über die chaldäisch beeinflußte Philosophie des Jamblichos mit der Theosophie und dem Wunderglauben seines Lehrers Maximus von Ephesos verbunden hatte.[46] Allen Richtungen des alten und des neuen Glaubens sowie allen philosophischen Lehren (er selbst war anfangs allerdings Gegner der Lehre Epikurs) wurde die freie Betätigung gestattet und die Rückgabe des enteigneten heidnischen Tempelgutes an die Altgläubigen verfügt, das einst sein Antipode Constantin I. zugunsten der Christen eingezogen hatte.

So wurde dem Staate sein alt- und vielgläubiger Grundcharakter zurückgegeben unter weitgehender Duldung aller Glaubensbekenntnisse. Zu diesem Zwecke wurde in des Kaisers Schriften die neuplatonische Lehre von der Existenz der unter der Leitung eines allen gemeinsamen Weltgottes stehenden Volksgötter an der Sonderart der großen Völker der damaligen Zeit aufgezeigt und durch historische Erfahrungen und ethnologische Beobachtungen belegt,[47] nebenbei bemerkt der trefflichste Beweis dafür, in welchem Umfange das Erwachen des völkischen Lebens in der Spätantike auch das religiöse Denken ergriffen hatte.

Damit hat sich aber der junge Kaiser nicht zufrieden gegeben. Wollte er dem alten im Neuplatonismus neufundierten Glauben neben dem seit Constantin I. mächtig geförderten Christentum seinen Platz sichern, so mußte er ihn von innen heraus erneuern und ihn zur äußeren und inneren Wirkung auf die Menschen bringen.[48] Eine heidnische Kirche mit einem altgläubigen Klerus an der Spitze, wie das schon Maximinus Daia nach dem Vorbild der christlichen versucht hatte, war das Ziel des Pontifex Maximus, dessen Tätigkeit auf religiösem Gebiete in einer bis jetzt nicht dagewesenen Weise aktiviert wurde. Dabei ließ sich Julian durch hervorragende Sachverständige unterstützen, im Westen durch den Senator Vettius Agorius Praetextatus, der damals Prokonsul von Achaia war, im Osten durch seinen schon erwähnten Lehrer Maximus von Ephesos. Eine umfangreiche Tätigkeit auf dem Gebiete gemeinnütziger karitativer Institutionen wie z. B. der Kranken- und Armenpflege, ferner auf dem Gebiete des heidnischen Klosterwesens wurde entfaltet, um mit den ,,Galiläern" konkurrieren zu können. Unter dem Einflusse des fanatischen Maximus griff Julian wie überall so auch hier immer rücksichtsloser durch. Weder der Hellenismus noch die Volksgötter noch der Gott der Juden sind seiner Ansicht nach der Zeit wesensfremd, nur das Christentum ist es. Aus diesem Grundgedanken heraus handelte er in der dritten Phase seiner Religionspolitik, in der er den entscheidenden Kampf ,,gegen das Christentum, seine Lehren, seine Organisation und seine Stellung im Staate und in der Gesellschaft" aufnahm.[49]

Zu der Wiedereröffnung der Kultstätten des alten Glaubens kam die Wiederherstellung der Staatsfeste. Besondere Sorgfalt verwandte Julian, der selbst Sonnengott- und Mithrasverehrer sowie eleusinischer Myste war, auf die Wiederbelebung der Mysterienreligionen und der Orakel. Den Dogmen des Christentums wurde auf

Grund der späten neuplatonischen Theosophie, wie sie vor allem der Syrer Jamblichos vertrat, eine heidnische Theologie gegenübergestellt.[50] Sie war jedoch dem Manne aus dem Volke, vor allem im Westen, unverständlich.

Eine offene Kriegserklärung an die „Galiläer" war das Edikt vom 17. Juni 362, nach dessen Bestimmungen nur noch Altgläubige Lehrer der Beredsamkeit sein konnten. Denn nach des Kaisers Ansicht durften Menschen das nicht lehren, was sie innerlich verwarfen. Der im Aufbau begriffene christliche Humanismus wurde dadurch vorübergehend auf das schwerste getroffen, und den christlichen Schulen wurde die Möglichkeit einer vertieften, auf den alten Klassikern ruhenden Jugenderziehung genommen. Damit war die Unterdrückung des neuen Glaubens so stark geworden, daß sie fast untragbar war. Dieser altgläubige Spätling auf dem Throne begriff unter hellenischer Art und unter „Hellenismus" lediglich die Pflege der heidnischen Kulte. In letzter Linie waren seine Gegner, die Christen, für diese Auffassung verantwortlich, d. h. deren Dreiteilung der Menschen in Hellenen, Juden und Christen. Julians Hellenismus wurde in diesem eingeengten Sinne zum Wertmaßstab für alle Völker des Reiches,[51] obwohl er in keiner Weise der Weltmission entsprach, die das Griechentum erfüllt hatte und immer noch in den Schulen erfüllte. Dies gehört in die Reihe der Widersprüche, an denen Julians keineswegs originelles Denken so reich ist.

In der Praxis maß der Herrscher unstreitig schon früh mit zweierlei Maß. Als die Alexandriner ihren verhaßten Bischof Georgios am 24. Dezember 361 in furchtbarer Weise ermordet hatten, sprach er nur seine Mißbilligung aus, ohne den Aufruhr und die Untat, wie anfangs beabsichtigt war, zu ahnden. Der im Februar 362 nach Alexandreia zurückgekehrte Athanasios geriet natürlich mit diesem Kaiser in scharfen Konflikt. Er mußte daher in demselben Jahre nach acht Monaten abermals weichen und sich in Ägypten verborgen halten. Das Verhältnis zu dem stark christlich gewordenen Antiocheia, in dem der Kaiser im Sommer 362 eine Zeitlang residierte, war trotz aller Fürsorge für die Stadt denkbar schlecht und führte nach der Einäscherung des Apollotempels zu der Schließung der Kathedrale, zu der Konfiskation des Kirchenvermögens und zu anderen christenfeindlichen Maßnahmen. Bei der Enteignung der Kirche von Edessa, dieser Hochburg des Christentums im Osten, berief sich der Kaiser auf das christliche Gebot der Armut. Ein Schlag gegen das Christentum sollte auch der zu Beginn des Jahres 363 kurz vor dem Perserkrieg geplante Wiederaufbau des jüdischen Tempels in Jerusalem sein, dem Constantin ein christliches Gesicht gegeben hatte. Er wurde aber infolge eines Erdbebens und plötzlich auftretenden Erdfeuers (Entzündung von Erdgasen – Naphtha?) nicht vollendet.[52]

Die schließlich ganz einseitig heidnisch orientierte und von Angriffen auf das Christentum beherrschte Religionspolitik des Kaisers mußte scheitern, weil sein philosophischer Glaube von dem der Massen stark abwich und auf der Gegnerseite keine Philosophie, sondern eine Religion stand, endlich weil der Hellenismus in einer rapid barbarischer werdenden Welt in seiner immer mehr orientalisierten Form an Bedeutung und Einfluß verlor. Noch viel mehr als Augustus' Eintreten für das alte Römertum ist Julians letzter Kampf zugunsten des Hellenentums mißlungen. Wie einst nach der nationalrömischen Reaktion des ersten Prinzeps der Hellenismus sehr bald wieder sein Haupt erhoben hatte, so siegte jetzt die bekämpfte Offenbarungsreligion, die den Massen mehr zu geben hatte als Julians „Heidentum“, und zwar siegte sie als eine Teilerscheinung des letzten großen Orientalisierungsprozesses, den die niedergehende alte Welt durchmachte.

Von dem Standpunkt der Persönlichkeiten aus gesehen, war die Ablösung des bigotten und zu Gewaltsamkeiten neigenden Constantius, der stets ängstlich auf die Wahrung seiner Herrscherwürde bedacht war, durch einen Verächter aller Konvention und einen sich ganz fälschlich als Freidenker dünkenden Herrscher kaum ein Glück für das Reich. Denn ihm fehlte bei seiner saloppen und ironischen Art doch manchmal der für seine hohe Stellung notwendige Takt und bei allem Hellenentum in seiner Seele „das althellenische feine Gefühl für Maß und Grenze“ in höchst bedenklicher Weise.[53]

Ein Segen war es, daß Julian bald nach seinem Regierungsantritt mit dem Hofgeschmeiß aller Art, wie es sich unter Constantius noch mehr als unter dessen Vater herausgebildet hatte, samt seinem

Schmeichler-, Denunzianten- und Spitzelwesen durch eine tiefgreifende Reform des kaiserlichen Hofes gründlich aufgeräumt hat. Sie brachte eine starke Einschränkung der Hofhaltung und des dafür benötigten Aufwandes; dies kam den Steuerzahlern zugute. Viel zu weit ging jedoch das gleich nach Julians Regierungsantritt unter Salutius in Chalkedon eingesetzte außerordentliche Kriegsgericht, das die Verbrechen hoher Beamten seines Vorgängers möglichst schnell ahnden sollte. Neben gerechten Urteilen wurden auch ungerechte gefällt, wie z. B. das gegen den verdienten Finanzministers Ursulus; in ihnen machte sich der Haß der Militärkreise, deren Vertretern in diesem Gericht viel zu weitgehende Befugnisse unter Ausschaltung des kaiserlichen Eingriffsrechtes gegeben waren, gegen die Männer der Zivilverwaltung Luft.

Auf anderen Gebieten dagegen hat die im ganzen treffliche Regierung viel Gutes geschaffen,[54] wie z. B. im Finanzwesen. Hier gelang durch eine vorsichtig geführte Finanzpolitik eine Herabsetzung des viel zu schweren Steuerdruckes im Reiche um etwa ein Fünftel. Die Freiwilligkeit des bei dem Regierungswechsel zu zahlenden „Kranzgoldes" *(aurum coronarium)* wurde wieder eingeführt. Die Stellung der Gemeinden und der hart belasteten Stadträte (Kurialen) wurde in erfreulicher Weise gestärkt. Die geheime Staatspolizei, die sog. *agentes in rebus,* wurde auf 17 Mann herabgesetzt, die nur noch als Staatskuriere Verwendung fanden, während das durch sie betriebene Spitzelunwesen abgeschafft wurde. Besonders schwere Lasten der Untertanen, wie z. B. die fast unerschwinglichen Beiträge der Straßenanlieger für die Staatspost, wurden erleichtert. Das militärische Sold- und Verpflegungswesen wurde verbessert. Dagegen gelang nicht der Kampf gegen die antiochenischen Getreidespekulanten, die eine durch Dürre und durch umfangreiche Lieferungen an die im Perserkrieg stehende Armee eingetretene Not in habsüchtiger Weise ausnützten.

Auch in der Rechtspflege und in der Weiterbildung des Rechts hat Julian Beachtenswertes geleistet. Hier verfolgte er im Gegensatz zu der christlich-griechischen Anschauung seines Oheims Constantin I. wieder eine mehr nationalrömische Richtung. Altertümelnde Spielerei war es allerdings, wenn er den Konsuln und dem

Senat noch einmal alte Rechte einräumte oder zu wahren suchte. Moderner war die Hintanhaltung von Eingriffen in das Wirken der Beamten, wofür er sich gern im Sinne des Prinzipates als „Wiederhersteller der Freiheit“ auf Inschriften feiern ließ.

Außenpolitisch hatte die erfolgreiche Tätigkeit des Cäsars Julian dem Reiche die Rheingrenze auf der ganzen Linie zurückgewonnen. Als Augustus übernahm er die Bereinigung des Ostproblems, das schon seit 25 Jahren der Lösung harrte. Daran war sein Vorgänger gescheitert. Auch hier war Julian Römer und Vertreter der alten Richtung; denn er unternahm im März 363, wie einst Traian, noch einmal eine energische Offensive bis nach Mesopotamien hinein. Nach langer, seit dem Sommer 362 bis ins einzelne durchgeführter Vorbereitung erfolgte der Vorstoß von Carrhae aus mit zwei Heeressäulen: die nördliche am Tigris entlang unter dem Befehl des mit ihm verwandten Prokopios, dem der *comes* Sebastianus, früher *dux* von Ägypten, beigegeben war, die südliche, weit stärkere, den Euphrat entlang unter Julians eigener Führung. Seine Armee blieb in einer Schlacht bei Ktesiphon siegreich. Als sie aber die Verbindung mit dem anderen Heere herstellen wollte, wurde sie durch einen zahlenmäßig überlegenen Gegner angegriffen, und Julian verlor in einer zweiten Schlacht zugleich Ruhm und Leben (27. Juni 363).[55] Mit dem Tode des 32jährigen Herrschers wurden nicht nur der Hellenismus und das Heidentum, sondern es wurde auch die römische Machtstellung im Osten weit zurückgeworfen.

Ein tragisches Leben hat damit frühzeitig sein Ende gefunden. Julian war der einzige Sohn seiner Mutter, der zweiten Frau von Constantins I. Halbbruder Julius Constantius, der Christin Basilina;[56] sie hat kurz nach seiner Geburt ihr Leben lassen müssen. Sie lebte in dem ehrfürchtigen Gedenken ihres Sohnes weiter.[57] Das furchtbare Blutbad im Kaiserhause nach dem Tode Constantins I. (337), das die Seele des empfindsamen Knaben tief beeindruckt hatte, raubte ihm auch den Vater. Ein alter skythischer Eunuch namens Mardonios, der der Mutter als Vorleser gedient hatte, leitete seine erste Erziehung und weckte in ihm die Verehrung für die griechischen Klassiker, besonders für Homer. Im Alter von 10 Jahren mit seinem Halbbruder Gallus auf das kaiserliche Gut

Macellum in Kappadokien gebracht, verlor er durch diesen Ortswechsel seinen tüchtigen Erzieher und lebte, da der ganz anders geartete ältere Bruder ihm nichts zu bedeuten vermochte, allein mit seinen geliebten Büchern wie in der Verbannung. Der dann auf Constantius' Wunsch durch Georgios von Kappadokien christlich erzogene Jüngling überschätzte so frühzeitig die Bücherweisheit und ihre Bedeutung für das Leben.

Nach seines Bruders Erhebung zum Cäsar und seiner gleichzeitig (351) erfolgten inneren Wandlung zum alten Glauben konnte er Macellum verlassen. Er kam über Constantinopel und Nikomedien nach Pergamon. Hier wurde er in der neuplatonischen Philosophie von einem tüchtigen Lehrer und schließlich von Maximus von Ephesos unterrichtet, der bleibenden Einfluß auf ihn gewann. Dies aber bedeutete das Versinken in einen mystischen Aberglauben; der mithrasgläubige Prinz hatte das stolze Bewußtsein, geheime Offenbarungen zu besitzen und auserwählt zu sein, geschützt von seinem Sonnengott Helios und dem ihm gleichgesetzten Gotte Mithras.[58]

Der kurze Studienaufenthalt in Athen (354/55) hat an seiner romantischen und mystischen Einstellung nichts mehr zu ändern vermocht, wie die damalige Einweihung in die eleusinischen Mysterien beweist. Julian war bei alledem ein echtes Kind seiner Zeit. Alter und neuer Glaube standen einander viel näher, als man gemeinhin wahr haben will. Beide drohten in gleicher Weise in Mystik, in Zauber- und Dämonenvorstellungen zu versinken, um das heißersehnte Einswerden mit der Gottheit auf alle nur mögliche Weise, selbst durch wissenschaftliche und pseudowissenschaftliche Erkenntnis, zu erreichen, wie dies im Christentum längst die ,,Gnosis" genannte Richtung erstrebte.[59]

Dieser verbildete und lange Zeit völlig einsame, unter christlicher Maske lebende Mensch wurde dann plötzlich durch Eusebias Protektion im Jahre 355 in die große Politik und auf die Schlachtfelder des Westens geworfen. Er hat in einer geradezu verblüffenden Weise militärisch und politisch im tätigen Leben seinen Mann gestanden. Hier ist er nur vergleichbar dem großen Philosophenkaiser Marcus Aurelius; denn auch Julians Regierung ist selbst in der Zeit kriegerischer Aktionen von tiefstem Pflichtbewußtsein gegen Staat,

Volk und Menschheit getragen. Man fühlt einen Mann vor sich, „der reinen Willens sein Amt angetreten hat“[60] und vor dessen sittlicher Haltung man Achtung haben muß.[61] Aber während er die kleinere Aufgabe in Gallien zu meistern vermochte, zerschellte er an der größeren, nämlich daran, seine Zeit im Sinne des „Hellenentums“ noch einmal neu zu gestalten. Aufs stärkste traditionsgebunden, hat er als Alleinherrscher das Rad der Geschichte allzu stark zurückzudrehen gewagt und ist, selbst zu impulsiv und unausgeglichen, dabei mit einem zu engen Blickfeld gegenüber der unendlich vielgestaltigen Gegenwart, an der Unruhe seiner Zeit innerlich zugrunde gegangen.[62]

Ein gütiges Geschick hat diesen romantischen und mystischen Idealisten, „eine Art von Amateurkaiser“, in jungen Jahren hinweggenommen und ihm die Notwendigkeit, womöglich noch der Verfolger Andersgläubiger zu werden, erspart. Aber das eine Gute hat dieses letzte kurze Zwischenspiel eines altgläubigen philosophischen Regimes gezeitigt, nämlich, daß nach der groben Verletzung durch die Constantinssöhne die Toleranz bei Julians nächsten Nachfolgern, besonders bei Valentinian I., als oberster Leitsatz bis zu einem gewissen Grade gegolten hat. Dadurch ist der endgültige Sieg des Christentums im Römerreich etwas hintangehalten worden und hat sich weniger schroff ausgewirkt.

Weltgeschichtlich folgenschwerer als Julians episodenhafter Kampf gegen das Christentum waren seine Niederlage und sein Untergang im Kriege gegen die Perser. Sie hatten für Roms Ostpolitik jahrzehntelang vernichtende Folgen, und zwar durch den schmachvollen Frieden, den sein kurzregierender Nachfolger Flavius Jovianus (363–364)[63] bald nach seiner Übernahme der Regierung mit dem mächtigen Ostfeind schloß.[64] Die Knotenpunkte der römischen Grenzverteidigung in Mesopotamien, Nisibis und Singara, sowie der größere Teil der diokletianischen Eroberungen in Transtigritien, d. h. fünf der neun im Jahre 297 dem Reiche angegliederten „Satrapien“, wurden abgetreten und die römischen Bewohner nach Amida und Edessa umgesiedelt. Die Folge war die Preisgabe des christlichen Armeniens. Es schied aus dem römischen Klientelverhältnis aus. Arschak wurde entthront und nach Iran deportiert, wo er später Selbstmord beging. Da auch Roms Souveränität über die Kaukasusstaaten aufgegeben wurde, war Armenien bezüglich seines Nordgrenzschutzes ausschließlich auf die persische Hilfe angewiesen; Rom dagegen zahlte dafür nur noch Jahrgelder.

Das Grenzland wurde für längere Zeit der Schauplatz schwerer politischer und religiöser Wirren.[65] Erst nach dem Tode Schapurs II. (379) kam es unter seinem zweiten Nachfolger Schapur III. im Jahre 387[66] zu der sog. Teilung Armeniens. Dabei annektierte Persien, seiner unterdessen gewonnenen Machtstellung entsprechend, vier Fünftel des Landes: das traurige Vorspiel zu der Vernichtung des armenischen Nationalstaates und seiner Dynastie. War schon früher der Iranismus religiös und kulturell im Fortschreiten, so verschob sich nun für lange Zeit auf der ganzen Linie von dem Schwarzen Meere bis zu der arabischen Wüste die Grenze der beiden Großmächte noch mehr zuungunsten Roms. Der Zweifrontenkrieg, der nun schon über 150 Jahre dauerte, sowie die Reichsteilungen, die den Einsatz der Wehrkraft des Gesamtreiches im Kampfe gegen den Hauptfeind unmöglich machten, haben jetzt ihre verheerende Wirkung gezeitigt und noch einmal Augustus' Politik des Verzichtes auf die Offensive im Orient als die einzig richtige erwiesen.

So schwer der Verlust im Osten durch den jovianischen Frieden auch war, so gab er doch der neuen Dynastie aus pannonischem Blut die Möglichkeit, ihre ganze Kraft auf die Kämpfe gegen die Germanen an der Nordgrenze zu konzentrieren. Nur acht Monate hat die Zwischenregierung Jovians gedauert. Er starb plötzlich am 17. Februar 364 in Galatien bei der Heimkehr aus dem Perserkriege. Auf Vorschlag des greisen Salutius wählte das Heer schon am 18. Februar in Nicäa durch einfachen Zuruf wie in einer Volksversammlung den neuen Herrscher: Flavius Valentinianus I. (364–375).[67] Ebenso war es das Heer, das sofort von dem neuen Herrscher die Wahl eines zweiten Augustus verlangte. So lebendig war die Idee des Doppelkaisertums in den Soldaten, eine Idee, die der dauernde Druck des Zweifrontenkrieges geboren hatte. Dem Wunsche der Armee entsprechend bestellte Valentinian I. schon einen Monat später seinen Bruder Valens (364–378) zum Mitherrscher.

Wie Julian eine religiöse, so versuchte jetzt der Pannonier eine nationalpolitische Reaktion, und zwar zugunsten des vernachlässigten Abendlandes, ins Leben zu rufen. Der jüngere unbedeutendere Bruder bekam in der Rolle des „Zweiten" eine Art von Gehilfenstellung, wie die im Juni zu Naissos (Nisch) durchgeführte Heer- und Reichsteilung zeigte. Valentinian erhielt zwei der drei Präfekturen, nämlich die westliche und die mittlere, Valens dagegen nur eine, die orientalische. Damit war wieder eine Art von Oberkaisertum des Westens, zugleich aber auch die seit über hundert Jahren aufgegebene Suprematie des Okzidents von neuem – allerdings zum letztenmal – errichtet.

Diese einschneidende Neuerung hat eine Wiederbelebung des römischen Senates mit sich gebracht, allerdings weniger als einer politischen Potenz denn als einer Kulturmacht.[68] Danach kam es zu einer hohen geistigen Nachblüte des Lateinertums und der lateinischen Kultur, die den Sturz des weströmischen Kaisertums überdauert hat. Sie hat die antiken Geistesgüter für die europäische Menschheit gerettet. Die Epoche nimmt daher in der Geschichte der römischen Kaiserzeit eine besondere Stellung ein. Sie war „der letzte große Erfolg der Romanisation im Sinne des Augustus",[69] wie man mit Recht diese Entwicklung charakterisiert hat. Für den Senat, „den gerechten Schiedsrichter unter den Leuten von Rang" *(iustus arbiter dignitatum)*[70] – diese Bezeichnung der hohen Körperschaft wäre in den verflossenen Jahrhunderten nicht möglich gewesen –, ist damals eine Kontinuität begründet worden, die bis tief in das Mittelalter hinein und noch weiter reicht.

Der Senat wurde noch einmal der Mittelpunkt in dem hohen „Romgedanken", der jetzt Rom zu ersetzen beginnt. Der Rom-Mythos tritt an die Stelle von Rom und verleiht der jetzt wirklich „ewig" gewordenen Stadt eine Fernwirkung in der Geschichte Europas, die die Aeternitas Augusti,[71] die Erbin des altpersischen Aionbegriffes, weit übertrifft. Augustus' Geist lebte noch einmal in dem größten Herrscher des vierten Jahrhunderts aus pannonischem Blute auf. Der pannonische Bauer hat wirklich Rom gerettet und sein Erbe für Europa fruchtbar gemacht.

Nachdem auch noch der Hofhalt und die Beamtenschaft in Sirmium geteilt worden waren, gingen die Brüder im Juli 364 auseinander; sie sahen sich niemals wieder. Valentinian nahm seinen Sitz nicht in Rom, sondern in Mailand, der neuen Hauptstadt des Westreiches, Valens in Constantinopel. Wohl wurde Italien noch einmal in den Weltmittelpunkt gerückt, wie einst unter Augustus, aber Rom blieb davon unberührt. Nicht die alte Reichshauptstadt, einst die Stadt schlechthin, sondern Mailand drängte Constantinopel eine Zeitlang an die zweite Stelle. Bald wurde die norditalische Metropole auch noch durch Ambrosius, den „Athanasios des Westens", der Sitz des bedeutendsten Kirchenfürsten im lateinischen Sprachgebiet. Wie einst in der römischen Republik die Griechenstadt Neapel, Capuas Erbin, so wurde jetzt Mailand die größte Konkurrentin Roms. Noch heute beruht die Geschichte Italiens auf dem Rivalisieren dieser drei größten Städte des Landes. Das schon durch Diokletian auf den Rang einer nur ideellen Hauptstadt herabgedrückte Rom wurde nun als politische Kapitale depossediert, besser gesagt, emeritiert, und lebte nur noch als ein besonderes über den Reichsteilen stehendes Gebilde mit kulturellen Aufgaben und als ein „Freilichtmuseum" der römischen Vergangenheit weiter. Auch sein Pöbel war pensioniert und führte als Kostgänger des Reiches ein Leben mit „Brot umsonst und ewigem Volksfest" *(panem et circenses)*.

Die Geschichte des Dominats hat in ihren Anfängen mit der des Prinzipates insofern eine gewisse Ähnlichkeit, als sie ebenfalls mit großen Dynastiebildungen einsetzt. Auf die constantinische oder „zweite flavische" Dynastie folgte jetzt die valentinianische. Der Pannonier hatte es besonders eilig damit. Während großer Kriegsvorbereitungen in Gallien ernannte er nach seiner Genesung von einer schweren Krankheit am 24. August 367 in Amiens seinen erst neunjährigen Sohn Gratianus zum Mitherrscher. Obwohl zunächst nur zur Sicherung der Nachfolge erhoben – denn er blieb ohne Zuweisung eines Reichsteiles –, wurde er nicht Cäsar, sondern sogleich Augustus, vielleicht auf den Wunsch der Armee hin. Genug, die Dynastie war damit gegründet.

Ein rauheres soldatisches Regiment begann unter den weniger gebildeten Herrschern Valentinian I. und Valens; dadurch wurde das Reich, vor allem im Westen, der mehr denn je wieder einer kräftigeren Hand bedurfte, im Innern und nach außen hin konsolidiert – wie sich bald zeigen sollte, zum letztenmal.

In der Innenpolitik trat der Kirchenstreit in den Hintergrund. Beide Kaiser waren, obwohl Christen, dem alten Glauben gegenüber toleranter, hatten aber beide, wie so viele ihrer Zeitgenossen, eine heillose Angst vor Zauberei. Valens verbot in den letzten Jahren seiner Regierung die blutigen Opfer, um die Eingeweideschau zu verhindern. Dem christologischen Dogmenstreit standen die Brüder uninteressiert gegenüber. Bei der Fügsamkeit des „Zweiten" hatte es keine ernsteren Folgen, daß Valentinian nicänisch, Valens dagegen unter dem Einfluß des Bischofs Eudoxios von Constantinopel mehr arianisch eingestellt war. Nur unter Valens schien es anfangs zu schweren Auseinandersetzungen zwischen beiden Richtungen im Ostreich kommen zu wollen. Aber nachdem die Usurpation des Prokopios, Julians Verwandten, niedergeworfen war, wurde seit dem Jahre 365/66 auch dort eine mildere Praxis geübt. Seitdem wurden die führenden Männer der gegnerischen Richtung geschont, darunter Athanasios. Er starb am 2. Mai 373 als alexandrinischer Bischof.

Unter den kirchenpolitischen Problemen des Westens war das schwierigste die Wiederbesetzung des stadtrömischen Bischofstuhls nach dem Tode des Liberius (366). Es kam zu schweren monatelangen Kämpfen zwischen den beiden Parteien. Sie endeten, nachdem der zum Stadtpräfekten ernannte Vettius Agorius Praetextatus, eine der letzten Leuchten des alten Glaubens, die Autorität des Staates und die Ordnung wiederhergestellt hatte, mit dem Sieg des Damasus gegen den von der Liberiuspartei aufgestellten Ursinus.[72]

Die soziale Einstellung Julians lebte in der Fürsorge der Kaiser für die unteren Klassen der Bevölkerung fort. In der Kommunalverwaltung wurde in dieser Richtung eine Neuerung sehr segensreich. Das aus constantinischer Zeit stammende Amt des *defensor civitatis,* d. h. des Vertreters der Stadt in Rechtsstreitigkeiten, wurde im Jahre 365 insofern umgebildet, als den *defensores plebis,* wie sie genannt wurden, der Schutz der kleinen Leute gegen die Mächtigen und die Reichen zur obersten Pflicht gemacht wurde. Valens ist in Weiterführung von Maßnahmen des Constantius II. der sog. „Patroziniumsbewegung", d.h. dem Streben der Kleinbauern, unter dem harten Steuerdruck sich in den Schutz der Großen zu begeben,[73] nachhaltig entgegengetreten. In der Frage der *fundi rei publicae,* d.h. der rechtlich einzelnen Stadtgemeinden gehörenden Domänen, die die Constantinssöhne für die Krone eingezogen hatten, von Julian aber den Städten zurückgegeben worden waren, nahmen beide Kaiser einen vermittelnden Standpunkt ein. Diese Ländereien wurden als Krondomänen verwaltet, aber ein Drittel ihres Ertrages wurde den Gemeinden überlassen.[74]

Daß die Korruption in der Provinzialverwaltung trotz der versuchten Eindämmung durch Julian jetzt wieder Fortschritte machte, zeigt das skandalöse Auftreten des afrikanischen Militärbefehlshabers *(comes Africae)* Romanus, der bei Einfällen des libyschen Stammes der Austurianer in Tripolitanien in der Richtung auf Leptis Magna nur gegen Bestechungsgelder militärische Hilfe zu gewähren bereit war. Der Skandal hatte schwere Folgen für Nordafrika.[75] Er führte im Jahre 372 zu der Erhebung des mauretanischen Klientelfürsten Firmus aus dem Stamme der Jubalenen im heutigen Algerien zum Gegenkaiser und zu dessen Fühlungnahme mit den Donatisten. Beendet wurde dieser ganz Nordafrika, Roms Kornkammer, schließlich aufwühlende innere Krieg erst in den Jahren 372–374 durch den Heermeister Theodosius, der kurz zuvor in Britannien siegreich gewesen war. Firmus endete im Gefängnis durch Selbstmord. Aber auch der siegreiche Feldherr fiel einer Hofintrige zum Opfer und wurde in Karthago im Jahre 375 hingerichtet. Dies war der dunkle Hintergrund der valentinianischen Regierung, deren besondere Verdienste ohne Zweifel in der Außenpolitik lagen.

Valentinian ist der letzte römische Kaiser, der das Westreich in seinen alten traditionellen Fluß- und Limesgrenzen erhielt und darin befestigte, während im Orient unter Valens nach dem Tode des bedeutenderen Bruders der Vorstoß der Ostgermanen, vor allem der Westgoten, und ihr Sieg bei Adrianopel die Zeit der Germanenreiche innerhalb der Grenzen des Imperiums einleiteten und dazu führten, daß das Westreich, das gerade eben noch einmal gerettet worden war, verlorenging.

Durch die seit dem Jahre 365 wieder in Gallien weit vorgedrungenen Alamannen wurde Valentinian zu einem längeren Aufenthalt in dem bedrohten Nordwesten des Reiches gezwungen.[76] Da er erkrankte, konnte er erst nach seiner Genesung und nach der Erhebung seines Sohnes Gratian zum Augustus im Jahre 368 wieder offensiv werden. In dem gleichen Jahr unternahm zur Flankensicherung der eben erwähnte glänzende Heerführer Theodosius einen Feldzug in Britannien. Dort waren von Norden her die Pikten und Skoten eingefallen. Gleichzeitig hatten die Sachsen auf ihren Wikingerfahrten mit der Plünderung der nordgallischen und britannischen Küsten begonnen. Theodosius drang bis zu dem Hadrianswall vor, schuf jenseits von ihm vorübergehend die neue Provinz Valentia und stellte alte Grenzwerke und Kastelle wieder her. Die Sachseneinfälle vom Meer her wurden im Jahre 370 siegreich und endgültig abgeschlagen. Gleichzeitig bekämpfte Theodosius die Franken am Unterrhein und am Waal. Dann fand er im Alamannenkriege Valentinians Verwendung; schließlich wurde er mit der Wiedereroberung Afrikas (s.o. S. 99) betraut.

Der erste Vorstoß Valentinians über den Rhein gegen die Alamannen drang tief in das Feindesland ein. Er endete mit einem Sieg am oberen Neckar bei Solicinium oder Solicomnum (vielleicht Sulz am Neckar). Dem Rheinübergang vom Jahre 368 folgten bald weitere. Ihre Häufigkeit und Ausdehnung sowie die jetzt beginnenden Limesbauten des Kaisers nicht nur am Rhein entlang, sondern teilweise auch noch einmal auf den alten „Dekumatäckern" beweisen, daß Valentinian einen letzten Versuch gemacht hat, das rechtsrheinische Obergermanien, das in Händen vertragsgebundener Alamannenfürsten war, wieder in unmittelbar beherrschtes Römerland umzuwandeln. Zu diesem Zwecke wurde schon im Jahre 369 mit den hinter den Alamannen im hessischen Maingebiet und östlich davon im bayrischen Franken wohnenden Burgundern ein Bündnis geschlossen,[77] um den Hauptgegner nötigenfalls in die Zange nehmen zu können.

Im Jahre 370 ließ der Kaiser gleichzeitig mit einem burgundischen Einbruch von Osten her den aus Britannien siegreich heimgekehrten Heermeister Theodosius einen Flankenstoß von Rätien aus gegen die Alamannen unternehmen. Die kombinierte Aktion endete mit der Ansiedlung zahlreicher Kriegsgefangener in der Poebene. Weshalb der Frontalangriff Valentinians vom Rheine aus zur Vollendung der Einkreisung unterblieb, ist unbekannt.[78] Seine in Angriff genommenen Limesbauten am Rhein waren offenbar noch nicht fertig und nahmen die ganze Kraft des Kaisers in Anspruch. Die große Zielsetzung, noch einmal Germanenland jenseits des Rheines den Römern dauernd zu unterwerfen, wurde nach diesem nicht völlig gelungenen Schlage vom Jahre 370, wie es scheint, fallengelassen und entscheidender Wert auf die neuen Rheinbefestigungen gelegt.

Der Kaiser residierte von da ab in Trier und führte weiter nördlich erneut Kämpfe auf rechtsrheinischem Boden, zunächst im Jahre 372 von Mainz aus gegen Makrian, den König der alamannischen Bucinobanten (zwischen dem Unterlauf der Lahn und des Mains), die hauptsächlich den Zweck hatten, den Gegner einzuschüchtern und das Land zu verwüsten. Um die Schutzherrschaft über den Norden Alamanniens zu errichten, wurde im Spätherbst 374 bei einer Zusammenkunft mit dem alamannischen König auf dem rechten Rheinufer gegenüber Mainz ein Freundschaftsvertrag geschlossen. Es blieb also schließlich doch bei dem alten Zustand: Klientelstaaten jenseits des Rheines und gleichzeitig im Anschluß an die Vorarbeiten seiner Vorgänger, besonders Julians, Wiederherstellung der alten augusteischen Flußgrenze durch eine Kette von Kastellen und Befestigungen am Rhein, am stärksten gegenüber der Neckarmündung bei Altrip (Alta Ripa). Immerhin war es ein großes Verdienst dieses letzten bedeutenden Schlachtenkaisers, daß er sowohl in Britannien als auch in Gallien die alten Reichsgrenzen wiederherstellte und den letzten Limes nach rein militärischen Gesichtspunkten baute.[79]

Der Abbruch der Alamannenkämpfe im Westen gegen Ende des Jahres 374 wurde durch Verwickelungen an der mittleren Donau veranlaßt. Hier hatte der Kaiser gegenüber den föderierten Quaden jenseits der Donau eine ähnliche Politik eingeschlagen wie gegenüber den Alamannen am Rhein. Die Ausgrabungen haben gezeigt, daß damals an dem Lager von Carnuntum gebaut wurde und daß gleichzeitig jenseits der Donau an den Stellen, an denen einst unter Marcus Aurelius Garnisonen unterhalten worden waren (Leiserberg, Stillfried), neue Befestigungen entstanden.[80] Die Quaden aber waren offenbar über diese ihrer Ansicht nach vertragswidrigen Kastellbauten in ihrem Lande aufgebracht. Dazu kam die treulose Ermordung ihres Königs durch den römischen Grenzkommandanten Marcellinus.

Sie waren deshalb in Pannonien eingefallen und hatten das Land (genauer die Provinz Valeria, das ehemalige Unterpannonien) furchtbar verwüstet. Ihnen hatten sich die Sarmaten (Jazygen) angeschlossen; sie waren vom Osten her in der Richtung auf Sirmium und darüber hinaus vorgestoßen. Das gleichzeitig von ihnen überflutete Mösien wurde von Theodosius dem Jüngeren, dem späteren Kaiser, in seiner Eigenschaft als *dux Moesiae primae* sofort wieder befreit. Valentinian dagegen nahm sein Hauptquartier in Carnuntum, drang nach dreimonatiger Vorbereitung, während der die Korruption im Oberkommando und die Disziplinlosigkeit der Grenzer beseitigt wurden, von mehreren Seiten aus in das Quadenland ein und nahm Rache an den ehemaligen Verbündeten.

Zurückgekehrt, erlag der Kaiser am 17. November 375 in Brigetio (gegenüber Komorn) einem Schlaganfall während des Empfanges einer Quadengesandtschaft, mit der es eine erregte Auseinandersetzung gegeben hatte. Er war ein tüchtiger Soldat und Offizier vom Scheitel bis zur Sohle, dabei derb und auch grausam, wenn durchgegriffen werden mußte. In dem großen Schicksalsjahre 375, in dem man gewöhnlich die sog. „Völkerwanderung" beginnen läßt, hat er nach der letzten Festigung der Rheingrenze auch den an und für sich schon halb verlorenen Posten an der mittleren Donau unter Einsatz seiner tapferen Persönlichkeit noch einmal gehalten.

Die Unzuverlässigkeit der Klientelvölker an der Nordgrenze hatte sich in erschreckendem Maße gezeigt. Da alle Versuche, noch einmal Provinzialland jenseits des Rheins und der Donau zu gewinnen, scheiterten (nur in Britannien gelang es), waren die klar durchdachte Verstärkung des Limes an den Flußgrenzen von Mösien bis zur Nordsee und die erneute Ansiedlung von Germanen auf Reichsboden die Folge. Ein wohl erst im Jahre 375 erlassenes Reichsgesetz der beiden Kaiser[81] verbot die Ehe zwischen Provinzialrömern und Ausländern, wahrscheinlich um die fortschreitende Entnationalisierung des Staatsvolkes an den Reichsrändern zu verhindern. Dieses Verbot hat aber später nach der Massenansiedlung der Goten dazu beigetragen, daß die Germanen ein Fremdkörper im Reiche blieben oder daß ihre Aufsaugung durch das römische Element zum mindesten erschwert wurde.[82]

Gleichzeitig wurde die Armee außer aus den Reihen der Veteranen- und Soldatensöhne auch aus dem gallischen Landvolk und aus der Jugend der überrheinischen und transdanubianischen Klientelvölker rekrutiert. Dadurch wurde sie noch stärker barbarisiert. Auch die Besetzung hoher und höchster Stellen mit hervorragenden nichtrömischen Männern dieser Armee führte zu rasch fortschreitender Germanisierung der Militärkaste. Zu denken aber gibt es, daß dieser aufrechte Pannonier, der dem Reiche in schwerer Zeit so bitter nottat, ein Gesetz gegen die Selbstverstümmelung erlassen mußte, durch die sich seine römischen Untertanen dem Kriegsdienst zu entziehen suchten, und daß er gezwungen war, sein ganzes Herrscherleben lediglich zur Verteidigung des Reiches an den Grenzen zu verbringen, sein Leben, das schließlich in einem Grenzkastell an der Donau endete.

Fünf Tage nach seinem Tode wurde von der Armee unter Führung des Heermeisters Merobaudes Gratians junger Stiefbruder, der erst vierjährige Valentinian II., in Aquincum (Budapest) zum dritten Augustus ausgerufen und ihm unter der Vormundschaft Gratians Illyricum, Italien und Afrika als Reichsteil zugewiesen. So wurde der junge, noch unter dem Einfluß seines Lehrers Ausonius stehende Gratian, der mit Constantia, der nachgeborenen Tochter des Constantius II., vermählt war, der Nachfolger des Vaters in dem gesamten Westreich.

Schon aus diesem Grunde, aber auch wegen der stärkeren Bedrohung durch den Hunnensturm, verlagerte sich der Reichsschwerpunkt wieder für einige Zeit nach dem Ostreich. Valens, der sich bis jetzt im Hintergrund gehalten hatte, trat plötzlich an die Spitze, da die Lage des Reiches die größte Anspannung aller Kräfte erforderte und Valentinian I. nötiger denn je gewesen wäre. Hier starb ein

Kaiser wirklich einmal in der kritischsten Stunde seines Reiches; er erwies sich als unersetzbar.[83]

Denn gerade in Valentinians Todesjahr machte sich das Vorwärtsdrängen der Hunnen von dem Nordrand des Kaspischen Meeres her bemerkbar. Es eröffnete eine neue Epoche für die zweite Zone. Die Hunnen waren zuerst auf die iranischen Alanen gestoßen und hatten sich mit ihnen verbündet. Dann warfen sich beide um das Jahr 370 auf die Ostgoten, die sich in dem iranisierten Kulturraum nördlich der Krim und auf der Krim stark gewandelt und in manchem die Kampfesart der asiatischen Reitervölker angenommen hatten. Der Ostgotenkönig Ermanarich gab sich in der Verzweiflung selbst den Tod. Die beiden fremden Völker zwangen die seit Constantin I. mit Rom föderierten Westgoten unter ihrem König Athanarich, ihr nördlich der Donaumündung jenseits des Dnjestr gelegenes Siedlungsgebiet zu verlassen. Die Westgoten waren durch ihren Bischof Wulfila (341–348) zum Teil Christen, und zwar Arianer, geworden; ein Teil aber war unter Valens bei der Usurpation des Prokopios nach schweren Kämpfen zwischen 367 und 369 wieder abtrünnig geworden und hatte sich von Rom unabhängig gemacht. Der christliche Teil unter dem Häuptling Fritigern trat im Herbst 376 zusammen mit einer kleineren heidnischen Gruppe unter Ablavius auf den Reichsboden über und bat Valens, der damals in Antiocheia weilte, um Wohnsitze, während die Hauptmasse des Volkes unter Athanarich jenseits der Karpaten im alten Dakien und in den transsylvanischen Alpen Schutz suchte. Die von den Westgoten erbetenen Wohnsitze wurden nach einigem Zögern zugesagt, und zwar sollten die Westgoten in der thrakischen Diözese untergebracht werden. Sie wurden vorläufig in geschlossener Masse gegen das Versprechen, Rekruten für das römische Heer zu stellen, als Föderaten – allerdings etwas übereilt – angesiedelt. Während also Valentinian das Westreich noch einmal in seinen alten Grenzen durch den Limes gefestigt, darüber hinaus sogar durch das Festhalten an dem alten Föderatensystem, ja in Britannien durch die Gewinnung neuen Provinziallandes auf der alten Höhe gehalten hatte, öffnete Valens Teilen der Goten das wichtige Tor des Reiches an der unteren Donau und legte dadurch den Grund zu dem Untergang auch des Westteiles, den sein Bruder eben erst in so vorbildlicher Weise gerettet hatte.

Nicht die Westgermanen, die bei all ihren weit ausholenden Raubzügen nach Gallien und Britannien hinein niemals die Verbindung mit ihrem Mutterboden und ihren Ausgangsländern verloren hatten, sondern die von weither zugewanderten und z. T. iranisierten Ostgermanen haben den Zutritt tief in das Reichsinnere hinein erzwungen und die Lebenszentren des Reiches getroffen: sie erst haben die neue Zeit der Germanenstaaten auf römischem Boden in der zweiten Zone eingeleitet. Man hat viel darüber geschrieben, was die Ursache hierfür gewesen ist.[84] Die Germanisten und die mittelalterlichen Historiker haben aber nicht hinreichend hervorgehoben, daß die Tatsache der Iranisierung der ostgermanischen Stämme sowie die weitere Tatsache, daß sie das Wesen der asiatischen Reitervölker annahmen, ihnen die Kraft zu den gewaltigen Wanderzügen in den eigentlichen Mittelmeerraum bis nach Afrika hinein gegeben haben. Nicht Iran bzw. die Sasaniden haben Rom zu stürzen vermocht, sondern die Germanen, die Irans Kampfesweise mit dem Expansionsdrang asiatischer Völker verbunden haben.[85]

Entscheidend war dann noch die frühe Christianisierung der Westgoten schon vor ihrem Übertritt in das Reich. Dadurch wurde ihr Anschluß an die antike Kultur erreicht und ein bis dahin mehr iranisiertes Volk auch dem „Hellenismus" angenähert,[86] allerdings in der Form des Arianismus, der bei den Germanen mehr auf dem Gebiete der Kirchenverfassung als auf dem der Lehre in Erscheinung trat.[87] Mit der gotischen kann nur die Invasion der Angeln und Sachsen verglichen werden, die allerdings nur das äußerste Grenzland des Westreiches traf und es germanisch umformte. Im Gegensatz zu der gotischen Überflutung hat sie der Weltgeschichte im Norden eine damals nicht vorauszusehende gewaltige Fernwirkung gegeben, während die Goten untergegangen sind und nur Schrittmacher waren für ihre westgermanischen Brüder, die durch der Ostvölker kühne vorwärtstreibende Tat erst befähigt wurden, die Erben der tausendjährigen Roma zu werden.

Die in die thrakische Diözese aufgenommenen Westgoten wurden von den römischen Beamten mit Lebensmitteln zu Wucherpreisen beliefert; da sie außerdem in unfruchtbaren Berggegenden angesiedelt waren, trieb sie bald der Hunger zum Aufstand. Gleichzeitig strömten Ostgoten, Taifalen, Alanen und Hunnen durch die geöffnete Donaugrenze. Die Gefahr wuchs zusehends. Kaiser Valens befand sich wegen der ebenfalls drohenden Persergefahr im Orient und mußte mit dem dort bereitgestellten Heere herbeieilen. Der um Hilfe angegangene Gratian war in einen Krieg mit den Alamannen verwickelt, die er etwas später (378) bei Argentaria in der Nähe von Colmar besiegte, und konnte daher nicht rechtzeitig zur Stelle sein. So mußte Valens allein den Kampf aufnehmen und verlor gegen die Westgoten, die von Ostgoten und Alanen unterstützt wurden, in der gewaltigen Schlacht bei Adrianopel (9. August 378) Thron und Leben. Ganz Mösien und Thrakien gingen verloren. Nur die Städte, darunter natürlich die Hauptfestung Constantinopel, hielten sich, waren aber auf das höchste gefährdet. Die siegreichen Massen der Feinde verwüsteten das flache Land, warfen sich auf die dakische Diözese und weiterhin auf Pannonien.

An der großen Einfallspforte der Donaumündung war der Durchbruch der Ostgermanen gelungen. Der Anfang vom Ende des römischen Reiches war mit der denkwürdigen Schlacht von Adrianopel gemacht, deren Bedeutung nicht leicht überschätzt werden kann. Mit dem Römertum aber empfing der Arianismus – eine Ironie des Schicksals – durch arianische Germanen den Todesstoß. „Das Jahr 378 bildet in dem weiten Spielraum, der den ‚Untergang der antiken Welt' und die ‚Geburt des Abendlandes' umschließt, den entscheidenden Wendepunkt."[88]

An Stelle des Valens wurde von Gratian (375–383) der Spanier Theodosius I. (379–395), der sich nach dem Untergang seines Vaters auf seine heimischen Besitzungen in Spanien zurückgezogen hatte, aber von Valentinian wieder in dem Kampf an der Nordgrenze eingesetzt worden war und Ende des Jahres 378 noch einmal einen glänzenden Sieg in Pannonien über die Sarmaten davongetragen hatte, am 19. Januar 379, 33jährig, zum Augustus des Ostens erhoben, unter anfänglicher Zuteilung auch der schwer gefährdeten dakischen und makedonischen Diözesen. Er wurde noch einmal des Reiches Retter in schwerster Stunde.

Gemeinsam mit Gratian, mit dem Theodosius im Spätsommer 380 in Sirmium zusammentraf, bannte er zunächst die Nordgefahr und gab dann die erwähnten Diözesen an den Westkaiser zurück. Die Westgoten, die in die makedonische Diözese plündernd eingefallen waren, wurden über den Balkan zurückgedrängt und nach Abschluß von Verträgen jetzt endgültig als Föderaten jenseits des Gebirges neu angesiedelt. Teile von ihnen wurden in Pannonien, und zwar in Valeria, seßhaft gemacht, wodurch ein gutes Stück auch des pannonischen Donaulimes preisgegeben wurde und die Seitendeckung der römischen Armee verlorenging. Auch Athanarich erhielt im nördlichen Teil der thrakischen Diözese (Mösien und Neudakien) Wohnsitze für sein Gefolge. Nachdem sie erneut besiegt worden waren, wurden die Scharen Fritigerns endgültig im Jahre 382 angesiedelt, und zwar auch hier in geschlossener Masse als Föderaten mit ähnlichen Rechten, wie sie die bisherigen Klientelrandstaaten besessen hatten, d.h. unter Garantie voller Autonomie, Steuerfreiheit und gegen hohe Soldzahlungen an die zur Heeresfolge unter heimischen Führern verpflichteten Mannschaften. Das wichtigste aber war, daß sie auch diesseits des Grenzstroms ihr Volksrecht behielten. Beide, Ost- und Westgoten, wurden dadurch zu einem Fremdkörper auf römischem Boden und blieben es auch, da das Verbot des Conubiums mit den Römern, wie es das Gesetz Valentinians I. ausgesprochen hatte, auch hier in Kraft blieb. Infolgedessen wurde ihre Aufsaugung durch die römische Bevölkerung verhindert und die Lust zu Kriegszügen in fremden Raum gesteigert. So wurde das feindliche Eindringen furchtbarer Gegner zwar in eine friedliche Ansiedlung und in eine stärkere Durchsetzung des Heeres mit Germanen verwandelt, aber der neue Staat mit Eigenleben im Staate, besser am Staatsrande, bedrohte, wie sich bald zeigen sollte, immer wieder das Reich. Auch führte er zu großen Ausgaben, die bei der Verschwendungssucht des Herrschers den Staatshaushalt stark belasteten. Infolgedessen mußte Theodosius die Finanzen des Staates unter oft sehr großen Härten den erhöhten Anforderungen der Zeit anpassen. Die Not der nur noch Steuern zahlenden niederen Reichsbevölkerung, vor allem der Bauern und Kolonen, die in Illyricum außerdem noch durch die schrecklichen

Verwüstungen des Landes durch die Goten gelitten hatten, begann trotz aller Gegenmaßnahmen furchtbar zu steigen.[89] Viele entzogen sich den Lasten und den Mißhandlungen, die bis zur Prügelstrafe gingen, durch die Flucht. Das einzig positive Ergebnis der neuen Gotenpolitik des Kaisers war die Tatsache, daß Theodosius auf Konskriptionen der Reichsangehörigen so gut wie ganz verzichten konnte.

Epoche machte jedoch die neue Doppelregierung des Gratian und des Theodosius durch ihre kirchenpolitischen Maßnahmen. Die Wendung zum völligen Staatschristentum wurde durch Ambrosius veranlaßt, der unmittelbar nach dem Tode des Athanasios (373) zum Bischof von Mailand (374) gewählt worden war.[90] Er war ein ehemaliger hoher Reichsbeamter, der Statthalter der Provinz Liguria-Aemilia. Da er noch Katechumene war, mußte er schleunigst getauft werden, bevor er dieses hohe Priesteramt übernahm. Er war kein Forscher wie die griechischen Kirchenväter oder wie Augustinus, aber er war nicht nur der größte Diplomat der Kirche, sondern auch der bedeutendste Prediger in lateinischer Sprache, dazu berühmt in literarischen Kreisen durch die Einführung des kirchlichen Hymnengesangs. Bis zu seinem Tode (397) hat er die Kirche und die Kaiser beherrscht; er war die erste papale Erscheinung im Westen. Völlig unter seinen Einfluß geriet Gratian, der in den von dem gewaltigen Kirchenfürsten ausgehenden fanatischen Kampf um den in Nicäa festgelegten rechten Glauben verwickelt wurde.

Am 3. August 379 verbot Gratian durch kaiserlichen Erlaß den Gottesdienst aller anderen Bekenntnisse, und am 27. Februar 380 erließ Theodosius ein entsprechendes Gesetz für seinen Reichsteil, in dem die beiden vornehmsten Bischöfe der Zeit, Bischof Damasus von Rom und Athanasios' Nachfolger Petrus von Alexandreia, als die Bürgen der Rechtgläubigkeit bezeichnet wurden.

Zusammen mit Gratian ist also auch sein Mitkaiser in der schärfsten Form kämpferisch gegen den alten Glauben aufgetreten und hat sich für die Orthodoxie eingesetzt. Nach dem Zusammenbruch des Arianismus in der Schlacht von Adrianopel ist die sog. ,,jungnicänische" Lehre (das Schlagwort homousios [ὁμούσιος] wurde nicht mehr im Sinne von Wesenseinheit, sondern von Wesensgleichheit gebraucht) auf dem zweiten ökumenischen Konzil von Constantinopel (381) zur allein gültigen Religion im Staate erhoben worden. Das Jahr 381 ist somit das Geburtsjahr der christlichen Staatskirche. „In Wahrheit ist nun erst der absolute neurömische Herrscher fertig geworden, der nicht nur über die Leiber und die Güter seiner Untertanen, sondern auch über ihre Seelen und ihre Gewissen herrschte."[91] Das orthodoxe Christentum nahm jetzt im Römerreich die Stelle ein, die sich die mazdaistische Staatskirche im Perserreiche längst erobert hatte. Bezeichnenderweise hat dieses Endstadium ein Herrscher, der aus Spanien stammte, eingeleitet. Eine Ironie des Schicksals aber hat es gewollt, daß dieser erste so allmächtig gewordene christliche Eiferer auf dem Throne der Imperatoren sich wegen eines im Jahre 390 im Zirkus von Thessalonike (Saloniki) aus geringfügiger Ursache angerichteten Blutbades (das siebentausend Menschen das Leben kostete)[92] einer ihm von Ambrosius auferlegten Kirchenbuße unterwerfen mußte. Diese erste Auflehnung des abendländischen Kirchengeistes gegen den Schöpfer der Reichs- und Staatskirche wurde zum Keim der römischen Papstkirche im Westen, als deren eigentlicher Schrittmacher Ambrosius bezeichnet werden muß.[93]

Mit besonderem Eifer beseitigten natürlich diese ersten orthodoxen Herrscher die letzten Reste des alten Glaubens. Im Jahre 379 legte Gratian den Titel eines Pontifex maximus ab,[94] 382 entfernte er endgültig den Altar der Göttin Victoria aus dem Sitzungssaal des römischen Senates. Im Jahre 389 schaffte Theodosius die Feiertage bei den heidnischen Festen ab, am 8. November 392 wurden alle Arten von Opfern verboten. Die letzten olympischen Spiele wurden im Jahre 393 gefeiert. Im Jahre 391 zerstörten fanatische Mönche den berühmten Sarapistempel in Alexandreia.[95] Überhaupt muß festgestellt werden, daß das kaiserliche Vorgehen oft von Bischöfen und Mönchen angeregt wurde. Doch konnte eine völlige Austilgung des Heidentums auch jetzt noch keineswegs erreicht werden: es hielt sich am längsten auf dem flachen Lande, außerdem in den höchsten Bürgerschichten der Städte, besonders in denen Roms. Die Heiden wurden daher nicht nur pagani, sondern auch

„Hellenen" genannt.[96] Über diese altgläubige Geistesaristokratie von Rom und die literarische und künstlerische Renaissance des Altertums wird später zu sprechen sein.

Sicher ist, daß sich politisch, religiös und geistig die beiden Reichshälften bei den immer deutlicher werdenden Gegensätzen der lateinischen und der griechischen Mentalität schon seit der letzten von Valentinian I. errichteten Suprematie des Westens schärfer voneinander zu scheiden begannen. Das trat besonders nach Gratians Sturz und nach seiner Ermordung (25. August 383) dadurch zutage, daß im Westen ein Gegenkaiser namens Magnus Maximus (383–388) aufgestellt wurde, der ein entfernter Verwandter und ehemaliger Waffengefährte des Theodosius war.

Gegen den Usurpator wandte sich aber die germanische Generalität, an deren Spitze zuerst der heidnische Franke Bauto genannt wird, der als Heermeister der arianisch eingestellten Kaiserinwitwe Justina, der Mutter des jetzt 12jährigen Valentinian II. (383–392), zur Seite stand. Gleichzeitig verschärfte sich der Gegensatz zwischen der neuen kaiserlichen Regierung des Westens und Ambrosius bedenklich. Auch der Donatismus nahm in Afrika unter Gildo, dem Bruder des Usurpators Firmus, stark an Einfluß zu. Auf Bauto folgte in der Vertretung der legitimen Regierung Merobaudes, der aber nach der Flucht Valentinians II. und seiner Mutter nach Saloniki zu Theodosius und nach der Eroberung Italiens durch Magnus Maximus im Jahre 387 Selbstmord beging. Als der Usurpator auf das westliche Illyricum übergriff, setzte Theodosius zu einem siegreichen Gegenstoß an, worauf Maximus am 28. August 388 von seinen Soldaten ermordet wurde.

Übrig blieben Valentinian II. und Theodosius als die legitimen Herrscher des Römerreiches. Theodosius, der jetzt der rangältere Augustus war, sandte Valentinian II. nach Gallien unter der Leitung des Franken Arbogastes, während er selbst in den nächsten Jahren bis zum Sommer 391 in Italien blieb. Dann mußte er gegen die Goten, Bastarner und andere Völker, die unter der Führung Alarichs wieder einmal über den Balkan in Thrakien eingefallen waren, zu Felde ziehen (Herbst 391). Am Hebrus (Maritza) bei Nacht überfallen, wurde er nur durch den thrakischen Heermeister Promotus vor einer Katastrophe bewahrt. Der Krieg ging weiter und wurde erst später durch Stilicho beendet.[97]

Der junge Westkaiser fand am 15. Mai 392 den Tod; es ist fraglich, ob durch Selbstmord oder durch Mord. Nun erhob Arbogastes, der größte in dieser Reihe der „reichsverderbenden Reichsretter aus germanischem Blut",[98] den früheren Lehrer der lateinischen Rhetorik und jetzigen hohen Hofbeamten Flavius Eugenius, der nur äußerlich Christ geworden war, zum Kaiser. Der Kaisermacher und der Mann seiner Wahl haben, als es zum Kampfe mit der legitimen Regierung kam, in der Schlacht am Flusse Frigidus (= Wippach, einem linken Nebenfluß des Isonzo)[99] noch einmal das niedergetretene Heidentum auf dem Schlachtfelde zum Siege führen wollen, eine Absicht, die beinahe gelungen wäre. Die gotischen Hilfstruppen des Theodosius verloren an 10000 Mann. Aber Theodosius und das Christentum sind an dem zweiten Schlachtentag durch den Ausbruch eines schweren Sturmes, der in dieser Gegend häufigen „Bora", und durch den Verrat eines Unterführers gerettet worden (5./6. September 394).[100] Eugenius erlitt in der Gefangenschaft den Tod von Soldatenhand, Arbogastes entleibte sich selbst.

Daß der alte Glaube seine letzte entscheidende Niederlage erlitten hatte, ist von seinem damaligen größten geistigen Vorkämpfer, dem *Praefectus praetorio* Nicomachus Flavianus, dem Erben der Bestrebungen des Agorius Praetextatus, dadurch anerkannt worden, daß er wie einst Cato Uticensis bei dem Untergang der Republik den Freitod gewählt hat. Nach nur kurzer Alleinherrschaft starb Theodosius, den die christliche Geschichtsschreibung den Großen nennt, am 17. Januar 395; bald danach (397) folgte ihm im Tode sein großer Mit- und Gegenspieler aus dem christlichen Lager, Ambrosius von Mailand. Mit beider Tod endete das nachconstantinische Zeitalter. Es begann eine neue Epoche, die als wichtigstes Ergebnis den Untergang des Westreiches brachte, „nachdem die Voraussetzungen, die seinen Bestand gesichert hatten, nicht mehr vorhanden waren".[101]

Die hinter uns liegende Zeit muß vor allem von der Seite der Geistesentwicklung her betrachtet werden. In den siebzig Jahren zwischen 325 und 395 hat sich nämlich die Wandlung des antiken

Staates zu dem Reiche Jesu Christi auf Erden, zuletzt nicht ohne schwere Gewalttätigkeiten, vollzogen. Fast noch wichtiger aber ist es, daß in diesem Zeitraum von zwei Menschenaltern auch der große Kampf der altgläubig gebliebenen führenden Geister Roms um die Erhaltung ihres Glaubens und, als er endgültig verloren war, um die Weitergabe der gewaltigen Kulturgüter der Antike ausgekämpft worden ist.[102]

Wir sahen früher (s. o. S. 64), daß Constantin I. zu dieser neuen Bildungsepoche die Grundlagen gelegt hatte. Aber zunächst verflachte unter ihm, dem praktisch gerichteten Staatsmann, der Begriff der alten griechisch-römischen Humanitas (ein Begriff, dem die Römer nur den Namen, die Griechen aber den Inhalt gegeben haben) zu einer praktisch-philosophischen und rhetorischen Ausbildung, wie sie der Beamte des Zwangsstaates benötigte. Der Typus des Bildungsmenschen der constantinischen und nachconstantinischen Zeit war Themistios, der 40 Jahre lang bis zu seinem Tode um 390 in Constantinopel gewirkt hat.[103] Hoch über Themistios dünkte sich sein Zeitgenosse, der ungemein produktive Syrer Libanios aus Antiocheia (311–393), nicht zum wenigsten wegen seiner reinen Sprache, die sich noch einmal dem strengsten Attizismus näherte. Er stand so hoch über Themistios, wie Antiocheia über Constantinopel, dem Emporkömmling am Bosporus, er ist „der letzte große Rhetor, und dieses Platzes ist er nicht unwürdig".[104]

Für den altgläubig gebliebenen geistigen Führerkreis des Ostens war es ein Unglück, daß sich der Neuplatonismus nach dem tiefen Denkertum Plotins immer weiter von der Wissenschaft entfernte. Weniger galt dies für Porphyrios (233 bis etwa 315), der im Namen Plotins bekanntlich den stärksten Angriff gegen das Christentum gerichtet hat, als für den Syrer Jamblichos (gest. um 350), an dessen Werken sich kein Geringerer als Julian so lange gebildet bzw. verbildet hatte,[105] bis er bei dem fanatischen Maximus von Ephesos und damit in der Wundergläubigkeit („Theurgie") endete.[106]

Die griechische Wissenschaft war im übrigen frühzeitig, und zwar seit Eusebius von Cäsarea (gest. 338), in das christliche Lager übergegangen. Geistig viel höher als Julian standen die drei großen christlichen Kappadokier Gregor von Nazianz (330–390), Gregor von Nyssa (gest. 394) und Basileios d. Gr. (311–379), der nicht nur ein großer Gelehrter, sondern auch ein Organisator ersten Ranges war. Er hat das östliche Mönchtum als Geistesmacht in die griechische Kirche eingebaut. Dabei ist das Wirken dieser drei großen Forscher ein Musterbeispiel dafür, daß alte, überkommene Literaturgattungen in der Kirche umgeprägt und mit neuem Leben erfüllt werden konnten.[107]

Im Gegensatz zu der schnellen Entwicklung der geistigen Kräfte des neuen Glaubens im griechischen Osten kam es im lateinischen Westen und speziell in Rom – und zwar durch die Verlegung des Kaisersitzes auf den Balkan und die dadurch erfolgte politische Zurückdrängung Roms auf den zweiten Platz – zu einer starken Selbstbesinnung des streng altgläubigen Stadtadels.[108] Sie brachte jenes letzte bedeutsame Aufflackern des lateinischen Geistes unter den Valentinianern, das sich weiter bis in die Zeit nach Theodosius' Tode fortsetzte, d. h. bis in die Epoche der durch die sog. „Reichsteilung" noch schärferen politischen Isolierung des Westens. In dem entthronten Rom hat sich der Senatsadel zu einem Geistesadel bedeutenden Formates entwickelt, dem die Nachwelt in Europa Großes verdankt, nämlich die Erhaltung der Kulturschätze des Altertums.

Im Mittelpunkt der weströmischen Leuchten des alten Glaubens stand der neuplatonische Philosoph Vettius Agorius Praetextatus (Anfang des 4. Jahrhunderts bis 384), durch dessen überragende und weitausgreifende Größe noch einmal ein gewisses Zusammenarbeiten von Ost und West zur Erhaltung der Väterreligion erreicht wurde.[109] Nach altem Brauch der römischen Aristokratie jener Zeit war er bereits in jungen Jahren Inhaber der von seinem Vater ererbten Priesterämter eines Augur, Pontifex Solis et Vestae gewesen. Von Constantin I. war er zusammen mit dem Neuplatoniker Sopatros zur magischen Einweihung der neuen Hauptstadt des Ostens berufen worden. Danach wurde er Hierophant von Eleusis und hat in dieser Eigenschaft im Jahre 355 den damaligen athenischen Studenten Julian in die eleusinische Mysterienlehre eingeweiht. Infolgedessen besaß er sein Vertrauen auch während dessen Herrscherzeit in so hohem Maße, daß er mit dem Leibarzt Oribasius in die Umgebung des neuen Cäsars nach Gallien berufen wurde. Nach Julians Erhebung zum Augustus wurde Praetextatus nach Griechenland zur Organisation des alten Glaubens von Hellas vorausgeschickt und um die Jahreswende 361/62 in Constantinopel, wo er Beziehungen zu Themistios aufnahm, zum Prokonsul von Achaia (Griechenland) ernannt. Als solcher befand er sich während des Perserfeldzuges im Gefolge des Kaisers und lernte in Antiocheia den Libanios kennen, der ihn, da er leidenschaftlich Handschriften sammelte, dem Celsus, Julians Studiengenossen, zur Verbesserung der Texte empfahl. Vom Prokonsul von Achaia stieg Praetextatus schließlich zu der hohen Stellung eines Stadtpräfekten von Rom empor. Hochbetagt ist dieser bedeutende Vertreter der altgläubigen Schicht des vierten Jahrhunderts als designierter Konsul im Jahre 384 gestorben.

Bekanntlich wird der Dialog in Macrobius' ,,Saturnalien" (um 400 verfaßt) für den ersten Gesprächstag in das Haus des Praetextatus verlegt und er selbst zum Sprecher über Helios als Allgott und über Janus als ,,Himmelstür" im Sinne der neuplatonischen Philosophie der Zeit gemacht. Macrobius nennt ihn bei dieser Gelegenheit das Haupt der ,,religionsbeflissenen Menschen" *(princeps religiosorum).* Er galt als eingeweiht in das Geheimwirken der Götter; ja, der Augur Praetextatus wurde als Weissager sogar von christlicher Seite in Anspruch genommen.

Aber dieser durch Praetextatus besonders vornehm vertretene senatorische Hochadel Roms hat nicht nur den alten Götterdienst erhalten und gepflegt, sondern auch das Studium der großen Werke der römischen Vergangenheit gefördert, und zwar immer mehr oder weniger unter religiösen Gesichtspunkten.[110] Groß ist gerade in dieser Zeit die Zahl der Erklärer der klassischen Werke. Aelius Donatus, der Interpret des Terenz, sein Schüler Servius, der bedeutendste aller Vergil-Kommentatoren, übertreffen alle anderen; ihre Schriften sind uns glücklicherweise erhalten geblieben. Friedrich Klingner hat sehr schön erwiesen,[111] daß der große, dem Vergil gewidmete Teil des erwähnten Macrobius-Dialogs auf die im Zuge dieser gläubigen Zeit liegende ,,Mystagogie" hinausläuft, d.h. auf die Führung der Seele zu einer heiligen, verborgenen Schau. In dieser Zeit lag mit anderen Worten der Anfang jener Richtung, die in Vergils Werken die Heilige Schrift der Römer sah. Von demselben Macrobius wird auch Ciceros Mythos am Schlusse seines Werkes ,,Vom Staat", das *Somnium Scipionis,* im Sinne der religiös gewordenen neuplatonischen Philosophie ausgelegt.

Dieser auf die Rettung des geistigen Vätererbes abgestellten Richtung galt auch die Tätigkeit der verschwägerten Familien der Symmachi, Vater und Sohn, und der Nicomachi, von denen der berühmteste, Q. Aurelius Symmachus, der Sohn (345–405), in den Jahren 384 und 385 Stadtpräfekt und 391 Konsul war. Auch sie haben wie ihre Vorgänger mit dem Kampf für den alten Glauben die Erhaltung der lateinischen Literatur (Cicero, Livius) verbunden. ,,Das ganze sichtbare und unsichtbare Rom, sein Schrifttum und seine Gesittung, sind für die Menschen dieser Zeit Tempeln und heiligen Bezirken vergleichbar, in denen die römischen numina, die römischen Götter, wohnen."[112]

Dies zeigt sich noch einmal in der Dichtung des Claudius Claudianus. Wie Ammian, der größte Historiker dieser Zeit, der, obwohl Grieche von Geburt, die Geschichte Roms von Nerva bis Valens (378) in lateinischer Sprache am Ende der theodosianischen Regierung schrieb, hat auch Claudianus, ebenfalls ein Mann des Ostens (er ist in Kleinasien geboren und in Ägypten großgeworden) und seit 395 am westlichen Kaiserhof tätig, seine Gedichte lateinisch im Stil einer ,,nationalrömischen Verkündigung" abgefaßt, z.T. zur Verherrlichung des nachmals führenden Mannes Stilicho.[113] Überall sind auch hier die Götter und das Göttliche im Spiel. Aus der hohen Stimmung dieses gewaltigsten ,,Glaubenszeitalters" heraus ist so dem alternden Rom eine ,,seltsame religiöse Glut eingehaucht" worden, die vielleicht das Kostbarste dieser Zeit genannt werden darf.

Es ist wohl kein Zufall, daß der schon erwähnte, auch als Geschichtsschreiber berühmt gewordene Nicomachus Flavianus, der durch seinen Selbstmord der Märtyrer des alten Glaubens geworden ist, gerade damals die Lebensbeschreibung des heidnischen Wundertäters Apollonios von Tyana in das Lateinische übertrug, nachdem Marius Victorinus eine Übersetzung der neuplatonischen

Schriften besorgt hatte. Die große Romidee, die bereits in dieser Epoche sich zu wandeln begann,[114] erscheint so bei den Heiden in dem religiös verbrämten Gewande der Philosophie. Ebenso ist auch die auf uns gekommene „Kaisergeschichte“ *(Historia Augusta),* die die Biographien der römischen Kaiser von Hadrian bis Carus und bis zu seinen Söhnen bringt, nur als ein Produkt dieser Zeit verständlich, wie uns Andreas Alföldi gezeigt hat.[115]

Die Großtat eines deutschen Forschers, Hermann Dessaus,[116] ist der von ihm erbrachte Nachweis, daß diese „Kaisergeschichte“ nicht in der diokletianisch-constantinischen Zeit, wie sie selbst uns glauben machen will, sondern erst in der zweiten Hälfte des vierten Jahrhunderts entstanden ist. Sie ist nach Alföldi das Erzeugnis dieses stadtrömischen Kulturkampfes, in dem eine üble Pseudohistorie „auf eine heimtückische, künstlerisch und ethisch minderwertige Art und Weise“ unterstützend mitgewirkt hat.[117] Das Musterstück dieser wenig erfreulichen „Geschichtsklitterung“ ist die Biographie des Severus Alexander. Dieser junge unbedeutende syrische Kaiser ist hier zum heidnisch-idealen Nationalkaiser umgestaltet, zu einem Muster religiöser Toleranz, der in seiner Hauskapelle die Bildnisse des Apollonios, Christus, Abraham und Orpheus mit den Bildern der Divi und anderer ähnlicher großer Gestalten aufgestellt haben soll, wie das in Orakeln und bei manchen gnostischen Sekten der Spätzeit der Fall war. Der englische Forscher N. H. Baynes[118] entdeckte, daß der Syrer nach dem Bilde Julians gezeichnet sei, und ließ sich dazu verleiten, anzunehmen, daß die „Kaisergeschichte“ unter der Regierung dieses heidnischen Kaisers entstanden sei.[119] Der erste Teil seiner These ist richtig, nicht aber seine Ansicht über die Entstehung der *Historia Augusta* unter Julian. Auf den „Kontorniaten“ erscheint – offenkundig erst nach dem Jahre 395 – unter den Herrschern auf der Vorderseite das Bildnis Julians, allerdings ohne Umschrift, offenbar aus der bedrängten Lage des Heidentums dieser Spätzeit heraus.[120] Dieser Juliankult des Symmachuskreises hat auch noch andere Blüten getrieben. Die reliefgeschmückte Elfenbeintafel mit der Darstellung seiner Apotheose im Britischen Museum,[121] offenbar das Geschenk zu einem Hochzeitsfest im Kreise der Familien der Symmachi und Nicomachi, stellt die Himmelsreise des „Abtrünnigen" dar.[122] Seine Heroisierung ist bei den Heiden Roms nicht so schnell vor sich gegangen wie bei denen des Orients. Es ist nun Alföldis m. E. sehr richtige Ansicht, daß die Geschichtsfälschung der Historia Augusta aus diesen Zeiten des auch im Westen erwachenden Juliankultes, nicht aber aus Julians Regierungszeit selbst stammt. Denn mit Recht argumentiert der ungarische Forscher folgendermaßen: „Eine solche Maskierung des polytheistischen Bekenntnisses hat nur vor und nach Julian einen Sinn gehabt, unter ihm aber nicht."[123] Die antichristliche Polemik wird in der Historia Augusta sorgfältig hinter einer historischen Kulisse versteckt und in die Vergangenheit zurückverlegt, weil man in der eigenen Zeit nicht mehr frei reden konnte.[124] In gewissen beliebten Darstellungsmotiven wie in den Anspielungen auf die staatliche Fütterung der hauptstädtischen Plebs oder auf ihre Vergnügungssucht „atmen die Pseudo-Monetae und das Schriftwerk dieselbe Luft". Diese letzte Mobilisierung der Mächte der Geschichte durch die späteste heidnische Reaktion ist auch das Thema eines jüngeren deutschen Forschers.[125] Nur hätte er nicht den jüngeren Nicomachus Flavianus als Verfasser dieser Biographien uns glaubhaft zu machen versuchen sollen![126] Denn das viel tiefer stehende Machwerk gehört nicht in „die geläuterte Luft des Symmachuskreises"; sein Verfasser ist in tieferen Regionen zu suchen. Aber seine Zeit – um 400 – steht jetzt fest. Es ist ein Stück aus dem Rom-Mythos, der sich jetzt bildete und in dem „die Geschichte – noch einmal echt römisch – moralisch und politisch aktiviert wird."[127]

Trotz allen Widerstandes der Altgläubigen hat das Christentum auch in dem letzten Geisteskampf des lateinischen Westens schließlich gesiegt. Sein Triumph ist dem großartigen Wirken des Mailänders Ambrosius zu verdanken, der kein Denker im tiefsten Sinne des Wortes gewesen ist, wohl aber ein großer Staatsmann (s.o. S. 108). Sein Hauptverdienst aber ist und bleibt, daß er die Bahn freigemacht hat für Augustinus (354–430), mit dem das schon lange führende afrikanische Christentum seinen Gipfelpunkt erreicht hat. Er ist „der Kirchenvater des Westens" in des Wortes wörtlichster Bedeutung geworden. Bis zu einem gewissen Grade wurde er ergänzt durch Hieronymus (340–419), den gelehrten Philologen unter den „Vätern", den Schüler des Donatus, der aus Nordbosnien, wohl aus dem Kirchensprengel von Aquileia, stammte und der der Schöpfer der lateinischen Bibelübersetzung geworden ist. Aber während der Philologe in einem seltsamen Wanderleben durch Ost und West des Reiches beschauliches und praktisches Tun miteinander vereint hat, hat es bei dem Philosophen Augustinus schwerste innere Kämpfe gekostet, bis er nach der Aneignung eines Höchstmaßes antiker Bildung schließlich den Glauben an Jesum Christum fand.

Augustins Christentum war nämlich nicht der naive, von seiner christlichen Mutter übernommene Glaube, sondern das Produkt eines schweren inneren Ringens und einer tiefgründigen philosophischen Untermauerung. Durch Ciceros Dialog „Hortensius" ist der erste Weckruf an Augustin ergangen. Erst über den Manichäismus hinweg wurde er zum überzeugten Christen. Entscheidend wurde für ihn die Begegnung mit Ambrosius, die im Jahre 384 nach Augustins Übersiedlung aus der afrikanischen Heimat nach Mailand stattfand und im Jahre 387 zu seiner Taufe durch den größten Kirchenmann des Westens führte. Damals hat er sich auf das Gut Cassiacum bei Mailand zurückgezogen, um das philosophische Fundament seiner Weltanschauung zu vertiefen. Dieser Aufenthalt ist „der Anfang der abendländisch-christlichen Philosophie geworden, eine wahrhaft schöpferische Begegnung von christlichem Glauben und antikem Geist".[128] Der größte christliche Wahrheitssucher ist demnach bis auf Platon zurückgegangen und hat von dem Neuplatonismus aus den Weg zu einem vertieften Glauben des gebildeten Menschen gefunden. Von da an wies er seiner eigenen Zeit und dann weit fernwirkend bis in das Mittelalter und in die Neuzeit hinein der Menschheit Europas die Wege.

So ist binnen siebzig Jahren das christliche Rom an die Stelle des antiken getreten. In dem großen Kampfe um den von Gratian aus dem Sitzungssaal des Senates entfernten Victoriaaltar tritt Rom selbst in den Streitschriften des Symmachus und seines Gegners Ambrosius vom Jahre 384 redend auf, um das Für und Wider der kaiserlichen Tat zu erörtern.[129] Der Streit wurde vor dem jungen Valentinian II., Gratians Nachfolger, ausgetragen. In ihm haben die christlichen Würdenträger, wie zu erwarten war, den Sieg davongetragen, dem zehn Jahre später der Sieg über Eugenius auf dem Schlachtfelde gefolgt ist. Mit Recht hat der spanische Dichter Prudentius um die Jahrhundertwende in seinem Gedicht „Gegen Symmachus" und in seinem Hymnus auf den römischen Märtyrer, den heiligen Laurentius, die vollendete Tatsache des Sieges besungen, voll tiefen Glaubens an die Sendung des christlichen Rom, wie einst Vergil das antike Rom gläubig gefeiert hatte.[130]

Da schlug wie eine Bombe in die freudige Stimmung der Christen über ihren Sieg die Eroberung und Plünderung Roms durch Alarich am 24. August 410 ein, nach Ansicht der Altgläubigen ein Gottesgericht. Demgegenüber begann nun Augustin sein bedeutendstes, zugleich auch sein umfassendstes Werk, die 22 Bücher „Vom Gottesstaat" *(de civitate Dei)* zu schreiben, eine „Antwort auf die Vorwürfe und Ansprüche der Anhänger der alten Religion und eine Auskunft auf die bangen Zweifel der Christen".[131] Es ist das christliche Geschichtsbild vom Staat, das dem Mittelalter den stärksten Antrieb gegeben hat, während Augustins berühmte „Bekenntnisse" (Confessiones)[132] erst zu wirken begonnen haben, nachdem mit Rousseau das moderne Individuum und die Psychologie zu erwachen angefangen haben. Was die großen Kappadokier für die östliche Kirche bedeuteten, das bedeutete Augustin für die westliche. Er hat aber nicht nur den Grund für den Ausbau der abendländischen Theologie, der Erbin der griechischen Philosophie, gelegt, sondern er war auch – echt römisch – der Schöpfer einer christlichen Staatslehre. Während der Perserstaat unter den Sasaniden von neuem das Muster einer staatlichen Autokratie in der Praxis errichtet hatte, wurde, von den Hellenen ausgehend und von den Römern weiter gefördert, die Theorie des besten Staates gefunden, und zwar auf dem Wege, der von dem Bahnbrecher auf diesem Gebiete, von Platon, über Cicero zu Augustin führte.[133] So bedeutend Augustin auch in seiner Zeit war und so stark er auch auf die Welt nach ihm gewirkt hat, an Platon gemessen war er „fraglos ein Zwerg".[134] Beide miteinander vergleichen und gegeneinander werten heißt, die gewaltige, nach abwärts gerichtete Entwicklung des tausendjährigen Weltentages sich vergegenwärtigen. Die Gegenüberstellung der zwei Reiche, des gottbestimmten und des erdgebundenen, ,,die Augustin von dem Donatisten Tychonius entlehnte",[135] war im Grunde nur ein Zeugnis der ,,Auflösung des Gefühls für Staat und Vaterland", die den äußeren Symptomen des Verfalles parallel geht. Damals sind die Grundlagen der geistlichen Weltherrschaft im Westen während des Mittelalters gelegt worden. Die Geistesarbeit der großen Männer des ausgehenden vierten Jahrhunderts hat in Augustinus ihren Gipfelpunkt erreicht und hat im Grunde eine ähnlich grandiose Wirkung auf die Welt Europas ausgeübt[136] wie später noch einmal die italienische Renaissance, zu deren größten Taten gerade die Wiederentdeckung Platons und die Aktivierung alles höheren antiken Kulturgutes für die Menschheit gehören.

4

Die Germanisierung des Westreiches. Das Ostreich als letztes Römerreich (Rhomäer) im Kampfe gegen die Perser und die Hunnen. Attila und das Hunnenreich: die zweite Zone in der Führung der Welt

(395–480 n. Chr.)

Nach Theodosius' letztem Willen wurde das Reich im Jahre 395 unter seine schon vorher (383 bzw. 393) zu Mitregenten (Augusti) erhobenen jugendlichen Söhne Arcadius (395–408) und Honorius (395–423) geteilt, die es gemeinsam verwalten sollten. Daß auch diesmal keine wirkliche Reichsteilung, sondern wieder nur eine Aufgliederung des Reiches erfolgte, kam äußerlich darin zum Ausdruck, daß jährlich jede der beiden Regierungen einen der beiden Konsuln des Reiches ernannte. Der ältere der beiden jungen Herrscher, Arcadius, war 18jährig, aber geistig wenig rege. An seiner Stelle leitete der *Praefectus praetorio* Rufinus das wieder in den Vordergrund getretene Ostreich, das allerdings wie vorher, als Arcadius lediglich Mitregent des Vaters gewesen war, nur die Präfektur „Orient" umfaßte. Das übrige Reich erhielt der erst 11jährige Honorius. Die Regentschaft für ihn führte der Vandale Stilicho, der mit Theodosius' Nichte und Adoptivtochter Serena verheiratet war und das wichtige Amt eines Heermeisters ohne Kollegen *(magister utriusque militiae)*, also als alleiniger Generalissimus des Westens, bekleidete. Im Jahre 398 vermählte er seinen kaiserlichen Schützling mit seiner älteren Tochter Maria und nach deren frühem Tode (408) mit seiner zweiten Tochter Thermantia. Er war unstreitig der mächtigste Mann im Reiche nach dem Tode des Theodosius I.[1]

Aber nicht in der „Reichsteilung", nicht in der Minderjährigkeit der neuen Herrscher lag die Hauptbedeutung des Jahres 395, sondern darin, daß von jetzt ab die Kaiser als regierende Persönlichkei-

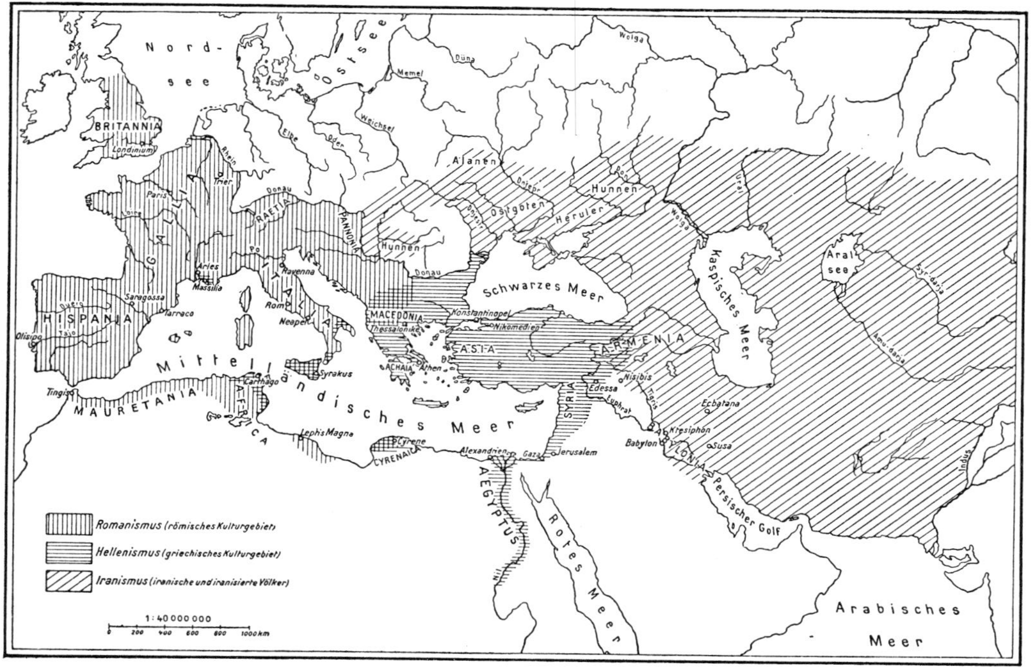

1. *Romanismus, Hellenismus und Iranismus um 400 n. Chr.*

ten stark zurücktraten und daß neben den meist barbarischen Heerführern und Hofbeamten die den Herrschern in der Regel feindlich gesinnte Grundherrenaristokratie der Senate von Altrom und Neurom einen stärkeren Einfluß auf die Politik, vor allem im Westreich, gewann. Die Welt begann dabei im Osten „byzantinisch-höfisch" zu werden,[2] während das Westreich unter dem jetzt fast ständigen Knaben- und Frauenregiment immer mehr niederging. Dazu traten hier noch mehr als im Osten verfassungsrechtliche sowie sozial- und wirtschaftspolitische Veränderungen ein, ein starker außenpolitischer Druck kam hinzu, kurz, Momente, die alle zusammen den Weststaat stark schwächten. Zudem ging nach dem Tode des Ambrosius (397) die Führung der Westkirche wieder auf Rom über und schuf hier von der gewaltigen Position aus, die Ambrosius der Kirche gegeben hatte, recht eigentlich das Papsttum, dem die Haupterbschaft der Kaisermacht in dem Westen dereinst zufallen sollte.

Aus der ungleichen „Teilung" des Reiches im Jahre 395 hat sich der unheilvolle Streit um die Abgrenzung der beiden Hälften entwickelt, der anfänglich die Regierung der Theodosius-Söhne vergiftet hat. Er führte zu der baldigen Beseitigung des Rufinus (27. November 395) durch den Heermeister Gainas, Stilichos gotischen Vertrauensmann im Osten, der von Thessalien aus gegen Constantinopel marschierte und den Blutsauger ermorden ließ. Rufinus' Nachfolger wurde bis zum Jahre 399 der Eunuch Eutropius, der Oberkammerherr des Kaisers. Stilicho war jetzt neben den im Norden notwendigen Kriegen gegen die überall die Reichsgrenzen überflutenden Barbaren – Britannien ist gleich nach 400 geräumt worden[3] – gezwungen, einen Bürgerkrieg um das zwischen den beiden Reichsregierungen strittige Illyricum zu führen, einen Krieg, der sich mit den Raubzügen des als Heermeister im Dienste Ostroms stehenden Westgotenkönigs Alarich verquickte. Das Ergebnis war wie im Jahre 379/80, daß die dakische und die makedonische Diözese dem Ostreich zugeschlagen wurden und daß nur die pannonische Diözese (Illyricum im engeren Sinn) bis zur Drina bei dem Westen verblieb. Von hier aus erklärt sich der frühe Verlust von Pannonien, wo die Ostgoten schon in der Valeria Fuß gefaßt hatten, weil das ganze Gebiet für das Westreich zu exponiert lag und nach dem Verlust der Valeria des militärischen Flankenschutzes entbehrte (s. o. S. 107).

Als die Markomannen und Quaden im Jahre 395 die Grenze überschritten und die Goten sich ihnen anschlossen, hat sie Stilicho wohl über die Donau zurückgeworfen, aber zu einer Wiedereroberung des dortigen Reichsbodens in der Gänze ist es nicht mehr gekommen.[4] Die Abwehrkämpfe gegen Alarich haben dann weitere Grenzstrecken im Norden von Truppen, die im Reichsinnern benötigt wurden, entblößt. Sie zeigen die verhängnisvolle Rückwirkung dieses unseligen Grenzstreites zwischen den beiden Reichshälften auf die Außenpolitik und die Grenzverteidigung. Im südlichen Pannonien wurde an der Drina die historische Grenze zwischen den beiden Römerreichen gefunden, deren Bedeutung in dem Gegensatz zwischen den römisch-katholischen Kroaten und den griechisch-katholischen Serben noch heute nachwirkt.[5]

Die Übernahme der Goten in das Reich als Födcraten bestimmte weiterhin in verhängnisvoller Weise die Schicksale der beiden Reichshälften. Im Osten lenkte immer mehr des Schwächlings Arcadius Gemahlin Aelia Eudoxia, die schöne Tochter des Franken Bauto, die seit dem 9. Januar 400 den Ehrentitel Augusta trug, die Politik in gotenfeindlichem Sinne. Dieser Antigermanismus des Ostreiches[6] war die Reaktion auf Theodosius' konsequente Politik der Schonung und Versöhnlichkeit seit der ersten Ansiedlung der Goten auf Reichsboden und seit ihrer vermehrten Einstellung in das Reichsheer.[7] Dadurch kam Aelia Eudoxia in Konflikt mit dem Heermeister Gainas, den der Kaiser in die Residenz berief, um ihn zur Rechenschaft zu ziehen. Dieser marschierte daraufhin an der Spitze aufständischer Ostgoten, die einst im Jahre 386 von Theodosius I. in Phrygien angesiedelt worden waren, plündernd durch die kleinasiatischen Provinzen und erzwang seinen Einzug in Constantinopel. Hier aber geriet das Gotenheer in Gegensatz zu der hauptstädtischen Bevölkerung, insbesondere aus religiösen Gründen, da Gainas die Öffnung der Kirchen für seine arianischen Volksgenossen verlangte und auch teilweise durchsetzte. In Abwesenheit ihres Führers, der die Stadt bereits mit einem Teil seines Heeres verlassen hatte, wurden 7000 Goten von dem Volke niedergemetzelt (12. Juni 400). Gainas floh und wurde bald darauf (23. Dezember 400) von einem Hunnenhäuptling nördlich der Donau getötet. Das furchtbare Gotenmassaker von Constantinopel beleuchtet blitzartig die Lage im Ostreich und läßt uns verstehen, daß für kurze Zeit versucht wurde, das Heer wieder mehr auf nationaler Grundlage aufzubauen. Schließlich aber mußten doch wieder die unentbehrlichen Germanen eingestellt werden. Aber politisch beherrschte weiterhin der Antigermanismus den Hof von Constantinopel. Er war die Hauptursache für das Weiterbestehen des Zerwürfnisses zwischen den beiden Reichshälften.[8]

Das schlimmste aber war, daß man im Osten in einer ersten Anwendung ,,byzantinischer" Methoden auf den teuflischen Gedanken kam, die Goten sich dadurch vom Halse zu schaffen, daß man sie nach dem Westen abschob. Somit ist das altrömische Reich von dem neurömischen den Germanen geopfert worden. Unter dem Druck der Hunnen hatte Alarich die Balkanhalbinsel bis zum Peloponnes hin auf das schwerste verwüstet und unter vielen Städten Athen, Eleusis, Korinth, Olympia erobert und ausgeplündert. Stilicho nahm im Jahre 397 von der See aus zur Unterstützung des schwer mit den Hunnen ringenden Ostreiches den Kampf gegen die raubenden Horden auf und warf die Feinde, nachdem sie in eine schwierige Lage in dem Gebirge Pholoë (im östlichen Elis) gekommen waren, nach Epirus zurück. Um zu verhindern, daß Stilicho bis nach Constantinopel vordringe, opferte Arcadius Illyrien dem Alarich und gab dem Bundesgenossenführer den Titel eines *magister militum per Illyricum* (Heermeister von Illyricum). Dadurch wurde die Aufmerksamkeit der Goten auf Italien gelenkt.

Im Herbst 401 drang Alarich in Italien ein. Aber hier fand der Gotenkönig in Stilicho zunächst seinen Meister. Die Schlacht bei Pollentia (6. April 402) blieb unentschieden; aber bei Verona siegte Stilicho in dem gleichen Jahre, drängte den Gegner in dem folgenden Jahre wieder aus Italien hinaus und zog ihn durch Zahlung von Subsidien und durch Abschluß eines Bündnisses auf seine Seite. Damit war Alarich der Gegner seines Kaisers Arcadius geworden. Den Westgoten wurden Wohnsitze an der Save zugewiesen. Erst nach Stilichos Beseitigung und Hinrichtung im Jahre 408 (wegen seiner Einmischung in die Besetzung des Ostthrones) wurde für den gotischen Heerführer die Bahn nach Italien wieder frei. Bei seinem Marsche dorthin fand er den gewöhnlichen Zugang, den Paß durch den Birnbaumerwald, gesperrt und zog deshalb nach Norden durch Noricum (Kärnten), wo er – wohl in Virunum – längeren Aufenthalt nahm und Verhandlungen mit Honorius zu führen suchte. Auf des Kaisers Weigerung hin, mit ihm zu paktieren, rief Alarich den Senator Priscus Attalus zum Gegenkaiser aus, ließ ihn aber bald wieder fallen (409). Als auf diesem Wege die Einigung nicht erzielt wurde, fiel Alarich, unterstützt von vielen Ostgoten Pannoniens, in Italien ein und eroberte schließlich durch Verrat sogar Rom (24. August 410), das drei Tage lang, allerdings entgegen der Weisung des Oberfeldherrn, geplündert wurde. Das Ereignis machte naturgemäß einen ungeheuren Eindruck auf die Zeitgenossen, auf Altgläubige wie auf Christen (s. o. S. 119).

Alarichs Gesuch um Überlassung Venetiens und Noricums zu Illyrien oder wenigstens Noricums als eines germanischen Grenzherzogtums zum Schutze des Reiches wurde nicht bewilligt. Daraufhin zog er mit seinem gesamten Heer und der gefangenen Schwester des Kaisers, Galla Placidia, nach Süden bis nach Rhegium; von dort wollte er nach Sizilien und Afrika übersetzen. Denn die Germanen litten bei ihrer Unfähigkeit, den Nachschub zu organisieren, fortgesetzt unter Verpflegungsschwierigkeiten. Als man in Rhegium angekommen war, vernichtete ein Sturm die Transportflotte. Alarich kehrte um und starb auf dem Rückmarsch bei Cosenza (Ende 410). Um Italien zu retten, gab Honorius Alarichs Schwager und Nachfolger Athaulf Südgallien preis, in das die Goten im Jahre 412 einrückten.

Somit war seit dem Jahre 400 ein allgemeiner Auflösungsprozeß in dem Westreich im Gange. In ihm war um diese Zeit an Stelle von Mailand Ravenna zur Reichshauptstadt des Westens erkoren worden. Wie im Osten schien nur noch die Nähe des Meeres die nötige Sicherheit für den Hof gegen die von allen Seiten hereinbrechenden Gefahren zu gewährleisten.

In Afrika, das schon lange seine eigenen Wege ging und das das unerreichte Ziel Alarichs gewesen war, wütete seit Theodosius' I. Tod ein neuer Aufstand unter dem dort immer noch regierenden Gildo, dem Parteigänger des Eugenius. Im Jahre 397 hatte er sich von der Westregierung losgesagt und sich eigenmächtig dem Arcadius unterstellt. Aber schon im folgenden Jahre mußte er sich Stilicho unterwerfen. Die Erregung, die diese letzte antirömische Bewegung der donatistischen „Circumcellionen" („der Leute, die sich bei den Speisekammern herumtreiben") hervorgerufen hatte, zitterte noch lange im Lande nach, so daß Honorius im Jahre 405 durch ein Edikt die Zwangsmaßnahmen gegen die Sektenbewegung, die einen sozialrevolutionären Charakter angenommen hatte, erneuern mußte.

An der Nordgrenze des Reiches wurde durch den Hunnenvormarsch in westlicher Richtung und den dadurch hervorgerufenen Druck auf die Germanen alles, was in dem vierten Jahrhundert bei der Überflutung der Randländer geschehen war, weit in den Schatten gestellt. Das im Werden begriffene Hunnenreich gab dem fünften Jahrhundert die Signatur und verlagerte das Schwergewicht auf die Germaneneinfälle aus der zweiten Zone. Um Italien zu schützen, mußten die alten augusteischen Flußgrenzen auf europäischer Seite von ihren Verteidigern entblößt und unter Preisgabe der Außengebiete die römischen Aufnahmestellungen in das Hinterland, besonders in das Alpengebiet, zurückverlegt werden. Die zweite Zone begann auf weite Strecken hin germanisiert zu werden; das Reich schrumpfte zusammen.

Am Ende des Jahres 405 begann der Prozeß. Zurückgebliebene Ostgoten und Splitter anderer germanischer Stämme gingen unter Führung des Radagaïs über die Donau, überquerten trotz der neuen rückwärtigen Sperren die Alpen und machten einen Einfall tief nach Italien hinein. Vor Florenz geschlagen, bei Fiesole (Faesulae) ausgehungert, wurde Radagaïs, am 23. August 406 gefangengenommen, hingerichtet.

Aber schon hatten die Hunnen während dieses Jahres 406 die Alanen, die silingischen Vandalen, Sueben (Quaden) und Burgunder vor sich hergetrieben, diesmal nach Westen gegen die Rheingrenze hin, die Stilicho durch seinen Kampf mit Alarich zu entblößen gezwungen war. Sie stießen auf die Alamannen und Franken, die als römische Föderierte die Grenze bewachten. Nach dem Rheinübergang bei Mainz am 31. Dezember 406 durchzogen die neuen Völker, abgesehen von den Burgundern, die sich bei Worms und nördlich davon als Föderaten ansiedeln ließen, Gallien bis zum Mittelmeer und erreichten schließlich sogar Spanien. Dieses Land wurde im Jahre 409 durch das Los verteilt. Die Sueben und Teile der Vandalen bekamen Galläcia, d. h. den äußersten Nordwesten der Halbinsel, die Alanen Lusitanien (Portugal) und der Rest der Vandalen den Süden (Bätica). Von nun an ist das Westreich die Germanen nicht mehr los geworden.[9]

Die Landnahme der Germanen, die in ein Vertragsverhältnis zu Rom getreten waren, wurde überall nach dem Einquartierungsgesetz des Arcadius für die römischen Truppen vom 6. Februar 398 vorgenommen. Danach war den Einquartierten ein Drittel von Haus und Hof (die sog. *Tertia*) einzuräumen, was später von den Westgoten bis auf zwei Drittel des gesamten Inventars des belegten Raumes ausgedehnt wurde. So hat sich aus der römischen Quartierordnung die Landnahme der verbündeten Germanen auf römischem Reichsboden entwickelt. Dadurch gelang es, germanische Reiche unter Roms Oberhoheit zu bilden und die römische Kultur dem Westreiche zu erhalten.

Der Einmarsch Athaulfs in Südgallien (Provence) erfolgte im Jahre 412 nach Abschluß eines Bündnisses mit dem gallischen Teilkaiser Jovinus, durch den im Sommer des vorangegangenen Jahres der dortige Usurpator Constantinus III. sein Ende gefunden hatte. Dieser war im Jahre 407 in Britannien zum Kaiser erhoben worden und hatte von dort aus gallischen Boden betreten.

Die Lage des Hofes von Ravenna hatte sich noch einmal durch den neuen Heermeister Flavius Constantius gebessert, der großen Einfluß auf Honorius gewann. Sein Verdienst ist es, daß nach der Beendigung des Gotenkrieges in Italien in die durch die Germaneneinfälle in Auflösung geratenen gallischen und spanischen Provinzen mit Hilfe des romtreuen gotischen Reitergenerals Wulfila wieder eine gewisse Ordnung gebracht wurde, bis er vor dem erwähnten neuen Gegenkaiser, Jovinus, der selbst ein Gallier war, vorübergehend das Feld räumen mußte und kampflos nach Italien zurückwich.

In diesen Wirrwarr in Gallien kamen Athaulf und seine Westgoten. Sie wurden zunächst fern von dem Mittelmeer bei Burdigala (Bordeaux) einquartiert. Dafür verlangte Honorius von dem Gotenführer die Auslieferung seiner Schwester Galla Placidia. Sie wurde aber, als die zugesagten Kornlieferungen infolge mangelhaften Nachschubes aus Afrika ausblieben, verweigert. Ja, Athaulf zog mit seinen Mannen wieder nach Osten näher an Italien heran und wurde bei einem Handstreich auf Massilia (Marseille) von Bonifatius, dem späteren kaiserlichen Statthalter von Afrika, verwundet.

Athaulfs Lage wurde immer ernster. Mit Jovinus hatte er sich überworfen. Wohl wurde dieser im Jahre 413 ermordet, aber Honorius blieb unerschütterlich. Neue Verhandlungen Athaulfs mit Constantius, der damals die Konsulwürde innehatte, begannen. Aber zu Placidias Auslieferung kam es auch diesmal nicht. Nun faßte Athaulf, der nicht nur ein Mann von körperlicher Schönheit und hoher Geisteskraft, sondern auch von politischem Weitblick war, den Plan, eine Verbindung mit dem Kaiserhause herzustellen und die Kraft seiner Goten in den Dienst des Reiches zu stellen. Der christliche Historiker Orosius[10] hat dies in die viel zitierten Worte gefaßt: „Anfangs habe ich brennend gewünscht, sogar den Namen der Römer auszutilgen und das römische Reich in ein gotisches zu verwandeln. Die sog. Romania wäre zur Gotia geworden. Athaulf hätte sich an die Stelle von Cäsar Augustus gesetzt. Aber lange Erfahrung hat mich gelehrt, daß die zügellose Wildheit der Goten unvereinbar mit den Gesetzen ist. Doch ohne Gesetze gibt es keinen Staat *(res publica)*. Ich habe mich also entschlossen, nach dem Ruhme zu trachten, durch die gotische Wehrkraft die Fülle des römischen Namens zu erneuern und zu mehren. Ich hoffe, der Nachwelt als Roms Erneuerer zu gelten, da ich es unmöglich verdrängen kann." Wenn es auch fraglich bleibt, ob der Ausspruch wörtlich so getan worden ist,[11] so liegt in ihm doch ein Bekenntnis zu der Unüberwindbarkeit der gesetzlich aufgebauten römischen Gesellschaftsordnung.[12] Der Umschwung, der sich in Athaulfs Innerem vollzogen hatte, erklärt seine Sinnesänderung: er, der sich bisher geweigert hatte, Galla Placidia auszuliefern, äußerte nunmehr den Wunsch, sie als Gemahlin heimzuführen.

Und wirklich erhielt er die Zustimmung zur Ehe mit der schönen, vornehmen und keuschen Kaisertochter. Daß sie in die Werbung des Gotenfürsten einwilligte, hatte seinen Grund vielleicht auch darin, daß sie, wie ihr bekannt geworden war, andernfalls die Gattin des ihr nicht genehmen Constantius, Athaulfs Gegners, werden würde. Im Januar 414 fand die Hochzeit mit großem Prunk nach römischem Zeremoniell statt. Bezeichnend ist, daß die Braut, die mit Ehrengeschenken reich bedacht wurde, bei dem Mahl einen erhöhten Sitz, also einen Ehrenplatz erhielt, während der römisch gekleidete Gotenkönig neben ihr in der Reihe der übrigen Festteilnehmer saß.

Welche Ehrfurcht spricht aus dieser hohen Ehrung der Kaisertochter! Sie kennzeichnet die erste Schicht der Germanen, die über die ,,Romania" hinwegging, und macht es verständlich, daß diese Welle von dem römischen Meer verschlungen worden ist, ähnlich wie vor Jahrtausenden die erste griechische, die sog. achäische Welle, beinahe in der altmittelländischen Kultur untergegangen wäre. Diese erste Germanenschicht hat wohl die kaiserliche Herrschaft im Westen, nicht aber das Reich zerstört oder, anders ausgedrückt, ,,die Einheit des römischen Staates wird im Okzident durch ein germanisches Staatensystem abgelöst". Von H. Pirenne ist das richtige Wort geprägt worden:[13] ,,Der alte Palazzo ist in Wohnungen aufgeteilt worden, besteht aber als Bauwerk weiter." Zu dem Bilde paßt vorzüglich der kürzlich erbrachte Nachweis, daß die föderierten germanischen Volkskönige, die das Reich im Westen vertraten, als die ,,Söhne" des Kaisers bezeichnet wurden,[14] während sich erst Karl d. Gr. den höheren ,,Bruder"-Titel erkämpfte, der vordem nur dem mächtigen Perserkönig zukam. Die germanischen Volkskönige hatten eben nur die Stellung von *reges* oder *reguli* in den alten Klientelstaaten.[15]

Dazu kam: die Germanen waren bei ihrer extensiven Wirtschaftsweise aus Mangel an Land und infolge von Ernährungsschwierigkeiten in das Römerreich eingedrungen. Deshalb hatte ihre erste

Ausbreitung in der Hauptsache der Plünderung und der Landnahme gegolten. Das „Schafft uns zu essen und zu trinken", das in einem lateinischen Gedicht der Völkerwanderungszeit in gotischen Worten erscheint,[16] läßt den tiefsten Grund der ersten germanischen Invasion erkennen. Der Kampf mit dem Hunger liegt über dem Ganzen wie ein furchtbarer Alpdruck. Kein Wunder, daß der jetzt führende Mann des Westgotenvolkes zu der Erkenntnis kam, daß zur Lösung der Raum- und Nahrungsfrage ein Einfügen seiner Krieger in die bestehende unzerstörbare Ordnung besser sei als ewiger nutzloser Kampf. Athaulfs Ehe mit Galla Placidia ist also mehr als eine symbolische Handlung. Sie ist der Ausdruck für die Vermählung der ältesten eingedrungenen, nur Wohnsitze und Nahrung suchenden Germanen mit Rom. Aus ihr ging das Romanentum hervor.

Honorius wies seinem neuen Schwager nach der Hochzeit wieder Aquitanien als Wohnsitz an. Aber dessen Leute wollten wie immer nicht nur Land, sondern auch Brot, und diesmal auch noch Zugang zu dem Mittelmeer, den zu gewinnen das höchste Ziel aller Germanenwünsche von jetzt ab wurde. Als von neuem eine Hungersnot ausbrach, kam es trotz der Verwandtschaft zwischen Kaiser und König wieder zu Gegensätzen, worauf Athaulf seinerseits den Attalus zum Gegenkaiser erhob.[17] Daraufhin erhielt Honorius' Heermeister Constantius wieder die Führung im Gotenkrieg. Da er die von den Goten erstrebte Küste blockierte, gingen diese auf Tolosa (Toulouse) zurück und von da im Winter 414/15 über die Pyrenäen nach Spanien hinüber, offenbar schon mit dem Plan einer Eroberung der afrikanischen Kornkammer. In Barcino (Barcelona) gebar Placidia zu Beginn des November 414 einen Sohn, der unter dem Einfluß der Mutter den Namen seines Großvaters Theodosius bekam. Als der gotisch-römische Sproß schon nach einem Monat starb, war der Eltern Trauer grenzenlos.

Dem Sohne folgte im Tode bald Athaulf selbst, dem es bis zuletzt nicht gelang, zu dem von ihm gewünschten Frieden mit dem Kaiser zu kommen. Er wurde im August 415 von einem Gefolgsmann des gotischen Oppositionsführers Sarus, den der König im Kampfe getötet hatte, bei der Besichtigung seiner Pferde im Marstall von

Barcino zu Tode verwundet und starb gleich darauf. Sterbend mahnte er seinen Bruder Wallia zur Treue gegen Rom.

Nach dem Scheitern eines Versuches der Goten, nach Afrika überzusetzen, erreichte Constantius von Wallia, der durch die Wahl des Volkes zur Herrschaft kam, daß der Stamm wieder in das römische Föderaten-Verhältnis trat. Wallia wurde aufgefordert, die anderen in Spanien eingefallenen Germanenstämme zu bekämpfen und Placidia auszuliefern. Gegen den Preis von 600000 Maß = modii (52400 Hektoliter) Getreide kam der Vertrag zustande. Nachdem die Goten auch die anderen Bestimmungen des Friedens erfüllt hatten, siedelte sie der Kaiser wieder in Aquitania secunda zwischen Garonne und Loire an, also fern von dem Mittelmeer, und zwar abermals nach dem erwähnten Einquartierungsverfahren der Tertia. Placidia aber wurde am 1. Januar 417 für die Ehe mit dem Generalissimus Constantius gewonnen, der bereits den ehrenvollen Titel Patricius besaß, zu einer Ehe, der später der Kaiser Valentinian III. (geb. 2. Juli 419) entsproß.

Seit dem Tode Stilichos ging es also mit dem Westreiche bergab. Das Ostreich aber stand mächtiger da als je. Da es Ravenna als Kaiserresidenz nur mehr zu einer örtlichen Bedeutung brachte, stieg Constantinopel mehr und mehr zu der eigentlichen Reichshauptstadt des Imperiums empor.

Bei der Bedeutungslosigkeit des Honorius wurden im Westen die Heermeister immer mehr die eigentlich entscheidenden Männer: nach Stilicho für kurze Zeit der ebenfalls germanische Allobich, nach ihm Placidias Gatte Flavius Constantius, der aus einer niederen balkanischen Familie stammte, menschlich mancherlei Schattenseiten hatte, aber ein hervorragender Soldat war. Ihm war es zu verdanken, daß die schwer bedrohten gallischen und spanischen Provinzen vorläufig dem Reiche erhalten und, so gut es ging, in Ordnung gebracht wurden.

Gallien war infolge der Not der Zeit wieder wie im dritten Jahrhundert das Land der Gegenkaiser: 407–411 Constantinus, 411–413 Jovinus. Er war in Mundiaco (Münch bei Jülich) mit Unterstützung eines zurückgebliebenen Alamannensplitters und der 406/07 unter König Gundahar (dem Helden des Nibelungenliedes) über den Niederrhein nach Gallien gegangenen Burgunder emporgekommen. Jovinus wurde durch Constantius beseitigt, worauf der gallische Reichsteil endlich reorganisiert werden konnte. Dabei wurde der Landtag *(concilium)* der südgallischen Diözese mit dem neuen Mittelpunkt Arelate (Arles) erneuert, das als blühendes Handels- und Verkehrszentrum schon längst von hoher Bedeutung war, jetzt aber auch kirchenpolitisch in den Vordergrund trat, so daß es als das ,,gallische Rom" bezeichnet wurde.

Schließlich wurde Constantius am 8. Februar 421[18] zum Mitregenten erhoben (Flavius Constantius III.). Aber Ostrom versagte seine Anerkennung und während der Vorbereitung zu einem Kriege gegen den Osten starb der neue und einzige tüchtige Augustus des Westreiches an einer Rippenfellentzündung bereits am 2. September 421. Zum zweitenmal war Galla Placidia Witwe, diesmal mit einer besonders schweren Erbschaft belastet. Ihr Gatte, der niedrig geborene Mann ohne größeres Privatvermögen, hatte sich in anrüchige Geldgeschäfte eingelassen. Nach seinem Tode liefen viele Forderungen der Gläubiger ein, die mannigfache Scherereien brachten, aber auf Placidias Bitte von Honorius nicht befriedigt wurden.[19]

Der unfähige Westkaiser war in der Politik jetzt wieder auf sich allein angewiesen. Ohne die bisherige tüchtige militärische Hilfe des Constantius III. verfiel sein Reich weiterhin. Die Germanenreiche wurden unabhängiger. Die Salfranken drängten weiter nach Westen, die Westgoten setzten wieder zur Eroberung von Arles und Narbonne an, die Vandalen errangen als erste volle Selbständigkeit.[20] Das schlimmste aber war: das Korn Afrikas, mit dem bisher die germanischen Könige im Reiche im Zaume gehalten worden waren, drohte wieder auszubleiben, seitdem sich der zum *Comes Africae* ernannte Bonifatius, ein Anhänger Placidias, vorzeitig dieses Landes bemächtigt hatte und höchst eigenmächtig über die Ausfuhr verfügte.[21]

Am Hofe von Ravenna kam es wegen unziemlicher Annäherung des Honorius an seine Halbschwester Galla Placidia zum Bruche zwischen dem Kaiser und Galla Placidia, die schließlich der Augustawürde entkleidet und nach Rom geschickt wurde. Als sie sich auch hier nicht sicher fühlte, floh sie mit ihren Kindern nach Constantinopel zu ihrem Neffen Theodosius II. Sie wurde aber hier nur unter der Bedingung aufgenommen, daß sie für sich und ihren Sohn auf Titel und Abzeichen der kaiserlichen Würde verzichtet. Nur einer blieb ihr treu: das war der mächtige Statthalter des Kornlandes Afrika, Bonifatius, derselbe Mann, der einst vor Massilia ihren ersten Gatten verwundet hatte.

Da starb am 15. August 423 Honorius im Alter von noch nicht ganz 39 Jahren an der Wassersucht. Seit dem Jahre 364 gab es zum erstenmal wieder nur einen Kaiser über das Gesamtreich: Theodosius II. (408–450), „der als echter Purpurgeborener während seiner langen Regierung niemals mündig geworden ist".[22] Er stand immer unter weiblicher Obhut und Bevormundung, zuerst unter der seiner ältesten Schwester Pulcheria, die eine Zeitlang die Regentschaft für ihn geführt hatte, und nachdem er am 7. Juni 421 die schöne feinsinnige Philosophentochter Athenaïs (als Kaiserin auf den christlichen Namen Eudokia umgetauft und seit dem 2. Januar 423 Augusta) geheiratet hatte, unter dem Einfluß dieser geistig hoch über ihm stehenden Frau.[23] Der östliche Kaiserhof hat damals einen ausgesprochenen klösterlichen Anstrich bekommen. Wie anders war doch die Welt geworden, gemessen an der Zeit etwa eines Caligula, der ebenfalls seinen Schwestern eine hervorragende Ehrenstellung neben sich eingeräumt, sie aber nicht gerade als Nonnen behandelt hatte!

Als die Nachricht von dem Tode des Honorius in Constantinopel eintraf, befand sich Theodosius II. gerade im südlichen Kleinasien, um die durch ein Erdbeben entstandenen Schäden zu beheben. Die in der Reichshauptstadt anwesenden Schwestern ließen den Todesfall noch eine Zeitlang geheimhalten, um Placidia daran zu hindern, etwas Voreiliges zu tun. Sie schickten Truppen nach Salonae bei Spalato, um von dort aus Italien zu beobachten.[24] Gleich nach der Rückkehr des Kaisers zeigte es sich, daß er gar nicht daran dachte, Placidias Sohn die Herrschaft über den Westen zu überlassen. Er setzte sich vielmehr mit ihrem und des Bonifatius Gegner in Ravenna, dem mächtigen Heermeister Castinus, in Verbindung. Sofort trat daraufhin Bonifatius für die Ansprüche Placidias und ihres

Sohnes auf das Westreich ein. Er bedeutete viel, da er über das Korn Afrikas verfügte.

Als die Gegensätze immer größer wurden und Theodosius II. seiner Art entsprechend nicht aktiv genug eingriff, schritt zum letztenmal in der Geschichte des Römerreiches der Senat von Rom zu einer Kaiserwahl. Sie fiel auf einen hohen Zivilbeamten des ravennatischen Hofes, auf den bedeutenden Juristen Johannes, den Vorsteher des Notarenkollegiums. Diese Senatsentscheidung des Dezember 423 wurde allerdings aus einem recht bezeichnenden Grunde getroffen: der Hofstaat befürchtete, aufgelöst zu werden, wenn die Herrschaft auf den Ostkaiser übergehen würde. Castinus nahm für den neuen Senatskaiser den Kampf gegen Bonifatius auf und veranlaßte Aëtius, der jahrelang bei den Hunnen als Geisel gelebt hatte, hunnische Söldner anzuwerben.

Der oströmische Hof hatte unterdessen Placidia aus Constantinopel entfernt und nach Saloniki verbannt. Der Gang der Ereignisse im Westen führte allmählich zu einer Wandlung in der Haltung des Theodosius II. Als deutlich wurde, daß Johannes nicht nur in Afrika, sondern auch in Gallien Widerstand fand, erklärte man ihn zum Usurpator und stellte das Erbrecht der kaiserlichen Familie dem antiquierten Wahlrecht des Senates entgegen. Dies aber bedeutete, daß der Westen noch einmal der valentinianischen Dynastie erhalten blieb.

Nachdem der am 23. Oktober 424 zum Cäsar erhobene Valentinian III. mit Theodosius' zweijähriger (!) Tochter Licinia Eudoxia verlobt worden war, mußte er sich unter der Obhut seiner Mutter dem Heere anschließen, das unter Führung des Alanen Ardabur und dessen Sohn Aspar den Auftrag hatte, den tüchtigen Usurpator des Westens niederzuwerfen. In Ravenna eingeschlossen und von dem in einer Seeschlacht kurz vorher gefangengenommenen Ardabur verraten, wurde Johannes überwältigt und nach Aquileia geschafft, wo er auf Befehl Placidias nach schmählicher Mißhandlung im Mai oder Juni 425 enthauptet wurde. Aëtius, der drei Tage darauf mit seinen angeworbenen Hunnen eintraf, erhob man zum Comes und schickte ihn gegen die Westgoten, die bis Arles vorgedrungen waren. Castinus, der gegen Bonifatius Sieger geblieben war, wurde verbannt. Der allmächtige Statthalter von Afrika blieb auf seinem Posten, während der tüchtige Flavius Constantius Felix in der Stellung eines Heermeisters leitender Minister am Hofe von Ravenna wurde. In Rom wurde unter Assistenz eines Abgesandten des Ostkaisers Valentinian III. zum Augustus erhoben. Es ist fälschlich behauptet worden, daß diese Erhebung von Galla Placidia mit der Abtretung Westillyriens an das Ostreich erkauft worden sei. Davon kann keine Rede sein! Nur auf Ostillyricum hatte sie bei der Verlobung ihres Sohnes verzichtet.

Mit 33 Jahren befand sich somit Placidia seit dem Jahre 425 an der Spitze eines in Auflösung begriffenen Reiches, das von allen Seiten her von Feinden belagert wurde. Aber die vielfachen Versuche, die Kaiserfamilie ihres Thronrechtes zu berauben, hatten die legitimistische Idee im Reiche nur gestärkt.[25] Die schwache Regierung ihres Sohnes hat daher trotz einer dreißigjährigen Dauer (425–455) niemand mehr zu stürzen versucht. Alle Kämpfe an dem Hofe von Ravenna gingen fortan nur um den Besitz des höchsten Amtes, des Heermeisteramtes, dem Stilicho einen so bedeutenden Inhalt gegeben hatte. So kam es, daß auch das Westkaisertum weiter bestand, obwohl es nur ein Schatten seiner früheren Größe war. Ein Glück war es, daß die regierende Frau, wenigstens anfangs, in der Wahl ihrer Helfer eine glückliche Hand hatte.[26]

Die unter Honorius auch in dem Westreiche obsiegende antigermanische Politik hatte für Placidia die vorteilhafte Folge, daß keiner der hohen germanischen Offiziere des Reiches während der Regierung ihres Sohnes eine bedeutendere Rolle zu spielen versuchte. Die mächtigsten Männer der Zeit waren vielmehr noch einmal Römer: Flavius Aëtius aus Durostorum (Silistria) und der schon mehrfach genannte afrikanische Statthalter Bonifatius. Aber die Bedeutung beider brachte auch große Schwierigkeiten für Placidia mit sich. Den einen machte seine Verbindung mit dem immer mächtiger werdenden Hunnenkönig im Norden, den anderen der Besitz der reichen Kornprovinz im Süden für das schwache Reichszentrum unerträglich überlegen. Beide übermächtigen Männer wurden trotzdem auf ihrem Posten in der Außenverwaltung belassen.

Zwischen beiden hatte der zur Stellung eines Reichsgeneralissimus erhobene und mit dem Patriziat, dem höchsten persönlichen Adelsprädikat, ausgezeichnete bisherige Heermeister Constantius Felix einen schweren Stand. Mit gotischen Hilfskräften gelang es ihm, die Hunnen aus Pannonien bis zur neubefestigten Donau zurückzudrängen. Dies bedeutete für Felix eine starke Verbesserung seiner Stellung gegenüber Aëtius. Weniger glücklich war er gegenüber Bonifatius. Dieser hatte durch seine Heirat mit einer Arianerin und durch seine Duldung der Donatisten Anstoß bei dem ihm bisher befreundeten Augustinus und bei der Orthodoxie erregt. Er wurde, da damals Aëtius das Ohr der Herrscherin hatte und dauernd vor dem Rivalen warnte, nach Ravenna befohlen, um Rechenschaft abzulegen.

Als Bonifatius dem Befehle keine Folge leistete, wurde ihm im Jahre 427 der Krieg erklärt, aus dem er jedoch als Sieger hervorging. Als ein zweites kaiserliches, zumeist aus Westgoten bestehendes Heer eintraf, tat Bonifatius einen für den Bestand des Reiches verhängnisvollen Schritt. Er rief die asdingischen Vandalen unter ihrem König Gunderich aus Südspanien in seine Provinz zu Hilfe.[27] Die Hilfeleistung wurde zwar durch den Tod des Königs im Jahre 428 etwas verzögert, aber nachdem die Regierung Gunderichs Halbbruder Geiserich übernommen hatte, die bedeutendste Gestalt der Völkerwanderungszeit auf germanischer Seite, im Mai 429 gewährt.[28] Ihn unterstützten dabei alanische und gotische Scharen. Placidia bemühte sich, noch einmal die Germanen durch ein Heer in Spanien zurückzuhalten. Auch Bonifatius, von der kaiserlichen Regierung auf die Gefahren gerade dieser Invasion für das Reich hingewiesen, versuchte im letzten Augenblick – aber zu spät – sich den Vandalen entgegenzustellen.

Mit Hilfe der Flotte Cartagenas vermochte der Vandalenkönig mit 80000 Köpfen, d.h. etwa 16000 Waffenfähigen, von Julia Traducta aus die Straße von Gibraltar zu überqueren und an der afrikanischen Küste zu landen. Drei Jahre dauerte der Kampf um die reichste Provinz des Westreiches, der auf dem Landweg von Tingis (Tanger) aus nach Osten vorgetragen wurde.[29] Augustin starb während der Belagerung seines Bischofssitzes Hippo Regius am 28. August 430. Obwohl sich auch Ostrom, von Placidia um Hilfe angegangen, seit dem Jahre 432 mit einem Heer unter Aspar an dem Kriege beteiligte, war der Verlust der reichen Kornkammer, des Hauptsitzes des katholischen Christentums im Westen, an die arianischen Vandalen nicht zu verhindern.

Die Eroberung Nordafrikas durch die Germanen schuf ganz neue Machtverhältnisse am Mittelmeer und in König Geiserich einen Gegenspieler für Italien, wie er seit dem Untergang Karthagos von Süden her gegen Rom nicht mehr aufgetreten war. Diese Eroberung wurde das eigentlich vorwärtstreibende Ereignis in der Geschichte von Placidias Regierung. Das Mittelmeer, von dem man lange Zeit die Germanen ängstlich ferngehalten hatte, war an der empfindlichsten Stelle auf weite Strecken hin von ihnen erreicht. Der Lebensnerv des Reiches war getroffen. Als einziger Germanenstamm von allen, die am Mittelmeer Wohnsitze genommen hatten, benutzten die Vandalen die eigene und die vorgefundene römische Flotte und fanden zumal nach der Eroberung Karthagos (s. u.) den Weg auf die See hinaus. Mit dem Verlust des Meeres aber wurden die Lebensmittelzufuhr nach Rom und die Versorgung der römischen Armee schwer gefährdet.

Der römisch-vandalische Krieg, der die Macht und die Bedeutung des Aëtius erhöhte, hat auch die Stellung des ,,Hausmeiers" Felix erschüttert. Aëtius war nach siegreichen Kämpfen gegen die Franken und nach Wiederherstellung von Teilen der Rheingrenze im Jahre 428 zum Heermeister befördert und nach weiteren Erfolgen gegen die in Noricum und Rätien eingedrungenen alamannischen Juthungen nach Ravenna beordert worden. Hier hat er im Mai 430, wohl im Einverständnis mit Placidia, den bisher in der Reichszentrale allmächtigen Felix ermorden lassen. Er wurde an seiner Stelle erster Reichsfeldherr, allerdings noch ohne den Titel Patricius. Dieser Zwiespalt am Hofe hat unstreitig den Verlust Nordafrikas beschleunigt. Noch schlimmer aber war es, daß der Kampf um die höchste Beamtenstelle im Staate, der bisher immer geheim geführt worden war, nunmehr offen zutage trat.

Aëtius widmete sich jetzt als oberster Reichsfeldherr wieder seinen in Angriff genommenen Aufgaben an der Nordgrenze. Im Jahre 431 unterdrückte er blutig einen durch übermäßigen Steuer-

druck hervorgerufenen Aufstand in Noricum. In Nordgallien führte er einen Frankenkrieg gegen dieses nach Süden vordrängende Volk, der siegreich endete. Als er jedoch in Verhandlungen mit dem unruhigen Suebenkönig Hermerich im nordwestlichen Spanien trat, der sich an ihn und nicht an den Hof von Ravenna gewandt hatte, wurde Placidia gegen ihren zu mächtig werdenden Heermeister mißtrauisch, rief im Jahre 432, gerade im ersten Konsulatsjahr des Aëtius, den Bonifatius aus Afrika herbei und verlieh ihm die Stelle des Reichsgeneralissimus mit der Patriciuswürde, um ihn gegen seinen alten Rivalen auszuspielen. Dieser aber fügte sich nicht, sondern zog nach Abschluß eines Bündnisses mit den geschlagenen Franken mit gesamter Heeresmacht nach Italien gegen den neuernannten Reichsfeldherrn. Ein Bürgerkrieg entbrannte, aber bezeichnenderweise nicht mehr wie früher um das Kaisertum, sondern um das Heermeisteramt im Westen. Bei Ariminum (Rimini) siegte Bonifatius. Doch starb er schon zwei Monate nach seinem Siege, wahrscheinlich an einer in der Schlacht erhaltenen Wunde.

Seinem zum Nachfolger bestellten Schwiegersohne Sebastianus gelang es, Aëtius zur Flucht aus Italien zu zwingen. Sie erfolgte zu Schiff nach Dalmatien und dann über Pannonien zu seinen alten Freunden im Norden, den Hunnen. Dort erwarb sich der Flüchtling durch die Auslieferung der von Felix zurückeroberten Provinz Pannonia prima die Freundschaft des damals regierenden Hunnenkönigs Rua. An der Spitze hunnischer Hilfstruppen kehrte Aëtius im Jahre 433 nach Italien zurück und nötigte Placidia zu seiner Wiedereinsetzung, jetzt unter Verleihung des Ehrentitels Patricius. Sebastianus mußte an den Osthof flüchten. Aëtius aber heiratete die Witwe des Bonifatius, Pelagia, und bemächtigte sich dadurch der reichen Hinterlassenschaft seines Gegners.

Zum zweitenmal Heermeister des Westreiches geworden, wurde Aëtius der eigentliche Leiter der weströmischen Politik und Kriegführung. Man mag Placidias Zurückweichen vor ihm Schwäche oder Klugheit nennen,[30] auf alle Fälle war es das einzige, das sie tun konnte. Sie hat dadurch ihrem Staate noch einigermaßen Ruhe und eine gewisse Weltstellung erhalten. Bei all den geschilderten Schwierigkeiten im Innern war die außenpolitische Lage für das

Gesamtreich durch die Zweifrontenstellung zwischen Nord und Süd höchst bedenklich geworden. Wie einst in den besten Zeiten der Republik war man eingekeilt zwischen gefährlichen Nord- und Südfeinden. An Stelle der Kelten von ehedem waren die Hunnen getreten, an Stelle der Punier die Vandalen. Von beiden Seiten her war Schlimmes zu befürchten, für das Ostreich mehr von dem Nordfeind, für den Westen mehr von seiten der Vandalen. Die auswärtigen Gefahren brachten die beiden Reichshälften einander wieder näher, so sehr man sich auch schon auseinandergelebt hatte.

Im Ostreich hatte man gegen die gewaltige Außengefahr von Norden her eines getan: man hatte schon im Jahre 412 die constantinische Stadtgrenze über 1 km hinausgerückt und im Westen der Hauptstadt in einem flachen Bogen von dem Marmarameer bis zu dem Goldenen Horn hin ein neues ungeheures, dreiteilig gestaltetes Befestigungssystem geschaffen, das aus Hauptmauer, Vormauer und Graben bestand und das noch heute die Bewunderung der Besucher erregt.[31]

Im übrigen ging im Osten der christologische Streit weiter und beschäftigte die Geister vor allem in den dogmatisch-religiös erregten Ostprovinzen. In Alexandreia war im Jahre 412 dem Patriarchen Theophilos sein Neffe Kyrillos auf dem Bischofsstuhl gefolgt. Er ging mit einer an Athanasios erinnernden gewalttätigen Weise gegen die Sektierer (die Novatianer), Juden und Heiden unter Eingriffen in den Kompetenzbereich des damaligen ägyptischen Präfekten Orestes vor. Wieweit er an der grausamen Ermordung der Philosophin Hypatia schuldig war, der Tochter des berühmten Mathematikers Theon, die am Museion neuplatonische Philosophie und Theosophie lehrte, ist nicht ausgemacht. Die Beseitigung dieser hochbedeutenden Frau, die der Wut des fanatisierten alexandrinischen Pöbels zum Opfer fiel, war Kyrillos sicher willkommen. Denn sie befreite ihn von einer einflußreichen Gegnerin aus dem altgläubigen Lager. In der Folgezeit geriet der große, streitbare Kirchenpolitiker der östlichen Kirche, dessen Theologie für sie maßgebend wurde, auch mit dem Patriarchen von Constantinopel Nestorios aus der antiochenischen Schule in Konflikt – ein Nachspiel des Kampfes zwischen Athanasios und Arius.

Neben dieser Steigerung der kirchlichen Gewalt hat sich Ägypten in der gleichen Zeit auch wirtschaftlich stark gewandelt, und zwar durch die starke Zunahme des privaten Großgrundbesitzes, z. T. auf Kosten der kaiserlichen Domänen.[32] Infolgedessen wuchs auch hier die sog. Patroziniumsbewegung, d. h. die Flucht der Bauern in den Schutz der Großgrundbesitzer, um sich gegen die hohen Naturalsteuern zu schützen.[33] Ein Gesetz vom 3. Dezember 415 vermochte die Schwierigkeiten nur dadurch zu beheben, daß es die noch vorhandenen freien Bauern zu Kolonen und ihr Land zu dem Eigentum ihrer bisherigen Schutzherren machte. Das alte, vieltausendjährige Bauernland im Niltal wurde – wie schon vorher im Reiche – schließlich eine Hochburg feudaler Grundherren. Hierdurch aber siegte in Ägypten von neuem das Land über die Stadt. Wer von den Bauern die Entwicklung zur Großwirtschaft nicht mitmachen wollte, ging in die Wüste, „wo die Räuberbande oder das Kloster lockte".[34] An der Spitze der fanatischen national-ägyptischen Mönche stand damals der „harte Stockmeister und Gewaltmensch", der Abt Schenute von Atripe, das mönchische Gegenbild in der Thebaïs zu dem allmächtigen Patriarchen Kyrillos von Alexandreia.

Nachdem im Jahre 412 Constantinopel zur Musterfestung geworden war, wurde im Jahre 425 die Universität der Reichshauptstadt ausgebaut, und zwar durch die Erweiterung der Unterrichtsräume vom „Capitol" in die nördliche Säulenhalle des anstoßenden Marktplatzes, des Forum Tauri. In den Jahren 429–438 entstand das erste große Rechtsbuch, der berühmte Codex Theodosianus, eine Sammlung der Kaisererlasse des Gesamtreiches seit dem Jahre 312. Das Westreich hatte dazu eine wichtige Vorarbeit durch das sog. „Zitiergesetz" geleistet, eine Verordnung Placidias und Valentinians III. vom 7. November 426, die die Rechtsgültigkeit der klassischen Jurisprudenz der vergangenen Zeiten auf ihre berühmtesten Vertreter, vor allem auf Papinian, beschränkte.[35] Daran hat später auch Iustinian mit seinem Digestenwerk angeknüpft. Durch die Rechtskodifikation wurde unstreitig erneut die Reichseinheit stark betont. Dies war von großer Bedeutung, da politisch beide Reichshälften ein Sonderdasein zu führen begannen und sich sprachlich die

Kluft zwischen ihnen bei der wieder zunehmenden Gräzisierung des Ostens merklich vertiefte.

Alle Einigungsbestrebungen wurden durch die trennende Religionspolitik gestört. Der große Patriarch und Prediger Johannes Chrysostomos hatte die Absicht des Theodosius I., aus Constantinopel kirchlich ein zweites Rom zu machen, zu verwirklichen gesucht. Schon unter Arcadius wurde Kleinasien unter die kirchliche Herrschaft der neuen Hauptstadt gezwungen. Dies stand allerdings im Widerspruch zu einem Kanon des zweiten ökumenischen Konzils von Constantinopel vom Jahre 381. Da entbrannte in der östlichen Kirche auch noch ein neuer Dogmenstreit, nicht wie im vorangegangenen Jahrhundert um das Wesen der Gottheit Christi im Verhältnis zu dem Gottvater, sondern diesmal um die Art der Menschwerdung von Marias Sohn. Die antiochenische Theologenschule lehrte das Nebeneinander zweier getrennter Naturen in Christo, einer göttlichen und einer menschlichen, d.h. sie lehrte das Eintreten der Gottessohnschaft in den Menschen Jesus (Lehre der sog. „Dyophysiten“). Die alexandrinische Schule dagegen erkannte nur eine Natur Christi an, die göttliche (Lehre der „Monophysiten“), da ein vollkommener Gott nicht auch vollkommener Mensch sein könne: Maria hatte nach dieser Lehre keinen Menschen, sondern einen Gott geboren. Die Monophysiten nannten sie deshalb „Gottgebärerin“ (ϑεοτόκος), „Gottesmutter“. Dadurch wurde der damals sich ausdehnende Marienkult ungemein gesteigert. Nach antiochenischer Lehre dagegen hatte Maria nur den Menschen Jesus geboren; deshalb war für sie die Benennung „Gottesmutter“ geradezu eine Gotteslästerung. Durch die Wahl des syrischen Presbyters Nestorios, der die antiochenische Lehre vertrat, zum Patriarchen von Constantinopel (428–431) wurde, da der gewalttätige Kyrillos noch Patriarch von Alexandreia war, der bisherige Gegensatz zwischen Alexandreia und Antiocheia auch zu einem Gegensatz zwischen Alexandreia und der neuen Reichshauptstadt, ja schließlich zu einem persönlichen zwischen Nestorios, der durch die kaiserliche Regierung gestützt wurde, und Kyrillos.

Dennoch siegte auf dem dritten ökumenischen Konzil von Ephesos vom Jahre 431 Kyrillos im Bunde mit dem römischen Papst und gestützt auf die fanatischen ägyptischen Mönche Schenutes über seinen Gegner und seine Lehre, die verdammt wurde. Dadurch erhielt der ägyptische Kirchenfürst eine Machtfülle, wie sie kein Bischof des Ostens bisher besessen hatte. Er wie sein unmittelbarer Nachfolger Dioskoros (444–451) waren nahe daran, Ägypten und weiterhin Ostrom in einen Kirchenstaat umzuwandeln,[36] obwohl Papst Leo I. durch seine Legaten auf einem zweiten Konzil von Ephesos (im Jahre 449, der sog. „Räubersynode") Einspruch gegen die durch Dioskoros überspitzte alexandrinische Lehre erhob. An der Gegenlehre hielten vor allem einige Forscher der berühmten Theologenschule von Edessa in Nordmesopotamien fest. Sie begaben sich nach dem persischen Nisibis, das seit dem Jahre 489 ihr geistiges Zentrum war. Später folgten ihnen viele ihrer Anhänger. So wurde das persische Christentum nestorianisch. Es hat auf persischem Boden ein praktisches Kirchentum mit Einschluß reger Förderung der Wissenschaft gepflegt. Denn in Persien litt man zeitweise schwer unter dem Gewissenszwang der zoroastrischen Staatskirche.

Die Reaktion gegen alles Bisherige zeigte sich im Reiche erst nach Theodosius II. Tod und nach der Thronbesteigung des tüchtigen Offiziers Markianos (Marcianus) im Jahre 450. Das von dem neuen Kaiser einberufene Konzil von Chalkedon, das vierte ökumenische Konzil der Christenheit (451), hat im Einverständnis mit Papst Leo I. Dioskoros seiner alexandrinischen Patriarchenwürde entkleidet und die mit Leos Legaten verabredete orthodoxe Glaubensformel angenommen: das Dogma von den völlig untrennbaren, aber auch unvermengbaren zwei Naturen Christi; als Zugeständnis an die Ägypter wurde jedoch die Bezeichnung Marias als „Gottesmutter" zugelassen. Zwischen den beiden Lehren hielt die Formel von Chalkedon gewissermaßen die Mitte. Das Heil der Menschheit erschien nur dann verbürgt, wenn der Heiland sowohl vollkommener Gott als auch vollkommener Mensch war.[37]

Wichtiger als die Lösung des langjährigen Dogmenstreites waren die kirchenpolitischen Folgen des Konzils. Im 28. Kanon der Konzilsakten wurden – allerdings unter dem Protest von Rom – die geistlichen und kirchlichen Vorrechte Neuroms im Osten sowie die

Gleichstellung des Patriarchen von Constantinopel mit dem Papst, dessen Vorrang allerdings gewahrt blieb, ausgesprochen. Der politische Dualismus wurde demnach jetzt auch auf das Kirchliche übertragen. Zugleich aber wurde der oströmische Kaiser in den Stand gesetzt, jederzeit mittelbar, d.h. durch seinen Patriarchen von Constantinopel, die Kirche zu regieren. Die Staatskirche des Ostens wurde dadurch zu einer Hofkirche, die von nun an auf die Mitwirkung der Konzilien verzichtete, vielmehr den Reichsangehörigen den gültigen Glauben durch kaiserliche Erlasse verkündete. So war wohl das Christentum als staatliche Institution jetzt völlig in den oströmischen Reichsorganismus eingebaut, aber der dafür bezahlte Preis war vom Standpunkt des Staates aus ein viel zu hoher. Denn die Gebiete, von denen das Reich kulturell und wirtschaftlich gerade damals auf das nachhaltigste abhing, die Provinzen des Südostens, darunter das Geburtsland des neuen Glaubens, standen abseits. ,,Der Gegensatz zwischen der dyophysitischen Reichskirche und den monophysitischen Kirchen des christlichen Orients ist von da ab das brennendste kirchen- und staatspolitische Problem des frühbyzantinischen Reiches".[38] Ja, der Monophysitismus wurde allmählich auch der Ausdruck der nationalen Sonderbestrebungen Ägyptens und Syriens gegenüber der Reichszentrale. Damit wurden die ersten Wolken der politischen Separationsbestrebungen dieser Länder am Horizont sichtbar. Noch deutlicher aber zeichnete sich der besondere Weg der Westkirche unter Roms päpstlicher Leitung ab. Im Osten nahm der Staat die Kirche in seinen Schoß auf, und so entstand ,,Byzanz". Hier endete das bisherige Glaubenszeitalter in einem religiös völlig durchdrungenen Staat, während umgekehrt im Westen die Einordnung des Imperiums in die Kirche das Ergebnis war, das sich für Ambrosius und seine Nachfolger, die Päpste von Rom, als das wesensgerechte darstellte.[39] Dies war in großen Zügen die innere Entwicklung des Gesamtreiches, die kirchlich den Zerfall in zwei Teilgebilde andeutete, in einem Augenblick, in dem man außenpolitisch vor dem schwersten Zwei-, ja Dreifrontenkrieg stand und mehr denn je Einigkeit die Parole hätte sein müssen.

Bis dahin war Persien der Hauptgegner; die Wetterseite des Imperiums lag im Osten, und mit dem alten Erbfeind – dort regierte von 399 bis 420 Jezdegerd I. – waren schon von Arcadius nach dem Abbruch der Christenverfolgungen freundschaftliche Beziehungen angeknüpft worden, obwohl der persisch gewordene Teil Armeniens im Jahre 428 aus einem Klientelstaat zur Provinz gemacht wurde. Diese freundschaftlichen Beziehungen wurden, nachdem sich Rom im allgemeinen mit der Zurückverlegung seiner Grenzen und dem Rückgang seines Ansehens im Osten abgefunden hatte, unter Theodosius II. nur vorübergehend durch kleinere Grenzkämpfe getrübt. So fielen die Römer in den Jahren 421 und 422 in die südarmenische Arzanene ein; doch blieb der Einfall ohne erhebliche Ergebnisse. Umgekehrt griff im Jahre 441 König Jezdegerd II. (438–457) zusammen mit arabischen Klientelvölkern seinerseits an und erreichte, daß die Römer die im Frieden des Jovianus (363) festgesetzten Jahreszahlungen zur Instandhaltung der Kaukasus-Befestigungen an den sog. Kaspischen Toren (Paß von Derbend) wieder aufnahmen. Armenien, seit dieser Zeit auch des letzten Scheines politischer Selbständigkeit beraubt, entwickelte nach der Erfindung der armenischen Schrift eine reiche nationale christliche Kultur (u.a. durch die Bibelübersetzung in das Armenische), die von Constantinopel aus stark gefördert wurde. Armenien, politisch unglücklich, aber kulturell ein beachtenswerter Faktor zwischen Westen und Osten, ruft von ferne den Vergleich etwa mit Polen in der neueren Geschichte wach.

Für Rom war der Friedensschluß mit Persien deshalb von größter Bedeutung, weil sich etwa seit dem Jahre 420 im Norden von Südrußland bis nahe an den Rhein allmählich das Hunnen-Großreich als die Hauptmacht der zweiten Zone bildete, bis zum Jahre 433 unter seinem König Rua, dann unter Bleda und Attila, seit dem Jahre 445 unter dem bedeutenderen Attila allein. Durch die Angliederung der überrannten Germanenvölker wurde es eine immer größere Gefahr für das römische Doppelreich, wie sie seit Burebistas Dakerreich im Norden bisher nicht mehr bestanden hatte. Das jahrhundertelang unter chinesischer Kultur groß gewordene Steppenvolk wurde jetzt von den Unterworfenen stark germanisiert. Attila selbst, der Etzel des Nibelungenliedes, trug einen germanischen Namen. Gerade dieser Großgefahr im Norden gegenüber war die innere Reichsspaltung eine Kraftminderung sondergleichen.

Diese seltsame Großstaatbildung in kurzer Zeit, das interessanteste Erzeugnis der ,,Völkerwanderungszeit", war allerdings, wie Napoleons Reich in der neueren Geschichte, nicht von langer Dauer und ist eine Episode geblieben. Von wirklicher Bedeutung aber war das Hunnenreich nur unter den drei großen Fürsten am Anfang seiner Geschichte. Vor allem das Ostreich hat schwere Schläge hinnehmen müssen und zeitweise um seine Existenz gerungen. Man hat weite Gebiete an den Hunnenkönig verloren und seit dem Jahre 430 einen hohen Tribut (350 Pfund Gold) zahlen müssen, der vier Jahre später in doppelter Höhe den Nachfolgern Ruas entrichtet werden mußte. In dem für den Kampf mit Persien kritischen Jahre 441 begann wieder ein schwerer Hunnensturm, dem das jetzt zum Ostreich gehörige Sirmium (Mitrovitza), die militärische Schlüsselstellung der römischen Nordgrenze, zum Opfer fiel. Im Jahre 447 wiederholte sich der Angriff und brachte einen Plünderungszug Attilas durch Mösien und Thrakien, weiterhin sogar bis zu den Thermopylen. Ein noch härterer Friede wurde den Römern diktiert.

Im Gegensatz zu dem durch die Hunnen geschwächten Ostkaisertum war die Lage des Westens zunächst erheblich besser. Dort ruhte die Hausmeierstellung des Aëtius auf seinem Bund mit der immer mächtiger werdenden Senatsaristokratie sowie auf seinen engen Beziehungen zu dem hunnischen Erobererstaat. Auf beide gestützt, machte Aëtius Placidias Regierung noch für 1½ Jahrzehnte nach außen hin handlungsfähig, was man in dem schnell sinkenden Reich nicht mehr zu hoffen gewagt hatte. Hunnische Hilfstruppen standen Aëtius, der, wie erwähnt, einmal als Geisel am Hunnenhof geweilt hatte, in der Regel zur Verfügung.

Einen Versuch, Afrika von den Vandalen zurückzuerobern, hat der Reichsfeldherr klugerweise nicht gemacht. Geiserich hat sich umgekehrt zu Friedensbedingungen verstanden, die einen gewissen Erfolg für den Hof von Ravenna bedeuteten. Am 11. Februar 435 wurde zu Hippo Regius ein Vertrag abgeschlossen, wonach sich die

Vandalen als Reichsföderaten mit einem Teil des eroberten Nordafrika begnügten, nämlich mit dem westlichen Teil, d.h. mit Numidien einschließlich der Küste,[40] aber ohne das noch Widerstand leistende Karthago.

Der Friede im Süden war nötig, um Placidias Regierung im Norden Bewegungsfreiheit zu geben. Aëtius konzentrierte seine ganze Tätigkeit auf Gallien, das wie Spanien dem Reiche verlorenzugehen drohte. Mit Hunnenhilfe wurde das Burgunderreich am Niederrhein, dessen König das Bündnis mit Rom gebrochen hatte, im Jahre 436 zerschlagen, ein Ereignis, das noch in dem Nibelungenlied nachklingt. Die Römer wurden nur dadurch Herr der Lage, daß sie die Hunnen nach Süddeutschland vordringen ließen. Den heimatlos gewordenen Burgundern und den bei ihnen wohnenden Alanenresten wurden neue Wohnsitze angewiesen. Aëtius wurde so der letzte Reorganisator Galliens. Als er aber von dort Truppen nach Italien abziehen mußte und Geiserich die Eroberung Afrikas durch die Besitznahme Karthagos (19. Oktober 439) vollendete, siegten die Westgoten unter Theoderich I. (419–451), die sich im Jahre 436 auf Narbonne geworfen hatten, über die Römer in einer blutigen Schlacht bei Tolosa (Toulouse) im Jahre 439. Die Folge war ein Vertrag mit ihnen, nach dem ihnen fast die volle Souveränität ihres vergrößerten aquitanischen Reiches zugestanden wurde. Aëtius fuhr trotzdem in den vierziger Jahren weiter fort, Gallien neu zu ordnen. Im Jahre 442 wurden die Alanen in der Gegend von Orléans angesiedelt, die Burgunder im nächsten Jahre in der Sapaudia (Savoyen), beide als Föderaten und nach dem Grundsatz der Tertia. Über die salischen Franken, die unter dem ersten Merowinger ihr Gebiet bis zur Somme auszudehnen suchten, errang Aëtius im Jahre 446 einen Sieg. Es kam ein neues Bündnis mit ihnen zustande.

Aber schon im Jahre 448 begann sich des allmächtigen Reichsgeneralissimus Verhältnis zum Hunnenreich zu verschlechtern. Ein bei den ripuarischen Franken zwischen zwei Brüdern um die Königsherrschaft ausgebrochener Streit, von denen der eine von den Hunnen unterstützt wurde, brachte Aëtius in offenen Gegensatz zu Attila. Der Hunnenkönig wurde nach seinen Erfolgen über Ostrom und über die Germanenstämme jetzt auch gegen Westrom hochtrabender und dies in einem Augenblick, in dem die Lage auch an anderen Grenzen des Westreiches schwieriger wurde.

Valentinian III. hatte unterdessen das 17. Lebensjahr erreicht. Seine Vermählung mit Theodosius' Tochter Eudoxia wurde am 29. Oktober 437 in Constantinopel gefeiert, und die junge Kaiserin zog am 28. Januar 438 feierlich in Ravenna ein. Bald wurde das erste Kind, eine Tochter (Eudokia), geboren, und die junge Mutter erhielt am 6. August 439 den Ehrentitel Augusta. Auch Westrom hatte wieder einen regierenden Kaiser; aber was half es?

Mit einem Schlage offenbarte sich die Schwäche des Reiches im Süden. Die Eroberung Karthagos (439) durch Geiserich war das entscheidende Ereignis. Dabei bemächtigte sich der Vandalenkönig der im Hafen liegenden Schiffe. Damit hatte er den bedeutendsten Flottenstützpunkt in Händen und wagte sich im Gegensatz zu allen anderen Germanenstämmen auf das Meer hinaus.

Wie einst zu Zeiten Aurelians äußerte sich der Schrecken, der das Reich erfaßte, in der kaiserlichen Anordnung vom März 440, die schadhaft gewordenen Mauern und Türme von Rom wiederherzustellen. Im Jahre zuvor war schon mit der Befestigung Constantinopels begonnen worden. Am 24. Juni 440 rief ein weströmischer Erlaß alle Einwohner des Reiches zur Verteidigung auf. Gleichzeitig wurde auf die von Ostrom erbetene Hilfe und auf das Herannahen eines Heeres unter Aëtius sowie auf die durch den Heermeister Sigisvultus vorgenommenen Maßnahmen für den italischen Küstenschutz hingewiesen. Das Reich war plötzlich in Alarmzustand versetzt. Auch andere Städte des Westens wurden neu befestigt. Durch eine Inschrift[41] ist dies für Neapel erwiesen.[42] Und wirklich landete Geiserich schon im Juni 440 auf Sizilien, wahrscheinlich bei Lilybäum (Marsala), vermochte aber weder Palermo einzunehmen noch einen Angriff auf die Südwestküste Italiens bei Bruttium durchzuführen. Das Nahen einer oströmischen Hilfsflotte veranlaßte ihn vielmehr, nach Afrika zurückzugehen. Aber die Oströmer landeten auf Sizilien, hatten jedoch keine großen Erfolge und wurden im Jahre 442 zurückgezogen, da die Perser- und Hunnengefahr die größere war.

Aëtius war noch durch die Kämpfe in Gallien festgehalten. So mußte die kaiserliche Regierung auf den Frieden eingehen, den Geiserich anbot. Die Besitznahme der reichsten Gebiete Nordafrikas in und um Karthago sowie in der Byzacena durch die Vandalen war seit dem Jahre 442 eine unabänderliche Tatsache. Dem Kaiser verblieben nur Mauretanien und Numidien sowie Tripolitanien östlich der Byzacena. Ebenso wurde dem Vandalenstaat wie dem westgotischen Volk die Souveränität zugestanden.

Die neuen Bewohner wurden hier nicht nach dem Grundsatz der Tertia angesiedelt. Die Vandalen enteigneten vielmehr die römischen Grundherren und lebten, in ihren Tausendschaften seßhaft gemacht, als Rentner mit Steuerfreiheit von ihren Hintersassen.[43] Das ausgedehnte kaiserliche Domänengut ging, soweit es nicht aufgeteilt wurde, in den Besitz des vandalischen Königshauses über. Auch der katholische Klerus erlitt bezüglich seines Grundbesitzes das gleiche Schicksal.

Geiserich verpflichtete sich aber zu den gewohnten Getreidesendungen nach Rom und schickte als Unterpfand des Vertrages seinen Sohn Hunerich als Geisel. Roms Ernährung hing seitdem von dem guten Willen des Germanenkönigs ab – eine äußerst schwierige Situation. Im Innern seines afrikanischen Reiches sorgte Geiserich für eine starke Staatsgewalt nach dem Muster der römischen.

Im Jahre 442 kam es zu einem Aufstand des vandalischen Adels, der sich die germanische Stammesverfassung erhalten wollte. Er wurde blutig niedergeschlagen. Karthago wurde die Hauptstadt des Reiches. Ein vandalischer Königshof wurde nach dem Vorbild eines römischen Palatiums errichtet. Die Kanzlei wurde unter einem Referendarius römisch organisiert. Münzen mit dem Bilde des Honorius und mit lateinischer Aufschrift wurden jedoch noch geprägt; denn die Goldprägung blieb dem Kaiser vorbehalten. Auch das Wirtschafts- und das Geistesleben gingen in der alten Weise weiter. Aber die römische Bevölkerung wurde in eine dienende Stellung gezwungen und mitunter streng behandelt. Auf religiösem Gebiete verfolgten die arianischen Herren die Orthodoxie der Römer.[44] Es war ein Erobererstaat, der sich der römischen Formen nur soweit bediente, als er sie benötigte. Sein souveräner Charakter kam vor allem darin zum Ausdruck, daß er eine eigene Datierung nach vandalischen Königsjahren mit der Einnahme Karthagos beginnen ließ und daß die Konsuldatierung ebenso wie bei den Westgoten und Burgundern fortfiel.[45]

Das Verhältnis der Vandalen zur ravennatischen Regierung besserte sich zusehends, besonders nachdem es der Staatskunst des Aëtius gelungen war, eine geplante Koalition zwischen den Vandalen und Westgoten zu verhindern und dadurch beide Staaten zu isolieren. Dies förderte die freundschaftlichen Beziehungen zu dem karthagischen Hof.[46] Es kam so weit, daß die kleine Kaisertochter Eudokia im Jahre 445 mit Hunerich verlobt und dieser aus der Geiselhaft entlassen wurde.

Das immer größer werdende Hunnenreich im Norden, zwei souveräne arianische Germanenstaaten, nämlich die Westgoten in Aquitanien und die Vandalen in Nordafrika, die Perser mit Armenien als ihrem Westbollwerk im Orient, umschlossen nun das um seine orthodoxe Glaubensformel ringende und immer kleiner werdende römische Doppelreich der unbedeutenden Kaiser Valentinian III. und Theodosius II.

Zuerst trat der Gegensatz zum Hunnenreiche im Jahre 448 auch für Westrom zutage. Hierbei spielte Placidias Tochter Justa Grata Honoria eine verhängnisvolle Rolle.[47] Sie war schon vor der Kaiserin Eudoxia mit dem Ehrentitel Augusta ausgezeichnet worden, offenbar in Nachahmung der Sitte des oströmischen Hofes, an dem auch die Schwestern des regierenden Kaisers eine erhöhte Stellung einnahmen. Dem gleichen Beispiel folgend war Honoria im Interesse der Nachkommenschaft des Kaisers zum Gelübde der Jungfräulichkeit gezwungen worden. Trotzdem ging sie sieben Jahre später mit ihrem Vermögensverwalter Eugenius ein Liebesverhältnis ein, das nicht ohne Folgen blieb. Daraufhin wurde sie einer Verschwörung gegen ihren Bruder bezichtigt, streng überwacht und schließlich an den Osthof geschickt, während ihr Geliebter getötet wurde.

Für diese Behandlung rächte sich Honoria dadurch, daß sie einen ihrer Eunuchen zu Attila sandte und ihm durch einen Ring als Verlobungspfand ihre Hand anbot.[48] Der Hunnenkönig ging darauf ein und erbat sie von Theodosius II. als dem Haupt des kaiserlichen Hauses zur Gemahlin. Der Ostkaiser war in seiner Angst vor dem Barbarenkönig für die Gewährung der Bitte. Aëtius und Valentinian III. waren jedoch anderer Meinung, schon deshalb, weil Attila als Mitgift den gallischen Reichsteil verlangte. Ihre Ansicht setzte sich in dem Familienrate durch und Attilas Bitte wurde abgeschlagen. Der Eunuch wurde gefoltert und hingerichtet. Honoria aber wurde mit dem Konsul des Jahres 449, einem ganz unbedeutenden Manne, verheiratet und mußte ihr Leben fürderhin hinter den Mauern des ravennatischen Palastes verbringen.

Dieser Familienskandal trug natürlich nicht zur Verbesserung der Beziehungen zwischen den beiden Großstaaten bei. Im Frühjahr 451 überschritt Attila den Rhein und verwüstete das gallische Land bis zur Loire (Orléans). Bald nach Theodosius' II. Tod (Juli 451) kam es zu der blutigen Völkerschlacht auf den „katalaunischen Feldern"[49] in der Nähe von Troyes (Champagne). In Attilas Gefolge nahmen drei ostgotische Herrscher, des weiteren Rugier, Skiren, Heruler, Quaden, Sarmaten, Alanen, Thüringer an dem gewaltigen Heereszug teil. Die germanischen Föderaten auf gallischem Boden dagegen, wie die Franken und die Burgunder, kämpften auf der Seite der Römer, vor allem auch die fast völlig unabhängig gewordenen Westgoten. Der westgotische König Theoderich I. (419–451) brachte, allerdings unter furchtbaren Verlusten, die Entscheidung und erlitt selbst den Heldentod. So haben römische Kriegskunst und germanische Tapferkeit zusammengewirkt, daß Aëtius strategisch der Sieger blieb.[50] Denn nach der Schlacht[51] räumten die Hunnen Gallien. Dies war der Anfang vom Ende ihres gefährlichen Großreiches, aber auch der Abschluß der Neuordnung Galliens, die sich allerdings nach der Ermordung des Aëtius und nach dem Sturze der von ihm so lange künstlich gehaltenen Dynastie als unmöglich erwies.

In Gallien gescheitert, warf sich Attila im Jahre 452 auf Italien, kam aber auch hier nicht zum Ziele, obwohl er Aquileia, jahrhundertelang das Bollwerk Italiens im Nordosten, in Trümmer schlug (Aquileias Tod war die Geburtsstunde Venedigs). Auf seinem letzten Heereszug starb Attila[52] im Jahre 453. Die Bedeutung des durch seine hervorragende Persönlichkeit so expansiv gewordenen Großreiches der zweiten Zone beruht darauf, daß es die überströmenden Kräfte des Germanentums ein halbes Jahrhundert lang gebunden und dadurch den Fall des Römerreiches hinausgeschoben hat. Attilas Tod machte die germanischen Völker seines Reiches wieder frei. Sie begaben sich von neuem auf die Suche nach sichereren und ertragreicheren Wohnsitzen. Dieses Landsuchen aber trennte die Völker an der Donau.[53] Das am längsten romtreu gebliebene Noricum bekam an seiner Nord- und Ostgrenze neue Wächter, die dem Reiche noch einmal durch ein Bündnis verpflichtet wurden. Goten wurden die Herren über den Osten Binnen-Noricums, Rugier über Ufernoricum zwischen Enns und Wienerwald bis über die Donau hinüber. Die Burg des Rugierkönigs in Krems wurde zu einem letzten Bollwerk, aber mehr für das Germanentum dieser Grenzgebiete als für die dort noch wohnenden Romanen. Für sie wurde die Kirche die Hauptbeschützerin, vor allem durch den Hl. Severinus, den seine Schüler gern den „Mann Gottes" nannten und der Lauriacum (Lorch) in Oberösterreich, das damals von den Alamannen und Thüringern ausgeplündert wurde, zum Sammelpunkt der alten Bevölkerung machte.[54] Während die Rugier ihre Macht ausbauten, gingen die Goten des Burgenlandes bald wieder auf die Wanderung; Teile von ihnen begaben sich über Kärnten nach Westen, andere in das Ostreich.

Nachdem Placidia, die bis zuletzt die Regentin des Westens war[55] und schließlich in einem geradezu feindlichen Verhältnis zu Aëtius stand, am 27. November 450 in Rom gestorben war, erhob die größte Frau im Osten, Pulcheria, nach dem Tode ihres Bruders, des wenig fähigen Theodosius II., den tüchtigen Offizier Markianos (450–457) zum Gatten und Kaiser, allerdings unter der Bedingung der Erhaltung ihrer schon früh gelobten Jungfräulichkeit, also in einer sog. „Josephsehe".[56] Es war höchste Zeit, daß das Reich einer kraftvollen Persönlichkeit in Politik und Kriegführung unterstellt wurde. Markianos befreite sofort den Osten von der entehrenden Abhängigkeit von den Hunnen.

Aber schon lag dort nicht mehr die Hauptgefahr. Geiserich hatte sofort erkannt, was ihm nach dem Niedergang des Hunnenreiches drohte, und traf Vorbereitungen zu einem Schlage seiner Vandalen gegen das Westreich. Da überstürzten sich die Ereignisse in Rom. Im Jahre 454 wurde Aëtius, „der letzte Römer", durch eine Palastintrige gestürzt und getötet. Es folgte die Ermordung Valentinians III., den am 16. März 455 die Rache der Gefolgsleute seines gestürzten Hausmeiers traf. Der letzte Valentinians-Sproß darf nicht, wie üblich, unterschätzt werden. Aber Attila und Geiserich, der Hunne und der Vandale, jener der Schöpfer eines Großreiches im Norden, dieser der Gestalter eines Reiches in Afrika, das in seiner Bedeutung an die besten Zeiten des punischen Karthago erinnerte, Attila und Geiserich haben politisch in der damaligen Welt mehr gegolten und hatten größere militärische Leistungen aufzuweisen als die Kaiser und Kaiserinnen an der Spitze des römischen Doppelreichs. Placidia und Valentinian III. haben schließlich ganz im Schatten ihres großen Heermeisters gestanden, der im Grunde dem gewaltigen Zweifrontenkriege auch nicht völlig gewachsen war.

Geiserich hielt nach dem gewaltsamen Ende Valentinians III. seine Stunde für gekommen. Er verweigerte dem von der Senatsaristokratie als primus inter pares kreierten Petronius Maximus die Anerkennung und führte zum zweitenmal den Stoß in das Herz des Reiches. Am 2. Juni 455 zog er in Rom ein und ließ die Stadt noch furchtbarer als einst Alarich plündern. Der Kaiserpalast wurde zerstört und seine Kostbarkeiten wurden nach Karthago gebracht. Auch das halbe Golddach des kapitolinischen Jupitertempels ließ er wegschleppen.[57] Nur einen Monat lang blieb Geiserich in Rom, dann gab er die Stadt wieder frei. Doch annektierte er jetzt den Rest des kaiserlichen Afrika sowie Sardinien und Korsika, bald auch die Balearen. Mit dem Westreich war es seit diesem Ereignis, das den Untergang von Roms Seeherrschaft bedeutete, zu Ende, wenn auch die germanischen Kaisermacher, vor allem der allmächtige Suebe Rikimer, mütterlicherseits ein Enkel des Westgotenkönigs Wallia, noch zwanzig Jahre lang in der Zentrale Westkaiser kreierten, die im Grunde nur Schattengestalten waren und nichts mehr bedeuteten.

Italien wurde endgültig durch die außeritalischen Reichsteile politisch und wirtschaftlich überholt. In Gallien ließ der Heldentod

Theoderichs I. die Westgoten nicht ruhen. Der neue König Theoderich II. (453–466) brach mit dem Reich. Er begünstigte im Jahre 455 die Wahl eines gallischen Gegenkaisers, des Flavius Eparchius Avitus, eines Mitglieds der Grundherrenaristokratie von Arelate (Arles). In dessen Namen und Auftrag zog er gegen die Sueben nach Spanien und an das Mittelmeer, die alte Sehnsucht seines Volkes. Er setzte diesen Feldzug auch dann noch fort, als Avitus von Rikimer geschlagen und zum Bischof degradiert worden war (456). Die Burgunder brachen im folgenden Jahr aus dem ihnen von Aëtius zugewiesenen Territorium Sapaudia (Savoyen) aus und bemächtigten sich Lyons.

Der nach einer kurzen Vakanz durch Rikimer nach dem Willen des neuen Ostkaisers Leons I. (457–474) als Westkaiser eingesetzte bisherige Heermeister Maiorianus (1. April 457–461) eroberte im Jahre 458 Lyon zurück. Er war der einzige bedeutende dieser Spätkaiser und hat im Innern eine letzte Reformgesetzgebung konservativer Richtung veranlaßt. Mit der Absicht, gegen Geiserich zu kämpfen, überschritt er im Jahre 460 die Pyrenäen und wandte sich über Saragossa nach Cartagena, in dessen Nähe aber ein Teil seiner Flotte vernichtet wurde. Als er daraufhin mit Geiserich über einen Frieden verhandelte, wurde er auf dem Rückzug aus Spanien auf Betreiben Rikimers getötet (461), sehr zum Schaden des Reiches. Sofort fiel Lyon wieder in die Hände der Burgunder, die sich das Rhonetal abwärts bis an die Grenze der Provence ausbreiteten. Auch Theoderich II. nahm seine Expansionsbestrebungen wieder auf; vor Arles abgewiesen, eroberte er wenigstens Narbonne (462). Durch den Widerstand von Arles blieb die Provence vorläufig römisch. Der nächste Westgotenkönig Eurich (466–484) griff dafür die Sueben in Spanien an, drängte sie in die Nordwestecke nach Galicien zurück und eroberte schließlich die übrige Halbinsel.

Von den nun folgenden Kaisern, deren Herrschaft sich in der Hauptsache auf Italien beschränkte, fehlte dem Libius Severus (19. November 461–465) die ostkaiserliche Anerkennung. Unter ihm wurde Dalmatien von dem Westreiche unabhängig und nach dem Willen des Ostkaisers von Marcellinus regiert. Nur noch kleine Teile Galliens, in dem Aegidius[58] seine unabhängige Stellung behauptete, erkannten die italische Regierung an, darunter der Osten der Südprovinz (Provence). Gleichzeitig litten die Küsten Siziliens und Italiens furchtbar unter den Piratenfahrten der Vandalen. In den Jahren 465–467 war das Westreich nach Severus' Sturz kaiserlos. Rikimer hatte die Staatsleitung allein in Händen. Dann ernannte Leon I., des Markianos Schwiegersohn, den Griechen Anthemius, zum Westkaiser (467–472) und gab ihm seine Tochter zur Frau.

Das Reich mußte um jeden Preis die Seeherrschaft zurückzugewinnen suchen. Aber eine gemeinsame Offensive des Ost- und Westreiches im Jahre 468 zerschellte kläglich an Geiserichs starker Machtstellung trotz des großen Aufwandes an Geld und an Schiffen. Der Westgotenkönig Eurich, der seit dem Jahre 469 Herr von Spanien und Westgallien bis zur Loire war, konnte nur durch Verhandlungen von der angedrohten Besetzung der Provence zurückgehalten werden. Rikimer war dem Kaiser Anthemius wenig freundlich gesinnt und stürzte ihn schließlich. Doch unter dem folgenden ganz ephemeren Kaiser Anicius Olybrius, einer Kreatur Geiserichs, fand er selbst am 19. August 472 den Tod. Sein Nachfolger als Kaisermacher wurde der Burgunder Gundobad. Er proklamierte im Jahre 473 den Glycerius zum Kaiser, der aber von Ostrom nicht anerkannt wurde, und kehrte dann nach Gallien zurück; im Jahre 480 folgte er seinem Bruder Chilberich als König seines Volkes. An seine Stelle trat der kaiserliche Heermeister und Patricius Orestes, ein Pannonier, der einst in Attalos' Diensten gestanden hatte. Er machte den Statthalter Dalmatiens, Julius Nepos, im Namen Ostroms zum Kaiser (474), vertrieb ihn dann aber selbst wieder nach Dalmatien, um seinen noch unmündigen Sohn Romulus auf den Thron zu setzen.

Gegen ihn, der in Constantinopel nicht anerkannt wurde, erhob sich die meist aus Ostgermanen bestehende Soldateska Italiens und forderte wie in den Provinzen nach dem römischen Quartiergesetz Landanweisung im Umfang des „Drittels" *(Tertia)* von Haus und Land. Als diese von Orestes verweigert wurde, rief sie einen Mann aus ihren Reihen, den Skiren Odovakar, zu ihrem König *(rex)* aus. Nach der Ermordung des Orestes in Placentia (Piacenza) am 23. August 476 wurde Romulus, das „Kaiserlein" *(Augustulus),* von ihm entthront und mit einer Jahresrente von 6000 Solidi in Campanien auf dem Landgute des Lucullus bei Kap Misenum zur Ruhe gesetzt. Dem Ostkaiser Zenon (474–491) blieb nichts anderes übrig, als den Zustand anzuerkennen. Odovakar erhielt als Heermeister den Titel eines Patricius und wurde kaiserlicher Beauftragter für den Westen. Auf das Kaisertum des Westens erhob jetzt nur noch Julius Nepos von Dalmatien aus Anspruch, bis auch er am 9. Mai 480 ermordet wurde. Damit begann im Westen die „kaiserlose Zeit" – ein Zustand, der endgültig sein sollte.

Seit diesem Jahre gab es nur noch *einen* Kaiser, der aber in dem ideellen Anspruch auf das Gesamtreich festhielt: das war der Kaiser von Ostrom. Im Westen hatten die immer barbarischer gewordene Soldateska und das aus der Senatorenschicht hervorgegangene mächtige Feudalherrentum, die beiden Mächte, die bereits seit Diokletian den Staat beherrschten, den Sieg davongetragen und die kaiserliche Macht, die schließlich wieder in eine Art von Prinzipatsstellung innerhalb der Aristokratie zurückgesunken war, endgültig beseitigt. Die Reichsschöpfung des Augustus, die auf Rom und Italien aufgebaut gewesen war, hatte in der Dominatsepoche durch die Germanen im Westen ihr Ende gefunden. Was hier von dem römischen Kaiserreich noch übriggeblieben war, wurde von dem Osten durch das neue Rom Constantins I. regiert.

Außenpolitisch aber war es das Resultat, daß der gesamte Okzident in nur z. T. noch im Bundesgenossenverhältnis stehende Germanenreiche aufgeteilt war, über die der Kaiser, wenn überhaupt, nur noch mittelbar herrschte. Wo das Föderatentum von den Königen schon abgeschüttelt war, dauerte die alte Bundesgenossenschaft wenigstens als Fiktion fort, da der Vorrang des einzigen noch gebliebenen Römerkaisers von den germanischen Emporkömmlingen, abgesehen von den Vandalen und den Angelsachsen, anerkannt wurde. Mit Romulus' Sturz ging auch die Provence an die Westgoten verloren. Aber – und dies war der schwerstwiegende Posten auf der Verlustseite – mit der Okkupation Nordafrikas durch die Vandalen war das gesamte Westbecken des Mittelmeeres so gut wie verloren.[59] War das Reich seit der „Reichsteilung" des Jahres 395 lediglich mehr und mehr zusammengeschrumpft, so traf es der Verlust der Seeherrschaft im okzidentalen Raum in das innerste Mark und schwächte auch seine Finanzkraft ganz erheblich.

Während im Westen unmittelbar nach dem letzten Aufflackern des lateinischen Geistes das Reich zerfiel und eine Vielheit germanischer Staaten – allerdings unter Festhalten an der Wirtschaft und an der Kultur des Römertums – an seine Stelle trat und während die katholische Kirche nach dem machtvollen Mailänder Zwischenspiel des Ambrosius zur Einheit um den alten Reichsmittelpunkt Rom erstarkte, dieses also zu einer *Urbs sacra,* jetzt im Sinne von „heiliger Stadt", wurde, verlief im Osten die Entwicklung gerade umgekehrt. Hier blieb die Einheit des Staates, und die Kirche wurde in ihn als staatliche Institution eingebaut, aber sie zerfiel in Sonderbildungen, die dem späteren politischen Abfall einzelner Teile im Südosten vorangingen.

In der gleichen Zeit, in der sich in dieser Weise das Christentum mit dem Oststaat vermählte, gewann auch die zweite neue Macht, das Germanentum, am Bosporus wieder stark an Bedeutung. Als Gegengewicht gegen den unerträglichen Druck des gewaltigen Hunnenreiches und mit Rücksicht auf die großen Aufgaben, die die Grenzverteidigung an der Donau dem Reiche im Kampfe gegen die Hunnen und gegen die Slawen stellte, hatte schon Pulcheria die Germanen von neuem stark begünstigt und zahlreiche Angehörige dieser Nation in ihre Dienste genommen.

Nach dem Tode des Markianos (457) stützte sich der damalige Heermeister Aspar auf die germanischen Truppen, als er Leon I. (457–474) zum Kaiser erhob. Zunächst hat dieser Alane während der Herrschaft des neuen Kaisers das Regiment geführt, ähnlich wie zu der gleichen Zeit der Suebe Rikimer die letzten Schattenkaiser des Westreiches ein- und absetzte. Aspars Reichsleitung war aber wenig ergebnisreich. Den Vandalenkönig Geiserich bekämpfte er ohne Erfolg. Gleichzeitig wurden Ostgoten, denen er Jahrgelder zahlte, zu einer großen Gefahr für das Ostreich.

Im Gegensatz zu den letzten ephemeren Westkaisern gelang es Leon, sich seine neue Leibwache, die aus den kriegerischen kleinasiatischen Isauriern gebildet war, zu einem gefügigen Werkzeug zu machen und nach dem Scheitern der großen Flottenexpedition des

Jahres 468 gegen Geiserich den Aspar mit Hilfe der hauptstädtischen Bevölkerung und der Garnison im Jahre 471 zu stürzen. Dadurch wurde das Ostreich nicht nur von einem lästigen Hausmeiertum, sondern auch teilweise von der Germanen-Oberherrschaft befreit. Zum zweitenmal, wie einst durch die Beseitigung des Gainas (s. o. S. 127), rettete das im Orient durch die ewigen Glaubensstreitigkeiten gestärkte nationale Volksbewußtsein das Reich vor der zu schnellen Überfremdung.

Aber die Sache hatte auch ihre Kehrseite: an die Stelle der germanischen Eindringlinge trat jetzt der Einfluß der Isaurier. Aus ihren Reihen ging der nächste Kaiser hervor. Es war der isaurische Häuptling Tarasikodissa, der griechisch Zenon genannt wurde (474–491). Er war seit dem Jahre 466 mit Leons I. Tochter Ariadne vermählt. Aber von der Kaiserinwitwe wurde ihr Bruder Basiliskos, der eigentliche Leiter des unrühmlichen Vandalenkrieges, als Gegenkaiser proklamiert. Es entbrannte ein Bürgerkrieg. Da Basiliskos sich auf die Monophysiten stützte, traten in ihm die alten religiösen Gegensätze in verstärktem Maße wieder hervor. Nachdem er vorübergehend vertrieben worden war, siegte Zenon schließlich (476) auf der ganzen Linie, die religiöse Spaltung wurde zu überbrücken versucht durch Zenons und seines Patriarchen Akakios berühmtes Einigungsedikt, durch das sog. „Henotikon" vom Jahre 482. Es kam den Monophysiten stärker entgegen als die Glaubensformel von Chalkedon. Dadurch, daß es die strittigen Ausdrücke vermied, suchte es unter Führung von Kaiser und Patriarch ein einheitliches Glaubensbekenntnis für das Reich zu schaffen. Es bewirkte aber das Gegenteil.

Die Monophysiten schieden sich in eine strengere Richtung, die sog. Akephaloi, und in eine gemäßigtere. Beide aber machten gegen jede Verwässerung der Lehre von der einen gottmenschlichen Natur Christi Front.[60] Viel folgenschwerer jedoch war der völlige Bruch mit dem römischen Papst, der nach Ausspruch des Bannes über den Patriarchen den Kampf gegen das „Henotikon" und seinen Schöpfer aufnahm. Dieser Kampf hat unstreitig die Position des Papsttums gestärkt. Der große Kirchenpolitiker des Westens, Papst Leo I. (440–461),[61] konnte noch an Kaiser Leon I. schreiben, der

Kaiser sei von dem Heiligen Geist erleuchtet und könne im Glauben nicht irren; der Papst habe auszusprechen und zu lehren, was der Kaiser erkenne und glaube. Aber schon Papst Gelasius I. (492–496) forderte für die Kirche die Selbständigkeit in ihrem Bereiche, die Scheidung weltlicher und geistlicher Gewalt, die beide göttlicher Herkunft seien. Dies ist seitdem zum Grundsatz der abendländischen Kirchenpolitik erhoben worden.[62]

Nachdem das Westreich im Jahre 476 bzw. im Jahre 480 verschwunden war, folgte der politischen und nationalen jetzt auch die kirchliche Trennung von Ost- und Westrom. Sie blieb für fast vier Jahrzehnte bestehen. Auf nahezu allen Gebieten begann also mit dem Jahre 480 eine neue Zeit, die im Westen zu dem Ausbau der germanischen Staaten auf Römerboden und zu der Weiterbildung der Papstkirche, im Osten aber zu dem byzantinischen Staate führte.

Wirtschaftlich, sozial und kulturell hat das fünfte Jahrhundert nur vollendet, was das viel bedeutendere vierte Jahrhundert angebahnt hatte. Auch im fünften Jahrhundert hat sich der senatorische Hochadel als Stand der Großgrundbesitzer erhalten und sich mehrfach vermöge seiner wirtschaftlichen Macht dem Staate entzogen, um seine eigenen Interessen zu verfolgen. Viele Vertreter dieser großen Geschlechter hatten immer wieder die Reichsämter inne. Es herrschte wie am Ende der Republik wieder eine Oligarchie, in der auch die letzten Schattenkaiser nur ,,Erste unter ihresgleichen" *(primi inter pares)* waren.[63] Der herrschende Feudaladel blieb Hüter der geistigen Güter der Vergangenheit, wenn auch längst nicht mehr in dem Maße wie in dem vorangegangenen Jahrhundert. Hinter dem vierten Jahrhundert steht das fünfte gerade auf geistigem Gebiete weit zurück: in ihm ist wie in dem großen Unruhezeitalter des dritten Jahrhunderts der Kampf gegen die äußeren Feinde in den Vordergrund getreten. Gleichzeitig näherten sich Christentum und antike Bildung einander. Die Zeit der großen Auseinandersetzungen hatte beiden Richtungen einen mächtigen Impuls gegeben. Nachdem das Christentum den Sieg errungen hatte, begann es zu erschlaffen, soweit nicht religiöse Probleme und dogmatisch-philosophische Fragen diskutiert wurden. Augustins Werk ,,Über den Gottesstaat" *(De civitate Dei)* schließt die Kämpfe und Gespräche ab, die seit Julian um das geistige Erbe der alten Welt geführt worden sind.[64]

Neben dem senatorischen Hochadel Italiens nimmt im Westen der Adel von Gallien einen besonderen Platz ein. Eine hohe Blüte der gallischen Rhetorenschulen hebt das Geistesleben dort noch einmal auf eine beachtliche Höhe,[65] da von den Beamten des Staates und der Kirche eine gewisse höhere Bildung verlangt wurde. Und darüber hinaus lebte selbst in den germanischen Staatsbildungen noch etwas von dem Geiste der großen Männer des vierten Jahrhunderts mit ihrer hohen Einschätzung des klassischen Schrifttums. Man schrieb hier noch Verse und Kunstprosa in alter Weise, „freilich in einem künstlich geschraubten mühsamen Stil, dem man es anzumerken meint, daß er nur noch von einer kleinen Menschengruppe genossen werden konnte".[66] Dahin gehören Männer wie Rutilius Namatianus, der noch im Jahre 417 einen Hymnus auf Rom singt und darin seine Ewigkeit rühmt, Sidonius Apollinaris aus höchstem gallischem Adel, Schwiegersohn eines Kaisers,[67] lange am Hofe des Westgotenkönigs Eurich, gest. um 489 als Bischof von Clermont, der sogar noch die Komödien des Aristophanes las und verstand, sowie viele andere bis zu den Germanenkönigen hinauf, die sich z. T. nicht nur Bildung aneigneten, sondern auch als Schriftsteller oder als Dichter tätig waren.[68] Von hier aus ist es zu verstehen, daß sich der alte Rhetorenbetrieb bis in die Hofschulen der Merowinger fortsetzte.

Den Höhepunkt erreichte dieses Verständnis für die alte Kultur und für die Notwendigkeit ihrer Pflege in der nächsten Periode unter dem Ostgotenkönig Theoderich I. und seiner Nachkommenschaft, unter denen die Geistesbildung des römischen Adels noch einmal aufleuchtete. Das Altertum lebte noch, wenn auch der Kreis seiner Kenner sich immer mehr einengte. Das Wort Athaulfs wird buchstäblich von den bedeutenderen unter den Germanenkönigen befolgt. Sympathisch berührt die große Ehrfurcht vor der antiken Kultur, die alle gefangen hält. Doch darf nicht verschwiegen werden, daß auch die Schattenseiten dieser Kultur, wie so oft, Schule machten und die Königshäuser, vor allem das merowingische, gründlich verdarben, und daß der Luxus, der dieser Kultur eigen war, die, die ihn übernahmen, verweichlichen und schnell degenerieren ließ wie in Afrika die Vandalen.

5

Vom Sturz des Westreiches bis zum Tode Iustinians. Nur noch ein Kaiser, aber eine Vielheit germanischer Könige: der „Vater" und die „Söhne". Theoderich d. Gr. und Chlodwig: Ostgoten und Franken. Iustinians renovatio imperii Romani. Römisches Recht und christlicher Glaube als Erbstücke und Klammern für Europa. Perser und Slawen

(480–565 n. Chr.)

Die Germanenvölker der Randstaaten waren in den vorangegangenen Epochen ein Teil des Reiches geworden. Trotz aller Sperrungs- und Abriegelungsversuche waren sie ein Faktor innerhalb der Reichsgrenzen geworden, mit dem jeder römische Kaiser, jetzt der allein noch verbliebene Ostkaiser, rechnen mußte. Unter Zenon (474–491) hatten sich die immer unruhigen Ostgoten, seitdem das Hunnenjoch von ihnen genommen war, Wohnsitze in Makedonien und Westthrakien erzwungen. Zwei Männer – sie hießen beide Theoderich – standen damals an ihrer Spitze: Theoderich Strabon an der der thrakischen, Theoderich der Amaler an der Spitze der pannonischen Goten. Beide waren stets angriffsbereit. Der hochbegabte Amaler Theoderich hatte von seinem 7. bis zu seinem 18. Lebensjahr als Geisel in Constantinopel gelebt und dort Stadt und Kultur der Römer kennengelernt. Er hatte dann wie der Burgunder Gundobad (s. o. S. 155) den Weg zu seinem Volke zurückgefunden, war seit dem Jahre 471 König seines Volksteiles geworden und wurde als solcher von dem Kaiser zum Heermeister und Patricius, später (484) zum Konsul ernannt. Nach dem Tode Strabons in dem gleichen Jahre gab es neue größere Schwierigkeiten. Da tat Zenon den entscheidenden Schritt und schob das lästige Volk nach dem Westen des Reiches ab.

Odovakar, der dem Kaiser nicht mehr genehm war, hatte dort

seinen Sohn Thela zum Kaiser erhoben und damit offen den Weg der Usurpation beschritten.[1] Zenon veranlaßte deshalb im Jahre 488 den Amaler, als Heermeister nach Italien zu ziehen und den Usurpator zu stürzen. Wohl befreite man sich dadurch von dem Druck der Ostgoten auf den Balkan, aber zugleich nahm man der Reichsnordgrenze an der Donau den Schutz vor den Hunnen und den hinter ihnen nachdrängenden Slawen. Bei dem Ausmarsch aus Pannonien nahmen die Ostgoten zerstreute Reste anderer Völker, auch die von Odovakar einst in Ufernoricum halb vernichteten Rugier, ja selbst römische Provinziale mit.[2]

Indem so im Westen Germanen gegen Germanen eingesetzt wurden, gelang es dort, neue Verhältnisse zu schaffen und die mittelbare Gewalt des Kaisers über Italien zu festigen. In zwei Schlachten, bei Verona (489) und an der Adda (490), wurde Odovakar von dem Gotenheer geschlagen und in Ravenna mehr als zwei Jahre eingeschlossen. Im Jahre 493 wurde er gefangengenommen und von dem Gotenkönig eigenhändig getötet, obwohl ihm die Sicherheit seines Lebens versprochen worden war.

Schon gleich nach der Einschließung des Gegners hatte Theoderich[3] durch einen Gesandten von dem Kaiser die Verleihung des Königsornates und des Diadems und damit die Anerkennung seines Königtums in Italien erbeten. Sein Wunsch wurde aber weder von Zenon noch von seinem Nachfolger, dem Kaiser Anastasios I. (491–518), erfüllt. Daraufhin ließ sich der Ostgote nach Odovakars Ende von allen seinen Heeresangehörigen, d. h. nicht nur von seinen Goten, deren König er längst war, sondern auch von den Nichtgoten seines Heeres, also von der gesamten germanischen Soldateska, kurzerhand zum König *(rex)* erheben, wie dies schon sein so schmählich ermordeter Gegner getan hatte. Seitdem betrachtete er sich als Herrscher der Goten und der Römer Italiens; allerdings erhielt er die kaiserliche Anerkennung erst im Jahre 497. Dadurch wurde seine Sonderstellung deutlich zum Ausdruck gebracht. Sie hob ihn über das frühere Beamtenverhältnis zu dem Kaiser hinaus. Daß er jedoch nur „König“ war, unterschied ihn von seinem Oberherrn; auch ermöglichte dies dem neuen Herrn von Italien, an dem Gedanken der Reichseinheit mit dem Kaiser an der

Spitze festzuhalten.[4] Er trat gewissermaßen in die „Familie der Könige" ein, die damals und noch lange nachher den römischen Kaiser als ihren „Vater" betrachtete. Dieses Vater-Sohn-Verhältnis veranschaulicht am besten die Position der germanischen Volkskönige des Westens zu Constantinopel,[5] unter denen allerdings Theoderich, wie gesagt, eine Sonderstellung einnahm.

Das Ostgotenreich war so die höchste, fast zur Unabhängigkeit vorgetriebene Form eines Germanenstaates im Römerreich. Theoderich war dem Namen nach der Mandatar des Kaisers und sozusagen römischer Vizekönig von Italien unter der Oberhoheit des Kaisers. Er war auch von dem römischen Senat, der – allerdings ohne alle Rechte – fortbestand, anerkannt und übte die Befugnisse des Kaisers auch seinen römischen Untertanen gegenüber aus, einschließlich des Auftrages, als oberster Richter in Strafsachen und bei Staatsverbrechen aufzutreten. Hier besaß er sogar, wie sich gleich in seinem ersten Erlaß gegen die Anhänger Odovakars zeigte, das nur souveränen Staatshäuptern zustehende Recht der Begnadigung.[6] Das einzige, das dem Kaiser als Sonderrecht verblieben war, dürfte das Recht, Gesetze zu geben, gewesen sein, während der Gote nur Edikte erließ, so im Jahre 512 das grundlegende *Edictum Theoderici*.[7] Die Münzprägung dagegen erfolgte in seinem Namen, selbst in Gold, die sonst dem Kaiser vorbehalten war.

Im übrigen hatte der neue italische Staat eine zwiefache Organisation.[8] Die Goten waren die Soldaten *(milites, barbari)* und bildeten, nach dem Prinzip der Tertia einquartiert, die Garnisonen der Städte. Daneben wurde die römische Verwaltung, so gut es ging, und zwar durch Römer, beibehalten. Die Einteilung in Provinzen, die römische Munizipalverfassung, die Steuerverwaltung blieben bestehen. Der König legte sich den Namen Flavius Theoderich bei. Er bekannte sich dadurch selbst zur römischen Nationalität, wie auch seine Ehrentitel „semper Augustus, propagator Romani nominis" beweisen, und hat schließlich das Stammesrecht seines Volkes kaum noch geschützt. „Die Goten bildeten, um es auf eine Formel zu bringen, die militärische Grundlage einer Königsgewalt, die, hiervon abgesehen, römisch war."[9] Das Römische daran war getragen von dem kleinen Teil des heimischen Hochadels, der sich dem neuen Hof von Ravenna zur Verfügung gestellt hatte, vor allem von dem klugen Cassiodor, der als Sekretär und Minister Theoderichs die Seele des gotischen Regimes war.

In allem war der ostgotische Staat das Gegenteil des vandalischen. Dieser hatte sich der römischen Staatsform nur bemächtigt, um sie gegen Rom zu gebrauchen. An der Spitze des Gotenstaates dagegen stand ein Mann, der es nach der Übernahme des Hofzeremoniells des Kaisers als sein höchstes Glück betrachtete, nach römischem Recht zu leben,[10] auch über die Römer gerecht zu herrschen und den Frieden auf dem religiösen Gebiete – die Goten waren Arianer –, solange es ging, zu erhalten: gewissermaßen „der letzte römische Herrscher",[11] allerdings im gotischen Königsornat und mit einer germanischen Seele auch in Glaubensfragen. Stammt doch von ihm der Ausspruch: „Die Religion können wir nicht befehlen, weil sich niemand zwingen läßt, wider Willen zu glauben."[12]

Der quasikaiserliche Charakter der Herrschaft des Theoderich trat niemals so deutlich zutage wie bei seinem einhalbjährigen Aufenthalt in Rom im Jahre 500 und seinem Besuche am Grabe des Hl. Petrus. Damals erneuerte der Germane in jeder Hinsicht die alte Kaiserlichkeit. Er restaurierte die Monumente, wo irgend es nötig war, vornehmlich die Kaiserpaläste und die Stadtmauern. Er beehrte den Senat mit seinem Besuche und hielt eine feierliche Ansprache an das römische Volk. Darin versprach er, die Anordnungen der Kaiser unangetastet zu lassen. Seine Wohnung nahm er auf dem Palatin, gab Zirkusspiele und teilte Lebensmittelspenden aus wie die alten römischen Kaiser; die Römer verglichen ihn deshalb gern mit Traian und mit Valentinian I. Ja, er nahm sogar Cäsars Plan der Austrocknung der pontinischen Sümpfe in Angriff.[13] Wie hatten sich die Zeiten geändert! Vor 90 Jahren hatte der Westgote Alarich Rom erobert und teilweise geplündert. Nun weilte ein Ostgote in der ewigen Stadt, waltete über ihr wie ein Kaiser und brachte Italien eine letzte Nachblüte, gestützt auf den Senat und die Kirche, die beiden großen Wirtschafts- und Geistesmächte dieser Zeit der Staatenlosigkeit. Alarichs Nachfolger Athaulf, Placidias Gatte, hatte noch darüber geklagt, „daß die zügellose Wildheit der Goten unvereinbar mit den Gesetzen sei". Dieses Problem bestand unter dem großen Ostgoten nicht mehr. Gestützt auf römische Staatskunst, in die er sich glänzend eingelebt hatte, war er in die lange Reihe der Cäsaren, wenigstens de facto, wenn auch noch nicht de jure, eingetreten und hatte Italien eine letzte, scheinbar „goldene Zeit" gebracht.

Außenpolitisch war Theoderich vor allem bestrebt, das ihm anvertraute Italien in bestmöglicher Weise zu sichern. Ihm ist es zu verdanken, daß wenigstens Teile von Rätien, Gebiete der heutigen Ostschweiz und Binnennoricums (Osttirol und Kärnten) als Grenzbezirke in den Händen der Goten blieben und die Funktionen der verlorenen norischen Uferprovinz erfüllten. Hier behielten die Goten die Verwaltung und die Landesverteidigung in altrömischer Weise bei. Kirchlich blühte auch noch das Bistum Sabiona-Säben.[14]

Eine zu starke Ausbreitung des Frankenreiches unter Chlodwig (482 bis 511), das sich gleichzeitig nach Westen und nach Süden hin ausdehnte, suchte er zu verhindern, weil dadurch Italien bedroht werden konnte. Daher hat er auch die Westgoten gegen die Franken geschützt und ihre völlige Niederwerfung nach der Schlacht bei Vouillé (507) verhindert sowie die Abtretung der Provence, der natürlichen Schutzzone Italiens, im Jahre 509 verlangt. In der gleichen Richtung arbeitete die ostgotische Politik, als nach dem Tode des großen Königs im Jahre 532 die Franken an der Vernichtung Burgunds gehindert wurden. Auch außenpolitisch begründete also Theoderich eine Art Vorherrschaft der Ostgoten in dem neuen germanischen Staatensystem, in dem er eine quasihegemoniale Stellung einnahm.[15]

Die kaiserliche Politik, die den Gotenkönig mehr duldete als positiv unterstützte, sah den Gegensatz zwischen den zwei rivalisierenden germanischen Hauptstaaten des Westens nicht ungern und fand in den Franken natürliche Verbündete. Theoderich suchte demgegenüber mit den „Brüdern" der germanischen Königsfamilie verwandtschaftliche Beziehungen herzustellen, indem er, wie später die Habsburger, seine Töchter und seine Schwester an die Könige ringsum vergab, seine Schwester Amalafrida an den Vandalenkönig Thrasamund (496–523), seine Tochter Theodegota an den Burgunderkönig Sigismund, die Ostrogota an den Westgoten Alarich II. (485–507), seine Nichte Amalaberga an den Thüringer Hermannfrid. Er selbst war mit Chlodwigs Schwester Audoflada verheiratet.[16]

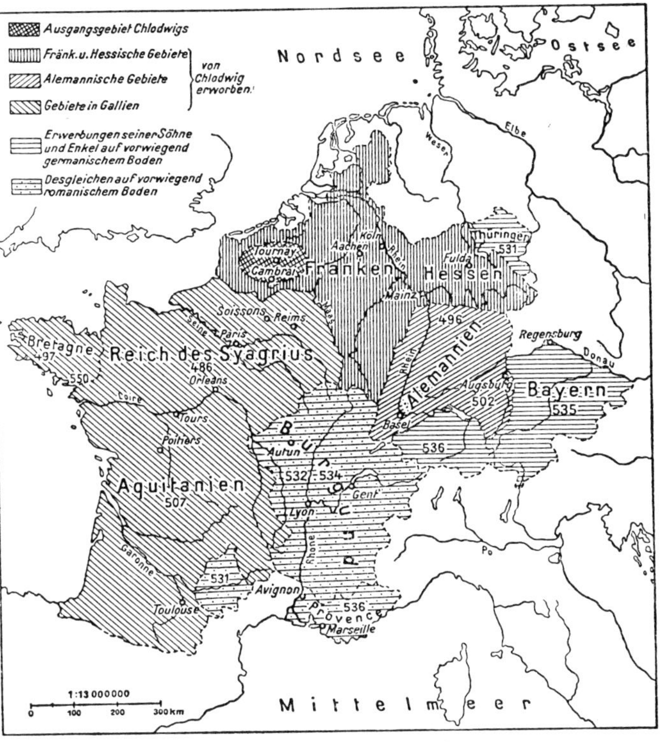

2. Das Frankenreich der Merowinger

Neben der ostgotischen Italienherrschaft war die fränkische Expansion das hervorstechendste Kennzeichen der neuen Zeit. Im Jahre 486 hatte Chlodwig den letzten Rest direkter Beherrschung Galliens durch den Römer Syagrius, den Sohn des Heermeisters Aegidius, beseitigt, zehn Jahre später die Alamannen am Oberrhein vernichtet und im Jahre 507 die Westgoten nach Spanien zurückgedrängt.

Seine bedeutendste Tat aber war der Übertritt zum katholischen Glauben, eine Tat, die ihn den arianischen „Brüdern" in den anderen Germanenstaaten weit überlegen machen sollte. Dadurch wurde nämlich dem Frankenreiche der religiöse Zwist zwischen der germanischen und romanischen Bevölkerung erspart, aber auch gleichzeitig der übermächtige Einfluß der lateinischen Sprache erhalten. Man schuf so die Grundlage des mittelalterlichen Staates in Frankreich, in Deutschland und in Italien, zumal sich auch der Burgunderprinz Sigismund um das Jahr 500 zum Katholizismus bekannte und damit den Übertritt auch seines Volkes zu ihm einleitete.

Die Westgoten waren auf Spanien beschränkt, das sie zum größten Teil von Toledo als Hauptstadt aus beherrschten; nur Galicien unter den Sueben blieb selbständig. Im westgotischen Reich war das Problem des Verhältnisses zwischen Katholiken und Arianern nicht so befriedigend gelöst wie in Italien. In dieser Beziehung stand das spanische Germanenreich in der Mitte zwischen den Ostgoten und den Vandalen. Die Entwicklung ging langsamer vor sich. Aber das Verbot des Conubium verschwand unter König Leovigild (gest. 586), der Arianismus unter Reccared I. (586 bis 601). Das geistige Leben hat noch manche Blüten getrieben, die für die Erhaltung antiker Kulturgüter Spaniens bedeutungsvoll geworden sind.

Da sich in Britannien unterdessen die Angelsachsen festgesetzt und das Land in sieben Königreiche geteilt hatten, war die direkte Herrschaft des Kaisers über den Westen so gut wie beseitigt. Aber er blieb, abgesehen von den Vandalen und den Angelsachsen, nominell der Oberherr und Constantinopel die Hauptstadt auch dieser in neue Formen gebrachten Welt.

Dort herrschte von 491 bis 518 Kaiser Anastasios I. Er war ein alter Hofbeamter, Führer der Silentiarii, der gerade, als er Bischof von Antiocheia werden sollte, durch die Gunst der Kaiserinwitwe Ariadne den Thron erhielt. Ihm gelang es im Jahre 498, das Isaurierjoch endgültig abzuschütteln. Der Versuch, eine völkische und religiöse Erneuerung des Ostreiches durchzuführen, kam z. T. nur mit Hilfe eines kaum noch erträglichen Fiskalismus zustande. Am wenigsten glückte die Lösung des religiösen Problems, da Anastasios immer mehr zum Monophysitismus neigte und sich das orthodoxe Stadtvolk von Constantinopel gegen ihn auflehnte. So war seine Regierungszeit eine Kette von Revolten und Bürgerkriegen. In diesen sind die beiden Parteien des Zirkus, die ,,Blauen" (Venetoi) und die ,,Grünen" (Prasinoi), über rein sportliche Organisationen hinausgewachsen und öffentlich-rechtliche Verbände der Zivilbevölkerung (,,Demen") geworden, die als Stadtmiliz dienten und sich an dem Bau der Stadtmauer beteiligten, aber sich auch durch ihre Vertreter bei wichtigen Staatshandlungen zur Geltung bringen ließen.[17] Die Kaiserinwitwe Ariadne hatte Anastasios' Erhebung zum Kaiser nur dadurch durchgesetzt, daß sie im Hippodrom das Volk anredete und für die Wahl begeisterte.[18] Seitdem gaben die politischen Kämpfe der ehemaligen Zirkusparteien in Byzanz dem Hippodrom eine Bedeutung, die der des Marktplatzes (Agora) der Griechen und der des Forums der Römer entsprach.

Außenpolitisch war die Regierung gekennzeichnet durch das Wiederaufleben der über ein Jahrhundert zum Stillstand gekommenen Kämpfe mit Persien, und zwar seit dem Jahre 502. Es waren innere Hemmungen gewesen, die die Schlagkraft des Sasanidenreiches seit langem lähmten und es nur kleinere Grenzkriege hatten führen lassen. Wie einst im Achämenidenreiche war im Laufe des fünften Jahrhunderts der persische Adel übermächtig geworden. Er hatte in der Beamtenschaft, in der Staatskirche und im Heere so stark Fuß gefaßt, daß er die Gewalt der Könige einzuschränken begonnen hatte. Anastasios' Zeitgenosse, der Perserkönig Kawadh I. (488–531), der Sohn des Peroz, hatte zunächst im Inneren Ordnung geschaffen und die Zügel wieder straffer angezogen. Er wagte es sogar, eine Volksbewegung mit sozialrevolutionären Zielen, die ,,Mazdakiten" – genannt nach ihrem Stifter Mazdak, der wie Mani an die gnostische Strömung in Iran anknüpfte – gegen den Adel in den hohen Ämtern und in der Staatskirche zu unterstützen.[19] Kawadh I. hoffte dadurch, das ihn und überhaupt das Königtum bedrohende Übergewicht der Geistlichkeit und des Adels brechen zu können. Aber er wurde gestürzt. Sein Nachfolger Chosrau I. (531–579) stellte die zoroastrische Orthodoxie wieder her und erhielt zum Dank von den Priestern den Ehrenbeinamen Anuschirvan: ,,mit unsterblicher Seele".[20]

Der Großkrieg mit Ostrom brach im Jahre 502 dadurch aus, daß sich die Kaukasusvölker, dieser dauernde Unruheherd, Übergriffe erlaubten, die den Römern noch mehr schadeten als den Persern. Das Vorland im Süden des Schwarzen Meeres, Iberien und nördlich davon Lazica, war seit langem heiß umstritten. Die Perserkämpfe (502–506) unter Anastasios I. führten nur vorübergehend zu Gebietsverlusten des Römerreiches. Immerhin gelang es dem Kaiser, die starke Grenzfestung Dara südwestlich Nisibis zu errichten, die zu einem viel umkämpften wichtigen Verteidigungsplatz wurde.

Die Gegensätze verschärften sich, als Iustinus I. (518–527) im Einverständnis mit Iustinian das merkwürdige Angebot Kawadhs I., der Kaiser möge seinen Sohn Chosrau adoptieren, ablehnte. Im allgemeinen bestand zwischen dem Rhomäer und dem Perser das ,,Bruderverhältnis", das später unter Iustinians Alleinherrschaft durch die Titulatur Theodoras als ,,Schwester" der Perserkönigin nach außen hin noch enger gestaltet wurde.[21] Was Kawadh I. anbot, bedeutete eine Schwächung der Perserstellung, da der Ersatz der symbolischen Gleichstellung, die das Bruderverhältnis ausdrückte, durch ein Vater-Sohn-Verhältnis zum erstenmal wieder die Anerkennung des Primates von Neurom gebracht hätte.[22] Um so weniger ist die Ablehnung verständlich. Aber sicher ist, daß die Stimmung in beiden Reichen bei dem Regierungsantritt Iustinians ausgesprochen feindlich war.

Neben dem Wiederaufleben der Perserkriege ist es für Anastasios' Regierung von Bedeutung, daß die slawische Welt durch den Niedergang des Hunnenreiches und durch die Umsiedlung der Germanen aus Westthrakien, Makedonien und Illyricum nach Italien nördlich der Donau in Bewegung geriet und in die von den Goten geräumten Gebiete des Reiches hineindrängte. Diese neue Reichsgefahr veranlaßte den Bau der langen Mauer von Constantinopel durch Anastasios I., die von Meer zu Meer reichte und die Stadt von der Landseite aus unangreifbar machte, ähnlich wie die Tschataldscha-Linie im 20. Jahrhundert. Kommandierender General in den bedrohten Donauländern war der thrakische Statthalter

Vitalianus. Er empörte sich seit dem Jahre 513 mehrfach gegen seinen Kaiser und stieß dreimal mit Heer und Flotte bis an die Tore Constantinopels vor. Hierbei verquickte sich äußere und innere Politik, weil der General schließlich auch als Vorkämpfer der Orthodoxie gegen seinen religiös abtrünnig gewordenen Herrscher auftrat. Die Kirchenspaltung (Schisma des Patriarchen Akakios)[23] von West- und Ostrom nahm merklich zu, besonders seitdem der Patriarch von Constantinopel den Titel „Ökumenischer Patriarch" annahm und den gleichen Rang wie der römische Papst für sich beanspruchte. Der Gotenstaat in Italien, dessen König der katholischen Kirche gegenüber Toleranz übte, gewann vorübergehend dadurch an Bedeutung, daß die katholischen Römer den monophysitischen Kaiser ablehnten.

Im Jahre 518 starb der alte Anastasios I. und hinterließ dank seiner fiskalischen Reformen, die vor allem der Landbevölkerung neue, fast unerträgliche Steuerlasten aufgebürdet hatten, einen Riesenstaatsschatz von 320000 Goldpfund. Die Palastbeamten setzten sich schon damals für die Wahl Iustinians ein. Aber, da das Heer den Ausschlag gab, wurde dessen Oheim Iustinus I. Kaiser (518–527), der sich als Soldat der kaiserlichen Leibwache bis zu ihrem Führer emporgedient hatte. Er war ein ungebildeter Bauernsohn aus der Gegend des heutigen Üsküb, das dem lateinischen Sprachgebiet des Reiches angehörte. Schon ehe er zum Kaiser erhoben wurde, hatte der Analphabet seinen Neffen Flavius Petrus Sabbatius Iustinianus, geboren als Sohn eines Sabbatius im Jahre 482 in Tauresium bei Bederina (ebenfalls nahe bei Üsküb), nach Constantinopel kommen und ihm dort, weil er seine große Bedeutung erkannte, die höhere Bildung der Zeit zuteil werden lassen. Wenn auch im Jahre 518 noch nicht selbst Kaiser, so wurde Iustinian doch frühzeitig *magister equitum et peditum praesentalium,* d.h. Heermeister der Hoftruppen mit dem Titel Patricius. Im Jahre 521 erhielt er das Konsulat und wurde des Oheims und Kaisers Berater. Schließlich wurde er adoptiert und am 1. April 527 zum Mitregenten erhoben, um seine Nachfolge als Kaiser, die er schon am 1. August des gleichen Jahres antrat, sicherzustellen. Noch ehe Iustinian also Alleinherrscher wurde, schwebte sein Geist über der obermakedonischen Dynastie, die noch einmal dem Römerreiche höheren Inhalt und weitere Grenzen als bisher geben sollte.

Die neue Regierung brachte, wohl unter dem Einfluß des hochgebildeten Neffen, einen völligen Systemwechsel in religiöser Beziehung. Man ließ Zenons Einigungsformel, das „Henotikon", fallen, entfernte sich damit von den Anschauungen des Patriarchen Akakios und schloß nach der Rückkehr zum orthodoxen Glauben Frieden mit dem Papst. Äußerlich wurde die Wiederherstellung der Kirchengemeinschaft mit Rom durch die Ächtung des damaligen geistigen Hauptes der Monophysiten, des Bischofs Severos von Antiocheia (515), kenntlich. Nach diesen ersten umwälzenden Taten war es das Ziel Iustinians, große Teile des germanisch gewordenen Westens für das Reich zurückzugewinnen. Ohne Aussöhnung mit Rom war an eine Verwirklichung dieser „heiligen Mission" nicht zu denken.

Das größte Opfer der neuen kaiserlichen Politik waren Theoderich und sein Gotenstaat. Ravenna hatte bis dahin von dem Gegensatz zwischen Rom und Byzanz gelebt. Jetzt wurde durch ihre Aussöhnung die Lage des Gotenstaates schwieriger. Zudem wurde Theoderich älter. Die Frage der Nachfolge schien zunächst durch die Adoption seines Schwiegersohnes Eutharich und seine feierliche Anerkennung als Thronfolger gelöst zu sein. Durch den Tod dieses Mannes (523) aber wurde sie von neuem wieder akut. Noch in dem vorangegangenen Jahre war dem Westen die große Auszeichnung zuteil geworden, daß beide Konsuln des Gesamtreiches aus den Mitgliedern des römischen Senates, nämlich die Söhne des Philosophen Boëthius, gewählt wurden und daß dieser große Mann selbst, neben Cassiodor die geistig führende Persönlichkeit des römischen Hochadels, *magister officiorum,* d. h. eine Art Kanzler, am Hofe von Ravenna wurde. Nun aber begannen sich die ersten Schatten über Theoderichs Staat auszubreiten. In den Jahren 521–523 ging ein großes Sterben durch die Reihen seiner Mitkämpfer und Anhänger: Papst Hormisdas und Ennodius, der gebildete Bischof von Pavia, die im Kampfe gegen Ostrom auf Theoderichs Seite gestanden hatten, der Vandalenkönig Thrasamund, der Burgunder Sigerich, seine Verbündeten aus der „Familie der Germanenkönige" – sie alle starben. Es wurde einsam um den großen Goten. In dem Kräftedreieck Rom-Ravenna-Byzanz kam es zudem zu politischen Störungen. Der überalterte König wurde mißtrauisch und bösartig.

Einen hohen römischen Würdenträger, Albinus, beschuldigte man im Jahre 523, mit dem Kaiser einen für Theoderichs Herrschaft bedenklichen Briefwechsel geführt zu haben. Boëthius, der sich des Beschuldigten annahm, wurde in die Sache verwickelt und fiel in Ungnade. Theoderich erzwang das Todesurteil gegen ihn und ließ es nach längerem Zögern in der zweiten Hälfte des Jahres 524 vollstrecken; vielleicht war es ein Justizmord.[24] Auf alle Fälle gab der Tod dieses ausgezeichneten Römers, der uns noch aus dem Gefängnis das Büchlein „Trost der Philosophie" geschenkt hat, das Signal zu einer Verschlechterung der Lage. „Das gute Verhältnis zu den Römern, so lange behutsam gepflegt, war für immer dahin."[25] Nur brutale Gewalt wurde noch angewandt. Boëthius' Schwiegervater, der ebenfalls hochvornehme und hochgebildete Symmachus, der Urenkel jenes Symmachus, der einst unter Gratian und Theodosius I. an der Spitze der Altgläubigen des Senates gestanden hatte, fiel im Jahre 525. Der alt gewordene König hatte die frühere Sicherheit verloren.

Papst Johann I. wurde nach Constantinopel gesandt, um zu versuchen, die unterdessen gegen die gotischen Arianer ergriffenen Maßnahmen rückgängig zu machen. Als er unverrichteter Dinge zurückkehrte, ließ ihn Theoderich gefangensetzen; er starb im Kerker. Was sich noch nie ereignet hatte, geschah: der König griff in die neue Papstwahl ein. Der Senat mußte nach seinem Willen wählen.[26] Das Ende der Regierung war also anders als ihr Anfang. Ostrom stieg durch die Beseitigung der Kirchenspaltung empor, und der Gotenstaat zahlte die Kosten. Theoderichs Tod im Jahre 526 war für die Politik Iustinians, der im nächsten Jahre den Thron bestieg, ein hochwillkommenes Ereignis. Nun war die Bahn frei für den großen Innen- und Außenreformator des Römerreiches, zumal im Gotenreich eine Frau, Theoderichs schöne und gebildete Tochter Amalaswintha, das Regiment für den Enkel des großen Königs, Athalarich, führte. Sie gab sich zwar ehrliche Mühe, sich mit Byzanz gut zu stellen, aber sie ermangelte des großen Rückhalts an dem von

Theoderich gepflegten Bund mit den übrigen Germanenkönigen.

Iustinian, der etwa seit dem Jahre 526 mit der geistig hervorragenden Theodora verheiratet[27] und am 1. August 527 seinem Adoptivvater als Alleinherrscher gefolgt war (527–565), trat von dem ersten Tage an mit höchster Energie für die großen Ziele seines Lebens ein. Neben der schon unter dem Vorgänger erreichten Kircheneinheit die Rechtseinheit und schließlich die Reichseinheit wiederherzustellen, war das eigentliche Streben dieses letzten noch einmal wirklich römisch empfindenden Kaisers und letzten Trägers des mittelmeerischen Reichseinheitsgedankens, wie ihn Iulius Cäsar und Augustus zum erstenmal in die Tat umgesetzt hatten.

Iustinians ureigenstes und am weitesten in die Ferne wirkendes Werk war die abschließende Rechtssammlung des *Corpus Iuris,* das er als erstes Werk seiner Regierung begann und in fünf Jahren vollendete. Nur in seiner Frühzeit hatte sich das römische Volk eine Rechtskodifikation in Form der „von altgriechischer Vorstellungskraft angewehten XII-Tafeln" gegeben. Dann aber hat „zwischen Morgen und Abend des römischen Geschichtstages zwischen den XII-Tafeln und dem Corpus Iuris Roms mündiges Recht nicht den Beruf zur umfassenden Normaufzeichnung gefühlt".[28] Es war die Sache des Prätors, das gesetzte Recht in Anwendung und in Auslegung den Bedürfnissen des Lebens, der Wirklichkeit und dem Rechtsgefühl anzupassen. Amtsrecht und Edikt aber hatten in dem letzten Jahrhundert der Republik an Bedeutung verloren. Dann hat die Herrschaft des Prinzeps eine neue Gerichtshoheit geschaffen. So sehr auch der konservative Augustus die alte Form schonte, so hat doch das prätorische Edikt keine neuen Formeln mehr geschaffen. Hadrian ließ durch Salvius Iulianus den ganzen Stoff sichten und als *Edictum perpetuum,* als „Daueredikt", kodifizieren, ein Beweis dafür, „daß das Edikt im Bewußtsein der Zeit der Vergangenheit angehörte". Das Recht wanderte von dem Forum in die Studierstuben der großen Juristen. Studierstubenwerk war auch die unter Diokletian einsetzende Rechtssammlung, „die Mumifizierung der bis dahin so lebendigen Stimme des bürgerlichen Rechtes" *(viva vox iuris civilis).* Sie begann damit, daß um das Jahr 300 Gregorios und

Hermogenes die Schriften der größten Juristen sichteten. Es folgte im Jahre 426 das „Zitiergesetz", das den Aussprüchen Papinians den Vorrang vor allen übrigen Kronjuristen sicherte. Hierauf beruhte der 438/39 abgeschlossene *Codex Theodosianus,* die erste Sammlung der Kaisererlasse.[29]

An diese Vorarbeiten knüpfte Iustinian an, als er mit Hilfe seines „Justizministers" *(quaestor sacri palatii)* Tribonian und dessen Mitarbeiterstab an das gewaltige Werk, das erste seines Lebens und das einzige wirklich mit vollem Erfolg gekrönte, heranging. Zunächst erschien (schon im Jahre 529) die nach sachlichen Gesichtspunkten geordnete Zusammenfassung der kaiserlichen Erlasse seit Hadrian: der *Codex Iustinianus,* für den der Codex Theodosianus gute Vorarbeit geleistet hatte. Eine neue Ausgabe, die erst im Jahre 534 vollständig vorlag, enthielt Iustinians Edikte bis zu diesem Jahre, während das weitere Gesetzeswerk des unermüdlich neues Recht schaffenden Herrschers, die (meist griechisch abgefaßten) „Novellen", nicht mit einbezogen wurden. Sie wurden später, und zwar nicht amtlich, gesammelt.

Nach der Fertigstellung der ersten Ausgabe des Codex Iustinianus übertrug der Kaiser dem Tribonian die Ausarbeitung der Digesten (griech. Pandekten) mit den berühmten Worten:[30]: „Aus Gottes Vollmacht regieren wir unser Reich, das uns von der himmlischen Majestät übergeben ist, führen wir unsere Kriege glücklich durch, geben wir dem Frieden Glanz und halten wir den Staat aufrecht; und so sehr erheben wir unsere Seele zur Hilfe des allmächtigen Gottes, daß wir weder auf die Waffen vertrauen noch auf unsere Soldaten noch auf unsere Heerführer noch auf unser Genie, sondern alle Hoffnung setzen allein auf die Vorsehung der Dreieinigkeit, von der die Grundstoffe der ganzen Welt ausgegangen sind, die ihre Ordnung über den Erdkreis hin geschaffen hat. Da nun in allen Dingen nichts so wichtig ist wie die Geltung und die Macht der Gesetze, die göttliche und menschliche Dinge wohl ordnet und alle Unbilligkeit vertreibt, da wir auf der anderen Seite den ganzen Pfad der Gesetze, der von Roms Gründung und von des Romulus Zeiten an herführt, so verwirrt finden, daß er sich ins Endlose ausdehnt und für keines Menschen Natur mehr faßbar ist, so wurde es unsere erste und wichtigste Aufgabe, bei den hochheiligen früheren Kaisern beginnend, ihre Erlasse zu verbessern und auf lichtvollen Weg zu bringen, damit sie in einem Buch gesammelt, frei von allen überflüssigen Anklängen, jeder Unebenheit und jedem Widerspruch, allen Menschen den Schutz ihrer Eindeutigkeit bereitstellen usw." Wie hatte sich die Welt in den 200 Jahren seit Diokletian und Constantin geändert! Man lese dagegen nur die Einführungsworte zu dem Maximaltarif Diokletians, um zu ermessen, in welchem Ausmaß das Christentum und die Rhetorik den Staat und das Denken der Menschen umgestaltet hatten.

In fünfzig nach sachlichen Gesichtspunkten geordneten Büchern, denen man deutlich die Zettelarbeit der Gelehrten ansieht, erschien das gewaltige Werk bereits im Jahre 533. Es enthielt die Gutachten der römischen Juristen, wo es nötig war, mit Verbesserung der Texte. Mit seinem Erscheinen wurden die alten Rechtsquellen außer Kraft gesetzt. Hinsichtlich seines eigenen Rechtsbuches aber wurde Iustinian genauso unduldsam wie hinsichtlich des rechten Glaubens, insofern er jeden Kommentar zunächst verbot. Ein dogmatisches Zeitalter auf allen Gebieten hatte die kritischen Jahrhunderte abgelöst. Sogar bei der Abschrift war keinerlei Abkürzung erlaubt. Nur die Rechtsschulen von Rom und Constantinopel, daneben die von Berytos (Beirut), deren Professoren einen großen Beitrag zu dem Rechtswerk geleistet hatten, blieben bestehen, die von Alexandreia ging ein.

Zu dem Codex und den Digesten kam in dem gleichen Jahre 533 gleichsam als Führer durch sie und als Leitfaden für das Rechtsstudium das Lehr- und Gesetzbuch der „Institutionen" mit einer Auswahl aus den beiden Hauptwerken. Es war von den Professoren Dorotheos und Theophilos verfaßt und besonders für die Studierenden der Rechtswissenschaft (cupida legum iuventus) bestimmt. Am 30. Dezember 533 wurde das Gesamtwerk in Kraft gesetzt. Es ist eine Riesenleistung, die in unglaublich kurzer Zeit unter Iustinians Leitung und unter seiner persönlichen Anteilnahme vollbracht worden ist. Neben dem Restaurationsversuch des Imperiums ist diese Kodifikation die letzte und großartigste Lebensäußerung des römischen Geistes, der sich in Iustinian noch einmal wirksam zeigt. Der „schlaflose Kaiser", der zum Mehrer seines Reiches werden wollte, ist dadurch zum Wohltäter der Menschheit geworden, ähnlich wie der so ganz anders geartete erste Prinzeps von Rom, mit dem Iustinian, wenigstens was Hingabe an seinen Herrscherberuf, was Pflichterfüllung, aber auch was Mangel an militärischer Begabung anbelangt, ganz von ferne verglichen werden kann.[31] Natürlich liegt eine abgrundtiefe Kluft zwischen dem ersten Prinzeps und dem letzten Dominus des wiedererstandenen Weltreiches. Sie wird äußerlich kenntlich durch die Entwicklung des Prinzepsreiches mit seinem Friedenskult zu einem „rechtgläubigen Sakralstaat". Die Nur-Innenpolitiker Augustus und Iustinian sind nicht Cäsar und nicht Pompeius mehr gewesen, die noch Expansion in großem Stile trieben. Das Römerreich war zum Kulturstaat und von dem Kulturstaat zum Sakralstaat geworden.

Seit Antoninus Pius stand wieder einmal ein Kaiser an der Spitze, der nicht reiste, sondern von dem Zentrum des Reiches aus, immer in der Hauptstadt und in dem Palaste weilend, regierte. Wie einst Agrippa für Augustus, so hat der Heermeister Belisar für Iustinian die Kriege geführt und die Schlachten geschlagen: wieder ein „Zweiter" von großem Format, der das in reichem Maße besaß, was dem „Ersten" fehlte und der in treuer Ergebenheit sein bedeutendes strategisches Können erfolgreich in den Dienst seines Herrn und Kaisers stellte. Nur ging durch diese heuchlerischer gewordene christliche Welt das Mißtrauen, das Iustinian ab und zu befiel, zumal Belisar reich war und nach der Sitte der neuen Zeit auch eigene Privattruppen in seinen Heeren befehligte, die an Zahl nicht gering waren. Ein Glück für den Generalissimus war es, daß er Theodora gegenüber an seiner Gemahlin Antonina, die eine Freundin der allmächtigen Kaiserin war, einen Halt hatte. Dies rettete ihn in gefährlichen Situationen immer wieder. Belisar stammte wie Iustinian aus Obermakedonien, aus einer Gegend, die Prokop „Germania" nennt. Er war der rechte Condottiere, wie auch seine Soldateska aus aller Herren Länder zusammengewürfelt war.

Im Heere bestand noch die alte Gliederung in Hoftruppen, Marschheer *(Comitatenses)* und Grenzer. Die Regimenter des beweglichen, die Schlachten schlagenden Heeres trugen oft Volksnamen wie Makedonen, Isaurier, Skythen, Transtigritaner, aber sie waren nicht mehr diesen Namen entsprechend völkisch zusammengesetzt. Dazu kamen die aus den Randvölkern gebildeten „Föderaten", d.h. aus germanischen Stämmen, aus Armeniern, Mauren, Slawen, Hunnen. Sie wurden aber ebenfalls nicht mehr ganz einheitlich rekrutiert. Wie einst die Legionen des Augustus aus römischen Bürgern gebildet waren, so jetzt die Comitatenses aus Orthodoxen, während die an die Stelle der alten Auxiliartruppen getretenen Föderaten auch Häretiker (Arianer, Nestorianer usw.) aufnehmen durften. Die Gliederung nach der Rechtsstellung war also durch die nach der Religion abgelöst, die das ganze Leben dieses seltsamen Staates beherrschte.

Die Kampfweise der Perser und der Reitervölker der Steppe, vor allem also der Kampf zu Pferd in der Panzerung und mit berittenen Bogenschützen, die parthisch-neupersische Kampfform, war die allgemein übliche geworden. Iran hatte auch hierin die Westwelt, die römische wie die germanische, zuletzt auch die slawische, in seine Bande geschlagen. Die Grenzer waren die Schöpfer und die Verteidiger der zahlreichen Grenzfestungen (*castra,* Phrurion, Fossaton von *fossa* = der Graben), die gerade unter Iustinian in den nur auf Verteidigung eingestellten Randgebieten, wie an der Donaulinie, an der Grenze gegen Persien, in Ägypten und in Afrika, vor allem aber in den neueroberten Ländern des Westens sehr zahlreich errichtet wurden. Die einzelnen Abschnitte der Verteidigungslinie standen unter Duces, die zugleich die Zivilgewalt ausübten und mittelalterlichen Markgrafen vergleichbar waren. Das Merkwürdigste an dem Heerwesen dieser letzten Zeit aber waren die Privatarmeen in den Händen einzelner Heerführer. Mit der Ausdehnung des Großgrundbesitzes war dieser Selbstschutz schon lange Hand in Hand gegangen, wie die ägyptischen Papyri lehren. Diese Privattruppen hießen *buccellarii nach buccella,* dem Soldatenbrot feinerer Qualität, das diese verwöhnten Leibgardisten aßen. „Belisars Garden waren vielleicht die zuverlässigste Waffe des Reiches, kriegsgewohnt, dem Führer ergeben, freilich mehr ihm als dem Kaiser. Manche Schlacht hat er mit ihnen und den germanischen Socii gewonnen."[32]

Bei dem ewigen Kriegführen Iustinians stand die Armee im Mittelpunkt aller Staatskunst. Sie kostete aber Geld, und dieses zusammenzubringen war in dem verarmten, zusammengeschrumpften Reiche besonders schwer. Iustinians und seiner z.T. gerade auf diesem Gebiete hervorragenden Helfer Sorge galt daher dem Finanzwesen. Iustinian selbst ist als Finanzkünstler nur mit dem Perserkönig Dareios I. und mit Augustus zu vergleichen, wenn er auch nicht an sie heranreicht. Der etwa einem Finanzminister entsprechende *Comes Sacrarum Largitionum* war eine besonders bedeutungsvolle Persönlichkeit in diesem Staat, in dem die Geldbeschaffung eine so wichtige Rolle spielte. Neben den Inhabern dieses Amtes und denen, die die Einnahmen des kaiserlichen Hauses, besonders die Domänen, verwalteten *(Comes Rerum Privatarum)*, war Johannes der Kappadoker die rechte Hand Iustinians in Finanzfragen. Er war in der Stellung eines *Praefectus praetorio per Orientem* eine Art von Reichskanzler,[33] da es sein Hauptamt mit sich brachte, daß er stets in der Zentrale tätig war. Wie Tribonian war er im Gegensatz zu dem frommen Kaiser ein lauer Christ und charakterlich recht bedenklich. Unentbehrlich hatte er sich dadurch gemacht, daß er die nötigen Mittel für die Bedürfnisse des Hofes, der Staatsverwaltung, vor allem aber für das Heer, die bei den vielen Kriegen Riesensummen verschlangen, flüssig zu machen wußte – ohne allerdings dabei sich selbst zu vergessen. Die von ihm angehäuften Reichtümer verdarben schnell den Emporkömmling. Es ist das Verdienst Theodoras, ihn nach zehnjähriger Amtstätigkeit (541) gestürzt zu haben. Immerhin war er bei allen Mängeln seines Charakters einer der erfolgreichsten Mitarbeiter Iustinians.

Des Kaisers Regierung war im allgemeinen unbeliebt. Trotz schwersten außenpolitischen Druckes an der Nord- und Ostgrenze des Reiches durch die vorwärtsdrängenden Hunnen und Slawen an der Donau sowie die Perser in Asien wurde der von vornherein an Größenwahn grenzende Plan einer Zurückeroberung des Westens, der in dem Besitze der eingedrungenen Germanen, vor allem der Vandalen und Goten, war, unentwegt vorbereitet. Gerade diese Zielsetzung aber bedeutete eine starke steuerliche Belastung der Bevölkerung; sie war aber auch höchst bedenklich bei dem nur äußerlich korrekten Verhältnis Roms zu Persien, dem einzigen Großreiche, das an Menschen und an Machtmitteln dem Römerreiche gewachsen war.

Mit einer so unfreundlich gesinnten, gleich starken Großmacht im Rücken, bei schwierigster Grenzverteidigung gegen neue Völker in der Nordflanke, in Kriege einzutreten, die damit eine dritte Front errichteten, war ein mehr als kühnes Unternehmen. Wirklich ging auch gleich mit der Thronbesteigung Iustinians der Krieg mit Persien sozusagen von selbst los. Theodoras Schwager Sittas führte den Oberbefehl, und der junge Belisar verdiente sich unter ihm seine ersten Sporen. Eine Erhebung der Juden und Samaritaner im Rücken, wahrscheinlich im Einvernehmen mit Persien, komplizierte die Situation. Die Perser drangen bis Antiocheia vor, und wenn Belisar auch im Jahre 530 bei Dara siegte, so unterlag er schon im folgenden Jahre wieder bei Kalliniku. Dazu kam, daß in dem gleichen Jahre Kawadhs Sohn Chosrau I. (531–579) den Thron bestieg und daß damit Iustinian einen ebenbürtigen Gegenspieler erhielt. Chosrau I. festigte das Perserreich im Innern wie auch durch eine glückliche Außenpolitik. Dabei war er hochgebildet und schätzte die griechische Philosophie, vor allem Platon und Aristoteles. Als er aus taktischen Gründen im Jahre 532 einen „ewigen" Frieden mit seinem Gegner unter Herausgabe der beiderseitig gemachten Eroberungen schloß, erwirkte er für die im Jahre 529 aus Athen bei der Schließung der neuplatonischen Universität vertriebenen Professoren die Rückkehr in das Reich und Glaubensfreiheit für sie. Der Frieden hat nur sieben Jahre gedauert, ein Beweis dafür, daß der Perser nur die für ihn günstige Stunde abwarten wollte. Iustinian aber war froh, die Hände für seine geplanten Aktionen im Westen freizubekommen. Außerdem hat er sich durch hohe Tributzahlungen die Bewegungsfreiheit gegen Westen erkauft.

Da brach noch vor dem Abschluß des Friedens der sog. Nika-Aufstand in Constantinopel aus und setzte das Lebenswerk Iustinians von innen her aufs Spiel. Nachdem sich die Unzufriedenheit des Volkes schon vorher gelegentlich Luft gemacht hatte, entbrannte Anfang Januar 532 durch diesen Aufstand ein erbitterter Kampf zwischen der Autokratie des Reiches und den „Demen"-Organisationen, der nur durch Theodoras Energie zugunsten Iustinians entschieden wurde. Gegenüber Anastasios' Begünstigung der Partei der „Grünen“ (Prasinoi), die zu den Monophysiten neigte, hatte Iustinian bereits unter Iustins Regierung die „Blauen“ (Venetoi) gefördert, bei denen er Unterstützung für seine Staats- und Kirchenpolitik zu finden hoffte. Als Alleinherrscher kam er aber bald durch sein energisches Auftreten und durch das immer stärkere Anziehen der Steuerschraube in Gegensatz zu dem Gesamtvolk. Schon seit dem Herbst 531 stieg die Unruhe in der Hauptstadt und in den Provinzen aufs höchste. Vor den Räubereien und Untaten beider Parteien flüchtig gewordene Menschen strömten in die Hauptstadt zurück.[34] Die durch die Demen bis dahin genährte Spaltung im Volke wurde geringer. Die Parteien näherten sich einander. Zum letztenmal kämpfte die alte griechische Bürgerfreiheit der Stadt (Polis) gegen die längst aufgerichtete Zwingherrschaft – schließlich ist sie in einer blutigen Revolution erlegen.

Am Sonntag, dem 11. Januar 532, kam es im Hippodrom bei dem Vorgehen der „Grünen“ gegen einen unbeliebten Hofbeamten namens Kalopodius zu einem Tumult.[35] Aber schon am nächsten Tag führte die Vollstreckung des Todesurteils an sieben Anhängern beider Parteien nach dem Zusammenbruch des Galgens bei der Hinrichtung der beiden letzten Häftlinge zu der nicht vorausgesehenen plötzlichen Einigung der Parteien. Unter der Losung „Nika“, d.h. „Siege!“, wurde der Kampf gegen die Regierung und den unbeliebten Kaiser aufgenommen. Noch am Abend des 13. Januar begann die Revolution mit der Einäscherung der Stadtpräfektur, weil der Präfekt die Auslieferung der zwei noch nicht hingerichteten Häftlinge verweigert hatte. Der Kaiser suchte anfangs durch Nachgeben der Bewegung Herr zu werden. Aber es erscholl der Ruf nach Entlassung des Stadtpräfekten und der beiden am meisten gehaßten Männer, der hohen Reichsbeamten Johannes und Tribonian, die beide sehr geldgierig waren und als die bösen Mächte des Regimes galten. Vereinzelt ertönte sogar das „Nieder mit dem Kaiser!“ Iustinian sah sich gezwungen, die beiden Stützen seiner Regierung zu entlassen.

Im Palast fand darauf eine erste Beratung der Generalität und der obersten Hofbeamten mit dem Kaiser statt. Belisar, der gerade aus dem Perserkriege zurückgekehrt war und in der Stadt weilte, erhielt den Befehl, von dem Vorhof des Palastes aus einen Ausfall zu machen. Die Antwort der Massen war die Einäscherung des Senatspalastes und der Sophienkirche Constantins sowie anderer Gebäude. Nach einer Ruhepause, veranlaßt durch die Erschöpfung auf beiden Seiten, nahm am 16. Januar der Aufstand gewaltige Ausmaße an. Weitere kostbare Bauten, Zierden der Stadt, gingen in Flammen auf. Auch die Kaiserpaläste wurden von dem Feuer bedroht. Da die Leibwache unzuverlässig zu werden begann, zog der Herrscher Verstärkungen heran, darunter Heruler unter Führung des illyrischen Heermeisters Mundus. Der 17. Januar war wieder ein Großkampftag. Aber selbst das Eingreifen der Geistlichkeit half nichts. Die arianische Soldateska wütete gegen alles. Die Erbitterung des Volkes stieg. Die Hauptstadt stand auf weite Strecken bis hin zum Forum des Constantin in Flammen. Die ruhigen Bürger waren voll Entsetzen über den Bosporus auf das kleinasiatische Ufer geflohen. Der Mob beherrschte die Straßen.

Der Kaiser versuchte es am Sonntag, dem 18. Januar, noch einmal mit einer Versöhnung im Zirkus, wohin das Volk entboten war. Sie scheiterte abermals. Zwei Neffen des Kaisers, Hypatius und Pompeius, wurden aus dem Palast geschickt, offenbar um die Massen zu beruhigen. Dies verschlimmerte jedoch die Lage. Hypatius wurde zum Gegenkaiser ausgerufen. Als er sich weigerte, die Würde anzunehmen, wurde er von dem Pöbel dazu gepreßt und am 19. Januar improvisiert gekrönt – ein Kaiser ,,von Volkes Gnaden" zum ersten- und einzigenmal in Constantinopel.[36]

Iustinian hielt jetzt alles für verloren. Einer Beratung im Palaste wohnte auch Theodora bei. Hier stand zum letztenmal die Frage zur Debatte, ob man ausharren und den Aufstand niederschlagen oder ob man fliehen solle. Mit dem Kaiser war auch Belisar für Verzicht und Räumung des Palastes durch Flucht auf der Seeseite, offenbar mit Rücksicht auf den unzureichenden militärischen Schutz und die ungewisse Haltung der Truppen. Nur Theodora war gegen diesen Ausweg. ,,Für einen Herrscher", sagte sie, ,,ist es unerträglich, als Flüchtling in der Welt umherzuirren. Ich möchte ohne den Purpur nicht mehr sein und möchte nie den Tag erleben, an dem mich die mir Begegnenden nicht mehr als Kaiserin grüßen. Bestehst Du, Kaiser, darauf, Dich in Sicherheit zu bringen, nun wohlan, so fliehe. Geldmittel stehen Dir in Fülle zur Verfügung. Dort ist das Meer, dort liegen Deine Schiffe. Nur hüte Dich, daß Du auf der Flucht nicht doch statt der ersehnten Rettung dem Tode in die Arme läufst. Ich für meine Person bleibe; ich halte es mit dem alten Worte: ,Der Purpur ist das schönste Leichentuch.'" Und wirklich, sie vermochte die Wankenden umzustimmen.

Es war die größte Stunde in dem Leben Theodoras. Von nun an war sie als eine Stütze des Thrones anerkannt und hatte de facto die Stellung einer Mitregentin, allerdings ohne es de jure zu sein.[37] Tatsache ist, Iustinian hat ihr, solange sie lebte, diese Stunde nicht vergessen. Belisar zog seine Privattruppe, die von dem persischen Kriegsschauplatz heimgekehrt war, heran und vereinigte sie mit Mundus' Herulern zur Bekämpfung der Revolution. Narses sprengte durch geschicktes Verhandeln mit den „Blauen" die gegnerische Einheitsfront. Belisar und Mundus überfielen dann die im Zirkus anwesenden Volksmassen und richteten ein furchtbares Blutbad an, dem viele Tausende zum Opfer fielen. Hypatius wurde aus der kaiserlichen Loge vor Iustinian geschleppt und nach Theodoras Willen zusammen mit seinem Bruder umgebracht, die Leichen wurden in das Meer geworfen. Der Kaiser und die Kaiserin wurden im Hippodrom von dem Volke mit stürmischen Akklamationen gefeiert. Die Revolution war erstickt. Theodora hatte das Kaisertum gerettet. Iustinians große Helfer wurden von neuem berufen, der Steuerdruck blieb und die Arbeit am Corpus Iuris ging weiter. Der Wiederaufbau der zerstörten Bauten begann. Nichts lag dem Kaiser mehr am Herzen als der Neubau der Heiligen Sophienkirche (Hagia Sophia). Sie erstand in neuem Glanze mit dem gewaltigen Kuppelbau des großen Baumeisters Anthemios von Tralles und wurde das Wahrzeichen des byzantinischen Reiches bis zu seinem Ende, „das Wunder der Welt".[38]

Das furchtbare Ereignis hatte aber auch seine Kehrseite. Theodora, obwohl selbst ein Kind des Volkes, ist die Totengräberin des letzten kümmerlichen Restes byzantinischer Volksfreiheit geworden, nachdem sie sich noch einmal in wilder Revolution durchzusetzen versucht hatte. „Ein Schreckensregiment der Rache und der Reaktion" hob an[39] und hat für fast tausend Jahre dem Staate sowie seinem autokraten Kaiser und seiner allmächtigen Bürokratie die Richtung gewiesen. Der „byzantinische Staat" erlebte seine Geburtsstunde im Innern durch Theodora in dem Augenblick, in dem das Römerreich in seiner riesigen Expansion nach Westen seine Wiederauferstehung feiern wollte.

Sie setzte bezeichnenderweise in Nordafrika ein, der alten Kornkammer Roms. Die neuen Germanenreiche des Westens waren mächtig gewesen, solange große Könige sie regierten: Geiserich, der Vandalenkönig, Theoderich I., der Ostgote, waren Führer ihres Volkes von großem Format, jeder in seiner Weise, der eine mit Rom, der andere gegen Rom. Da Geiserich ein halbes Jahrhundert vor Theoderich starb (25. Januar 477), erfolgte der Niedergang der Vandalen entsprechend früher, und zwar besonders schnell, da das Klima und der Luxus afrikanischen Lebens das Volk stärker als alle anderen Germanenvölker ruinierten und der Kampf gegen die kriegerischen Berberstämme viele Opfer kostete.[40] Dazu verschärfte sich der religiöse Gegensatz zwischen den vandalischen Arianern und den Katholiken gerade unter Geiserichs Sohn und Nachfolger Hunerich (477–488) bis zu einer allgemeinen Verfolgung. Unter Thrasamund (496–523), der mit Theoderichs Schwester Amalafrida verheiratet war und dadurch die Westspitze Siziliens mit Lilybäum für das afrikanische Reich erworben hatte, besserte sich die religiöse Situation und damit das Verhältnis zu dem Kaiser. Noch günstiger gestalteten sich diese Beziehungen unter Hilderich (523–530). Aber nach unglücklichen Kämpfen gegen die Mauren wurde er von Gelimer (530–534) gestürzt.

Dies gab Iustinian die Handhabe, zugunsten des rechtmäßigen Königs gegen den „Tyrannen" und zugleich zur Rettung des katholischen Glaubens einzugreifen. Dieses Motiv wurde vor allem in dem eigenen Lager gegen die Feinde des Planes geltend gemacht, darunter gegen den mächtigen Johannes, den Kappadoker, der mit dem Finanzminister von dem kostspieligen Unternehmen abriet. Mitte des Sommers 533 ging Belisar mit einem nicht gerade großen

Expeditionskorps – etwa 20000 Mann – in See. Die kaiserliche Flotte bestand aus 500 Transportschiffen und 92 Kriegsschiffen und war mit Ägyptern, Kilikern und Ioniern bemannt. Über Sizilien, wo Amalaswintha die Proviantnahme unterstützte, erreichte man nach drei Monaten Afrika. König Gelimer hatte den byzantinischen Angriff nicht auf Afrika, sondern auf Sardinien erwartet und deshalb 5000 Mann seiner Kerntruppen auf 120 Kriegsschiffen dorthin geschickt.[41] Als er Karthago, das unerwartet schnell vom Lande her – Schlacht bei Decimum – und von der See aus genommen wurde, zurückerobern wollte, wurde er bei Trikamaron (30 km von Karthago entfernt) entscheidend geschlagen. Er flüchtete in die Bergfeste Papua, ergab sich aber schließlich gegen die Zusicherung guter Behandlung. Tripolitanien fiel kampflos, so daß die afrikanische Küste bis Ceuta besetzt und der Limes, soweit das Binnenland in Belisars Hand fiel, erneuert werden konnte. Von den Inseln ging Sardinien bald über; Korsika und die Balearen ergaben sich etwas später. Die Berberbevölkerung im Gebirge kämpfte dagegen noch lange weiter; die letzten Widerstandsnester wurden erst im Jahre 548 ausgehoben. Keinen Sieg hat Iustinian so sehr ausgekostet wie diesen. Schon am 21. November 533 trägt er die Beinamen Alanicus Vandalicus Africanus. Belisar wurde nach seiner Heimkehr (534) die hohe Ehre eines zweimaligen Triumphes zuteil mit Vorführung der gewaltigen Kriegsbeute, die größtenteils unter die hauptstädtische Bevölkerung verteilt wurde. Gelimer wurde mit seinen Verwandten auf Landgütern in Galatien zur Ruhe gesetzt.

Die reichste Provinz des alten Reiches war wieder römisch. Sie wurde die dritte Präfektur und in sieben Provinzen geteilt. Die Hauptstadt aber blieb Karthago, der Sitz des afrikanischen praefectus praetorio und des Hauptes der orthodoxen Kirche, die in ihre alten Rechte wieder eingesetzt wurde und alle ihre Güter zurückerhielt. Von den gefangenen Vandalenkriegern wurden die Tüchtigsten in Belisars Gardetruppen eingereiht. Aus dem Reste wurden fünf Reiterregimenter gebildet.[42]

Während Afrika erobert wurde, trat Iustinians Religionspolitik in eine höchst schwierige Phase. Seit dem Nika-Aufstand wuchs Theodoras Einfluß auch auf diesem Gebiet. Iustinian war bemüht, der mehr monophysitisch eingestellten Gattin doppelt zu Gefallen zu sein. So lud er im Jahre 533 den früheren Patriarchen von Antiocheia, Severos, den die Kaiserin sehr bewunderte, in die Hauptstadt ein und führte mit ihm ein Religionsgespräch, um den Frieden herzustellen. Das Ergebnis war jedoch nur gering. Immerhin wurde Freiheit der Lehre auch für die Monophysiten das Kennzeichen dieser Tage. Die Wahl des ihnen nahestehenden Bischofs von Trapezunt, Anthimos, zum Patriarchen von Constantinopel im Jahre 535 war Theodoras Werk. Sie hat überhaupt auf religionspolitischem Gebiete vieles getan – und zwar sicher mit Kenntnis und Billigung des Kaisers –, das dem Ausgleich mit den Monophysiten diente.

Da zwang die Westpolitik Iustinian zu einer eindeutigeren Stellungnahme. Er hatte schon der Hilfe des Papstes für den Krieg in Afrika bedurft, in dem die katholischen Christen zu Rom hielten. Bereits damals zielte Iustinians Politik darauf ab, Italien zurückzugewinnen. Sie sollte bald alles beherrschen. Im Juni 533 sandte der Kaiser sein Glaubensbekenntnis in einer Form, von der er auch eine günstige Wirkung auf die Monophysiten erhoffte, an den Papst Johannes VII., „das Haupt aller heiligen Kirchen", und zwar in einer lateinischen Fassung, die nicht ganz dem griechischen Original entsprach.[43] Erst als die Entscheidung in Afrika gefallen war, antwortete der Papst (April 534) und bestätigte in seiner Antwort die Rechtgläubigkeit des kaiserlichen Bekenntnisses unter Betonung des Vorranges des römischen Stuhls, dessen Aufstieg zum Papsttum durch den Kaiser gewissermaßen legitimiert wurde. Aber die Westpolitik Iustinians und der damit verbundene Gedanke der Eroberung des ehemals weströmischen Reiches führten zu dem unbefriedigenden Ergebnis, daß „weder der Papst noch die Monophysiten recht zufrieden waren".[44]

Dunkle Wolken begannen sich allmählich über dem unter einem Frauenregiment stehenden Gotenreiche zusammenzuziehen. Die erste Verfinsterung trat ein, als Amalaswintha die von Belisar geforderte Abtretung Lilybäums am Westrande Siziliens, das die Goten im Jahre 500 den Vandalen überlassen hatten, verweigerte. Dazu kam, daß nach dem frühen Tode von Theoderichs Enkel Athalarich

(534) der Vetter der Regentin Theodahat (534–536), ein ebenfalls römisch gebildeter und philosophisch stark interessierter Mann, zur Regierung kam, und zwar in einem Augenblick, in dem sich die Schwierigkeiten für den Gotenstaat weiter zu häufen begannen. Durch die Verhältnisse gezwungen, erhob Amalaswintha den Vetter zu ihrem Gemahl und Mitregenten und suchte gegenüber der Opposition in ihrem Reiche Anlehnung an Iustinian. Aber Theodora begünstigte offensichtlich den inneren Krieg der Goten und ist vielleicht, da sie durch ihren Gesandten Petrus mit Theodahat in Verbindung stand, nicht ohne Schuld an der Ermordung der Tochter Theoderichs im April 535 auf einer Insel des Bolsener Sees.

Nun hatte Iustinian auch den Goten gegenüber einen Grund zum Eingreifen. Der Angriff erfolgte von zwei Seiten her, durch Mundus gegen die gotischen Besitzungen in Dalmatien (Salona), durch Belisar von Süden her auf Sizilien, das zuerst besetzt wurde. Theodahat suchte durch den Papst Agapetus (535/36) auf den Kaiser einzuwirken. Der Papst erschien im März 536 als Abgesandter des Ostgotenkönigs in Constantinopel und brachte wohl im Osten einen monophysitenfeindlichen Kurs (Bann gegen Severos, Absetzung des Patriarchen Anthimos) zustande, starb aber während seiner Mission, ohne für den Goten Entscheidendes erreicht zu haben. Iustinian veranlaßte vielmehr die Franken zu einem Einfall in Italien. Theodora stellte Agapets Diakon Vigilius den päpstlichen Thron in Aussicht, wenn er ihr in der Frage der Monophysiten entgegenkäme. Als sie mit Hilfe Belisars und Antoninas diese Absicht durchsetzen wollte, war bereits der Subdiakon Silverius unter Theodahats Einfluß zum Papst gewählt (536–537).

Belisar mußte nach der Eroberung Siziliens noch einmal nach Afrika hinüberfahren, da dort ein Aufruhr gegen den neuernannten *praefectus praetorio* Salomon ausgebrochen war, den Iustinians Vetter Germanos nicht zu unterdrücken vermochte. Er ging vielmehr in einen lästigen Kleinkrieg über.

Belisar, nach Italien zurückgekehrt und überall von dem Volke freudig begrüßt, marschierte nach Norden und bezwang nach längerer Belagerung Neapel. Die Goten erhoben daraufhin an Stelle Theodahats einen ihrer Führer, den Witigis, zum König, der sich mit Amalaswinthas Tochter Matasunta verheiratete. Er gab Süd- und Mittelitalien preis und trat die Provence an die Franken ab. Schließlich ging er auf die Hauptstadt Ravenna zurück und reorganisierte dort sein Heer. Die Folge war, daß Belisar am 10. Dezember 536 in Rom einzog und die alte Hauptstadt des Westens dem Kaiser zu Füßen legte.

Noch aber war die Bezwingung Roms nicht endgültig. Witigis führte sein reorganisiertes Gotenheer vor die Stadt und belagerte sie ein Jahr lang. Die Situation wurde kritisch, als die Goten Ostia besetzten und Rom auch von dem Meere abschnitten. Der unter gotischem Einfluß gewählte Papst Silverius, dem Belisar nicht traute, wurde abgesetzt, nach Kleinasien in die Verbannung geschickt und nach seiner Rückkehr dem Tode auf den Ponza-Inseln preisgegeben. Papst wurde jetzt Theodoras Kandidat, der Archidiakon Vigilius, der Abkömmling einer römischen Patrizierfamilie, dessen unrühmliches Papsttum am 29. März 537 begann und 18 Jahre dauerte (bis 555). Er hielt sein der Kaiserin gegebenes Versprechen nicht. Trotzdem blieb die Haltung Iustinians wegen des Krieges Rom gegenüber weiterhin entgegenkommend. Aber noch lag die Entscheidung nicht bei dem Papst, der nach der Auffassung des Ostens von dem Verhältnis von Staat und Kirche dem Kaiser untergeordnet war.[45]

Durch die Digression einer Heeresabteilung nach Norden in der Richtung auf Ravenna, die bis nach Rimini vordrang, erzwang Belisar endlich die Aufgabe der Belagerung Roms durch Witigis. Eine zweite kaiserliche Abteilung erreichte über Genua Oberitalien und besetzte im Jahre 538 Mailand, das aber bald von den Goten, unterstützt durch fränkische Hilfstruppen, zurückerobert wurde. Ein Kleinkrieg um einzelne feste Plätze zwischen Rom und Ravenna schleppte sich längere Zeit hin und führte zu ausgedehnten Zerstörungen in diesem Teile Italiens. Trotzdem also von einer wirklichen Unterwerfung der Halbinsel nicht gesprochen werden konnte – die Heruler, eine wichtige Stütze des Kaisers, verließen sein Heer und gingen im Einvernehmen mit den Goten nach Hause, die Einfälle der Hunnen und Slawen auf dem Balkan kosteten viele kaiserliche Truppen, ein Hilfskorps unter Narses kam zu spät und brachte wegen des Gegensatzes zu Belisar kaum eine Entlastung –, richtete Iustinian dennoch die römische Verwaltung unter einem *praefectus praetorio* – durchaus verfrüht – bereits im Jahre 538 ein.

Anstatt sie zu erleichtern, wurde die Lage dadurch erschwert. Der Perserkönig wurde unruhig und hielt den Augenblick zum Eingreifen für günstig. Ein Wettlauf um seine Gunst begann. Witigis trat mit ihm in Verbindung. Die Franken fielen unter König Theudebert I. (534–548) in Italien ein und schlugen die Goten wie auch die Römer, wurden aber durch eine Seuche zur Umkehr gezwungen. Für die Goten war es bedenklich, daß Belisar das Meer beherrschte und dadurch Ravenna die Zufuhr abschnitt; dazu gingen noch die Getreidemagazine in Flammen auf, angeblich nicht ohne Schuld Matasuntas.[46]

Da geschah etwas völlig Unerwartetes. Die Goten boten insgeheim dem Führer des Feindheeres die Krone Italiens an. Belisar ging darauf ein – ob nur zum Scheine oder im Ernst, bleibt ungewiß – und ließ Lebensmittel in die ausgehungerte Stadt bringen. Ein Vertrag wurde abgeschlossen, und die gotischen Garnisonen leisteten ihrem neuen König den Treueid. Da wurde Belisar von dem Kaiser abberufen, der ihn für den um die Wende des Jahres 539/40 ausgebrochenen Perserkrieg benötigte. Zum Erstaunen des Gotenvolkes folgte Belisar dem Befehl des Kaisers und ging in Begleitung des Witigis und zahlreicher Goten nach Constantinopel, um den Kampf gegen Persien aufzunehmen. „Er fühlte wohl, daß er der Krone so wenig gewachsen sei wie dem Verrat."[47]

Der Kaiser, der schwere Jahre hinter sich hatte und noch schwerere erwarten mußte, demütigte den Witigis nicht wie wenige Jahre vorher den Vandalenkönig. Witigis wurde vielmehr zum Patricius ernannt, und die Goten seiner Begleitung wurden in das kaiserliche Heer eingestellt. Während also Italien noch keineswegs völlig in Iustinians Händen war, brach der Krieg gegen Persien und an der Donau aus; der schon immer drohende Mehrfrontenkrieg kam über das durch Steuern überlastete Reich.

Die Zeit des Nika-Aufstandes bzw. der Vollendung des *Corpus Iuris* (533) war innenpolitisch eine Epoche emsigster Tätigkeit Iustinians, der gerade in diesen Jahren die Reform des stark in Unordnung geratenen und wirtschaftlich wie finanziell völlig erschöpften Staates durchzuführen suchte. In diese Zeit gehören die meisten seiner „Novellen", für den Westen in der lateinischen Reichssprache verfaßt, für den Osten – und das war bei weitem die Mehrzahl – griechisch geschrieben.[48] Hierin liegt der Bruch mit der bisherigen rein lateinischen Verwaltung des Römerreiches; es ist der Übergang zu dem griechischen Byzantinerstaat, der nun sein Recht forderte. Einen großen Anteil an diesem Staatsumbau hatte der *praefectus praetorio* Johannes, der Kappadoker, der durch seine hervorragende Befähigung im Verwaltungs- und Finanzwesen aus niedriger Stellung bis zu dem höchsten Amt emporgestiegen war. Für die kaiserlichen Erlasse an die Provinzialstatthalter hatte er, ähnlich wie der Justizminister *(quaestor sacri palatii)* für seine juristischen Erlasse, das Recht der Gegenzeichnung. Alle liefen durch seine Hand.

Unter den Neuerungen des Reformwerkes waren die Bestrebungen zur Hebung des Senats und vieler alter Ämter, vor allem des Konsulates, mehr Altertümeleien, wie sie Iustinian liebte, der den Namen Roms gern im Munde führte. Wegen der teueren Spiele aber, die die Konsuln zu geben hatten, beseitigte er schließlich das Amt. Johannes bekleidete es noch im Jahre 538; der letzte Inhaber war Basileios im Jahre 541. Die Konsulats-Jahreszählung erfolgt von da an in der Form, daß man sagte: „im soundsovielten Jahr nach dem Konsulat des Basileios" (sog. Postkonsulate).

In der Provinzialverwaltung wurde vor allem der Kampf gegen die Bestechlichkeit der Beamten, den Krebsschaden des spätrömischen Staates, gegen die Käuflichkeit der Ämter, des weiteren gegen die Landflucht, gegen die Patroziniums-Bewegung und damit gegen die Übermacht der Großen und wirtschaftlich Stärkeren geführt, die sich zwischen den Kaiser und die Untertanen drängten. Der Schutz der Landwirtschaft und der in ihr tätigen Menschen (Kolonen und Bauern) stand oben an. Der Eid der Beamten, der auf den Kaiser und Theodora abgelegt wurde, war umfangreich und von großer Eindringlichkeit. Die im Eide angedrohten Strafen bei Verfehlungen waren hart, was offenbar nötig war. Nach der Beendigung seines Amtes mußte der Statthalter nach alter Methode – unter Wiederaufnahme eines Gesetzes Kaiser Zenons – bis zum

Eintreffen seines Nachfolgers oder mindestens noch 50 Tage lang an dem Orte seines Amtssitzes bleiben, um Forderungen und Klagen Raum und Zeit zu geben.

Im Verwaltungsaufbau fiel besonders der Wegfall der meisten Diözesen und ihrer Amtsvorsteher, der Vicarii, auf. Nur an einigen Stellen des Reiches blieb diese Zwischengliederung bestehen, aber ohne große Machtbefugnisse ihrer Vorsteher. Neben der Amtsaufsicht der *praefecti praetorio* über die ihnen meist direkt unterstellten Provinzialstatthalter war in einzelnen Fällen eine Einflußnahme der Bischöfe zugelassen, ein Zeichen dafür, daß die Kirche völlig in den Staat eingegliedert war.[49] Neben dem Wegfall der meisten Diözesen war die stellenweise Wiedervereinigung von Militärgewalt und Zivilverwaltung in einer Hand in den Provinzen das hervorstechendste Merkmal iustinianischer Verwaltungskunst, also die Rückkehr zu dem ungeteilten Imperium Altroms. Die Trennung hatte nur Schaden angerichtet; denn ,,immer lagen sie miteinander in Streit, immer bekriegten sie einander".[50] Manche Provinzen unterstanden wieder wie einst Prokonsuln, z. B. Kappadokien und Palästina, das jetzt wegen seiner Heiligkeit ähnlich geehrt wurde wie im alten Staat Achaia (Hellas) wegen seiner Bedeutung für die Geisteskultur.

Besonders umfassend war die Reform der Verwaltung Ägyptens, das wegen der Getreideversorgung für Constantinopel und das Reich besonders wichtig war, wie ein um das Jahr 538/39 erlassenes Edikt zeigt. Die Stellung und das Gehalt des früheren *Praefectus Aegypti,* jetzt *Augustalis* von Alexandreia genannt, wurden erhöht; ihm wurde außer der Landeshauptstadt die Verwaltung der ,,beiden Aegypti", d. h. der Augustamnica und der Arcadia (Mittelägypten), übertragen, während die Provinzen Libya und Thebaïs (Oberägypten) je einem militärischen Dux unterstanden. Kirchlich höchst bemerkenswert war es, daß man seit dem Jahre 537 dem völlig monophysitischen Lande nach Absetzung des Theodosios sogar orthodoxe Patriarchen aufzwang, beginnend mit dem ägyptischen Mönch Paul von Tabenese.

In den Provinzialstädten des Reiches blieb die Lage der Mitglieder der Stadträte (Buleuten, Dekurionen), die durch unbezahlte Ämter überbürdet waren, sehr gedrückt. Nach wie vor bildeten sie einen geschlossenen, an den Staat gebundenen Stand, aus dem man nicht austreten konnte. In ihn konnten ausnahmsweise auch Häretiker, selbst Juden und Samaritaner, gelangen. Dagegen durfte kein Ratsmann Geistlicher werden, da er dadurch seiner Staatspflicht ledig wurde. Hier wirkte noch der alte römische Zwangsstaat unvermindert nach.

Das gleiche zeigte sich auch bei der Verwaltung der Reichshauptstadt mit ihrer zusammengewürfelten Bevölkerung aus aller Herren Länder. Im Jahre 535 wurde hier unabhängig von dem Stadtpräfekten eine besondere, direkt dem Kaiser unterstehende Sicherheitspolizei unter den *praetores plebis* eingerichtet in Nachahmung der alten *vigiles* (der Nachtpolizei von Rom). Bald, d. h. im Jahre 539, folgte die Bestellung eines ,,*Quaesitor*", der die Kontrolle über den Ab- und Zugang der stark wechselnden Bevölkerung unter sich hatte. Es wurde eine strenge Paßkontrolle eingeführt und Zweck und Ziele der Reisen der hauptstädtischen Bevölkerung nachgeprüft, auch die der Geistlichen, der Bauern und Kolonen, deren Landflucht besonders offensichtlich war. Arbeitsscheue oder Arbeitslose wurden abgeschoben oder zum Arbeitsdienst in unangenehmen Berufen, z. B. in den mit Früharbeit verbundenen Bäckereien, verpflichtet. In manchem erinnern Iustinians Maßnahmen an die der Ptolemäer und der römischen Kaiser zur Isolierung Alexandreias gegenüber Ägypten. Die Getreidezufuhr der Hauptstadt war der Gegenstand besonderer kaiserlicher Aufmerksamkeit. Da die Anfahrt der Getreideschiffe durch widrige Winde im Hellespont oft verzögert wurde, ließ Iustinian mehrere große Kornsilos auf der Insel Tenedos, südlich von der Einfahrt in die Meerenge, anlegen; von dort wurde das abgeladene alexandrinische Getreide im Pendelverkehr nach Norden gebracht.

Dem Stadtpräfekten unterstand das gesamte Leben und Treiben der Hauptstadt bis ins einzelne. Er beaufsichtigte die Zwangsinnungen der Stadt; sie machten, wie die Dekurionen, den alten Sklavenstaat deutlich. Die Staatsmonopole, wie z. B. das Papyrusmonopol, wurden weiterhin durch den Staat geschützt.

,,In alles griff Iustinians ruhelose Hand ein, um sich zur Geltung zu bringen, zu ordnen, zu helfen, ein wirklich großartiges Reformwerk in wenigen Jahren."[51] Herr der Lage aber ist der Kaiser bei dem allgemeinen Niedergang nicht geworden. Sein Hineinregieren in alles und jedes rief vielmehr Unzufriedenheit hervor. Nur allzu natürlich war es, daß man ihn, seine Knauserei und seine schlechte Wirtschaft für vieles, gar manchmal ohne Grund, verantwortlich machte.

Er war sich bewußt, daß der Verwaltungsapparat an vielen Stellen zu aufgebläht war für die mit Steuern stark überlastete und manchenorts an Zahl abnehmende Reichsbevölkerung. Er suchte daher durch Stellenabbau in vielen, ja in den höchsten Ämtern Ersparnisse zu machen. Der Abbau erstreckte sich sogar bis in die nächste Umgebung des Kaisers. Es wurde z. B. die Zahl der *Referendarii,* d. h. der vortragenden Räte, auf sechs herabgesetzt.

Dieses Streben nach Vereinfachung und Einsparung machte sich auch in der Gesetzgebung für die Kirche geltend, die in jeder Hinsicht ein Staatsinstitut geworden war. Hier war es die Überzahl der Kleriker, der Einhalt getan wurde. Die Kirchengesetzgebung war nicht nur an den ökumenischen Patriarchen gerichtet, sondern hauptsächlich an den *praefectus praetorio,* ein besonders deutliches Zeichen für die Untrennbarkeit von Staat und Kirche, und erstreckte sich über diese Reformzeit hinaus bis in die 40er Jahre des Jahrhunderts. Die Kirchengesetzgebung regelte die Gerichtsbarkeit der Geistlichen im einzelnen, das Einstandsgebührenwesen bei Übernahme von geistlichen Ämtern, die niemals ganz durchführbare Unveräußerlichkeit des liegenden und beweglichen Kirchengutes usw. Dieses war stellenweise, z. B. in Ägypten, hier im Anschluß an den alten Tempelbesitz, sehr groß. Erhöht wurden auch die materiellen und sittlichen Forderungen an den geistlichen Stand (Vorbereitung auf das Amt, gesittetes Leben, Bildung, Eheverhältnisse), an Mönche und Nonnen; besonders betont wurde der Schutz der rechtgläubigen Kirche vor den Ketzern, unter denen am schärfsten die Manichäer abgelehnt wurden, noch stärker als die „Hellenen", die Anhänger der alten Religion.

Die Jahre vor dem Ausbruch des Zweifrontenkrieges zeigen uns den Innenpolitiker auf dem Höhepunkt seines Wirkens, das gekrönt wurde durch die überaus schnelle Vollendung des Prachtbaues der Hagia Sophia und ihre Einweihung am 26. Dezember 537. Einen Rückschlag erlitt die gewaltige Reformtätigkeit durch den Sturz seines größten Mitarbeiters auf diesem Gebiet, des Kappadokers Johannes, im Jahre 541. Dieser Sturz war das Werk Theodoras, die sich nicht nur von ihm beleidigt fühlte, sondern die auch die Aussaugung des Volkes durch ihn als ein Unglück für den Staat ansah und deshalb den Ausbruch einer neuen Revolution befürchtete. Zu seiner Beseitigung war der Kaiserin schließlich jedes Mittel recht. Sie benutzte, als alles fehlschlug, ihre Freundin Antonina, Belisars Gattin, nach dessen Rückkehr von dem italischen Kriegsschauplatz dazu, um dem verhaßten Gegner mit Hilfe seiner eigenen harmlosen Tochter eine Falle zu stellen, in die ihr Opfer wirklich hineinging.[52] Johannes flüchtete in das Asyl der Hagia Sophia und erregte dadurch des Kaisers Verdacht. Nun gelang es Theodora, seine Absetzung zu erreichen. Iustinian erkannte auf die mildeste Strafe, auf Verbannung nach Kyzikos, unter Verlust eines Teils seiner Güter und unter Nötigung zur Annahme des Mönchsgewandes. Hier wurde er einige Jahre später in ein Komplott gegen den dortigen Bischof verwickelt, gegeißelt und des Restes seines Vermögens beraubt. Schließlich mußte er nach Ägypten in die Verbannung gehen. Als er nach Theodoras Tod (548) nach Constantinopel zurückkehrte, war er ein vergessener Mann und starb im Priestergewande. Sein Nachfolger wurde für kurze Zeit Theodotos, offenbar ein Verwandter des Kaisers, und bald darauf der verschlagene Bankherr Petros Barsymas, der eigentliche Kandidat der Kaiserin für den hochwichtigen Posten. Beide standen weit hinter Johannes zurück.

Die Außenpolitik trat seit dem Jahre 541 breit in den Vordergrund und damit wieder Belisar, der inzwischen Generalissimus geworden war. Nach dem Ende des ersten Gotenkrieges (540) brach nicht nur der Perserkrieg, sondern auch ein die Balkanhalbinsel verheerender Kampf aus. Die Hunnen und ihre Hilfsvölker (Slawen, Gepiden, Avaren) überschritten von neuem die Donau, eroberten Kassandreia und drangen bis an die Tore Constantinopels vor. Weitere Raubzüge erstreckten sich bis Korinth und sogar bis auf kleinasiatischen Boden. Nichts zeigt deutlicher, wie falsch die Außenpolitik war. Während der Eroberungen im Westen und nach ihnen litt das Reich in seinen zentralen Gebieten. Daß der Balkan allmählich der Raum slawischer Völker wurde, war die Folge der Expansionssucht mit ihrem Versuche, das römische Gesamtreich wiederherzustellen, das unwiederbringlich der Vergangenheit angehörte. Der einzelne, mag er auch noch so hoch stehen, kann das Rad der Geschichte nicht plötzlich nach eigenem Gutdünken zurückdrehen. Jede Zeit hat ihre Tendenzen und Strömungen, denen sich auch der größte Mensch auf die Dauer nicht entgegenstemmen kann. Iustinian ist nicht freizusprechen von dem Vorwurf, daß er Unmögliches gewollt und zu verwirklichen gesucht hat, ein Zeichen dafür, daß er kein Staatsmann höchsten Ausmaßes war. Der Traum seines langen Lebens, die Restauration des Römerreiches, schuf nur eine interessante Episode, die viel kostbares Blut kostete, nicht aber ein lebensvolles Gebilde, das als Raumschöpfung in die Ferne gewirkt hätte.

Vor allem hatte er die Machtverhältnisse an der Ostgrenze, das persische Großreich, falsch eingeschätzt, insbesondere seitdem Chosrau I. die Herrschaft angetreten hatte. Zu der gleichen Zeit erstand den Goten in Totila (auf den Münzen Baduila genannt) ein König von Bildung, politischer Umsicht und mit dem Willen zur Tat ähnlich wie Chosrau. Iustinians Ringen mit diesen beiden bedeutenden Monarchen des Ostens und des Westens läßt das neue Jahrzehnt als Gipfelpunkt im Dasein des neuen Römerreiches erscheinen, wenn man die Außenpolitik in den Vordergrund stellt. Man hatte es endlich so weit gebracht, daß am Euphrat und in Italien gleichzeitig härtester Kampf zu bestehen war, während die Feinde im Norden keineswegs Ruhe hielten. Ein Feldherr und drei Kriegsschauplätze, das war das Problem, vor das sich Iustinian gestellt sah.

Belisar sollte überall sein. Ein moderner Generalstab hätte mit unseren Zeit und Raum verkürzenden technischen Hilfsmitteln den Krieg an den zwei Hauptfronten von Constantinopel aus geführt. Aber unter den damaligen Verkehrsverhältnisses nahm die Reise bzw. der Marsch von dem einen zu dem anderen Kriegsschauplatz die meiste Zeit in Anspruch, immer mit der Aussicht, jedesmal zu spät an der neuen Front einzutreffen. Für die Reise von Dara an der persischen Grenze nach Constantinopel rechnete man 103 Tage. Und wenn auch mit der Schnellpost mit einem Drittel dieser Zeit auszukommen war, so blieb doch noch die Reise nach Italien, die durch die Einfälle der Hunnen in den Balkan und durch ihre Räubereien auf Reichsboden nur allzuoft gestört wurde. So mußte natürlich neben Belisar auch auf andere Feldherren zurückgegriffen werden, z.B. auf Iustinians Vetter Germanos, der militärisch nicht untüchtig war.

Der Krieg mit den Persern war wie vor zehn Jahren ein Kampf um das wichtige Antiocheia, das trotz dreier schwerer Erdbeben (526, 528 und 539) noch unerschüttert stand. Erst die Eroberung durch den Ostfeind im Jahre 540 hat Furchtbares über die blühende Großstadt des Orients gebracht: ganze Teile wurden zerstört und ihre Bewohner wurden versklavt oder deportiert und in der Nähe der persischen Hauptstadt Ktesiphon angesiedelt. Außer ganz Syrien kam das Land der Lazen (das alte Kolchis) an dem Schwarzen Meer, ein unterdessen christlich gewordener Klientelstaat, in die Gewalt der Perser. Damit stand ihnen der Zugang zu diesem Meere offen, was man so lange zu verhindern versucht hatte. Belisar siegte wohl in einem Treffen, aber Krankheiten in seinem Heere behinderten die Operationen, so daß die verlorenen Gebietsteile nicht völlig zurückerobert werden konnten, auch nicht, als der Generalissimus ein zweites Mal an die gefährdete Ostfront eilte. Er konnte nicht lange im Osten bleiben, da Totila im Jahre 541 die Römer bei Verona besiegte und sich seine Heeresmacht danach über Mittel- und Süditalien ergoß. Hier trieb die neu eingeführte kaiserliche Verwaltung mit ihren hohen Steuersätzen, die niedere Bevölkerung dem sehr menschlich auftretenden Gotenkönig, der die hörigen Massen durch soziale Maßnahmen zu gewinnen suchte, in die Arme. Sein Heer schwoll durch Überläufer, Sklaven und Kolonen stark an. Nur die festen Städte zwischen Ravenna und Rom blieben in römischer Hand. Zu allem Unglück brach im Jahre 542 auch noch die Pest in Ägypten aus und breitete sich über das ganze Reich aus (Iustinian selbst erkrankte); eine Hungersnot folgte ihr. Totila benutzte die Gelegenheit, seinen Kampfbereich noch weiter auszudehnen. Neapel fiel, und Rom wurde von neuem belagert. Belisar erschien, in der Hauptsache mit seiner Privatarmee, wieder in Italien, konnte aber gegen den mächtig gewordenen Gotenkönig und sein größeres Heer außerhalb der festen Städte nichts Rechtes ausrichten. Obwohl er sich schließlich Ostias bemächtigte, wurde Rom am 17. Dezember 546 von Totila erobert. Der Diakon Pelagius wurde nach Constantinopel gesandt, um Friedensverhandlungen einzuleiten. Aber Iustinian behandelte Totila als Usurpator („Tyrann") und verwies ihn an Belisar, der die Absicht seines Kaisers, den Krieg weiterzuführen, kannte. Als Antwort auf diese Behandlung bemächtigte sich Totila ganz Süditaliens, während sich Belisar wieder in Rom festsetzen konnte.

Ein Glück für den Kaiser war es, daß auf anderen Kriegsschauplätzen, z. B. in Südägypten, nach der Christianisierung der Nubaten – Theodoras Werk – die Blemmyer-Gefahr seit dem Jahre 543 beseitigt war und daß eine Erhebung in Afrika nach dem Tode des Statthalters Salomon (544) niedergekämpft und im Jahre 548 dort volle Ruhe hergestellt werden konnte. Aber gerade in diesen Jahren 546 und 547 erfolgten schwere Einfälle der Slawen in die Balkanländer und lähmten die Kriegführung in Italien. Belisar ließ durch seine Gattin Antonina den Kaiser um Unterstützung bitten. Aber am 28. Juni 548 starb Theodora, die wieder die Vermittlerin spielen sollte.

Der Generalissimus wurde aus Italien abberufen, weil im Osten die Lage Roms noch gefährlicher war. Doch Iustinians ewiges Mißtrauen hielt ihn längere Zeit am Hofe von Constantinopel fest. Man hatte durch Chosrau mehrere schwere Niederlagen und erhebliche Verluste durch die arabischen Randvölker erlitten, die durch die Handelserträgnisse ihrer Karawanenstädte immer reicher wurden und zunehmend an politischer Bedeutung gewannen. Der Kaiser einigte sich schließlich mit dem Perser auf einen neuen Waffenstillstand von fünf Jahren, der wieder hohe Tributzahlungen kostete. Im Westen dagegen blieb der Kriegszustand bestehen, und die Lage des Kaisers war fernerhin ungünstig. Die Goten hatten im Süden weitere Erfolge. In Oberitalien drangen die Franken, Langobarden, Gepiden und Heruler ein. Sie begannen beiden Gegnern das

Land streitig zu machen, ein Anzeichen dafür, daß hier schließlich eine dritte Macht der Erbe werden sollte. Totila konnte in Oberitalien nicht eingreifen und litt darunter. Iustinian aber sah nichts oder wollte nichts sehen; er ging trotz aller Mißerfolge seinen Weg weiter. Dem griechischen Reichskörper im Osten ließ er Schläge versetzen und nahm Demütigung auf Demütigung durch den Perser hin, nur um kurze Zeit die alten lateinischen Glieder wieder an den siech gewordenen Staatskörper anwachsen zu sehen, gedrängt von Papst Vigilius, der in Constantinopel weilte.

Schon seit dem Tode Theodoras sah es im Reiche höchst kritisch aus. Der Verlust der bedeutenden Frau ließ des Kaisers Spannkraft, der alt und müde zu werden begann, erschlaffen. Lähmend wirkte zudem eine Verschwörung unter Führung des Armeniers Artabanos, eines tüchtigen Generals. Sie wurde entdeckt, die Bestrafung war ziemlich milde. Aber sie zeigte, wie brüchig auch im Innern das Reich war. Totila machte neue Fortschritte. Rom fiel ihm von neuem zu, während gleichzeitig die Slaweneinfälle in Illyrien und Thrakien wieder größere Ausmaße annahmen. Totila nutzte diese Einfälle aus und besetzte die großen Inseln um Italien: Sizilien, Sardinien und Korsika. Mit gekaperten Feindesschiffen kontrollierte er die Adria. Seine Stellung festigte sich und ähnelte immer mehr der des großen Theoderich. Germanos sollte diesmal die Rettung bringen, zumal er als Gemahl von Witigis' Witwe Matasunta, Theoderichs Enkelin, bei den Goten vielleicht mehr bedeutete als irgendein anderer Feldherr, selbst Belisar, dessen Verhalten nach seiner Königswahl von den Goten als Verrat aufgefaßt worden war. Aber Germanos starb plötzlich (550), und die Slawen schlugen ihre Gegner vor Adrianopel und drangen bis an die langen Mauern Constantinopels vor.

Trotz des Waffenstillstandes kam es nun auch im Osten zu Kämpfen um das heißumstrittene Lazica (Kolchis), dessen Zugang in einem Feldzug unter dem alten, über 70jährigen Thraker Bessa nach Eroberung der festen Stadt Patra z. T. den Persern gesperrt werden konnte. Der Waffenstillstand wurde wieder um weitere fünf Jahre verlängert, kostete aber eine Riesensumme, die diesmal auf einmal bezahlt werden mußte. Gleichzeitig konnte ein Hunneneinfall in den Balkan nur durch große Geschenke abgewandt werden. Zum Glück lagen Langobarden und Gepiden in dem Donaugebiet im Streit miteinander. Es wurde deshalb versucht, mit den Langobarden Beziehungen anzuknüpfen, jedoch ohne Erfolg; denn sie waren nach ihrem Sieg über die Gepiden verstimmt über den Kaiser, der ihnen keine hinreichende Hilfe gesandt hatte.

Da stellte Iustinian den von Theodora seit langem begünstigten Armenier Narses, einen Eunuchen, der als Haus- und Hofmarschall *(praepositus Sacri Cubiculi)* und als Leiter der kaiserlichen Leibwache *(protospatharius)* eine hohe Stellung einnahm, an die Spitze eines Heeres von 20000 Mann. Zunächst schlug er einen neuen Hunneneinfall auf dem Balkan zurück, während gleichzeitig Totila die Westküste Griechenlands verwüstete. Im Jahre 551 traf Narses auf dem Landweg in Oberitalien ein, wo ihn weder die Franken in Venetien noch Teja mit einem Gotenheere bei Verona aufzuhalten vermochten. Narses drang vielmehr durch die Sümpfe des Podeltas vor und erreichte unerwarteterweise Ravenna. Nach vergeblichen Friedensverhandlungen kam es im Jahre 552 bei Tadinae (heute Taginae) an der Via Flaminia,[53] nördlich von Spoleto, zur Entscheidungsschlacht, in der Totila vernichtend geschlagen wurde und auf der Flucht nach 17jähriger Herrschaft zugrunde ging. Narses zog in Rom ein. Totilas Nachfolger Teja wurde im Jahre 553 nach zweimonatiger Belagerung am Mons Lactarius (Milchberg) – heute Monte S. Angelo – zwischen Nocera und Salerno nach heldenhaftem Kampfe besiegt und getötet. Cumae, wo der gotische Thronschatz lag, mußte sich ergeben. Damit war der Gotenstaat in Italien beseitigt. Aber herbeigerufene große Scharen der Franken und der Alamannen ergossen sich bis nach Süditalien. Erst bei Capua wurden sie von Narses im Jahre 554 aufgerieben.

Italien wurde nun endgültig als römische Provinz eingerichtet. Antiochus wurde *Praefectus praetorio per Italiam* mit dem Sitze in Ravenna, und der Rechtszustand vor Totilas Regierungsantritt wurde wiederhergestellt. Davon hatten vor allem die Großgrundbesitzer Vorteil, denen ihr früherer Besitz zurückgegeben wurde. Nur die aus diesem Kreise stammenden Senatoren Italiens durften zu einer Reise nach Constantinopel das Land verlassen. Die Steuerlast, die Italien auferlegt wurde, war noch größer als die zur Gotenzeit. Aber die hohen Gehälter, die seit Theoderich den Angehörigen der freien Berufe, wie Grammatikern, Rednern, Ärzten und Rechtsgelehrten, gezahlt wurden, blieben bestehen, damit man nicht gegen die ,,Barbaren" in der Pflege des geistigen Lebens zurückstand. Einigen Nutzen aus dem langen Ringen zogen die Franken, die sich Rätien und die Provence hatten abtreten lassen. Auch hielten sie sich bis in den Anfang der sechziger Jahre in Venetien. Ihre Flanke deckten die vor dem Jahre 530 aus Böhmen in das Land zwischen Enns und Lech eingewanderten Markomannen, die jetzt Bajowaren hießen.

Im Jahre 554 gelang es Iustinian, die von den Westgoten besetzte Südostküste Spaniens zurückzugewinnen. Auch hier gestattete ihm ein innerer Zwist, sich einzumischen. Von Athanagild (554–567) wurde der Kaiser gegen den bisherigen König Agila zu Hilfe gerufen, unter dem sich der Gegensatz der römischen Katholiken zu den Arianern bis zu einer Verfolgung der Rechtgläubigen gesteigert hatte, während der Widerstand der römischen Grundherren gegen die westgotische Herrschaft unvermindert andauerte. Iustinian gab dem hochbejahrten Patricius Liberius, der gerade Sizilien wiedergewonnen hatte, Befehl, in Spanien zu landen. Agila wurde bei Sevilla geschlagen und von seinen Soldaten getötet. Aber im Lande merkte man bald die drohende Gefahr und hinderte die Römer an einem zu tiefen Eindringen in das Innere. Nur Malaga und Cartagena mit ihrem Hinterland bis zum Baetis (Guadalquivir) blieben in den Händen der Kaiserlichen, aber auch die Küstengebiete an der Straße von Gibraltar, wo man am afrikanischen Gegengestade Septem besetzte und hielt. Das Mittelmeer war in der Hauptsache wieder ein römisches Meer, aber der spanische Außenposten blieb, abgesehen von den dazugehörigen Balearen, nur sechzig Jahre lang im Besitze der Römer. Ungefähr hundert Jahre später teilte er das Schicksal Nordafrikas und wurde durch die Araber besetzt. Die neue Provinz in Spanien gehörte zur Präfektur Afrika und hieß *Mauretania secunda,* während *Mauretania prima* das heutige Algerien umfaßte. Marokko dagegen blieb in der Hauptsache frei.

Im Innern ging das Reformwerk des Kappadokers Johannes auch

nach seinem Sturz weiter, aber es verlagerte sich entsprechend den Neigungen des Staatsoberhauptes immer mehr auf das Rechts- und Finanzwesen sowie auf kirchliche Belange. Bei der geringen Durchschlagskraft der Gesetze wurde bereits Gesagtes öfters wiederholt und den Untertanen wie Kindern das schon längst Verordnete immer wieder eingehämmert. In diesem seltsamen Sakral- und Polizeistaat der Spätantike mit seinem riesigen Apparat zur Erzielung des erreichbaren Mindestmaßes von Sicherheit war es vielleicht das merkwürdigste, daß die Staatsorgane und solche, die sich dafür ausgaben, die sog. „Räuberjäger", manchmal ärger hausten als die Räuber selbst.[54] So erklärt in etwas späterer Zeit (612) ein städtischer Oberwächter, daß er selbst nicht stehlen und keine Diebe bei sich aufnehmen werde.[55] Von hier aus wird der ausgedehnte private Selbstschutz erst verständlich, der sich bei den Latifundienbesitzern bis zur Aufstellung eigener Privatarmeen steigerte. Trotz aller behördlichen Eingriffe war dieser späte Staat in jeder Beziehung, vor allem bezüglich seiner Staatsautorität, im Grunde bankrott.

Im Rechtswesen gehört der Ausbau des Familienrechtes dieser Zeit an. Es enthielt eingehende Bestimmungen über die Ehescheidung, in denen für uns recht auffallende politische Gesichtspunkte, wie z. B. wiederum die Staatssicherheit, eine Rolle spielten.[56]

Die Veranlagung und Erhebung der Staatsabgaben regelte eine allgemeine Verordnung. Die Ermittelung des Abgabesolls für das folgende Jahr und die Verteilung auf die Provinzen und Städte erfolgte jeweils im Juli und August. Die auf die einzelnen Provinzen fallenden Steuerbeträge wurden ihnen durch die Statthalter im September oder Oktober mitgeteilt.

In der Kirchengesetzgebung wurde immer deutlicher, daß Iustinian der orthodoxen Kirche eine bevorzugte Stellung zu geben versuchte. Die auf Gütern der Kirche Beschäftigten wurden von den niederen Diensten für den Staat und die Gemeinden, d. h. von den Diensten, die körperliche Arbeit erforderten (sog. *munera sordida*), abgesehen von der Hilfe bei dem Wegebau und bei dem Brückenschlagen, befreit. Die Bestimmungen für die Bischofswahl schärften von neuem ein, daß keine Menschenkraft den für den Staat und das Steuerwesen lebenswichtigen Ständen, vor allem dem Stande der Ratsmänner, entzogen werden durfte. Schollengebundene Kolonen konnten zwar Kleriker werden, mußten aber die ihnen obliegende Feldarbeit weiterleisten; „denn der Ackerbau brauchte jeden Arm".[57] Neue Vorrechte für die höhere Geistlichkeit zu erwirken, wurde in Briefen an die Metropoliten und an den Landtag der Provinz Byzacena in Nordafrika in den Jahren 541 und 542 höflich, aber entschieden zurückgewiesen. Im Klosterwesen wurden die „Wandermönche", wie schon in der Regel des heiligen Benediktus, abgelehnt und das Gemeinschaftsleben der Mönche (Koinobion) durchzuführen gesucht. Klöster, die noch Männer und Frauen gemeinsam beherbergten, gestaltete man immer mehr zu Altersheimen um. Dem Mönchswesen galt die besondere Fürsorge des Kaisers, nachdem Benedikt von Nursia neue Wege gewiesen hatte. Sektierer und Ketzer sowie die Altgläubigen („Hellenen") verfolgte man immer stärker durch Rechtsbeschränkungen aller Art; über hochgestellte Personen wurde sogar die Todesstrafe verhängt. Die Oikumene sollte einheitlich christlich und die Kirche römisch sein. Reich und Kirche „bestanden nicht allein miteinander, sondern auch durcheinander".[58] Eine Scheidung zwischen geistlicher und weltlicher Gewalt gab es nicht; nur wenige Männer, wie z. B. der afrikanische Bischof Facundus, begriffen den Gegensatz der beiden Gewalten. Der Kaiser, der für sich die Bezeichnung „göttlich" in Anspruch nahm, stand über allen. Eingeordnet in den Staat waren auch die beiden höchsten geistlichen Würdenträger an der Spitze des alten und des neuen Rom, der Papst und der ökumenische Patriarch von Constantinopel. Beide wurden von dem Herrscher als „allerheiligste Väter" angeredet.[59] Infolge der überragenden Stellung der „Ewigen Stadt", besonders seit der Auflösung des Westreiches, nahm der Papst die höhere Stellung ein.[60] Aber trotzdem war auch er vor dem Zugriff des Herrschers nicht sicher.

Dies zeigte sich, als der Kaiser in dem zweiten Gotenkriege zu Beginn der vierziger Jahre seine Haltung gegenüber den Monophysiten zu revidieren begann, nicht allein aus politischen Rücksichten, d.h. aus Angst vor dem drohenden Abfall des Ostens, sondern unter dem Einfluß Theodoras und ganz besonders auch aus der eigenen persönlichen religiösen Überzeugung heraus, die bei Iustinian immer in Rechnung gestellt werden muß. Er war überzeugter Christ und rang selbst mit den Problemen, die damals die christliche Welt bewegten. Nach Jahren des Zuwartens und der Vorbereitung machte er seit dem Jahre 543 noch einmal den Versuch, sich mit den Gegnern des orthodoxen Glaubensbekenntnisses zu verständigen, und zwar durch das Edikt gegen die sog. „Drei Kapitel", das dem Theologen Iustinian mehr Ehre macht als dem Kirchenpolitiker.[61] Durch das Edikt wurden nämlich drei nestorianisch eingestellte Theologen des vergangenen Jahrhunderts, die einst noch die Synode von Chalkedon geduldet hatte, als Gegner der monophysitischen Lehre preisgegeben. Dadurch sollten die Gemäßigten unter den Monophysiten dem Staate zurückgewonnen werden. Dem Kaiser war außerordentlich viel an der Zustimmung des Papstes Vigilius gelegen. Dieser aber verhielt sich passiv, ja, weigerte sich schließlich, das Edikt gegen die „Drei Kapitel" zu unterschreiben. Theodoras Eingreifen – sie war über den ihr gegenüber wortbrüchigen Papst entrüstet – ist es wohl zuzuschreiben, daß Vigilius kurzerhand nach Constantinopel befohlen wurde. Als er sich wenig geneigt zeigte, dem Befehle zu folgen, wurde mit Gewalt nachgeholfen. Aber obwohl er auf kaiserliche Anordnung Ende November 545 von Rom abreiste, kam er erst im Januar 547 in Constantinopel an. Es wurde hin und her verhandelt, wobei der Kaiser das theologische Problem diskutierte, der Papst aber mehr um seine Stellung kämpfte, die Rollen also in merkwürdiger Weise vertauscht waren. Schließlich mußte Vigilius dem Kaiser nachgeben und verurteilte im Jahre 548 die „Drei Kapitel". Er setzte sich aber dadurch zwischen zwei Stühle, denn im Westen rief sein Verhalten eine große Empörung hervor. Daher zog er sein Urteil wieder zurück. Im Jahre 551 fiel er abermals um, nachdem ihm der Kaiser sogar das Asyl der Kirche verweigert hatte, und tat im Jahre 553 auf der Synode von Constantinopel alles, was der Kaiser von ihm verlangte. Beide Gegner haben bei diesem Streit verloren, der Papst als geistlicher Führer und der Kaiser als Staatsmann.

Denn auch für ihn blieb der Erfolg aus. Die Monophysiten waren unterdessen unter der Führung des Mönches Jakob el Baradai erstarkt. Er war durch den abgesetzten, in dem Kloster von Sykai (Pera) weilenden alexandrinischen Patriarchen Theodosios im Jahre 543 zum Bischof von Edessa geweiht worden und wirkte von hier aus als Missionar jahrelang im Osten und Südosten des Reiches. Er gründete eine eigene monophysitische Kirche, die nach ihm ,,Jakobitische Kirche" genannt wurde und die im ganzen vorderen Asien und in Ägypten Fuß faßte, ja, von Ägypten aus auch die Nubier bekehrte.

Das östliche Christentum ging auch im übrigen eigene Wege, die das Erwachen der Völker unter der Decke des jetzt zurückweichenden Hellenismus aufzeigte. Die armenische Kirche löste sich von der orthodoxen, wodurch die Stellung der Armenier zum Reiche nicht gerade verbessert wurde. Die Nestorianer drangen tiefer in Persien ein und fanden ihren Weg bis nach Indien und Ceylon.[62] Es bereiteten sich überall – besonders seit dem Bestehen einer eigenen monophysitischen Kirche – Verhältnisse vor, die dazu führten, daß später mit fortschreitender Emanzipation des Syrertums von dem Griechentum die Bekenner der Ostkirchen die Kalifen als Befreier von der Herrschaft des ketzerischen Kaisers und der ketzerischen Kirche begrüßten.[63]

Gegenüber dieser neuen Zeit, in der vor allem der seit Alexanders d. Gr. Tod vergewaltigte Vordere Orient wieder zu sich zurückfand, bedeutete Iustinians Streben nach der völligen Einheit von Staat und Kirche ein letztes Aufflackern der Reichs- und Oikumene-Idee, die einer auf allen Gebieten auseinanderstrebenden Welt eine künstliche endgültige Uniformierung selbst der Geister und der Seelen auf religiösem Gebiete bringen wollte. Der erste theologisch gebildete Kaiser hatte wirklich die Absicht, von der griechischen Ideologie aus, in der Platon noch einmal eine Wiederauferstehung im Religiösen feierte, das Reich Gottes, wie es Christus begründet hatte, auf Erden zu verwirklichen, während der einzige wirklich große Kirchenvater des Westens, Augustin, den ,,Gottesstaat" *(civitas Dei)* für unrealisierbar hielt: für Augustin blieb jeder irdische Staat Menschenwerk. Im Untergang schieden sich der griechische und der lateinische Geist der Antike immer deutlicher voneinander; schließlich erlagen sie beide den erwachenden neuen Völkern.

Unmögliches gewollt und dem Geiste der Zeit überall Widerstand entgegengesetzt zu haben, ist das Kennzeichen des Staatsmannes Iustinian, der, theologisch viel zu stark interessiert, die Wirklichkeit unter den Füßen verlor und daher politisch, wie die Folgezeit deutlich erweisen sollte, Schiffbruch erlitt.

Theodora ist in einem für die byzantinische Kirchenpolitik hochwichtigen Augenblick gestorben. Ihr Gatte wurde einsam und in seiner Einsamkeit theologisch noch grüblerischer. Als Erbe seiner dahingegangenen Frau hat er die Annäherungsversuche an die Monophysiten in verstärktem Maße fortgesetzt. Im Jahre 549 suchte er in seiner Schrift „Gegen die Drei Kapitel" ihre Verteidiger von neuem zu belehren und ließ im Sommer 551 das „Edikt vom rechten Glauben" erscheinen, das öffentlich ausgehängt und gleichzeitig in lateinischer Übersetzung als literarisches Werk erschien. Am Schlusse wurden die Hauptlehren in dreizehn Punkten aufgeführt. Beide Schriften warben um die Monophysiten, denn sie verwerteten auch Schriften und Worte des Alexandriners Kyrillos.

Das Jahr der endgültigen Gotenbesiegung in Italien 553 wurde das Jahr der fünften ökumenischen Synode von Constantinopel, die von dem Kaiser zur Besiegelung seiner Bestrebungen auf kirchenpolitischem Gebiete zusammengerufen wurde. Es war ein Höhepunkt im Leben des Theologen-Kaisers. Wie hatten sich die Zeiten seit dem Konzil von Nicäa geändert! Damals ein Kaiser, der als Laie präsidierte und seinen Willen schließlich durchsetzte, diesmal an der gleichen Stelle ein Herrscher, der, theologisch gebildet, die versammelten Väter in einem langen Schreiben von dem rechten Glauben, wie er ihn sich innerlich erkämpft hatte, zu überzeugen suchte. Was beschlossen werden sollte, hatte der Kaiser in seinen Schriften bereits niedergelegt. Der Basileus war die Quelle der Wahrheit geworden, nicht mehr die Synode, deren Großzeit dahin war. Sie sanktionierte nur noch die Lehren des Leiters – und daher blieb ihr im Gegensatz zu ihren Vorgängerinnen eine dauernde und tiefere Wirkung versagt. Die Monophysiten in den Schoß der orthodoxen Reichskirche zurückzuführen, gelang auch diesmal nicht.[64] Dagegen war das Ergebnis ein Sieg des Ostens über Rom und hat dem Papsttum einen schweren Schlag versetzt.[65] Vigilius starb im Jahre

555. Der Archidiakon Pelagius I. (556–561) wurde nach dem Willen des Kaisers gewählt, aber von Mailand und von Aquileia nicht anerkannt. Seitdem mußte Rom immer vor der Papstweihe die kaiserliche Bestätigung der Wahl einholen. Also war auch das Papsttum endgültig in den Sakralstaat eingeordnet. Es schien, als ob der Römerstaat in seiner Ganzheit mit Papst und Patriarch Dauer erhalten würde.

Die Armee, die stets unzureichend gewesen war für die Fülle kriegerischer Unternehmungen in dem vergrößerten Staate, verfiel zusehends, je älter Iustinian wurde; und dies, obwohl unendlich lange Grenzen im Osten und im Westen zu decken waren und das Kernland des Balkans nach wie vor den Feinden offen stand. Seit dem Jahre 551 kam zudem viel Unglück über das Reich durch Erdbeben und Epidemien, die namentlich im Osten großen Schaden anrichteten. Auch die Reichshauptstadt wurde mehrfach erschüttert, am stärksten in den Jahren 557 und 558; dabei stürzte ein Teil der Kuppel der Hagia Sophia ein. Zu den Erdbeben gesellten sich Hungersnot und im Jahre 558 von neuem die Pest. In demselben Jahr überschritten die Hunnen unter Zaberdan die Donau und drangen wieder in die „Langen Mauern" ein, die man recht unnötigerweise hatte verfallen lassen. Der schon lange kaltgestellte Belisar wurde noch einmal zur Abwehr gerufen, aber wieder einmal war die Truppenmacht, die er befehligte, unzureichend. Dann wurde er wieder wie eine alte Kriegsmaschine in den Winkel gestellt und fiel im Jahre 562 endgültig in Ungnade, da der Kaiser im Alter noch mißtrauischer wurde, als er es ehedem war.

Im allgemeinen suchte Iustinian jetzt auf friedlichem Wege und mit diplomatischen Mitteln (Jahrgehältern, römischen Titeln und Würden, prunkvollen Empfängen und Heiraten) auszukommen, und wo dies nichts half, die Völker an den Grenzen gegeneinander auszuspielen: wie früher die Langobarden gegen die Gepiden, so jetzt die Teilstämme der Hunnen und Kutriguren gegen die Utiguren, die christlich gewordenen Axumiten (Abessinier) gegen die arabischen Himjariten im Jemen, die überwiegend der jüdischen Religion anhingen. Zur See wurde von hier aus wie seit alters her Handel, vor allem der Seidenhandel, mit Indien und Ostasien betrieben (man lese das Buch des Indienfahrers Kosmas, das dieser Zeit angehört), während der langwierige Landhandel durch die ewigen Kriege mit den Persern immer wieder gestört wurde, aber niemals ganz entbehrt werden konnte. Die Seidenzucht wurde zum erstenmal durch Mönche aus Indien an die syrische Küste verpflanzt (besonders nach Tyros und Berytos) und Seide in dem kaiserlichen Monopolbetrieb fabriziert. Auch auf wirtschaftlichem Gebiete bildete sich also byzantinisches Wesen aus, das manches von dem alten Zwangsstaat in das neue Reich übernahm und das die Bindung an den Staat in vieler Beziehung als die beste Lösung der Ökonomie betrachtete: die Jahrhunderte hatten diese schlechteste Wirtschaftsform allmählich in den Augen der Menschen legalisiert. Man kannte keine andere Form und schleppte die Erbschaft früherer Zeiten mit. Die Wirtschaft und die Kirche verstaatlicht, zwei ganz verschiedene Lebensäußerungen des Menschengeistes: das wurde jetzt „Byzanz".

Für den gänzlich unmilitärischen, im Alter stumpfer werdenden, nur noch seiner Lieblingsbeschäftigung, dem rechten Glauben, nachgehenden Herrscher wurde Friede und Friedenserhaltung das höchste Ziel seines Lebensendes. Dafür ließ er alle Künste der Diplomatie spielen, wie sie Byzanz, auch hier wieder sein Erbe, später so virtuos gehandhabt hat. Dafür zahlte er gewaltige Summen, so daß das Reich schließlich verarmte. Wie einst der alte Staat der Perser, so endete jetzt auch der der Römer: als Welt-Kapitalmacht, die mit ihrem Golde das zu erreichen suchte, was einst die Legionen mit starker Hand und unter kluger Führung vollbracht hatten.

Im Jahre 562 erhoben sich noch einmal die Goten und mit ihnen die Heruler. Sie wurden von Narses niedergeworfen; als letzte feste Plätze fielen im Jahre 563 Brescia und Verona. Der kluge und tatkräftige armenische Eunuch, ehedem Theodoras Günstling, blieb in der Gnade seines Herrn und Leiter von Italien; er überdauerte Iustinians Regierung. Erst von dem Nachfolger wurde er abberufen und verschwand aus Angst vor der neuen Herrscherin, die ihm nicht so wohlwollte wie ihre Vorgängerin. Er starb im Jahre 573 und wurde in einem bithynischen Kloster beigesetzt.

Es beruhigte Iustinian außerordentlich, daß er seinen großen persischen Rivalen Chosrau dazu brachte, im Jahre 562 wiederum einen „ewigen Frieden“ mit dem Reiche zu schließen, natürlich gegen weitere Erhöhung der Tribute. Das nicht mehr lateinisch, sondern griechisch und persisch abgefaßte Friedensinstrument regelte auch den Verkehr und den Handel zwischen den beiden Weltmächten. Es war ein Erfolg, daß das umstrittene Land der Lazen (Kolchis) Rom zugesprochen wurde. Das „Bruderverhältnis“ zwischen den römischen und den persischen Großkönigen blieb bestehen. Der Basileus aber blieb auch jetzt noch der größere Bruder, soviel er auch für diese Anerkennung zahlen mußte. Nach Norden und Westen hin, besonders für die in das Reich eingebrochenen Germanenfürsten, war Iustinian der anerkannte „Vater“ in der Familie der Könige, der Erbwalter der Römer am Bosporus, der der einzige Kaiser als Leiter von Staat und Kirche blieb. Äußerlich offenbarte sich dies in dem Prachtbau der Hagia Sophia mit ihrer neuen Kuppel des jüngeren Isidoros, die der 80jährige Iustinian am 6. Januar 563 zum zweitenmal weihen und von Paulus Silentiarius in einem Gedichte verherrlichen ließ. Sie steht noch heute und kündet den Ruhm Kaiser Iustinians für alle Zeiten.

Er wollte ein letzter Römer sein. Aber was er schuf, kam doch nur dem einzig noch lebensfähigen Gebilde, dem byzantinischen Staate, zugute. Dieser Staat wurde durch ihn zu dem, wozu er durch Natur und Lage berufen war, nämlich zu dem Schnittpunkt westöstlicher geistlicher Mächte, und Iustinians Epoche wurde dadurch zur Glanzzeit frühbyzantinischer Kultur und Kunst. Während der Staat noch, wenn auch ganz künstlich, römisch geblieben war, kann man die Literatur und die Kunst der Zeit bereits als byzantinisch, d.h. als griechisch, ansprechen.

Von dem geistigen Leben der Zeit ist mit Recht das Wort geprägt worden, daß man Iustinian nur innerhalb gewisser Grenzen den Fürsten zurechnen dürfe, die der Literatur und der Kunst ihrer Zeit ein eigenes, neues Leben eingehaucht haben.[66] Der Glanz des Hofes, seiner Paläste und Feste, das religiöse und weltliche Treiben des Volkes in den Kirchen und in dem Hippodrom gaben wohl den Schriftstellern und Dichtern reichen Stoff. Aber der Kaiser selbst war zu einseitig auf die religiösen Probleme festgelegt, so daß die Wissenschaft oft aus anderen Quellen und Wurzeln ihre Nahrung zog. Die Vermählung der Kirche mit dem Geiste der Antike gab Weltlichem und Religiösem gemeinsame Grundlagen, wenn auch noch einmal das Zwiespältige in dem Denken und Fühlen der Zeit zutage trat, selbst bei dem „allerchristlichsten Kaiser" Iustinian.

Der hervorragendste literarische Repräsentant der iustinianeischen Zeit war Prokopios aus Cäsarea (Palästina). Er kam schon unter Anastasios nach Constantinopel und wurde rechtskundiger Sekretär Belisars, in dessen Stabe er die Ost- und Westfeldzüge mitmachte, die er später darstellte. Er kann, auch in der Vorliebe für Technisches, etwa mit dem Griechen Polybios verglichen werden, an den er aber als Historiker nicht von ferne heranreicht. Durch die Gunst Iustinians bekam er senatorischen Rang und wurde schließlich Stadtpräfekt von Constantinopel. Um das Jahr 550 und später erschienen seine Kriegsbücher. Ihnen folgte um das Jahr 560 das Buch über die Bauten Iustinians, eine von dem Herrscher bestellte Arbeit und daher panegyrisch gehalten. Um so auffallender ist es, daß derselbe Verfasser in der wohl erst nach dem Tode des Herrschers erschienenen „Geheimgeschichte" gegen seinen Protektor Belisar und auch gegen das Herrscherpaar Stellung genommen hat, und zwar in einer „beispiellos bitteren Anklageschrift gegen die despotische Regierung des Iustinian und der Theodora".[67] Diese Weiß- und Schwarzmalerei nebeneinander wirft einen tiefen Schatten auf den Charakter des Mannes. Sie ist aber zugleich das beste Zeugnis dafür, wie geknebelt und wie geknechtet die späte Menschheit der Antike gewesen ist: sagt doch Prokop selbst in der Einleitung seines letzten Werkes, daß er früher vieles habe verschweigen müssen „aus Furcht vor Spähern, vor der Rache der Mächtigen, vor der grausamsten Todesstrafe". Die Despotie, vor allem die Theodoras, überstieg alles Maß. Aber wer sich rächen wollte, brauchte deshalb nicht allen Hof- und Stadtklatsch zusammenzutragen und brauchte vor allem nicht seinen Wohltäter mit so starker Übertreibung „als einen kümmerlichen Feigling und Weiberknecht, als einen raffgierigen Geldsäckler" hinzustellen. Die Werke Prokops sind somit auch ein Beitrag zu der Psychologie der Menschen dieser

Spätzeit, zu deren Unehrlichkeit, Heuchelei und steter äußerlicher Maskiertheit bei innerlich völlig andersartiger Einstellung, wie sie nur Tyrannenzeiten und Versklavungen der Menschen zu allen Zeiten erzeugt haben. Man fühlt sich bei Prokop unwillkürlich an Seneca erinnert, der es ja auch fertiggebracht hat, Claudius erst zu loben und dann der Lächerlichkeit preiszugeben. Bei der Benutzung der „Geheimgeschichte", einer *chronique scandaleuse,* muß daher der Historiker äußerste kritische Vorsicht üben.[68]

Die literarische Auswertung der Arbeiten Iustinians und Tribonians an dem Corpus Iuris wurde dadurch erschwert, daß der Kaiser jeden Kommentar zu seiner Gesetzessammlung verboten hatte. Die gleichzeitige Belebung des Rechtsstudiums sorgte aber dafür, daß dieses Verbot nicht eingehalten wurde. Außerdem war die nachfolgende übereifrige Gesetzgebungstätigkeit des alles Neue aufgreifenden Herrschers der Rechtswissenschaft eher förderlich. Neben den Rechtsschulen von Rom und Constantinopel stand auch weiterhin die berühmte Schule von Berytos (Beirut) in hoher Blüte, deren Professoren großen Anteil an der schnellen Fertigstellung des Corpus Iuris hatten. Alexandreia blieb seit der Schließung der Universität Athen (529) die Hochburg der übrigen Wissenschaften, namentlich der naturwissenschaftlichen, medizinischen und technischen, während die Geisteswissenschaften und die Rhetorik in dem nicht allzu fernen Gaza gediehen. Die Kommentare zu Werken der griechischen Philosophie und der griechischen Wissenschaft, wie der des Simplicius zu den Werken des Aristoteles, dienten mehr der Verständlich-Erhaltung der großen Denker. Die gewaltige Arbeit der Byzantiner an der Konservierung der antiken Literatur und Gelehrsamkeit begann schon damals. Ohne sie wäre das griechische Altertum für uns entschwunden, nicht weniger aber auch unser Verständnis für den christlichen Glauben und für das religiöse Denken und Fühlen dieser frommen, z. T. auch frömmelnden Zeit des Ostens.

In der weltlichen und geistlichen Dichtung kam die Anregung vielfach von außen durch die vergangenen glanzvollen Zeiten. Es erklang vielfach noch die alte Weise der griechischen Poesie, auch in den Bildern der alten Sage und Mythologie; aber es war alles nur mittelmäßig, ohne wirkliche Größe und Tiefe, oft nur epigonenhaftes Wortgeklingel. Man lebte im Grunde von der bedeutenderen Vergangenheit. Vielleicht ist in Athen damals der größte Fortschritt gemacht worden: der Übergang von der antiken quantitierenden (Lang- und Kurzsilben-Metrik) zu der akzentuierenden Form der Prosa und Poesie, die eine völlig neue poetische Architektur erzeugt hat. Die Kirchenpoesie auf volkstümlicher Grundlage, zuerst in Syrien ausgestaltet, hat dieses neue höchst kunstreiche Gebilde auch dem Okzident übermittelt. Für das Verständnis dieser rhythmischen Hymnen und Lieder von großer Eindringlichkeit fehlt uns leider die Kenntnis der altbyzantinischen Kirchenmusik, wie sie einst in dem Wunderbau der Hagia Sophia an hohen Festtagen ertönte. Iustinian, der als theologischer Schriftsteller Beachtenswertes geleistet hat, ist selbst unter die Hymnendichter gegangen.[69]

Aber auch das lateinische Altreich des Westens, das z. T. durch Iustinian wieder dem Ganzen eingegliedert worden war, hat neben dem griechischen Ostreich geistig weiterbestanden, vor allem Italien dank dem tiefen Einfühlungsvermögen des großen Ostgotenkönigs Theoderich I. in das Geistesleben der Antike. Manches war dort den griechischen Erzeugnissen nicht nur geistig gleichwertig, sondern ihnen sogar überlegen. Des Boëthius' Schwiegervater Symmachus, Träger eines großen verpflichtenden Namens, schrieb noch einmal eine „Römische Geschichte" in sieben Büchern und wurde dann wie sein größerer Schwiegersohn das Opfer der Gewaltpolitik Theoderichs. Boëthius hat sich mit großen Plänen getragen, als, ebenfalls vorzeitig (524), seinem Leben durch Hinrichtung ein Ende gesetzt wurde. Er wollte die gesamte platonisch-aristotelische Philosophie in lateinischer Sprache darstellen. Wie tief er durch die Studien in den Geist der größten Griechen eingedrungen ist, zeigt sein erhaltenes Büchlein „Vom Trost der Philosophie" *(de consolatione philosophiae)*, das zu den Werken gehört, „in denen der Menschengeist über Verfall und Zusammenbruch seiner Daseinssphäre den Sieg gewinnt".[70]

Zu Boëthius gesellen sich der heilige Benedikt aus Nursia (480–553) und Cassiodorus. Benedikt war zuerst Eremit bei Subiaco und gründete im Jahre 529 das Kloster Monte Cassino, nicht weit von Neapel. „Seine Gründung und seine Regel (die Papst Gregor d. Gr. verbreitete) gehören mit dem Corpus Iuris und der Hagia Sophia zu dem kostbaren und dauerhaften Erbe, das Iustinians Zeitalter der Nachwelt hinterlassen hatte."[71] Man hat einmal die beiden Mönchswerke, das Ostroms und das Westroms, einander gegenübergestellt: den Athos, „von dem die östlichen Christen noch nie einen die Kultur, das tätige schaffensfreudige Leben wekkenden Hauch empfangen haben", und den Monte Cassino, „von dem die Lichtbringer der abendländischen Christenheit ausgegangen sind".[72] Größer als Prokop, der Geschichtsschreiber Belisars und Iustinians, war Cassiodor, Theoderichs Kanzler *(magister officiorum)* und vornehmster rechtskundiger Berater, der sich schließlich (seit dem Jahre 540) in das Kloster Vivarium in Bruttium zurückzog, dessen klösterlicher Hut er wie Benedikt seine Studien anvertraute, und der den Niedergang der Goten, ja Iustinians Tod noch überlebt hat (gest. um 575). Seine Geschichte des Gotenvolkes war eine höchst beachtliche Leistung, wie selbst der kümmerliche Auszug des Jordanes erkennen läßt. Noch bedeutender als der Geschichtsschreiber aber war der kluge vermittelnde Staatsmann, der in den *„Variae"* die Erlasse und amtlichen Schreiben aus der Zeit des großen Gotenkönigs zusammengestellt und uns dadurch einen großartigen Einblick in das ganz römisch gebliebene Kanzleiwesen der Zeit gegeben hat.

Zwar begannen sich die Wege des lateinischen Westens und des griechischen Ostens immer mehr zu trennen, und die Übersetzungen aus der einen in die andere Sprache wurden immer mehr eine in der Geistesgeschichte der Zeit liegende Notwendigkeit. Aber wie wirtschaftlich, so hielt auch geistig das Mittelmeer immer noch alle zusammen. Man lernte voneinander. Der Grammatiker Priscianus dozierte in Constantinopel Latein und wurde für das Mittelalter der Lehrer dieser Sprache. Aus der Kunstprosa drang der Reim auch in die lateinische Dichtkunst ein. Des Corippus Epos „Johannes" (550) mit seiner Darstellung des Maurenkrieges des *magister militum* Johannes zeigt die lateinische Literatur der Vandalenzeit noch auf einer gewissen Höhe. Noch besser war das Latein bei den Westgoten. Hier hat ganz spät Isidor von Sevilla (gest. 646) eine Enzyklopädie der Antike für das Mittelalter geschaffen, die eine große Fernwirkung hatte.

Bei den Franken hat der Presbyter von Marseille Salvianus (gest. um 484) in seinem Hauptwerk *De gubernatione Dei* in der Form einer Strafpredigt ein Sittenbild der Zeit unter Gegenüberstellung der Römer und Germanen entrollt. Daß die Rhetorenschulen in Gallien noch blühten, sieht man an dem im Jahre 473 in Arles geborenen Ennodius, der im Jahre 511 Bischof von Pavia wurde (Verfasser eines Panegyricus auf Theoderich wie auf den Mönch Antonius von Lérins). Wie der heilige Benedikt in Italien, so wurde der heilige Caesarius von Arles die große religiöse Gestalt des sechsten Jahrhunderts in Gallien. Was der Monte Cassino in Italien war, wurde hier Lérins. In ihm hat zwanzig Jahre alt im Jahre 490 Caesarius Zuflucht gesucht. In den Jahren 502–543 war er Bischof des für die Spätantike in Gallien so wichtigen Arles, „des gallischen Roms“.[73] Dort lebte einst u.a. der Bretone Patrick, der im Jahre 432 Irland bekehrt hat, das, obwohl niemals von dem Römerreich unterworfen, für die Geschichte der mittelalterlichen Christenheit bahnbrechend werden sollte.

Einer neuen Welt gehört Venantius Fortunatus an (nach 530 bis nach 600).[74] Er war wohl in Oberitalien geboren, studierte in Ravenna Grammatik, Rhetorik und Jurisprudenz. Aber seit dem Jahre 560 in Gallien, gewann er die Gunst des Merowingers Sigeberts I. von Austrasien (561–575) und starb als Bischof von Poitiers. Wie er, so wanderte damals die Geisteskultur von dem Mittelmeer nach Norden. Die Geschichte der Franken schrieb der mit Venantius befreundete Gregor von Tours (538 bis 594); sie stand aber im ganzen tiefer als alle vorangegangenen Darstellungen. Je weiter man nach Westen und nach Norden kam, desto mehr spürte man das Nahen einer neuen Zeit, desto mehr flatterte die Einheit des Reiches auseinander. Das merkte man an dem Wiederauftreten der Volkssprachen. Im äußersten Osten und Südosten des Reiches waren sie – zuletzt mit Hilfe der Kirche – der griechischen Weltsprache, so groß auch zeitweise die Gefahr gewesen war, nicht erlegen. An den Reichsrändern im Westen drangen die neuen Völker mit ihren Volkssprachen ein und siedelten in Massen auf Reichsboden, während alle Germanenstämme, die schon längere Zeit vorher in die „Romania" eingebrochen waren, weitgehend der Romanisierung verfallen waren. Dabei wich schließlich das Latein den bäuerlichen Sprachformen, aus denen die Sprachen des Westens entstanden. Dabei wurde das Lateinische die Kirchen- und Gelehrtensprache: ein besonderer Wesenszug des beginnenden Mittelalters.[75]

So vielgestaltig das Schrifttum und die Sprachenkarte des Reiches jetzt waren, so einheitlich, allerdings nur scheinbar, war die Kunst. Eine Reichskunst ähnlich wie die Reichskirche war das Ziel des bauwütigen Kaisers und nicht weniger auch das der Kaiserin. Kirchen und Klöster sind damals in großer Zahl in den Städten des Reiches erbaut worden und ebenso zahlreiche Profanbauten aller Art wie Paläste, Häfen, Brücken, Verteidigungsanlagen rings an den Grenzen des Reiches. Der Neubau zweier berühmter Kirchen Constantins I., der Basilika der Hagia Sophia und der Apostelkirche, in deren Mausoleum die kaiserliche Grabstätte war, sind die glänzendsten Taten des Herrscherpaares auf diesem Gebiete. Anthemios von Tralles war nicht nur der Erbauer der neuen Apostelkirche, sondern auch der Hagia Sophia Iustinians. Sein Helfer in der technischen Bauleitung war Isidoros von Milet. Ein jüngerer Isidoros hat an Stelle der durch das Erdbeben vom Jahre 558 schwer beschädigten Kuppel der Hagia Sophia eine neue stabilere für die im Jahre 563 wieder hergestellte „Große Kirche" geschaffen. Die höchste Stufe des seit Hadrians Pantheon in den Vordergrund getretenen Zentralbaues ist diese herrliche Kirche, von außen schmucklos, durchaus auf die Wirkung der feierlichen Pracht des Innenraumes abgestellt und das Vorbild der neueren Form der islamischen Moscheen, während die Apostelkirche, die schon im Jahre 536 geweiht werden konnte, ein prachtvoller kreuzförmiger Neubau – in der Hauptsache ein Werk Theodoras – war; sie ist dort begraben, an ihrer Seite Iustinian. Der Bau lebt in der Markuskirche (San Marco) von Venedig weiter. Noch viele andere prunkvolle Kirchen hat das fromme Herrscherpaar in Constantinopel und in vielen Städten des Reiches erbauen lassen, z. B. in Saloniki (Hagia Sophia).

Nirgends aber ist außer in Constantinopels „Großer Kirche" die iustinianeische Reichskunst heute noch so greifbar für uns wie in

Ravenna. Nach der ersten Blüte ravennatischer Kunst unter Galla Placidia, der zweiten unter Theoderich, hat Iustinian in der kaiserlichen Residenzstadt des Westens die letzte Größe und Pracht des Reiches durch die Bauten der Stadt, die z. T. schon zur Gotenzeit begonnen wurden, zum Ausdruck gebracht. San Vitale, wie die Hagia Sophia ein Zentralbau, ist noch zu Theodoras Lebzeiten (547) fertiggestellt worden. Ein reicher Bankier der Stadt, Iulianus – er ist verewigt auf dem Mosaikbild Iustinians – spendete das Geld zu dem Bau. Er ist mit den beiden großen Mosaikbildern, die den Kaiser und die Kaiserin mit ihrem Gefolge bei dem Einzug in die neue Kirche darstellen (obwohl sie persönlich nicht daran teilnahmen), ein Musterstück byzantinischen Goldmosaiks. Dagegen wurden die beiden berühmten Basiliken Ravennas erst nach Theodoras Tode geweiht: San Apollinare in Classe im Jahre 549, San Apollinare Nuovo im Jahre 558. Diese Kirche zeigt – wenigstens im Bilde – zwei berühmte Profanbauten Ravennas: Theoderichs Palast und das befestigte Tor des Hafens Classis, Monumente, die als solche nicht erhalten sind. Nur Theoderichs Rundgrab steht noch einsam draußen vor dem Tore. Ravenna empfindet man besonders deutlich als die Stadt zwischen zwei dahingegangenen Welten, wenn man die beiden Mausoleen auf sich wirken läßt: das „Kreuz" der Westgotenkönigin Galla Placidia sowie des Ostgoten Theoderich Heroon (Heldengrab) und die letzte Pracht der Kirchen Iustinians, die Wahrzeichen des noch einmal zu einer Blüte von ganz kurzer Dauer gebrachten Römerreiches.

Leider ist auch die größte Vertreterin iustinianeischer Plastik verlorengegangen, ein Werk des Bildhauers Eustathios, das überlebensgroße Bronze-Reiterbild Iustinians, das im Jahre 542/43 wohl auf dem Augusteion (Augustusplatz) errichtet worden ist. „Der Kaiser sollte als zweiter Achilleus erscheinen; gegen Osten gerichtet streckt er die erhobene Rechte der Sonne entgegen und gebietet den dortigen Barbaren (Persern) Halt wie Achill dem Ansturm der Troer. Die Linke trägt die Weltkugel, auf der das Kreuz steht, der Kopf eine Krone mit Federn, die wohl Strahlen bedeuten sollen."[76]

Ein anderes, schon im Jahre 534 geprägtes und ausgegebenes Siegesdenkmal war das große Medaillon im Werte von 36 Solidi

= ½ römischem Pfund. Die Vorderseite zeigte das Brustbild des Kaisers mit Nimbus, Diadem und Federhelm, die Brust gepanzert, umschrieben: *„D(ominus) N(oster) Iustinianus p(ater) p(atriae) Aug(ustus)"*, die Rückseite Iustinian zu Pferd, geführt von einer geflügelten Victoria mit Palmzweig und Trophäen mit der Umschrift *„Salus et Gloria Romanorum"*.[77]

Die Kleinkunst der Zeit hat unter syrischen und ägyptischen Einflüssen besonders Beachtenswertes geleistet, und zwar in der Malerei, in der Stickerei kostbarer Gewänder, in der Schnitzkunst in Holz und Elfenbein, diese vor allem in den sog. Konsular-und Priester-Diptychen (Doppeltafeln),[78] mit denen die Konsuln, Priester und Priesterinnen ihre Freunde, Angehörige der großen Geschlechter, bei Familienfesten beschenkten, um sich selbst unsterblich zu machen.[79] Ein Schnitzwerk iustinianeischer Zeit ist auch der sog. Thron des Bischofs Maximianus in Ravenna. Ein Beispiel der reichen Buchbildkunst des sechsten Jahrhunderts stellt der Dioskorides-Kodex dar, noch unter Kaiser Anastasios I. für Anicia Iuliana, die Tochter des Konsuls Flavius Anicius Olybrius, geschrieben und gemalt, mit Köpfen berühmter Ärzte, darunter des Dioskorides selbst, der im ersten Jahrhundert n. Chr. gelebt hat, sowie mit Pflanzen und Tieren.[80]

In den letzten Jahren seines Lebens beschäftigte sich Iustinian mit der Frage seiner Nachfolge, denn er war kinderlos; es lag ihm viel daran, den von ihm zu so hohem Ansehen gebrachten Kaiserthron seiner Familie zu erhalten. Am. 11. November 565 starb er, fast 83 Jahre alt. Es war, als wenn den alternden Kaiser schon seit dem Hinscheiden der willensstärkeren geliebten Gattin die Kraft verlassen hätte. Er hatte sich immer mehr auf diplomatische Künste und auf das theologische Studium zurückgezogen. Deshalb konnte ein Zeitgenosse von dem Kaiser sagen, daß er auf Erden schon ganz mit seinen Gedanken im Himmel war. Als der Tod ihn endlich erlöste, hatte er sich in der Tat selbst überlebt und hinterließ seinem Neffen eine schwere Erbschaft, wie etwa Ludwig XIV. von Frankreich im Jahre 1715 seinem Urenkel Ludwig XV. Ihm folgte als Kaiser seiner Schwester Vigilantia Sohn Iustinus II., bis dahin Inhaber der neugeschaffenen Würde eines Kuropalates, des Vorstehers der gesamten

Hofhaltung. Er war mit Theodoras Nichte Aelia Sophia[81] verheiratet und wurde vielleicht deshalb den anderen Thronanwärtern aus dem Verwandtenkreise vorgezogen.

Es ist schwer, ein Charakterbild Iustinians, des letzten „römischen“ Kaisers, zu entwerfen. Er gab sich mehr als Römer, als daß er es war, und berief sich mehr auf römische Vorbilder, als daß er ihnen wirklich folgte. Auf seinem Spezialgebiet, der Religion, war er durchaus ein Grieche und gab seit dem Jahre 535 seine Gesetze in griechischer Sprache heraus. Aber es war noch etwas Drittes in ihm, das weder römisch noch griechisch war, sondern mehr bodenständig balkanisch und lokalbedingt. Seine Wiege hatte in Tauresium bei Bederina gestanden in der Nähe von Üsküb, dem antiken Scupi, einer Römerkolonie Traians aus dem Jahre 100 in Obermakedonien an der Grenze Dardaniens. War er darum ein Makedone? Sicherlich nicht. War er ein Thraker? Wohl kaum. Die Gegend von Üsküb war immer wieder von Fremdvölkern überflutet worden.[82] Wenn man annehmen dürfte, daß sich zur Zeit seiner Geburt viele Slawen in dieser Gegend befunden hätten, wäre man versucht, die seltsame Weichheit in seiner persönlichen Erscheinung und in seiner seelischen Struktur auf dieses Neuvolk Osteuropas zurückzuführen. Doch fehlt dafür jeglicher Beweis.

Sein Vater hieß Sabbatius, seine Mutter Vigilantia, wie die nach ihr benannte älteste Tochter. Der Bruder des Vaters war Iustinus I., Iustinians Vorgänger und sein Wegbereiter. Wie ungebildet bäuerlich die Familie ursprünglich gewesen war, zeigt dieser Landsknecht auf dem Thron. Ihn hatten der Dienst in der Armee und seine Tapferkeit, wie so viele spätere Kaiser, emporgebracht. Schon längst war es so, daß jeder einfache Soldat bei besonderer Leistung nicht nur den Marschallstab, sondern sogar das Kaiserdiadem im Tornister trug. Iustins Hauptverdienst als Herrscher war es, die Fähigkeiten seines Neffen erkannt und ihm den Weg zur höchsten Stelle, zuletzt durch Adoption, gebahnt zu haben: ein später Nerva. Aber Iustinian wurde kein Traian, sondern ein ins Christliche abgewandelter Diokletian, ein Nur-Innenpolitiker, ein ewiger Reglementierer, Projektemacher und Systemschmied, der gern an den Symptomen statt an den Wurzeln des Leidens herumkurierte, der die Armee und die Kriege seinem Belisar überließ wie Augustus dem Agrippa.

Das Kaiserreich hatte einen langen merkwürdigen Weg zurückgelegt: nach Cäsars einmaliger Größe der römische Staatsmann Augustus, dem zweimal griechische Philosophen gefolgt waren, der Stoiker Marcus Aurelius und der Neuplatoniker Iulian, dazwischen Constantin I., der staatsmännisch klug Augustus' und Jesus' Werk miteinander versöhnt hat, und nun ein christlicher Theologe, der sich nicht nur als Erbe der Cäsaren, sondern auch als Knecht und Beauftragter Gottes fühlte, dazu berufen, Staat und Kirche, die Eines für ihn waren, im römischen und christlichen Geiste zu lenken. Während der ersten Hälfte seiner Regierungszeit teilte er die Herrschaft mit seiner Frau, die er im Jahre 526 heiratete, ein damals 45jähriger Mann eine fast dreißigjährige reife Frau, die vollends seit dem Nika-Aufstand (532) an der höchsten Machtfülle teilnahm. So groß das Geheimnis von Iustinians Persönlichkeit ist, noch viel größer ist das der Persönlichkeit Theodoras. Beide waren Emporkömmlinge aus tieferen Schichten der Gesellschaft, beide Menschen von überragendem Ausmaß, die einen überraschend schnellen Aufstieg genommen hatten, der vieles, aber nicht alles erklärt, vor allem nicht die verschiedene Art, in der beide die ihnen zugefallene Rolle spielten.

Iustinian, ein Mann von mittlerer Größe, mit rundem Gesicht und etwas zur Beleibtheit neigend, blieb in seiner Lebensweise auch als Kaiser stets einfach, infolge seiner Frömmigkeit fast mönchisch-asketisch in Speise, Trank und Schlaf: ein Arbeiter von riesigem Fleiße, auch als Kaiser. Theodora war ihrem Äußeren nach eine Schönheit, aber offenbar mehr eine orientalischer Art. Daß ihre Familie syrischen Ursprungs war, wie ich einmal vermutet habe,[83] ist wahrscheinlich, aber nicht beweisbar. Die ehemalige Schauspielerin und Tänzerin war eher zierlich und von kleiner Statur, in Haltung und Bewegung stets elegant, sie beherrschte alle Geheimnisse der Toilettenkunst und wandte sie täglich an. Der frühere unruhige Lebenswandel forderte nicht nur langen Schlaf, sondern auch die Pflege des Körpers mit allen Mitteln eines raffinierten Badeluxus. In erster Linie war und blieb Theodora Frau und wollte trotz mancher männlicher Eigenschaften, die sie später als Herrscherin auszeichneten, als Frau gewertet sein. Durch ihre Schönheit, ihren Geist, ihren Witz, nicht zum wenigsten aber auch durch ihren starken leidenschaftlichen Willen hat sie sich die Zuneigung des hohen Gemahls erobert. Seine Liebe zu ihr war grenzenlos und hat alle Hindernisse, die längere Zeit der ehelichen Verbindung entgegenstanden, überwunden. Diese Liebe des Gatten mußte erhalten, ja täglich neu erobert werden, wollte sich die Kaiserin ihre hohe Stellung am Hofe, in der Gesellschaft und im Staate bewahren. Iustinians Liebe entsprang starker männlicher Leidenschaft, ihre frauliche Liebe war mehr verstandesmäßig. Auf den Thron gelangt, ist sie ein Muster von Korrektheit und Sittenstrenge geworden, ja, sie hat sich durch die Protektion von Kirchenmännern der monophysitischen Glaubensrichtung einen gewissen Heiligenschein erworben. Im Gegensatz zu dem einfacher gebliebenen und in vielem genügsameren Gatten benutzte sie die Herrscherstellung, um einen großartigen Luxus auf allen Gebieten und eine feine Eleganz zu entfalten. Damit verband sie eine stets offene Hand für alle, vor allem für die Klöster, Kirchen, Spitäler sowohl zu Hause wie auf ihren Reisen, bei denen sie stets ein großer Hofstab begleitete. Sie war also in der äußeren Aufmachung herrscherlicher als der Gatte, der bei seiner Verliebtheit, wie so mancher Emporkömmling, sich freute, nicht nur eine schöne und elegante, sondern auch eine auf großem Fuße lebende Frau zu besitzen.

Iustinian, ein Mann von sehr breiter und vielseitiger Bildung, in allen Zweigen der Staatsverwaltung, der Finanzen, des Bauwesens, des Rechtes, der Musik und der Religion bewandert, aber ohne militärische Befähigung und Neigung, war und blieb auch als Kaiser bürgerlich und menschlich, war immer schlicht und liebenswürdig im Umgang, wahrte aber voll hoher Selbstbeherrschung den Abstand von seiner Umgebung, von Hoch und Niedrig, und wußte seine letzten Pläne und Gedanken, wenn nötig, für sich zu behalten, nicht immer durchsichtig für jedermann, manchem sogar unheimlich im Grunde seines Wesens. Ehe das Alter ihn starr machte, war er beweglich und anpassungsfähig. Dies artete allerdings manchmal in Vielgeschäftigkeit und Überlastung mit Problemen auf den verschiedenen Gebieten aus, da er sich zu seinem hohen Werke als von Gott berufen dünkte und sich in der Erfüllung seiner Pflichten nicht genug tun konnte. In der Politik verfolgte er sein einmal erkanntes Ziel mit einer gewissen Zähigkeit, manchmal mit Fanatismus. Alle Mittel waren ihm nötigenfalls recht: auf den Erfolg allein kam es ihm an. Aber an einem Fehler litt er, der für einen Politiker katastrophal werden kann. Er blieb nicht immer im Bereiche des Möglichen, sondern hat oft Unmögliches angestrebt. Sein Geistesflug ging mehrfach über sein praktisches Bewältigungsvermögen hinaus. Daneben tritt das typische Bild eines Mannes zutage, der seinen Beruf verfehlt hat. Er mußte als Herrscher notgedrungen Politiker sein und wäre doch so gerne Theologe geworden.[84] Seine starke Veranlagung in dieser Richtung äußerte sich in einer eigentümlichen pastoralen Geschwätzigkeit und Wortfülle bei gleichzeitigem Mangel an tatkräftigem und durchgreifendem Handeln.[85]

Seine Frömmigkeit war echt und wuchs aus seinem innersten Wesen heraus. Die Schwierigkeit lag darin, daß er einen eigenen, ganz persönlichen Glauben besaß, der sich weder mit der Lehre von Chalkedon noch mit der der Monophysiten völlig deckte. Seine Ausgleichsbestrebungen zwischen beiden Glaubensrichtungen wurden daher durchkreuzt von den Wandlungen, die er selbst religiös durchmachte. Er rang tatsächlich wie ein Mann der Kirche mit sich selbst nach immer tieferer und sittlich höherer Glaubensgestaltung. Der theologische Kaiser war „für die Kirche auf der einen Seite ein Triumph, auf der anderen eine Gefahr".[86]

Er nahm es bitter ernst mit der Kirche und mit dem rechten Glauben, nicht weniger ernst aber mit dem Staat. Seine häufigen Beteuerungen, daß ihm das Wohl seiner Untertanen am Herzen liege, daß er Helfer und Erzieher sein wolle aus göttlichem Auftrag heraus, entstammen einem wahrhaftigen Wesen. Sein rastloser Diensteifer hat ihm den Titel des „schlaflosen Kaisers" eingetragen. Der „Wohltäter" der Menschheit, der in der Titulatur vergangener Zeiten so oft erscheint, war hier in die Wirklichkeit umgesetzt. Er hatte nur den einen Fehler, daß er zu viele Gesetze machte. Wie auf jede Wunde ein Pflaster, so wurde für jede neuentdeckte Verfehlung ein Gesetz bereitgehalten. Die Wahl der Helfer und Mitarbeiter auf allen Gebieten des staatlichen und kirchlichen Lebens war eine ausgezeichnete, ebenso das Bestreben, sie sich und dem Staate so lange wie irgend möglich zu erhalten – selbst gegen den Willen der Gattin; Männer wie Belisar, Narses, Tribonian, Johannes der Kappadoker, Anthemios waren Autoritäten ersten Ranges auf ihren Spezialgebieten, ebenso die großen Männer der Kirche, mit denen er die Nächte in der Diskussion über das richtige Dogma verbrachte. Auch dieser höchste Helferstab zeugt von hervorragender Gabe, die rechten Menschen für die zu lösenden Aufgaben zu finden und zu binden, eine Herrschertugend, die nicht hoch genug eingeschätzt werden kann. Daß er trotzdem vielfach nicht zu dem gewünschten Ziele kam, lag an seiner herrscherlichen Verschwendung in der Politik und im Bauwesen, die ihm bei aller Kenntnis der Finanzschwäche seines Reiches eigen war, lag aber auch an dem Alter der Staatsmaschinerie, der gewisse Fehler, wie die zentralisierte Wirtschaftsweise, die Versklavung der Menschen, die Korruption des Beamtentums, Mängel in der Besteuerung und in der Steuererhebung, seit Jahrhunderten anhafteten, Mängel, die auch von einem das Beste wollenden Herrscher nicht mehr aus der Welt geschafft werden konnten. So war schon aus diesen Gründen sein Wirken eine wahre Danaidenarbeit.

Dazu kamen das ewige Mißtrauen und die ewige Angst vor Belisar, die sich nicht nur in dem zu kargen Einsatz der nötigen Truppen, Hilfsmittel und Gelder für die Kriege äußerte, sondern auch in dem Fallenlassen und Beiseiteschieben, wenn der Ruhm des Feldherrn den des Innenpolitikers in den Augen der Massen überstrahlte. Der Kaiser, der nie die Hauptstadt verließ, saß in seinem Palast wie eine Spinne, die ihre Netze weiter oder enger spannte und gar manchen, der noch gestern frei war und in hohen Ehren stand, plötzlich verschwinden ließ. Wie oft dies zu Palastskandalen oder, wenn nicht gleich zu Skandalen, so doch zu üblem Klatsch Veranlassung gab, kann man sich leicht vorstellen, zumal dahinter eine so intrigante Frau wie Theodora stand.

Aber nicht nur die Angst vor Belisar, sondern auch die Angst vor dem eigenen Ich beherrschte den Kaiser. Er hatte anfangs seinen Palast zu weit geöffnet und sich manchmal auf Besuche und Anfragen hin zu entgegenkommend gezeigt. Später hat er sogar die Richter gelegentlich streng an das Gesetz gebunden und Urteile, die unter Berufung auf seine eigenen Erlasse gefällt worden waren, als nichtig erklärt, auch Bischöfen, Geistlichen und Mönchen den Zutritt in den Palast erst nach vorher schriftlich erteilter Erlaubnis des Patriarchen gestattet. Alles dies zeigt einen höchst impulsiven und durchaus wohlwollenden Herrscher, der aber die Selbstherrschaft zu wörtlich genommen und in einem höchst komplizierten Staatsapparat den Ressorts durch sein ewiges persönliches Hineinregieren mehr Schwierigkeiten gemacht als Erleichterung gebracht hat.

Theodora war viel zurückhaltender als ihr Mann. Es ist kein Zweifel, daß sie es gewesen ist, die das umständliche byzantinische Hofzeremoniell, wie es später geworden ist, bereits in den Grundzügen geschaffen hat. Sie hielt auf peinlichste Befolgung der höfischen Etikette bis zum Fußkuß bei der Proskynese auch für ihre Person und auf das Schweigen in ihrer Gegenwart, bis sie das Gespräch eröffnete. Auch fiel es der emporgekommenen Frau nicht schwer, die vornehmsten Persönlichkeiten stunden-, ja tagelang antichambrieren zu lassen. Das Mitgefühl mit Menschen der niederen Klassen ging bei ihr Hand in Hand mit einem stolzen Auftreten gegenüber höhergestellten Frauen und Männern. Sie war darin in noch stärkerem Maße Parvenu als ihr Mann, wie man überhaupt findet, daß bei Frauen, die aus der Dienerschicht stammen, Minderwertigkeitskomplexe die gegenteiligen Reaktionen heftiger auslösen als bei Männern. Die leichtlebige Tänzerin von ehedem wurde die exklusivste Herrscherin, die überängstlich darauf achtete, daß ihr Rang und ihre Autorität in allen Dingen anerkannt wurden: auch darin typisch die emporgekommene Frau, daß sie eine unbändige Freude an dem Niedertreten derer hatte, die bisher die Herren gewesen waren.

Als offenkundig wurde, daß ihre Ehe mit dem über alles geliebten Manne kinderlos blieb und sie nicht die Mutter eines Thronfolgers werden konnte, ist sie in ihrem Streben nach Erhaltung ihrer Stellung als Herrscherin, die der Nika-Aufstand so ungemein gestärkt hatte, noch rigoroser geworden. Das längst in ihr vorhandene willensmäßig Harte, Despotische entwickelte sich jetzt noch stärker.

Wer sich zwischen sie und ihren Gatten drängte, war ihr Feind. Wer aber gar versuchte, sich gegen sie durchzusetzen oder ihre Macht über den Kaiser und sein unbedingtes Vertrauen zu ihr zu untergraben, auf den entlud sich ihr ganzer Haß und, wenn nötig, ihre furchtbare Rache. So ist Johannes der Kappadoker im Jahre 541 ihr Opfer geworden. Belisar kam es zugute, daß seine Frau Antonina, obwohl sie wenig hoffähig war, zu dem Freundeskreise der Kaiserin gehörte und nötigenfalls mitintrigierte. In Narses hat Theodora dem Regime einen Mann gegeben, der noch nach ihrem Tode wirklich Großes geleistet hat.

Neben der oft ausbrechenden Gewalttätigkeit war in den späteren Jahren die Gier nach dem Geld ihr größtes Laster. Unter ihrem Einfluß wurden die finanziellen Rechte der Krone immer stärker betont.[87] Das staatliche Monopolwesen wurde von beiden Ehegatten gefördert. Die Reichen hatten darunter schwer zu leiden. Bei Verurteilungen höherer Personen wurden oft teilweise oder völlige Vermögenseinziehungen befohlen und durchgeführt. Dadurch stieg das Vermögen des Herrscherpaares ungeheuer. Dazu erreichte es Theodora, daß ihr der Kaiser ein beträchtliches Jahresgeld aussetzte. Auch sie wurde Großgrundbesitzerin. Die Güter der Kaiserin mit einem eigenen Verwaltungsapparat lagen z. T. in Kleinasien und in Ägypten. Ihr Leben wurde um so luxuriöser, je reicher sie wurde. Dies war am Ende der Hauptgrund, weshalb sie bei dem Volke schließlich so unbeliebt wurde. Daneben warf man ihr Ungerechtigkeit vor, während der Kaiser diesen Fehler nicht hatte. Der Hof, der alle Auswüchse im Staate stark bekämpfte, war manchmal durch Theodoras Maßlosigkeiten nicht frei von den Schäden, gegen die die kaiserliche Regierung anging.

Rein menschlich gesehen, hat dieses Herrscherpaar am ehesten eine Parallele in der neueren Geschichte in Bonapartes und Josephinens Ehe. Rückt man aber die politische Auswirkung der Ehe in den Vordergrund, so ist der Vergleich mit Ludwigs XV. Mätresse, der Pompadour, mehr berechtigt: ,,In allen Kabinetten lauschte man auf das Rauschen ihres Seidenkleides, Könige warben um ihre Sympathie, prüfend trat sie zwischen Kaiserinnen, die gespannt auf das Schwert Frankreichs blickten, das die mächtige Freundin des Königs in den schlanken Händen hielt."[88] Auf Theodoras letzte Zeit passen ähnliche Worte.

Und doch: Theodora war etwas ganz anderes als die Pompadour. Sie war Iustinians Ehefrau und seine bedeutendste Helferin, und zwar in erhöhtem Maße, seitdem sie in dem Nika-Aufstand die Retterin des Reiches geworden war. Der Kaiser achtete auf ihren Rat. In einer über zwanzigjährigen Ehe hat sich zwischen den beiden bedeutenden Menschen ein seltenes Maß von Vertrauen herausgebildet. Die Beamten, die nicht nur auf Iustinian, sondern auch auf Theodora vereidigt wurden, wußten, daß man durch ihre Protektion vorwärts kam und daß ihre Gunst vor möglicher Ungnade schützte. Es kam vor, daß man, wenn ihr Wille mit dem Iustinians nicht übereinstimmte, lieber ihren Anordnungen folgte. In der berühmten achten Novelle, in der der Kampf gegen die Auswüchse der Verwaltung aufgenommen wird, nennt die Einleitung Theodora in ganz besonders ehrender Weise. In vielen Gesetzen, z.B. in denen über die Würde der Ehe, die hohe Stellung der Mutter in der Familie, die Erschwerung von Scheidungen, Hebung der sozialen Stellung der Schauspielerinnen, in den Erlassen gegen das Bordellwesen, die Päderastie usw. spüren wir deutlich Theodoras Geist und Mitarbeit. Ihr Name erscheint neben dem des Kaisers auf den Staatssiegeln, auf den Inschriften der Kirchenfassaden und sogar über den Toren der militärischen Bauten. Offizielle Akte wurden im Namen des Kaisers und der Kaiserin eingeleitet. Allein in der Kirchenpolitik waren die beiden Throninhaber manchmal verschiedener Meinung. Der Kaiser stand hier von vornherein unter dem Zwang der geplanten Wiederherstellung des Gesamtimperiums und neigte aus persönlicher Überzeugung mehr zu dem orthodoxen Glauben, Theodora mehr zu dem Monophysitismus. Vielleicht wurde hier ein gewisses Doppelspiel von Mann und Frau gespielt. Die weisen Zungen hatten vielleicht nicht so unrecht, wenn sie die Meinung verbreiteten, das kaiserliche Paar habe das Regiment über die miteinander streitenden Parteien unter sich so verteilt, daß Iustinian die Orthodoxen, Theodora die Monophysiten an den Staat zu binden bestrebt war. Mitregentin aber war Theodora im strengen Sinne des Wortes nicht. Denn das Recht der Gesetzgebung hatte allein der Kaiser, ja, Theodora hat augenscheinlich auch nicht das Münzrecht wie ihre Nachfolgerin besessen. Dies kann nur so erklärt werden, daß sie selbst auf dieses hohe Recht aus irgendwelchen Gründen kein Gewicht gelegt hat.

In der Außenpolitik war ihre hohe Stellung genau so unumstritten wie in der inneren. Sie empfing die Gesandtschaften fremder Staaten und verhandelte mit ihnen. Papst Felix' IV. Anzeige von der Nachfolge des Bonifatius auf dem römischen Thron wurde im Jahre 530 *„dominis Augustis Iustiniano et Theodorae“* notifiziert. Ebenso forderte drei oder vier Jahre später Vigilius, der im Jahre 537 zur Regierung gelangte, nach seiner Rückkehr von Byzanz nach Rom das Pallium im Namen Iustinians und Theodoras. Im schriftlichen Verkehr mit Persien erscheint ihre „Schwester“-Stellung zur persischen Königin (s. o. S. 170). Mit dem Gotenkönig Theodahat stand Theodora in selbständiger Verbindung. An den Minister des Perserkönigs konnte sie einmal die stolzen Worte schreiben: „Der Kaiser entscheidet niemals etwas, ohne mich zu fragen.“

Wenn man sich dies alles vor Augen hält, versteht man, daß der Tod dieser großen Frau (an einem schweren Krebsleiden), die kaum das Alter von 50 Jahren überschritten hatte, ein sehr schwerer Schlag für Iustinian war. Noch lange Zeit mußte für ihre ewige Ruhe gebetet werden. Ihr Grab in dem Mausoleum der Apostelkirche war die Stätte seiner eigenen Gebete. Bei feierlichen Versprechungen pflegte er auf ihren Namen zu schwören, und die Beilegung des Streites mit den Monophysiten betrachtete er als die ihm von Theodora zugefallene Erbschaft. Ebenso übernahm er aus ihrem Hofstaat den Narses, der für die letzten Jahre seiner Regierung so viel bedeutete.

Man kann darüber streiten, wer der Größere von beiden war: Iustinian oder Theodora. Auf alle Fälle war Theodora die willensstärkere und hat in manchem tiefer geschaut als ihr Gatte. Sie hat für den Ausbau des kommenden byzantinischen Staates als des Bollwerkes gegen die drohenden Gefahren von Osten her mehr getan als der Kaiser, während sich dessen Westpolitik als unhaltbar erwiesen hat. Seine Kirchenpolitik, die den Ausgleich mit Rom suchte, hat die Gegensätze eher vertieft als behoben, so daß die beiden Kirchen von da ab verschiedene Wege gingen. Der Theologe in Iustinian hat dem Politiker oft mehr geschadet als genützt und sein Hauptwerk um den letzten Erfolg gebracht. Wie schon betont, liegt am ehesten der Vergleich mit Diokletian nahe. Wie auf diesen stark doktrinär eingestellten Herrscher ein mehr praktisch veranlagter Staatsmann wie Constantin I. folgte, so folgte auf Iustinian der bedeutendere Maurikios (582–602) und vor allem Herakleios (610–641), der größte Herrscher der frühbyzantinischen Geschichte, der nicht mehr an der längst brüchig gewordenen constantinischen Verfassung herumflickte wie Iustinian, sondern sie durch die sog. „Themenverfassung" ersetzte. Wie Constantin I. ist der große Armenier ein wirklicher Staatserneuerer gewesen. Der byzantinische Staat, der noch 800 Jahre lang die Entwicklung Europas gegen Osten abschirmte, ist nicht Iustinians Werk, sondern das Ergebnis des Wirkens Theodoras und des Herakleios. Iustinians Arbeit ist mehr der Kultur Ostroms zugute gekommen und hat hier zu einer letzten Glanzzeit geführt. Römisches Recht und römischer Glaube aber wurden durch ihn die Erbstücke für die kommende Gemeinschaft Europas.

6

Vom Tode Iustinians bis zum Sieg der Araber. Die Langobarden in Italien. Fränkisch-byzantinisches Bündnis. Byzanz als Kapitalmacht. Das Papsttum. Endkämpfe zwischen Rom und Persien. Herakleios. Die Araber als Sieger: Muhammed. Iran und Irland

(565–641 n. Chr.)

Daß die iustinianeische Ära „nicht den Beginn eines neuen Zeitalters, sondern das Ende einer großen dahinscheidenden Epoche darstellt",[1] beweist die Tatsache, daß das neue größere Reich gleich nach dem Tode seines Schöpfers politisch wieder zusammenzustürzen begann. Wohl war die Kultureinheit aller Länder, die einst im Imperium Romanum vereinigt gewesen waren, durch Iustinians Wirken noch einmal gestärkt worden. Denn das Mittelmeer wurde dank der Flotte, der Kapitalüberlegenheit und Diplomatie Ostroms noch einmal das *„mare nostrum"* der Byzantiner, und von der Beherrschung des Mittelmeeres hing immer noch alles ab. Aber politisch war das neue Gebilde nicht mehr lebensfähig, schon deshalb nicht, weil die eigentlichen Feinde Constantinopels, Slawen und Perser, nur durch Tributzahlungen einigermaßen in Schranken gehalten werden konnten. Jetzt nahmen sie ihre Angriffe und Anstürme wieder auf.

Schon drei Jahre nach Iustinians Tod, im Jahre 568, gab es an zwei Stellen des Reiches eine entscheidende Veränderung: in Italien und im Donauraum. In Italien durch die Langobarden, deren Erscheinen an der Donau eine völlige Verschiebung der politischen Verhältnisse gebracht hatte und gegen die sich die Gepiden nur mit oströmischer Hilfe eine Zeitlang hielten. Im Donauraum, in dem heutigen linksdanuvianischen Ungarn, strebten die Avaren, nach der Vernichtung des Gepidenreiches als das neue Volk des Ostens, unter dem mächtigen Chagan Baianus zur Großmacht empor; sie begannen also an die Stelle der Hunnen zu treten. Sie wurden noch machtlüsterner als diese und dadurch eine große Gefahr für alle Umwohnenden.[2] Neben den Persern bestimmten diese beiden Völker die zukünftige Politik Ostroms, die Avaren dadurch, daß sie den Druck auf die wandernden Slawen verstärkten. Byzanz mußte sich nach den unverzeihlichen Vernachlässigungen Iustinians an dieser Stelle darauf beschränken, die Verteidigung der schwer bedrohten Nordgrenze und gleichzeitig die Erhaltung des Reiches gegen den Ostfeind zu organisieren. Mit dem endgültigen Verlust der bei dem Kampfe der Gepiden und Avaren vorübergehend wiedergewonnenen starken Grenzfestung Sirmium (582) ist die letzte Schranke im Norden gefallen.

Das Bedenklichste war der Einfall der Langobarden unter ihrem König Alboin in Italien, dem sich zahlreiche Gepiden anschlossen.[3] Die Ursache war die Abberufung des allgemein gefürchteten Narses und seiner Truppen durch Iustinus II. (Anfang 568). Er wurde durch einen reinen Zivilbeamten, den *praefectus praetorio per Italiam* Longinus, ersetzt.

Der erste Stoß erfolgte durch den Birnbaumer-Wald-Paß auf das seit Attilas Zerstörung bedeutungslos gewordene Aquileia, dessen Patriarch sich nach der Insel Grado in Sicherheit brachte. Erst mit Beginn des Frühjahrs 569 rückte der König in die venezianische Ebene ein mit dem Ziele Mailand, das am 3. September ohne Schwertstreich fiel. Pavia dagegen mußte drei Jahre belagert werden (569–572) und wurde die Hauptstadt des neuen Königreiches, das sich in Mittelitalien vor allem auf die Herzogtümer Spoleto und Benevent stützte; über die Zeit ihrer Gründung sind die Nachrichten unsicher.[4]

Den politischen Bruch mit der römischen Vergangenheit hat außer den Angelsachsen kein germanisches Volk so gründlich vollzogen wie die Langobarden. Zum erstenmal traten Germanen als reine Eroberer auf dem Festland auf und wurden keine römische Soldaten oder Föderaten mehr. Ihre Landnahme bedeutete den Anbruch des Mittelalters in Italien. Wo sie hinkamen, entstand eine neue Herrenschicht. Die Römer wurden ihres Besitzes beraubt und zu Untertanen gemacht. Die Langobarden lebten nach rein germanischem Recht und in germanischer Gesellschaftsordnung, viel weniger beeinflußt von römischer Sitte als alle bisherigen Eroberer. Doch darf die neue Okkupation auch nicht überschätzt werden, wie es meist geschieht. Die Langobarden eroberten nur Norditalien mit der Hauptstadt Ticinum = Pavia und einzelne Teile der Halbinsel (Spoleto, Benevent). Meist vermochten sie nicht, sich die festen Plätze und Städte einzugliedern. Dazu kam: die alten Mächte, die Franken und die Kirche, stellten sich feindlich gegen sie. Der Papst, von jetzt aber der wahre Machthaber in Rom, ordnete sich weiterhin dem Kaiser unter, aber das unmittelbar beherrschte kaiserliche Gebiet wurde auf Ravenna, Rom, Süditalien und Sizilien beschränkt. Der Exarch von Ravenna bestätigte fortan in des Kaisers Namen die Wahl der Päpste.

Angriffe der Langobarden auf Südgallien seit dem Jahre 569, zunächst auf das Burgunderreich, führten zu einem fränkisch-byzantinischen Bündnis um das Jahr 571. Ostrom benutzte während seines Kampfes mit Persien die Franken, die seit dem Jahre 567 das westgotische Gebiet zwischen der Garonne und den Pyrenäen besaßen, gegen den neuen Gegner in Italien, dessen König Alboin im Juni 572 einem Meuchelmord zum Opfer fiel.

Daneben wurde Byzanz als Kapitalmacht immer mehr ein Faktor von ausschlaggebender Bedeutung. Wie einst das achämenidische Persien in seinem Niedergang die sich befehdenden griechischen Kleinstaaten mit Gold überschwemmt hatte, so streute Byzanz das Geld zu Bestechungszwecken und zur Aufhetzung der Germanen gegen Germanen mit vollen Händen und gutem Erfolg aus.[5] Die Langobarden, die spätestens unter dem oströmischen Kaiser Tiberius II. (578–582) Spoleto und Benevent erreichten und gegen die Papst Pelagius II. (579–590) noch einmal die Franken herbeirief (583), richteten im Jahre 584 ihr Königtum unter Authari (584–590) wieder auf. In den Krieg zwischen ihnen und den Franken griff im Jahre 590 der Kaiser wieder ein, diesmal durch den Exarchen, da zur gleichen Zeit der Perserkrieg zu Ende gegangen war. Man träumte einen Augenblick von der Rückkehr Italiens in den Reichsverband. Doch es blieb bei der Trennung. Schlimmer war es, daß das fränkisch-byzantinische Einvernehmen aufhörte. Dadurch erhielten die

Langobarden die Möglichkeit zu weiterer Entfaltung, zumal das Reich sich erneut der Perser erwehren mußte und ein Einfall der Avaren erfolgte.

Da Iustinian den Bogen zu stark überspannt hatte, war der Rückschlag im Reich auf finanziellem Gebiet äußerst schwer. Iustinus II. (565 bis 578), der zehn Jahre nach dem Frieden von 562 den Perserkrieg wieder aufnehmen mußte, hat nur mit größter Mühe die geldwirtschaftliche Basis des Staatshaushaltes, die Hauptmachtquelle des Reiches, unversehrt halten können. Sein Nachfolger Tiberius II. wurde schon im Jahre 574 mitregierender Cäsar, weil Iustinus wahnsinnig geworden war. Seit dem Jahre 578 war er Alleinherrscher, der erste Grieche auf dem Thron. Die furchtbaren Kämpfe gegegen die Perser verlagerten die Wetterseite des Reiches wieder nach Osten. Im Innern aber wurde es sozial und wirtschaftlich einseitig von der allmächtigen Großgrundbesitzerkaste beherrscht. Die slawische Einwanderung nahm immer größere Dimensionen an. Der Norden der Balkanhalbinsel wurde allmählich slawisch, im Ostteil später auch bulgarisch, während Hellas leicht slawisiert oder stellenweise illyrisiert (albanisiert) wurde.

Im Westen blieb das Reich dank seiner Flotte und Meerherrschaft, seinem Gold und seiner Diplomatie die einzige Kultur- und Weltmacht. Römische Politik und römisches Gold beherrschten unstreitig die Germanenstämme, auch das westgotische Spanien, in dem die Romanisierung trotz des Verlustes der iustinianeischen Eroberung im Südosten schnell starke Fortschritte machte und der Arianismus Ende des sechsten Jahrhunderts verschwand. In Italien, besonders im Süden, faßte eine große Zahl griechischer Mönche Fuß. Das aufsteigende Venedig wurde in den Bannkreis Constantinopels gezogen. „Offensichtlich lag eine Byzantinisierung des Abendlandes, mehr oder minder durchsetzt von irischen und angelsächsischen Elementen, in der Linie der Zukunft.“[6] Im Osten kam im Jahre 591 im Kampf mit Persien noch einmal ein großer Teil von Persisch-Armenien und der südlich davon gelegenen Gebiete mit den Festungen Martyropolis (= Tigranokerta) und Dara in römische Hände.[7]

Dies war das Verdienst des bedeutendsten Herrschers seit Iustinian, des Maurikios (582–602), mit dem die langobardischen und griechischen Chronisten die Reihe der griechischen Kaiser beginnen lassen. Er überschritt noch einmal die Donau zum Angriff gegen die Slawen, ohne aber die Lage auf dem Balkan noch ändern zu können. Während man gegen die jetzt durch die Türken stärker gefesselten[8] Perser noch einmal Erfolge erzielte, wurde die Langobardengefahr in Italien immer größer. Papst Gregor I. (590–604), die bedeutendste Erscheinung auf dem Papstthron in der Frühzeit, hervorgegangen aus der stadtrömischen Aristokratie (er war zuletzt *praefectus urbi*), war zeitweilig auf sich allein angewiesen. Im Jahre 592 wurde die Verbindung zwischen Rom und Ravenna unterbrochen; bald wurde Rom selbst bedroht. Maurikios faßte die Reste von Iustinians Westmacht in den „Exarchaten" Ravenna und Karthago zusammen, und zwar unter Vereinigung der gesamten militärischen und zivilen Gewalt mit unbegrenzter Vollmacht in den Händen dieser antiken Markgrafen des Westens; allerdings reichten die Streitkräfte, über die sie verfügten, nicht aus. Das Papsttum wuchs bei dieser Sachlage an Macht und Bedeutung. Im Jahre 596 schickte Gregor I. unter Führung des Augustinus seine ersten Glaubensboten nach England, ein Unternehmen mit weitreichenden Folgen. Er schuf eine neue Machtgrundlage im Norden.

Maurikios' Testament vom Jahre 597 bestimmte, daß sein ältester Sohn Theodosios Constantinopel und den Osten, der zweite, Tiberios, Rom und den Westen, die beiden jüngsten den Rest, wohl Illyricum einschließlich Griechenland und Afrika, erhalten sollten: noch einmal eine Wiederaufnahme von Iustinians Streben nach dem Gesamtreich, allerdings im Rahmen einer Familien- und Teilungspolitik, die an die Constantins I. erinnert.

Aber es kam anders, als der Herrscher gedacht hatte. Er wurde gestürzt. Unter dem barbarischen Kaiser Phokas (602–610) kam es zu einem furchtbaren innen- und außenpolitischen Zusammenbruch. Die Langobarden hatten freie Bahn. Die Teilung Italiens zwischen ihnen und Ostrom bereitete sich vor. Aber gleichzeitig begann auch die Romanisierung dieser letzten Eroberer des Zentrallandes. Des Papstes Isolierung und Notlage benutzte der Patriarch von Constantinopel, um sich den Titel eines ökumenischen Patriarchen beizulegen. Auf Gregors Einspruch hin erkannte Phokas den Papst als „Haupt aller Kirchen" an. Die Phokassäule auf dem Forum Romanum, von dem Papst errichtet, erhält bis heute die Erinnerung an diesen grauenhaftesten Staatszerstörer des Römerreiches wach.

Die Perser spielten sich als Rächer des Maurikios auf und fielen in das Reich ein. Sie eroberten im Jahre 605 Dara und Amida, zwei Jahre später auch Edessa und Beroia. Im Jahre 608 drangen sie durch Armenien und Kleinasien schließlich bis Chalkedon vor, plünderten außerdem im Jahre 611 Antiocheia und verheerten Kappadokien zum zweitenmal.[9]

Aber unterdessen war die Rettung durch den Armenier Herakleios (619–641) angebahnt, und zwar von außen her. Als Sohn des gleichnamigen Exarchen von Karthago war er am 6. Oktober 610 mit der afrikanischen Flotte vor Constantinopel erschienen. Als Retter begrüßt, hat er das Reich von dem Regiment des Phokas befreit und wurde von dem Patriarchen zum Kaiser gekrönt.

Jedoch blieb zunächst auch unter Herakleios die slawisch-avarische Bedrohung des Reiches von Norden und die persische von Osten her bestehen, diese nach dem Scheitern einer Gegenoffensive in Armenien und Syrien. Harte Kämpfe tobten in den Jahren 613/14, bei denen die Römer schwere Niederlagen in Syrien und Palästina erlitten. Im Jahre 614 fiel Damaskos und bald darauf Jerusalem in die Hände der Perser. Das heilige Kreuz des Erlösers wurde entführt, die syrischen Provinzen wurden grauenhaft verwüstet. Constantins I. Grabeskirche in der heiligen Stadt ging in Flammen auf. Entsetzen ergriff die gesamte Christenheit. Drei Jahre darauf (617) drangen die Perser gleichzeitig mit den Hauptfeinden im Norden, den Avaren, bis an die Hauptstadt vor. Die Perser erreichten wieder Chalkedon. Im Jahre 619 erfolgte die erste Eroberung Ägyptens. Das Achämenidenreich schien im Wiedererstehen begriffen.[10] Die Getreideversorgung Constantinopels war durch den Verlust der ägyptischen Kornkammer in Frage gestellt. Die Gefahr war so groß, daß man an eine Verlegung der Reichshauptstadt nach Karthago dachte.

Da gab im Jahre 620 Herakleios dem tief daniederliegenden Staat

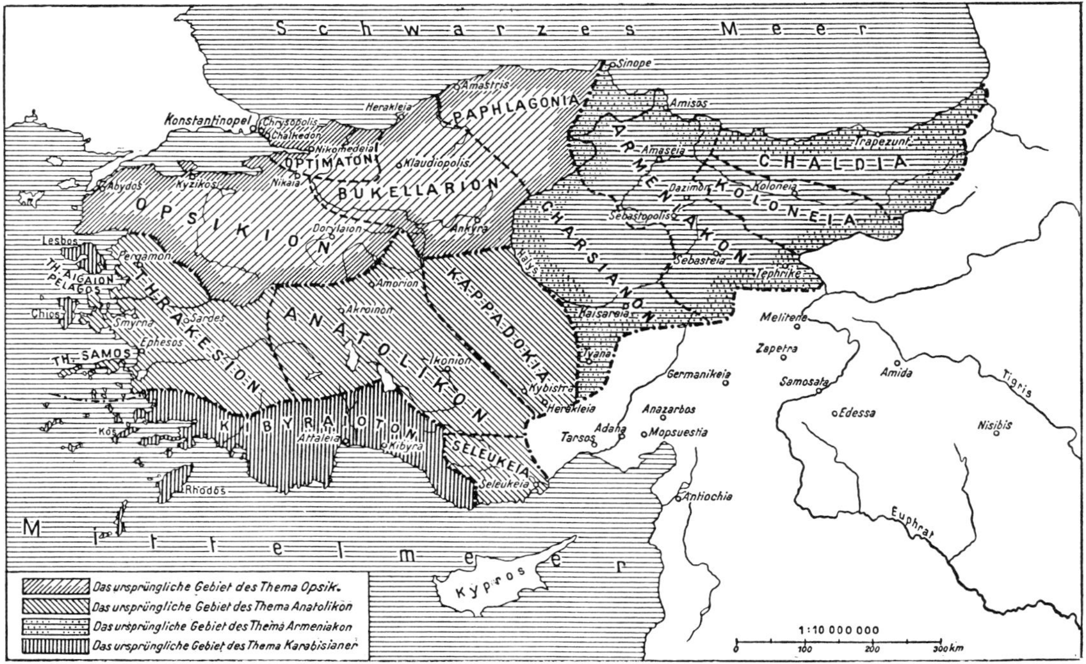

3. Die Themenorganisation Kleinasiens

durch Konzentration aller Kräfte auf die Reichsverteidigung eine völlig neue, mehr militärische Verfassung, die sog. „Themenverfassung“ nach dem Vorbild des Perserstaates,[11] wie sie die Grenzländer und die Exarchate bis zu einem gewissen Grade bereits hatten. Sie brachte eine Einteilung des Reiches, zunächst in Kleinasien, in große Militärbezirke (die „Themen“). Gleichzeitig erhielt der Staat durch die Neuschöpfung zahlreicher Soldatengüter mit der Verpflichtung der Eigentümer zum erblichen Militärdienst, einer Art militärischen Erbhofbauerntums mit der Auflage der Reichsverteidigung, eine neue, mehr bäuerliche Grundlage: ein Gegengewicht gegen die feudalistische Entartung. Damit war eine Umgestaltung der Zentralregierung, vor allem der wichtigen Staatsfinanzverwaltung, verbunden. Zu diesem Zwecke wurden neue Behörden, die sog. „Logotheten“, geschaffen, die an der Spitze der einzelnen Ressorts standen. Auf dieser Themen- und Logothesienordnung ruhte der viel stärker als bisher militarisierte Staat, der noch achthundert Jahre lang das Abendland gegen Osten und Norden verteidigt hat.

Auch nach außen hin ist es Herakleios gelungen, eine völlige Wendung herbeizuführen, und zwar dadurch, daß er eine Staatsanleihe bei der Kirche aufnahm und mit Hilfe des Patriarchen Sergios eine Kreuzzugsstimmung in dem Volke erweckte. Die Rückendekkung gegen die Avaren wurde durch einen Frieden erkauft; Iustinians Methode wurde also in umgekehrter Richtung angewandt.

Im Jahre 621 begann der Kaiser den ungemein kühnen und erfolgreichen Feldzug gegen die Perser, der bis tief in das Feindesland vorgetragen wurde. Allerdings erfolgte im Jahre 626 ein schwerer Rückschlag. Die Reichshauptstadt sah nicht nur die Ostfeinde, sondern auch die Avaren unmittelbar vor ihren Toren. Nach erneuter Rettung durch eine schwere siegreiche Schlacht trat der Kaiser mit dem nördlich des Kaukasus gelegenen türkischen Chazaren-Reich in Verbindung und schuf die byzantinisch-chazarische Zusammenarbeit, „die mit der Zeit zu einem Hauptpfeiler der Reichsostpolitik wurde“.[12] Der Schlacht bei Nineve (Anfang Dezember 627) folgte im Jahre 628 der Vormarsch bis in die unmittelbare Nähe von Ktesiphon. Als in dem gleichen Jahre Chosrau II. starb, kam es zum Frieden. Die feierliche Heimkehr des heiligen Kreuzes sowie die Rückgabe der ehemaligen byzantinischen Provinzen bedeuteten einen vollen Erfolg des Siegers im Osten.

Auch die avarische Macht im Westen vermochte Herakleios zu erschüttern. Die bis dahin in ihrer Gewalt befindlichen slawischen Stämme wurden frei, und mit ihnen konnte der Kaiser besser und schneller fertig werden als mit dem mächtigen Avaren-Chagan. Trotzdem kam es zu weiteren slawischen Einwanderungen in die Balkanhalbinsel.

Im Westen schloß Herakleios einen Bund mit dem letzten Merowingerkönig Dagobert I. (629–639), der die fränkische Einmischungspolitik in Italien und Spanien wieder aufnahm. Bei den Westgoten unterstützte Herakleios im Jahre 630 den Prätendenten Sisenand gegen den rechtmäßigen König Svinthila (621–631) und erreichte durch dessen Sieg über den Gegner eine Stärkung des Reichseinflusses auch im äußersten Westen,[13] wo die Westgoten im Jahre 624 die letzten kaiserlichen Besitzungen in Spanien genommen hatten. Das Reich war wieder eine Großmacht. Der Herrscher Indiens beglückwünschte den Sieger.

Aber das Imperium Romanum war doch zu Ende. „Politisch und kulturell bedeutete die Herrschaft des Herakleios für das noch gebliebene Ostreich eine Wendezeit."[14] Das byzantinische Kaisertum beginnt in dieser Stunde. In der Verwaltung schaffte Herakleios die lateinische Sprache ab und beseitigte damit die Zweisprachigkeit von Regierung und Volk, das eigentliche Kennzeichen des von Diokletian gegründeten Neurömerreiches, dessen Sprache die östliche Bevölkerung nicht mehr verstand. „Griechisch wurde nunmehr die offizielle Sprache des byzantinischen Reiches. Die Sprache des Volkes und der Kirche wurde auch die Sprache des Staates. Der künstlich angehaltene Gräzisierungsprozeß kam jetzt zu um so rascherer Entfaltung."

Auch in der Kaisertitulatur kam die Zeitwende zum Ausdruck. Herakleios verzichtete auf die lateinische Titulatur, den letzten Rest des durch Diokletian einst errichteten neuen Römerreiches. Er nannte sich seit dem Jahre 629 nur Basileus, ein Titel, den man den Kaisern bis dahin im Osten nur inoffiziell beigelegt hatte. Dagegen übernahm Herakleios aus dem alten System, da auch er eine Dynastie zu gründen suchte, die Mitregentschaft seiner Söhne, aber nur noch, um die Thronfolge zu regeln.[15] Wie es an der Spitze des Staates keinen Augustus mehr gab, so gab es auch für den Mitkaiser und Thronfolger (zunächst für seinen ältesten Sohn Herakleios Neos Constantinos, später auch noch für den zweiten Sohn Heraklonas) nicht mehr den Titel eines Cäsar. Der in Aussicht genommene Thronfolger wurde noch zu Lebzeiten des Herrschers gekrönt und trug fortan als Mitkaiser die Krone und den Kaisertitel. Er wurde inoffiziell als δεύτερος oder ὁ μικρὸς βασιλεύς bezeichnet und übernahm nach dem Tode des Hauptkaisers sofort die Regierung. So wurde in Byzanz die Vererbung der Krone in der kaiserlichen Familie und das Entstehen von Dynastien ermöglicht. Doch hat es längere Zeit gedauert, bis sich die normale monarchische Thronfolgeordnung endgültig durchsetzte, da Herakleios im Jahre 638 auch noch den zweiten Sohn zum Mitkaiser und zum Thronfolger erhob.[16]

Auch das Bildungswesen des Reiches wurde unter Herakleios erneuert. Unter Phokas war wie so vieles andere auch die Hochschule von Constantinopel zugrunde gegangen. Die neuerrichtete Universität war keine Wiederholung der von Constantin I. geschaffenen und von Theodosius II. regenerierten, halb lateinischen und durchaus weltlichen Universität. Diesmal ergriff die Kirche die Führung unter dem Patriarchen Sergios, der den Staat „kulturell und politisch mitregiert hat".[17] Verschwand noch der Patriarch in der Zeit Iustinians hinter der mächtigen Gestalt des Imperators, so trat er jetzt neben dem Basileus an die Spitze des zweiteilig gewordenen staatlich-kirchlichen Organismus.[18] Das Mittelalter begann jetzt auch in Byzanz. Das Ostimperium erlebte, man möchte sagen, seine mehr sakrale Gestalt, wie es so oft in der Weltgeschichte geschieht.

Auch in dem großen christologischen Dogmenstreit kam bezeichnenderweise gleich nach der Wiedergewinnung der Ostprovinzen mit der erneuten und letzten Stellungnahme zum Problem des Monophysitismus noch einmal eine Theorie zur Geltung, die die Lösung des jahrhundertelangen Streites bringen wollte. Nachdem Herakleios scheinbar den Weltfrieden wieder hergestellt hatte, war es wieder der große Patriarch Sergios, der sich um die Schaffung des Kirchenfriedens ernstlich bemühte. Er griff die um das Jahr 600 in Ägypten entstandene Lehre von der einen Energie in der Person Christi auf. Die zwei Naturen in Christo, die weltliche und die geistliche, waren das Staatsdogma geworden. Aber nun wurde behauptet, daß den zwei Naturen eine einzige Wirkungsweise, ἐνέργεια („Energie"), gegenüberstehe.[19] Mit ihr schien man zwischen dem Dogma von Chalkedon und dem Monophysitismus eine Brücke schlagen zu können. Sergios trat mit den Vertretern der orientalischen Kirchen in Verbindung. Herakleios erwärmte sich ebenfalls für die neue Lösung, da er bei seinen östlichen Feldzügen, namentlich in Armenien, mit der lokalen Geistlichkeit über eine Kirchenunion verhandelt hatte. Auch in Syrien und in Ägypten hatte man Erfolg. In Ägypten ging der im Jahre 631 zum Patriarchen erhobene Kyros, der auch an die Spitze der dortigen Zivilverwaltung gestellt wurde, mit großem Eifer vor. Der Papst Honorius I. (625–638) verhielt sich nicht ablehnend.

Aber sehr bald trat die Opposition auf beiden Seiten in Aktion, auf der orthodoxen Seite der Mönch Sophronios, der im Jahre 634 den Patriarchenstuhl von Jerusalem bestieg, während der Papst zurückhaltender wurde. Er sah nicht eine Energie, sondern nur einen Willen (ϑέλημα) wirksam. Die Monophysiten behaupteten, daß das Einigungswerk in Syrien und noch mehr in Ägypten nur mit Gewalt geglückt sei. Sergios wich zurück und nahm die Lehre von dem einen Willen in Christo an.

„Diese neue – monotheletische – Formulierung liegt dem von Sergios entworfenen Edikt zugrunde, das der Kaiser 638 unter dem Namen ‚Ekthesis' veröffentlichte und im Narthex der Hagia Sophia anschlagen ließ."[20] Darüber starb der Patriarch am 9. Dezember 638. Obwohl sein Nachfolger seine Bestrebungen eifrigst wieder aufnahm, wurde die neue Lehre abgelehnt, und die Nachfolger des Honorius I. wiesen sie ebenfalls zurück. Auch der Monotheletismus hat das große Problem, das die Menschen der ganzen neurömischen Epoche geistig verwirrt hatte, nicht gelöst. Die Entscheidung im Osten brachte das Schwert.

Der innerlich zerrissene und unentwegt um die Naturen Christi kämpfende Oststaat stürzte bald wieder von seiner eben erst durch Herakleios erreichten Höhe. Seine Wetterseite lag weiterhin im Osten. Hier sollte das heilige Kreuz, das unter dem Jubel des Volkes in Jerusalem am 21. März 630 wieder aufgerichtet wurde, nur kurze Zeit wieder herrschen. In den letzten Entscheidungskampf zwischen Rom und Persien griffen plötzlich die Araber ein, die – ganz unerwartet – die eigentlichen Nutznießer dieser langen Zeit dauernden gegenseitigen Vernichtung der beiden bisherigen Großmächte und des inneren Selbstzerfleischungsprozesses der Christenwelt werden sollten.

Der Arabersturm, der jetzt losbrach, kann nur mit dem Hunneneinfall von ehedem und mit den späteren Mongolenstürmen in Europa verglichen werden. Aber während das Ergebnis dieser kurzlebig war, waren die Folgen des Arabersturmes von ungeahnt beharrlicher Dauer wie bei keinem zweiten der Weltgeschichte. „Noch heute sitzen die Anhänger der neuen Religion fast überall da, wo sie unter den ersten Kalifen zum Siege gelangt ist. Ihre blitzartige Ausbreitung ist, verglichen mit dem langsamen Fortschreiten des Christentums, ein wahres Wunder."[21] Die Frage nach den letzten Ursachen beschäftigt die Wissenschaft seit langer Zeit und kann trotz vieler Antworten noch nicht als völlig gelöst gelten.

Die gewöhnliche Antwort ist der Hinweis auf die religiöse Seite der Bewegung. Anfangs sind aber die Araber bei ihrem Siegeslauf keineswegs so fanatisch religiös gewesen wie später. Man ging zunächst nicht auf Bekehrung aus, sondern auf Unterwerfung, allerdings auf Unterwerfung auch unter den Willen des einen Gottes und seines Propheten. Die völlige Erschöpfung der beiden gegnerischen Großmächte, auf die öfter angespielt wird,[22] ist auch kein genügender Grund. Eher ist der monophysitische Separatismus in den Ostprovinzen die Hauptursache für den schnellen Sieg des Arabertums in den Grenzlanden gewesen. Der Gegensatz zu den Orthodoxen von Constantinopel wurde hier als größer empfunden als der zu dem Islam. Im Perserreiche wirkten die damals in der Ausbreitung begriffenen Nestorianer ähnlich, da sie sich dem offiziellen Christentum des Reiches immer mehr entfremdet hatten.

Militärische und wirtschaftliche Gründe waren daneben mit ausschlaggebend. Die arabischen Klientelrandstaaten zwischen Rom und Persien „hatten in den von Geschlecht zu Geschlecht dauernden Kämpfen genaue Kenntnis der Kriegskunst der beiden Großmächte“ und wandten wie die Germanen im Westen und Norden das Gelernte gegen ihre Lehrmeister an.[23] Aber die Araber waren mehr Händler als Krieger, wie Strabon schon für ältere Zeiten festgestellt hat.[24] Wenn sie auch unterdessen aus ihrem Händlertum und Räuberwesen heraus kriegerische Formen eigener Art entwickelt hatten, in ausgesprochen reiterlicher Form, weniger auf Pferden als auf Dromedaren,[25] so blieb doch das wirtschaftliche Moment bei ihrer schnellen Ausbreitung im Vordergrund.[26] Rostovtzeff hat recht, wenn er einmal auf die weiten Handelsbeziehungen der Kuraischiten von Mekka, aus deren Reihen bekanntlich Muhammed stammt, als auf die Urzelle hingewiesen hat.[27]

Aber trotz allem hätte niemand am Mittelmeer um das Jahr 600 sich vorstellen können, daß die Araber das Weltreich, das einst die Perser geschaffen hatten und das seit Alexander die Makedonen und nach ihnen die Römer, diese allerdings in Teilung mit den Parthern, dann mit den Neupersern regierten, daß dieses Weltreich die Araber übernehmen und erneuern würden.

Die Halbinsel Arabien lag – wie die Insel Irland im Westen – sozusagen außerhalb der Oikumene, auf die sie ähnlich wie die grüne Insel des Nordens einen so gewaltigen Einfluß ausüben sollte, die Insel in kultureller, die Halbinsel in politischer und religiöser Hinsicht. In Arabien kamen bisher alle Einwirkungen von außen, nicht aus dem Inneren des größtenteils unfruchtbaren Erdraumes. Vier Welten waren es, die die Halbinsel von allen vier Himmelsrichtungen her umgaben und bis jetzt allein ihre Schicksale bestimmt hatten: im Westen Rom mit seinen Provinzen Syrien, Palästina und Ägypten, im Norden Persien, im Osten Indien, im Südwesten Abessinien, das früh christlich gewordene Reich von Axum, mit dem Iustinian nach früheren Annäherungen erneut Verbindung gesucht hatte. Von Rom und Persien hing man politisch ab; beider Großmächte Interessengebiete auf der Halbinsel wechselten, d.h. wuchsen oder schrumpften zusammen je nach der Macht, die sie besaßen. Mit Indien verknüpften Arabien wirtschaftliche Bande, mit Abessinien wogte ein Kampf um Landnahme seit uralter Zeit hin und her: einst waren arabische Stämme auf afrikanische Erde hinübergegangen, jetzt suchten die Abessinier zweimal ihre Hand auf das reiche Südarabien (Jemen) zu legen.

Das Innere der Halbinsel war Gebirgswüste, stellenweise mit Steppen und mit einzelnen Oasen durchsetzt. Diese machten Arabien zu einem wichtigen Durchgangsland für die Karawanen, die es durchzogen, um die fortgeschritteneren Randgebiete im Süden und Norden, im Osten und Westen miteinander zu verbinden.[28]

Die nordarabischen Stämme standen seit langem unter dem Einfluß Roms und waren dem Christentum beigetreten. Hier waren die Nabatäer längst (seit 106) provinzialisiert worden. Aber nördlich und östlich von ihnen, im nördlichen Hidschaz (Hedschas), war der Kampf der Wüste und der Steppe und damit der nomadisierenden und der seßhaft gewordenen Araberstämme seit Jahrhunderten im Gange. Hier wohnten Stämme, die aus Südarabien durch die Zentralgebiete hindurch eingewandert und stolz auf diese Herkunft waren,[29] auch eine bemerkenswerte vorislamische Kultur aufzuweisen hatten. Stämme wie die Lihjaniten (Lechieni oder Leanitae)[30] hatten mit den ihnen nahe verwandten Thamudenern dem Vordringen der Nabatäer nach Süden Halt geboten. Die Thamudener waren seit der römischen Provinzgründung Arabia zu dem Handelsvolk geworden, als das sie später erscheinen.[31] Sie waren ansässig, während die in dem unwirtlichen Safa-Gebirge südöstlich von Damaskos lebenden Safaïten Nomaden geblieben waren und sich weitgehend Roms Arm entzogen. Die beiden berühmtesten Herrschergeschlechter des Nordens, die Ghassaniden und die Lachmiden, beide ebenfalls früher südarabisch, führten ihre Auswanderung auf einen der Dammbrüche von Marib (der erste 449/50, der zweite 542/43) zurück; sie war aber viel früher erfolgt. Die Lachmiden, die die persische Macht vertraten, hatten die Oase Dumat el-Dschandal (das antike Dumatha, wohl = oppidum Domata)[32] besetzt und versucht, auch Taima in Besitz zu nehmen; beide lagen an wichtigen Karawanenstraßen. Zum mindesten Dumat hielten die Lachmiden bis zum Vorabend der Hidschra.[33]

Der persische Einfluß erstreckte sich über die Randgebiete des Persischen Golfes seit den Tagen von Gerrha[34] bis in die ostarabischen Landschaften Bahrain und Oman. Sein Übergreifen auf das wegen des Indienhandels so wichtige und reiche Südarabien (Jemen) sowie auf die zentralarabischen Karawanenwege war immer ein Zeichen dafür, daß die persische Macht in dem arabischen Gesamtgebiet wuchs. Zu Iustinians Zeiten konkurrierten hier Persien, Abessinien und Constantinopel miteinander; aber Persien hatte zunächst die Vorhand. Nicht lange vor Muhammeds Geburt gelang nach dem Jahre 525 der zweite Einbruch der Abessinier in Südarabien zugunsten des Christentums, dem das Judentum der Himjaren den Weg bereitet hatte. Der von den Abessiniern eingesetzte einheimische Lehensfürst Abraha unternahm einen Zug gegen das damals wie später zu Muhammeds Zeit perserfreundliche Mekka, ein Unternehmen, das aber an einer Epidemie scheiterte, die in seinem Heer ausgebrochen war. Wenige Jahre später wurde die abessinische Lehensherrschaft auch im Süden durch die Perser unter Chosrau I. beseitigt, aber der persische Einfluß setzte sich nicht mehr durch.[35]

So kam wohl ein gewisses politisches Leben durch die Eingriffe von außen in die Halbinsel. Aber im Innern lebte man in einer sich gegen die Nachbarn isolierenden Stammesverfassung mit viel Zerrissenheit und Friedlosigkeit, zum Teil hervorgerufen durch die noch geltende Blutrache, die nicht nur den einzelnen, sondern auch die Sippe verpflichtete, und religiös in einer an Fetischismus grenzenden Primitivität, wie sie in der Verehrung der dem alten Mondgott Hubal geweihten Ka'ba zum Ausdruck kam, eines würfelförmigen Baues mit dem eingemauerten schwarzen Stein in Mekka. Nur selten, und meist nur vorübergehend, hatten in Zentralarabien einzelne Stammesfürsten, wie der Fürst der Kinda zu Beginn des sechsten Jahrhunderts eine größere Machtfülle – nach Norden bis in den Irak, nach Süden bis Hadramaut – erreicht, die aber unter den Söhnen wieder verschwand.[36]

Was nach höherer Religion aussah, wie z. B. die tiefere Gottesauffassung der „Hanife", war von auswärts beeinflußt.[37] In mehreren arabischen Oasen der Nordgebiete gab es aus Palästina stammende jüdische Siedlungen, deren Bewohner z. T. aus arabischen Proselyten bestanden. Diese Gemeinden hatten sich in Sprache und Lebensweise der arabischen Umgebung angepaßt und lebten wie diese in einer der arabischen ähnlichen Stammesverfassung. Die Oasenstadt Medina (= „Gerichtsbezirk", „Stadt"), die arabisch ehedem Jathrib hieß, hatte ihren neuen Namen von diesen hier besonders zahlreichen und recht einflußreichen jüdischen Bewohnern. Die Himjaren Südarabiens bekannten sich samt ihrem Herrscherhause größtenteils zu dem jüdischen Glauben. Die christliche Mission in der monophysitischen Form war von Syrien und Abessinien aus im Fortschreiten, während die Nestorianer und die ebenfalls in Arabien auftretenden Manichäer von Persien, speziell vom Irak aus, an Boden gewannen. Außerdem wirkten hier gnostische Sekten aus dem Römerreich.

Am wenigsten war bis dahin das Randland am Roten Meer hervorgetreten, südlich des alten Leuke Kome gelegen, das eigentlich nur Straßenland war und nach Süden zum Weihrauchgebiet von Jemen führte. Hier lag Mekka, eine reine Karawanenstadt im „getreidelosen Tal" mit dem Hafen Schu'aiba für die von der Gegenküste kommenden abessinischen Schiffe (der heutige Hafen Dschidda ist erst eine Schöpfung Othmans, des dritten Kalifen). Die Stadt wurde viel besucht, weil hier mehrere Handelsstraßen zusammentrafen, vor allem auch wegen ihrer uralten heimischen Heiligtümer innerhalb und außerhalb des Stadtgebietes, mit denen Märkte und Messen verbunden waren. Der Handel war daher die Beschäftigung der im ganzen einheitlichen Bevölkerung, da ein Stamm, und nicht wie anderswo mehrere Stämme, hier siedelte. Nach der Überlieferung waren die Kuraischiten ein Unterstamm der Kinana. Sie waren aus dem nördlichen Hidschaz gekommen und hatten die früheren Siedler verdrängt.[38] Seitdem beherrschten sie als eine alles bestimmende Adelsschicht den Handel und die einbringlichen Heiligtümer. Man strebte von jeher danach, kriegerische Auseinandersetzungen zu vermeiden, liebte vielmehr den Frieden, der allein dafür bürgte, daß die in Gemeinschaft arbeitenden Karawanen den erforderlichen großen Gewinn für die führenden Familien abwarfen und daß der Besuch der

Heiligtümer ein recht reger war. Für sie hatte man die segensreiche Einrichtung der vier heiligen Monate geschaffen, in denen eine Art von Gottesfrieden herrschte. Dem Kriegsdienst hatten sich die reichen Kaufherren längst entfremdet. Dafür hielt man sich – unter arabischen Führern und Unterführern – Söldner, die berühmten ,,Achabisch", die in der Fremde, besonders durch Kauf abessinischer Sklaven, angeworben wurden und die nach beendetem Kampf unter Rückgabe der Ausrüstungen an die Soldherren wieder entlassen wurden.[39]

In diese Welt wurde der Mann hineingeboren, der seinem Volk eine ungeahnte große Zukunft in kurzer Zeit bringen sollte: Muhammed, der Kuraischit von Mekka, der anfangs ausschließlich seinem Volke den seiner Ansicht nach notwendigen Weg zum Heil zeigen wollte. Ihm lag zunächst nichts ferner als der Gedanke an ein Heraustreten aus seines Volkes Verband und an die Bildung einer neuen, die arabische Stammesordnung zerbrechenden Gemeinschaft.[40] Wie bei Zarathustra, so war es bei Muhammed der Widerstand seiner engeren Landsleute, die ihn zur Trennung von ihnen zwang – Hidschra, das man gewöhnlich nicht ganz richtig mit ,,Flucht" übersetzt – und den Mekkaner dazu brachte – und das ist das Neue bei ihm –, seine Religionsschöpfung in Medina zu politisieren.

Zum drittenmal ging als Ergebnis des Innenerlebnisses eines höchst begnadeten Gottesmannes eine religiöse Welle über die Welt, und abermals stehen wir wie bei Zarathustra und Jesus vor dem tiefen Geheimnis eines religiösen Genies, das aber diesmal stärker als das irgendeines anderen Menschen in seinem Volkstum verankert war und daher einen Glauben rein arabischer Prägung geschaffen hat, einen Glauben, der kein Paktieren kannte, sondern die davon ergriffenen Gläubigen zu Arabern machte.

Um das Jahr 570 wurde Muhammed in Mekka geboren als Abkömmling der wenig begüterten kuraischitischen Familie Haschim. Die Mutter Amina stammte aus der Familie Zuhra, die mütterlicherseits Verwandte in Medina hatte. Der Knabe wurde früh Waise; der Vater, angeblich ein kleiner Kaufmann, starb kurz nach Muhammeds Geburt, die Mutter, als er sechs

Jahre alt war. Zunächst wurde er im Hause des Großvaters und nach dessen Tod in der kinderreichen Familie des Vater-Bruders Abu Talib erzogen. Mit fünfundzwanzig Jahren, um das Jahr 595, verheiratete sich Muhammed mit einer etwas älteren Frau namens Chadidscha, in deren Diensten er bis dahin als Kameltreiber gestanden hatte. Das von ihr weitergeführte einträgliche Geschäft ließ dem bereits in eine höhere geistige und religiöse Bewegung der Umwelt hineingezogenen Gatten die Muße für seine innerliche Vertiefung. Der Beruf des Viehhüters und Pflegers hat zu allen Zeiten, besonders im Orient, die Neigung zum Meditieren gefördert.

Seinen Glauben, für den er etwa seit dem Jahre 609/10 eintrat, nannte er „Islam", d.h. Ergebung in den Willen Gottes; seine Bekenner hießen „Muslim". Manches in diesem Glauben ist christlicher und manichäischer Anregung zu verdanken, vor allem die Vorstellung von einem nahenden Weltgericht, dem Jüngsten Gericht nach der Auferstehung der Toten und die damit verbundenen sittlichen Mahnungen, ebenso die Geringschätzung weltlicher Güter und der Glaube an die sühnende Kraft des Almosens. Allah war nicht nur der höchste Gott, er war der einzige Gott, der seinesgleichen nicht neben sich hat, dabei von höchster Allmacht, aber auch von größter Güte und Barmherzigkeit. Diese vollkommene Unterwerfung unter einen sittlich verpflichtenden Eingott-Glauben brachte den Propheten in Gegensatz zu der Ab- und Vielgötterei seiner religiös recht oberflächlichen mekkanischen Landsleute, obwohl er an dem Kult der Ka'ba und an den dortigen Opferhandlungen teilnahm. Seine Überzeugungen und Verkündigungen, z.T. in der Einsamkeit, während des Fastens und in der Andacht gewonnen, nannte er „Offenbarungen"; sie waren mit auffallenden körperlichen Erscheinungen verbunden.[41] Wenngleich Muhammed den Vielgötterglauben der Araber beseitigte, so hielt er doch an ihrem Geisterglauben fest, auch an dem Glauben an „Dschinnen", d.h. an jenseits von Gut und Böse stehende unsichtbare Geister, die sich auch in Tieren, mit Vorliebe in Schlangen, verkörperten. Aber er wies es ab, von ihnen inspiriert zu sein. Ihm war die höhere Gewißheit geworden, daß seine „Offenbarungen" nicht von niederen Geistern stammten, sondern von dem einen wahren Gott, dem Herrn des Gerichts.

Die anfängliche Wirkung des Propheten war auffallend gering. Selbst sein Pflegevater und Oheim Abu Talib blieb seinem Glauben fern. Ein anderer Onkel (Abd al-Uzza) wurde ein grimmiger Gegner der Lehren seines Neffen. Aber viele Familienangehörige wie seine Gattin, ihre Töchter, sein Vetter und Pflegesohn Ali, sein Schwiegersohn Othman aus dem Hause Umaija, später der dritte Kalif, und vor allem sein treuester Freund Abu Bekr hingen ihm treu an. Außerhalb der Familie und des Freundeskreises standen meist nur Sklaven und arme Leute zu ihm. Die große Masse der Mekkaner sah in Muhammed anfangs nur einen gewöhnlichen Wahrsager oder Orakelverteiler (Kahin) bzw. einen vom „Dschinn“ Besessenen, den man nicht weiter beachtete. Der darauf anhebende, über zehn Jahre dauernde Streit mit seinen Landsleuten, die sich in ihren Geschäften gestört fühlten und allmählich zu Taten gegen ihn übergingen, ließ in Muhammed den Plan reifen, seine Vaterstadt zu verlassen. Im fünften Jahre nach seiner Berufung ließ er 82 seiner Angehörigen mit Frauen und Kindern, darunter seine Tochter mit ihrem Gatten Othman, nach Abessinien ziehen, da sich damals sein Glaube noch nicht wesentlich von dem Christentum unterschied. Er selbst blieb in Mekka zurück, um seine Vaterstadt trotz allem dem rechten Glauben zuzuführen. Damals gelang ihm die Bekehrung seines Oheims Hamza, vor allem aber die seines bisherigen entschiedenen Widersachers, des energischen Omar, der später als zweiter Kalif in der Frühgeschichte seines Glaubens den hervorragendsten Platz einnehmen sollte.

Zwei harte Schläge trafen den Propheten: die länger dauernde Ausschließung der Familie Haschim von der Teilnahme an der Verehrung des mekkanischen Hauptheiligtums und etwa im Jahre 619 der Tod seiner Frau und seines treuen Pflegevaters und Oheims Abu Talib. Von jetzt ab begann sein Haremsleben, da er an dem Recht des arabischen Mannes auf den Besitz mehrerer Frauen und an dem Verkehr mit Sklavinnen immer festgehalten hat.[42] Die Loslösung von Mekka wurde jetzt ernstlicher erwogen. Ein Versuch, in der südöstlichen Nachbarstadt Ta'if Fuß zu fassen, mißlang.

Verhandlungen mit Männern von Medina, aus dem dortigen Stamme der Chazradsch, führten zu einer Verständigung mit den beiden medinischen Stämmen. Die Auswanderung nach Medina, die „Hidschra", erfolgte im September 622. Sie war das entscheidende Ereignis in der Geschichte des Islam. Erst von ihr datiert die neue muslimische Zeitrechnung, wie sie der zweite Kalif eingeführt hat. Muhammeds Stütze blieben aber auch in der neuen Heimat seine aus Mekka mit ausgewanderten Landsleute (die Muhadschirun).

Erst in der weitläufig angelegten Oasenstadt Medina wurde der Islam zu der politischen Religion, die weite Teile der Welt erobert hat. Im Gegensatz zu Mekka mit seinem einen Stamm, den Kuraischiten, wohnten hier zwei arabische Stämme, die Auß und die Chazradsch, und neben ihnen drei arabisierte jüdische, die beiden „Priesterstämme" der Nadir und Koraisa sowie der Stamm der Handwerker (Goldschmiede) namens Kainuka. Die Medinenser waren schon durch das Zusammenleben mit Andersgläubigen religiösen Fragen gegenüber aufgeschlossener als die Mekkaner, und unter den Angehörigen der arabischen Stämme befanden sich bereits einige „Hanife". Der Bau eines gemeinsamen Bethauses (Masdschid = Moschee), vielleicht nach dem Vorbild jüdischer Synagogen, in der Nähe der Behausungen seiner Frauen, in denen er reihum wohnte, war das erste Unternehmen in Medina.[43] Dann folgte die Schaffung einer „Umma", d.h. einer einheitlichen Gemeinde mit dem Propheten als Haupt. Sie bestand zunächst aus seinen aus Mekka mitgebrachten Volksgenossen sowie aus Angehörigen der Araber- und Judenstämme Medinas. Ein Beleg dafür ist die erhaltene Gemeindeordnung aus dem zweiten Jahrhundert der Hidschra. Dies ist die älteste Staatsbildung des Islam, gewissermaßen die Urzelle des arabischen Weltreiches. Innerhalb der Gesamtgemeinde nahm die Gemeinschaft der Gläubigen eine Sonderstellung ein. Zu deren Gunsten wurden den Nichtgläubigen einige Beschränkungen auferlegt. Andererseits aber kam man den Juden durch mehrere religiöse Neuerungen entgegen, wie z.B. durch die Einrichtung des Bethauses, eines Fasttages, durch die Zulassung eines dritten Gebetes am Mittag zwischen dem Morgen- und

Abendgebet, durch die anfängliche Hinwendung bei dem Gebet nach Jerusalem statt wie später nach Mekka.

Die Juden wurden aber dadurch für den neuen Glauben nicht nur nicht gewonnen, sondern sie verhielten sich noch ablehnender als bisher. Der Prophet entwickelte daraufhin seine Lehre vom Islam als einer Erneuerung der reinen Urreligion, der ,,Religion Abrahams", und machte seinen Glauben dadurch älter und ehrwürdiger als das Judentum und das Christentum; vor allem stellte er seine Unabhängigkeit von ihnen fest. Als Tag des öffentlichen Gebetes bestimmte er zum Unterschied von Juden und Christen den Freitag und betonte den national-arabischen Charakter seiner Religion. ,,Der Islam sollte die von Juden und Christen verfälschte reine Lehre Abrahams auf der ganzen Welt wieder herstellen."[44]

Die nächsten Jahre füllten der Kampf des Propheten um die Gewinnung seiner Vaterstadt Mekka und die Bestrafung der Juden von Medina aus, die durch ihre Ablehnung seinen ganzen Haß auf sich gezogen hatten. Nach Abschluß von Schutzverträgen mit einigen kleineren Beduinenstämmen begann der Kampf gegen Mekka mit Überfällen auf seine Karawanen; einmal, bei dem Überfall im Tale von Nachla, wurde sogar der Landfrieden in dem geheiligten siebten Monat Radschab verletzt. Als sich eine ungewöhnlich reiche Karawane der Mekkaner auf dem Marsche von Gaza nach Mekka befand, wurde auch diese überfallen und bei dem Marktflecken Badr, westlich der Straße zwischen Medina und Mekka,[45] die Übermacht der Mekkaner in einer siegreichen Schlacht geschlagen. Dadurch wurde das Selbstbewußtsein des Propheten außerordentlich gestärkt. Daraufhin wurde die Vertreibung der Juden aus Medina in Angriff genommen. Zunächst wurden die Kainuka nach hartem Kampf zur Umsiedlung in das Ostjordanland gezwungen. Nun aber nahmen in der Mitte des Jahres 3 (Juni 624/25) die Mekkaner in einer Schlacht am Berge Ohod bei Medina Rache. Damit sank Muhammeds Ansehen. Er nahm trotzdem die Züchtigung der Juden wieder auf (625/26) und zwang diesmal die Angehörigen des Priesterstammes Nadir zur Auswanderung, teils in die etwa 100 km nördlich von Medina gelegene Oase Chaibar, teils nach Syrien. Im Jahre 626/27 kam es zu einer neuen noch größeren Racheaktion der

Mekkaner und der mit ihnen verbündeten Stämme, die zu der Belagerung von Medina führte. Dieser sog. ,,Grabenkrieg" wurde durch diplomatische Intervention (Erweckung von Mißtrauen unter den Verbündeten) und durch die eintretende kalte Jahreszeit beendet.

Nach der Beseitigung des letzten Stammes der Juden – diesmal mit Gewalt: Hinrichtung der Männer, während Frauen und Kinder zu Sklaven gemacht wurden, wobei eine Jüdin in dem Harem Muhammeds verschwand – wurde die rein-arabische Gemeindebildung Medinas durchgeführt und gleichzeitig versucht, das Ansehen des Islam bei den Beduinen zu stärken und sie dem Einfluß Mekkas, der in dem ,,Grabenkrieg" zutage getreten war, zu entziehen (627/28).

Der Schlußakt im Kampfe gegen seine Vaterstadt entwickelte sich aus dem Aufruf des Propheten zu einer Wallfahrt zu dem Heiligtum von Mekka, und zwar zu einer ,,kleinen Wallfahrt", Umra, die sich auf den Umzug um die Ka'ba und auf die Schlachtung von Opfertieren beschränkte. Sie wurde nach Verhandlungen nicht für das laufende Jahr, wohl aber für das nächste bewilligt und gleichzeitig ein zehnjähriger Waffenstillstand vereinbart. Dies wirkte wie ein Sieg des Propheten. Arabische Stämme traten in steigender Zahl zum Islam über. Im Jahre 628/29 wurde die Oase Chaibar erobert und den Juden, die dort wohnten, nach Abgabe ihrer Habe der Wohnsitz gegen Ablieferung des halben Ertrages der Feldfrüchte gestattet. Daraufhin ergaben sich die Juden der Oasen von Fadak und Taima aus freien Stücken. Zu dem römischen Statthalter von Alexandreia trat Muhammed schon damals in diplomatische Beziehungen und erhielt von ihm zwei koptische Sklavinnen. Für die Wallfahrt wurde die Stadt von den Mekkanern für drei Tage freigegeben, zugleich aber wurden die Zeremonien an den heiligen Stätten außerhalb der Stadt vollzogen, um diese von allem Heidnischen zu reinigen.

Das Jahr 629/30 brachte mehrere erfolgreiche Züge gegen die Beduinen. Aber bei dem ersten Vorstoß über die Grenze Arabiens hinaus wurde der Prophet bei Mu'ta östlich von dem Toten Meer geschlagen. Unter Bruch des zehnjährigen Waffenstillstandes wurde Mekka Anfang des Jahres 630 eingenommen und bekehrt. Diese Bekehrung ist der entscheidende Wendepunkt in der Überwindung der Reste des arabischen Heidentums sowie in der Ausbildung des Islam und der Organisation seiner Gemeinde. Nun mußte der neue Glaube noch unter den arabischen Stämmen verbreitet werden, die ihm bisher fern standen. Dabei ging viel von seinem religiösen Gehalt verloren.

Im Jahre 630/31 begann der Islam in den ostarabischen Landschaften Bahrain und Oman Fuß zu fassen. Die bis dahin freundliche Haltung gegen das Christentum hörte auf. Der Feldzug des Sommers 630 richtete sich wahrscheinlich gegen die christlichen Araber in den syrischen Grenzgebieten, die unter römischer Herrschaft standen. Man kam aber nur bis an die Oase Tebuk auf der Grenze des römisch-arabischen Gebietes. Auch Südarabien begann den Islam anzunehmen. Die Christenstadt Nadschran erhielt dort gegen Zahlung eines jährlichen Tributs die Erlaubnis, ihre Religion frei auszuüben.

Zu dem Wallfahrtsfest des Jahres erschien der Prophet noch nicht in Mekka, er erließ jedoch eine Proklamation, die sog. ,,Lossagung" (Koran, Sure 9, 1/5). In ihr wurde den noch nicht gläubig gewordenen Arabern eine Frist von vier Monaten zum Übertritt eingeräumt und gleichzeitig den Ungläubigen der Besuch des mekkanischen Heiligtums verboten. Durch diese Erklärung Mekkas zum Mittelpunkt des religiösen Lebens der Muslime wurde das geschäftstüchtige Volk der Vaterstadt Muhammeds endgültig gewonnen.

Im zehnten Jahre (631/32), bei der Teilnahme an dem großen Pilgerfest, wurden alle heidnischen Reste endgültig beseitigt und die Ka'ba aus den übrigen heiligen Stätten der Stadt herausgehoben; gleichzeitig wurde verkündigt, daß der Islam die gemeinarabische Religion sei, in der alle Gläubigen Brüder sein sollten. Das Volk wurde dadurch an Stelle des alten zerrissenen Stammesdaseins in ein neues festes religiöses Gemeinleben eingeordnet. Politisch aber war das Ganze eher ein Bund, dessen Mittelpunkt Medina war, zusammengehalten durch die Verpflichtung gemeinsamer Kriegsführung und durch die Abgabe von Steuern, die sich aus der früheren freiwilligen Almosenspende entwickelt hatten. Nur die Gläubigen waren die Träger des Staates und an der Beute beteiligt, während die Bekenner der Fremdreligionen gegen höhere Steuerleistungen einen gewissen Rechtsschutz genossen.

Kurz nach seiner Rückkehr von dem Pilgerfest und nach der Vorbereitung auf einen neuen Feldzug nach Palästina und in das Nordostjordanland starb der Prophet am 8. Juni 632, ohne einen Nachfolger bestellt zu haben. Sein Verdienst ist es, die Araber zu staatlichem Denken erzogen zu haben, so daß sie jetzt nicht nur in die Geschichte eintreten, sondern auch einen Siegeslauf ohnegleichen beginnen konnten. Dies verdanken sie ausgezeichneten Staatsmännern, vor allem Omar (634–644), und bedeutenden Feldherren, die dem Volke in der großen Stunde seines Daseins erwuchsen.

Man hat neuerdings mit Recht betont:[46] nicht der Prophet von Mekka, sondern erst der Staatsmann von Medina hat die größeren Leistungen vollbracht. Da Schärfe und Folgerichtigkeit des Denkens nicht Muhammeds Stärke war, ist seine Religion kein festgefügtes System. Auch der reine Monotheismus des Islam hat sich allmählich entwickelt. Muhammed hat anfangs die Hauptgöttinnen von Mekka als Fürbitterinnen bei Allah anerkennen wollen.[47]

Die neue Religion, die in ethischer Hinsicht nur eine der „Mindestforderung“ ist (im Gegensatz zu dem Buddhismus und zu dem Christentum, den Religionen der „Höchstforderung“), und das heilige Buch des neuen Glaubens, der Koran, stehen an Bedeutung hinter dem Staatsgründungspakt von Medina, der Umma, zurück. Noch aber war ein weiter Weg von dem Staate von Medina zu dem arabischen Weltreich. Immerhin war die ungemein rasche Einigung des in zahllose Stämme zerspaltenen, gegenseitig verfeindeten Arabervolks der Halbinsel eine Tat, die in ihrer einmaligen Leistung nur mit Philipps II. Zusammenschluß der Balkanhalbinsel zu einer großen makedonisch regierten Gemeinschaft verglichen werden kann. Daß der orientalische Staatsmann zu der Vollendung seines Werkes die Religion benutzte, ergibt sich aus der Zeit, aus der Grundrichtung der semitischen Völker und aus der Eigenart des späten Orients. Das in der abendländisch-christlichen Welt so ungemein schwierige Problem der Auseinandersetzung zwischen Staat und Kirche ist damit den Arabern und ihrer von vorneherein zu politischen Zwecken benutzten ,,Kirche" erspart geblieben. Bei ihnen wuchsen Glaube und Staat, Geist und Macht aus derselben Wurzel, alles ,,in schlechthinniger Unterordnung unter die Majestät und das Erbarmen Gottes",[48] dem der Mensch in ausgesprochener Sklavenhaltung gegenübersteht wie dem Herrscher auf Erden.

Den Balkan und Arabien zu einigen, erforderte staatsmännisches Können außergewöhnlichen Ausmaßes, wie es nur die beiden vitalsten Männer am Anfang und am Ende dieses tausendjährigen Weltentages besessen haben. Ihre Privatmoral steht hier nicht zur Debatte. Daß sie Größen ersten Ranges waren, beweist die eminente geschichtliche Wirkung, die von ihnen ausgegangen ist, von Philipp für die Dauer dieser tausend Jahre der Weltgeschichte, von Muhammed bis zum heutigen Tag.[49] Zu dem Satz: ,,Ohne Philipp kein Alexander" gesellt sich dieser: ,,Ohne Muhammed und seine Religionsschöpfung kein arabisches Weltreich", wie es die ersten großen Kalifen Omar (634–644) und Muawija (661–680) zu errichten begonnen haben.

Muhammed war kein religiöses Genie von der Tiefe eines Zarathustra, Jesus oder Buddha. Man hat richtig gesagt, ,,daß der Islam in seinen Ursprüngen die Reduktion des Christentums ist, die dem Arabertum gemäß war".[50] Aber daß er dem reinen Monotheismus über weite Gebiete der Erde die Vorherrschaft gesichert hat, allerdings in einer Form, die ein rein arabisches Gepräge trägt, ist seine Großtat. Daß Muhammed dabei nicht wie Jesus Christus die natürliche Welt und den natürlichen Menschen zu verneinen und eine tief innerliche Heilsverkündung zu bringen vermocht hat, liegt in dem Wesen des händlerischen Arabertums und in dem seines schöpferischen Stifters begründet, der menschlich tiefer stand als die großen Religionsstifter vor ihm, dafür aber politische Qualitäten beachtenswerter Art besaß. Der Übergang zu seinem Glauben war leichter als der zu den älteren Eingott-Religionen, da die innere Umstellung nicht so groß war wie bei jenen und die äußeren Pflichten – das gemeinsame Gebet und die Almosensteuer –, um den verheißenen Gewinn im Diesseits und Jenseits zu erlangen, nicht so drückend waren. Von hier aus erklärt sich vor allem der starke Zustrom der neuen Gläubigen und damit die schnelle Ausbreitung des Islam, der doch nur einen äußerlichen, gesetzlichen Kultus wie das spätere Judentum verlangte: Waschung, Gebet, Fasten, Almosengeben und eine Wallfahrt nach Mekka.[51]

Der neue Glaube vertiefte sich erst wieder, als er in Länder mit uralter religiöser Tradition, wie Ägypten und Iran, vordrang. Auch im Geistigen wurde der Iranismus nach der Verlegung des islamischen Herrschaftszentrums von Syrien nach dem Irak (Babylonien) von ausschlaggebender Bedeutung für den neuen Glauben und seinen Weltstaat. Denn dem Persertum ist es zu verdanken, daß auch der Islam zur Theokratie wurde und die fanatische ,,Schia", d.h. die Partei Alis, die auf das Wiederauftreten des Geistes Muhammeds hoffte, zur Herrschaft kam.[52] Die Hauptsache war die religiöse Verinnerlichung des arabischen Glaubens aus der persischen Seele heraus, nur vergleichbar der philosophischen Umgestaltung des Christentums durch die griechischen Denker. Die Hellenisierung des Christentums und die Iranisierung des Islam sind zwar nicht zeitlich, wohl aber sachlich parallel laufende Erscheinungen; sie zeigen die Anpassung der beiden großen Offenbarungsreligionen des Orients an den Geist der beiden größten indogermanischen Kulturvölker der Antike und ihre Vertiefung. Es sind ihre Stahlbäder geworden; sie zeigen noch einmal, wie die ,,Schwestern" Iran und Hellas über dem letzten Weltentag der Antike schweben, beide durchtränkt von ägyptischem bzw. babylonischem Kulturgut urältester Prägung des Menschengeistes. Der Islam ist wie das Christentum nicht nur das Erzeugnis des religiösen Denkens seines Stifters, sondern auch das Ergebnis jahrhundertelanger Um- und Weiterbildung; hier hat Iran den größten Beitrag geliefert.[53]

Kaum zwei Jahrzehnte der Weltgeschichte sind so umwälzend geworden wie die, die im Jahre 622 begannen. Sie haben drei Weltmächte, die der Römer, Perser und Araber, in ihren Machtverhältnissen völlig gewandelt. ,,Das Jahr, mit dem die Siege des byzantinischen Reiches gegen Persien begannen, ist das Hedschrajahr der Araber."[54] Mit dem Todesjahr Muhammeds (632) setzte der Schlußakt des gewaltigen Dramas ein und führte zu der Abtrennung der byzantinischen Ostprovinzen Syrien, Palästina und Ägypten sowie zu dem Untergang des persischen Staates durch die Muslime. Im Jahre 642 hat die tagelang dauernde Schlacht bei Nihawend (südlich von Hamadan = Ekbatana) den Perserstaat endgültig aus der Weltgeschichte verschwinden lassen. Damit hatte König Dareios' I. stolze Schöpfung ihr Ende erreicht. Nach der Eroberung Ägyptens (im Jahre 639) öffnete im September 642 die Hochburg des Griechentums im Osten, Alexandreia, den Arabern ihre Tore. „Als erstes Zeichen der Besitznahme des Niltals durch den Islam errichtete der Eroberer Amr ibn al-As in Fustat, dem Militärlager von Babylon (Memphis), dem späteren Altkairo, die Moschee, die noch heute seinen Namen trägt."[55] Außer Syrien und Palästina sind die ältesten Mächte des Orients, Persien und Ägypten, in dem gleichen Jahr dahingesunken. Eine alte Welt war in Trümmer geschlagen, eine neue begann, die wir das „Mittelalter" zu nennen pflegen.

Es lohnt sich, die Geschichte des zweiten, eigentlich umwälzenden Jahrzehnts (632–642) von dem arabischen Standpunkt aus noch etwas genauer zu betrachten. In ihm überstürzten sich gewissermaßen die Ereignisse. Der Tod des Propheten rief in Medina noch einmal eine schwere Krise hervor. Die alteingesessenen Medinenser hätten sich gern des Übergewichtes der mekkanischen Muhadschirun entledigt, um wieder Herren im eigenen Haus zu sein. Aber aus dem Kreise der alten Genossen Muhammeds wurde sein Schwiegervater Abu Bekr der Nachfolger (632–634), dem auch die Einheimischen (Anszar) die Anerkennung nicht versagten.

Die schnelle Einigung in Medina war sehr wertvoll, da der Geist des Aufruhrs ganz Arabien ergriff, weniger aus religiösen Gründen – mit Ausnahme der Bewegung des Maslama – als aus dem beduinischen Freiheitsdrang heraus. Das große Verdienst Abu Bekrs ist die Niederwerfung der verschiedenen Aufstände in Arabien, von denen die in den Küstenlandschaften am Persischen Golf, deren Bevölkerung zum Teil persisch war, die gefährlichsten waren und bereits die Richtung wiesen, in der sich die späteren Kriege bewegten. Neben Bahrain und Oman machte die südarabische Empörung in Hadramaut und Jemen die am längsten dauernden Schwierigkeiten, da hier die Perser bis zum Jahre 628 die Oberherrschaft gehabt hatten.

Nachdem Arabien wieder geeinigt war, bracht Abu Bekr die überschüssigen Kräfte des Volkes nach außen zur Entladung, und zwar nicht, wie es zuletzt der Prophet beabsichtigt hatte, gegen Byzanz, sondern gegen das morsch gewordene persische Reich. Es war bekannt, daß es nach der Ermordung Chosraus II. Parwes (628) verfallen war. Als der letzte Sasanide Jezdegerd (632) den Thron bestieg, hatte die Vorbereitung zu dem entscheidenden Schlage gegen sein Reich bereits begonnen.

Der Angriff setzte von den z. T. persisch bevölkerten oder beherrschten Gebieten, d. h. von Süd- und Südostarabien, aus ein und richtete sich zunächst gegen Hira, dessen Kommandant bei Ullaïs, dem alten Vologesias, geschlagen wurde und der die immer noch wichtige Grenzstadt im Mündungsgebiet des Euphrat übergeben mußte (633). So faßte man in Südbabylonien festen Fuß.

Nun erst wandte man in Medina dem alten Wunschziel des Propheten, der Eroberung des heiligen Landes der Christen, seine Aufmerksamkeit zu. Abu Bekr begann damit noch im Jahre 634 und ließ zwei Heere angreifen. Das eine fiel in das südöstliche Palästina, das andere in Moab ein; zu ihnen stieß noch eine Reitertruppe aus Babylonien unter dem ausgezeichneten Feldherrn Chalid ibn al-Walid. Er übernahm den Oberbefehl über das gesamte Operationsgebiet im Ostjordanland. Das Jahr 635 brachte noch nicht die Entscheidung, wohl aber die Eroberung von Hims (= Emesa); von hier aus war Herakleios auf Antiocheia zurückgegangen. Im September 635 ergab sich nach halbjähriger Belagerung Damaskos. Der byzantinischen Gegenaktion gelang es lediglich, Hims zurückzuerobern, nicht aber Damaskos.

Im Jahre 636 suchten die Byzantiner unter Sakellarios Theodoros die Entscheidung zu erzwingen. Aber die große Schlacht am Jarmuk, einem aus dem Haurangebirge kommenden Nebenfluß des Jordan, entschied am 20. August 636 zugunsten der Araber. Eine erneute Einnahme von Hims war die Folge, und der Kampf um Syrien und Antiocheia war für Byzanz verloren.

Im Juli 634 starb Abu Bekr. Unter seinem Nachfolger, dem

gewaltigen Omar, wurde der gleichzeitig weitergeführte Kampf gegen Persien energisch vorwärtsgetrieben, hatte aber anfangs nicht den gewünschten Erfolg. Für das Jahr 635 rüsteten die Perser unter dem Reichsfeldherrn Rustam zu dem entscheidenden Schlage mit dem Ziele, die teilweise schon verlorene Grenzprovinz Babylonien zu säubern. Aber bei Kadisija (Kadesia) südlich des heutigen Nedschaf und 30 km von dem nach der Schlacht errichteten Heerlager Kufa erlitten die Perser die erste schwere Niederlage. Der völlige Verlust Babyloniens war die Folge. Die Perser gingen bis Holwan am Eingang der Zagros-Pässe zurück. Hier sammelte Jezdegerd die Trümmer des Reichsheeres und füllte es auf. Aber Ausgang des Jahres 637 erfolgte der zweite Schlag, der das Ende bei Dschalula am rechten Ufer des Dijala (der sich oberhalb Ktesiphons in den Tigris ergießt) herbeiführte. Der persische Hof hielt sich noch eine Zeitlang in Holwan, aber das flache Land war von nun an bis an die Grenze Mediens in arabischer Hand.

Ein noch größerer Erfolg der Araber bereitete sich in Syrien und Palästina vor. Seit der Schlacht am Jarmuk war Herakleios innerlich zerbrochen und zog sich von den Kriegshandlungen zurück. „Vor seinen Augen brach sein Lebenswerk zusammen."[56] Um so tatkräftiger griff auf byzantinischem Boden sein großer Gegner, der Kalif Omar, ein. Er erschien selbst mit den angesehensten Genossen des Propheten im Lande und regelte auf dem Reichstag von Dschabija das Pensionssystem, das den Kriegsteilnehmern und ihren Nachkommen ein festes Einkommen aus den Erträgnissen der eroberten Länder sicherte.[57] Es ging jetzt um den Besitz von Jerusalem. Unter dem Patriarchen Sophronios hat die heilige Stadt noch einige Zeit der Belagerung getrotzt. Dann fiel sie in die Hände der Muslime. Die Bedingungen waren ziemlich milde für die Christen, nicht aber für die Juden. Omar zog selbst in Jerusalem ein und ließ auf dem Tempelplatz den heiligen Felsen reinigen und dort die Gebete des neuen Glaubens verrichten.

Nach der Eroberung von Babylonien, Syrien und Palästina war es seit dem Jahre 639 die Aufgabe, Mesopotamien und Ägypten zu gewinnen. Die Offensive in Mesopotamien ging verhältnismäßig rasch vonstatten. In anderthalb Jahren wurden fast alle Städte zur

Kapitulation gezwungen. Nur Resaina wurde erst nach hartem Kampf genommen. Mit einem Streifzug bis nach Armenien wurde im Jahre 641 dieser Krieg beendet.

Viel bedeutsamer war die gleichzeitig in Angriff genommene Eroberung Ägyptens. Sie wurde dadurch erleichtert, daß das Regime des Statthalters Kyros (s. o. S. 237) sowohl kirchenpolitisch als auch steuerlich so schwer auf der christlichen (koptischen) wie nichtchristlichen Bevölkerung lastete, daß sie die Eroberer als Befreier begrüßte. Im Jahre 639 begann Amr mit dem Angriff und nahm wenigstens Pelusium, die Eingangspforte zu dem Nilland, ein. Im Juni 640 gelang es, die in Babylon (Memphis) verschanzten Byzantiner aus ihrer Festung herauszulocken und bei Heliopolis zu schlagen. Kyros war zu Verhandlungen bereit und ging zu diesem Zwecke nach Constantinopel, wurde aber von Herakleios des Verrates bezichtigt. Doch starb dieser am 11. Februar 641 und die Regierung des erst elfjährigen Constans II. war durch eine drohende Revolution und durch Kämpfe mit den Langobarden in Italien so gebunden, daß sie keine Hilfe nach Ägypten schicken konnte. Am 9. April 641 ergab sich Memphis, und am 29. September 642 rückte Amr in Alexandreia ein. Die Kornkammer Constantinopels war in Feindeshand. Die hellenische Bildung und die hellenische Sprache verfielen bald. Dagegen behaupteten sich die Kopten, da ihnen gegen das Versprechen einer festen Tributzahlung der Besitz ihrer Kirchen und die Verwaltung ihrer Gemeindeangelegenheiten belassen wurden. Sie verkörperten unter den Kalifen das alte ägyptische Wesen, das plötzlich auch hier wieder durch die hellenistische Decke hindurchbrach.[58]

Gleichzeitig wurde die Eroberung Irans durch die Schlacht von Nihawend in der Nähe von Ekbatana (642) beendet. Das Perserreich hat in diesem Jahr aufgehört zu existieren. Einzelne feste Plätze und einzelne in gebirgigen Landesteilen verzweifelt sich wehrende Bevölkerungsteile mußten noch bis zum Jahre 644 niedergekämpft werden. Der letzte Sasanide Jezdegerd wurde in seinem Schlupfwinkel in Merw im Jahre 651 ermordet.

Ein erster Vorstoß von Ägypten aus nach Westen bis Tripolis in den Jahren 643–647 wurde durch eine Gegenaktion der Byzantiner erwidert, die zu einer Zurückeroberung Alexandreias (645/46) führte, das jedoch nicht lange in ihrem Besitze blieb. Aber seit dem Jahre 646 war auch Ägypten endgültig islamischer Besitz. Von neuem begann der Kampf um Nordafrika und damit um die Schlüsselstellung in dem westlichen Mittelmeerbecken. Die Eroberung Karthagos (697) begründete die Weltstellung des Islam auch im Westen.

Zu spät hatte Herakleios den Weg Iustinians beschritten, nämlich durch dogmatische Zugeständnisse die Einheit der Kirche und wenn möglich dadurch auch die Einheit des Staates zu erhalten. Die Maßnahme hatte nicht den gewünschten Erfolg. Zudem verwarf Papst Honorius I. schon seit dem Jahre 625 die neue Lehre des Monotheletismus. So vertiefte sich auch der Gegensatz zu Rom, ein Gegensatz, der nach der Bestätigung des Monotheletismus durch Constans II. in dem sog. „Typos" vom Jahre 648 zu der Verurteilung sowohl der Ekthesis wie des Typos auf der Lateransynode durch den Papst Martin I. (649–653) führte, zugleich aber auch das elende Ende dieses Papstes (im September 655 starb er in der Verbannung auf der Krim) zur Folge hatte.

„Die alte Welt hatte die in ihr gelegenen Möglichkeiten erschöpft; sie starb in Ost und West zu gleicher Zeit: Westrom, Ostrom und Iran."[59] Weite Gebiete, die einst Alexander d. Gr., am Werke seines großen Vaters weiterbauend, dem Okzident und der hellenischen Kultur erschlossen hatte, waren dem Orient zurückgewonnen. Ostrom, unter der Führung von Byzanz griechisch geworden, war in der Hauptsache auf die Balkanhalbinsel und auf Kleinasien beschränkt. In diesem Reichsrest, der durch die Themenverfassung des Herakleios nicht nur eine straffere Organisation, sondern auch eine neue bäuerliche Grundlage erhalten hatte, bedeutete die in der Mitte zwischen der europäischen und der asiatischen Reichshälfte gelegene Hauptstadt schließlich alles. Sie war gewissermaßen der letzte griechische Stadtstaat (Polis: später von den Türken Istambul genannt = εἰς τὴν πόλιν) auf dem althistorischen Boden des städtisch organisierten Hellenentums.

Im Westen wie im Osten stehen wir am Grabe der antiken Kultur. Völlig neue Staatenverhältnisse traten ein. Wie Westrom, so war jetzt auch der Perserstaat ausgelöscht. Germanen im Okzident, Araber im Orient wurden die Erben in den abgetrennten Gebieten; auf ihnen ruhte die Zukunft Europas und des vorderen Orients, die jetzt auseinandergerissen wurden. Die romanisch-germanische Staaten- und Kulturwelt auf lateinischer Grundlage und die gräkoslawische Kultur des Ostens, die Fortsetzung des Hellenentums in christlichem Gewand, waren gleichzeitig das Ergebnis der unseligen Kirchenspaltung in Ost und West, in der sich das Griechentum und das Lateinertum ihrem innersten Wesen entsprechend auseinandergelebt hatten. Die große Einheit, die das Imperium Romanum und sein Erbe, die christliche Kirche, geschaffen hatten, war dahin. Überall traten in Europa Spaltung und Zerrissenheit an ihre Stelle. Nach der Eroberung Nordafrikas und Spaniens, die bald folgte, war es umschlossen von der stark antik und speziell iranisch durchtränkten arabischen Mächtewelt.

Was politisch und wirtschaftlich um die Mitte des 7. Jahrhunderts durch die Araber und durch ihre zur Weltpropaganda übergegangene neue Religion Tatsache geworden war: die neue Jahrtausendwende – sie ist damals in der Geistesgeschichte durch den Niedergang antiker Wissenschaft und Kunst bzw. durch die Entwicklung bodenständiger, im Volke verwurzelter Kräfte zutage getreten. Im Osten hat in der längst paganisierten griechischen Kirche der bald danach unter dem Einfluß des bildlosen Kultus des Islam beginnende Bildersturm auch die Bildung vernichtet und zu einem literaturarmen Jahrhundert (650–750) und damit vorübergehend zu einer geistigen Verfinsterung der östlichen Menschheit geführt. Mit der Paganisierung der Ostkirche aber und mit der Ausbreitung der Slawen auf der Balkanhalbinsel ist eine merkwürdige Primitivierung alles Ostlebens und ein Schwinden des christlichen Hellenismus Hand in Hand gegangen, soweit nicht Reste davon in dem in jeder Hinsicht stark aufnahmefähigen iranisierten Arabertum erhalten geblieben sind.

Im Westen ging dieser geistigen Verfinsterung der Ostwelt das Schwinden der Laienbildung am Ende der Merowingerzeit, die noch ganz und gar antik gedacht und gehandelt hatte, in auffallender Weise zeitlich parallel.[60] Das Hineinströmen der Germanen in eine höhere Kultur zeitigte bei ihnen eine sittliche Verwilderung, vor allem in der Frauenwelt, die zu dem Schrecklichsten gehört, das die Menschheit erlebt hat[61] – ganz im Gegensatz zu dem Kaiserhof von Byzanz, der schließlich einen klösterlich-asketischen Anstrich bekommen hat.

Wie hundert Jahre zuvor im Westen, so stehen wir nun auch im Osten nach dem Tode des Herakleios am Grabe des Römertums, aus dem zu beiden Seiten der Adria ein jugendlicheres Leben erwacht ist, dort ein romanisch-germanisches – zusammengehalten von der antiken Rom- und Universalreichsidee –, hier, in dem noch einmal durch Herakleios festgefügten Staatsbau von Byzanz, ein gräko-slawisches.

Daß trotz all dieser nationalen und kirchlichen Verschiedenheiten und trotz aller Kämpfe Europa heute noch eine Einheit bildet, verdankt es dem letzten der antiken Weltreiche in seiner letzten staatlichen Formung, nämlich in der des christlichen Dominates, in dem die universale Idee ihren stärksten Ausdruck gefunden hat. Was sich in der Folgezeit ausgewirkt hat, war nicht der auf Italien aufgebaute Prinzipat des Augustus, sondern die Staat und Kirche gleichermaßen beherrschende Autokratie Constantins I. und mit ihr die aus dem Orient stammende uralte Herrschermystik.[62]

Das Seltsamste in dieser Endzeit aber ist die Tatsache, daß den höchsten und wertvollsten Beitrag zu der Erhaltung der Antike und des Christentums ein Land geliefert hat, das niemals von den Römern ihrem Reiche eingegliedert worden war: Irland, die „grüne Insel" im äußersten Nordwesten Europas. Erst die Kirche hat hier das, was in Britannien einst das Reich seit Claudius I. begonnen hatte, vollendet, nachdem die Angeln und Sachsen England erobert hatten. Der Bretone Patrick aus dem südgallischen Kloster Lérins hatte im Jahre 432 Irland zu bekehren begonnen. Irische Mönche – vor allem Columban – waren es dann, die um das Jahr 590 in Gallien, hier wie auch in der Lombardei, die Klöster Luxeuil und Bobbio gründeten und der Christenheit der Merowingerzeit, die Zeichen schweren Verfalles aufwies, Weltentsagung gepredigt, also einen reineren Glauben wiedergebracht haben.[63] Irische Mönche aber haben das Evangelium auch zu den Angelsachsen getragen.

Der im Auftrage des Papstes Gregor I. im Jahre 596 abgesandte Augustinus erreichte mit 40 Mönchen um Ostern 597 das Königreich Kent. Bis zum Jahre 627 war das Christentum schon bis Northumbrien vorgedrungen und im Jahre 666 war die Mission beendet. Im Jahre 668 kam, von dem Papst Vitalian geschickt, der in Athen gebildete Theodor von Tarsos, begleitet von dem ausgezeichneten Afrikaner Hadrian, nach England und wurde Erzbischof von Canterbury. Er hat in Gemeinschaft mit den Iren die griechisch-römische Bildung noch einmal ganz spät im Norden in christlichem Gewande verbreitet. Es entwickelte sich immer stärker eine vertiefte christlich-antike Kultur auf der „grünen Insel", „das wichtigste Ereignis zwischen Iustinians und Karls d. Gr. Zeit".[64]

Wie durch die irischen Mönche nach Gallien, so kam das Christentum durch die angelsächsischen Missionare in das von ihnen bekehrte Germanien, für das die merowingische Kirche so gut wie nichts geleistet hatte. Dem auch geistig verwüsteten Festland ist somit nicht nur die antike Bildung, sondern auch ein reineres Christentum von dem Norden vermittelt worden. Was für den Islam später etwa Iran geleistet hat, das hat im Christentum Irland zuwege gebracht. Altes traditionsbeschwertes Land im Osten und ein Neuland im Nordwesten Europas haben so eine Weltmission erfüllt und Europa iranistisch von dem Osten her und hellenistisch von dem fernsten Nordwesten her noch einmal geformt und für die Aufgaben vorbereitet, die seiner im Mittelalter harrten.

Im Orient und im Okzident muß die Menschheit nun wieder von vorne anfangen und wieder in primitiveren Lebensformen beginnen. Neben der Einheit des Reiches ist trotz Iustinians heißem Bemühen die Einheit der Kirche zerstört, und neben das gespaltene Christentum tritt in mächtiger Expansion der Islam als letzte religiöse Erscheinungsform des großen Glaubenszeitalters, mit dem die Alte Geschichte schließt. Der Traum der Byzantiner, das Römerreich in seiner früheren Größe und Ganzheit sei unüberwindlich und daher unsterblich, ist ausgeträumt. Erst das Vordringen der Araber von Osten her, die Islamisierung aller von ihnen besetzten Länder, die abermalige Störung der schon von den Vandalen stark erschütterten Mittelmeereinheit als einer der wichtigsten Weltverkehrs- und Handelsstraßen und das Emporkommen der Karolinger in dem Frankenreich haben die Grenzpfähle gegen eine neue Weltepoche aufgerichtet. Neben den Germanen aber blieben Byzanz und die Araber, die Vertreter der alten Kulturmächte des Hellenismus und des Iranismus, sowie die christliche Kirche die größten Erhalter und Bewahrer des antiken Kulturgutes. Auf der Wechselwirkung dieser vier Erben antiker Gesittung ruht die folgende Weltepoche, die Europa isolierte und durch die Kirche und durch die Kaiseridee zu einer geschlossenen Völkerfamilie zusammenwachsen ließ.

Epilog

Das arabische Weltreich als Theokratie, sein Verhältnis zum Persertum. Papsttum und Frankenreich. Die Normannen. Die Entstehung der europäischen Nationen unter der Hegemonie von Kaisertum und Papsttum: Friedrich II. von Hohenstaufen

(640–1250 n. Chr.)

Zwei Jahrzehnte hatten genügt, um eine neue Welt im Osten aufzubauen, in der Alexanders d. Gr. Lebenswerk endgültig zerschlagen wurde. Der Orient war wieder erwacht, zunächst ideenmäßig getragen von einem neuen Volke, das, da des großen Makedonen letzte Pläne, die der Eroberung des Landes Arabien galten, unausgeführt geblieben waren, bisher mehr oder weniger am Rande der Oikumene gelebt hatte, wie Irland im Norden. Aber das Großreich, das jetzt entstand, war naturgemäß bei der Primitivität und geringen Zivilisation der arabischen Beduinen gezwungen, an die Traditionen der beiden Kulturreiche der Perser und Byzantiner, von denen man das eine zerschlagen, das andere angeschlagen hatte, politisch, religiös und kulturell anzuknüpfen. Wie der Islam ohne Judentum und Christentum bzw. ohne dessen Sekten und gnostische Schößlinge nicht denkbar ist, so kann auch das arabische Weltreich nur in engstem Zusammenhang mit den Problemen der Spätantike wirklich erfaßt werden, besonders von einer Forschung, die, wie hier, neben dem Hellenismus den Iranismus als konstitutiven Faktor der verflossenen tausend Jahre schärfer herauszustellen sucht.

Ein Glück für die überraschte und aus ihrer Ruhe jäh geweckte Umwelt war es, daß die Entwicklung des arabischen Großstaates im Innern mit der gewaltigen Ausbreitung nach außen nicht Schritt hielt: in dem als reine Theokratie geschaffenen Reich war kein Erbrecht vorgesehen, noch weniger ein Wahlverfahren. Abu Bekr und Omar, die ersten Nachfolger des Propheten, führten das Amt nur als Kalifen, d.h. als Stellvertreter des Gesandten Gottes, des Propheten. Die Untertanenschaft teilte sich in zwei religiös und politisch geschiedene Klassen. Die Muslime stellten die Kriegerkaste und waren wie ein Heer im Staate organisiert, z.T. in neu angelegten Militärkolonien in den eroberten Ländern angesiedelt, so in Fustat (Altkairo), Kufa und Basra im Irak (Babylonien), später auch in Kairuan in Tunesien. Die Führer der Besatzungstruppen waren die ersten Statthalter der Kalifen und, da nach islamischem Recht Heer und Religionsgemeinde sich deckten, auch die Vorbeter und die Freitagsprediger. Nur die Steuerverwaltung war, wie im Perser- und Alexanderreich, von Anfang an einem der Zentralregierung unmittelbar verantwortlichen Beamten unterstellt.

Der arabischen Kriegerkaste standen die Nichtaraber (Ra'ija, Mehrzahl Ra'aja = die Herde) als Untertanen gegenüber. Während die Muslime nur die Armensteuer zahlten, hatte die unterworfene Schicht den Tribut aufzubringen und für den Unterhalt der Krieger zu sorgen. Um ihre inneren Angelegenheiten kümmerte sich die neue Regierung wenig. In den ehemals byzantinischen Gebieten bekamen die Bischöfe auch die Leitung der bürgerlichen Geschäfte in die Hände, in Persien dagegen der niedere Landadel der Dichkane oder Dorfschulzen.

Die Ermordung Omars im Jahre 644 durch einen persischen Sklaven in Medina brachte die ersten wirklich großen Schwierigkeiten. Es folgten die beiden noch lebenden Schwiegersöhne des Propheten, zunächst Othman (644–656), der der unbedeutendere, aber durch seine aristokratische Herkunft aus dem Hause Umaija ausgezeichnet war, und nach ihm Ali (656 bis 661). Unter ihnen kam die Expansion etwas ins Stocken. Othman wurde am 17. Juni 656 getötet. Ali, der an der Beseitigung des Umaijaden beteiligt war, verlegte den Schwerpunkt des Reiches nach dem Irak. Dort schlug er nach der „Kamelschlacht" (4. Dezember 656) seine Residenz in Kufa auf. Zum erstenmal trat „damit Arabien und insbesondere Medina die führende Rolle an die Provinzen (vor allem an Syrien, Babylonien und Persien) ab, bei denen die materielle Macht schon lange gelegen hatte".[2]

Der Mord an Othman wurde durch seinen Vetter Muawija, den damaligen Statthalter von Syrien, gerächt. Ende Mai 660 empfing dieser in Jerusalem die feierliche Huldigung als Kalif. Sein Gegner Ali dagegen wurde am 24. Januar 661 in der Moschee von Kufa ermordet. Muawija I., mit dem das Haus der Umaijaden begann, stellte nun mit eiserner Energie die Regierungsautorität wieder her. Er residierte in Damaskos und knüpfte bei seinem inneren Neubau des Staates nach dem Bürgerkrieg an die Praxis der hellenistisch-römischen Verwaltung an. Nach außen hin aber stellte er den Krieg gegen Byzanz in den Vordergrund.[3]

Unterdessen hatte auf afrikanischem Boden der schwere Kampf um den Kern der römischen Weststellung längst begonnen. Der immer wiederholte Vorstoß nach Westen hatte zwei Ziele: einmal die Eroberung Nordafrikas und zum anderen die Gewinnung der Seemacht in dem bisher ausschließlich von den Römern, zuletzt von den Römern und den Vandalen, beherrschten Westmittelmeer. Nach der endgültigen Eingliederung Ägyptens war der Vormarsch auf Nordafrika im Jahre 647 in Gang gekommen. Wie einst zur Zeit der Punier bedrohte nach der Eroberung des Landes durch die von Westen gekommenen Vandalen diesmal ein Volk des Ostens diese Schlüsselstellung vor Sizilien und Italien und damit das Westbecken des Mittelmeeres. Die erste arabische Invasion fiel zeitlich zusammen mit den Kämpfen der afrikanischen Orthodoxie, geführt von dem streitbaren Abt Maximos Confessor, gegen den von Byzanz gestützten Monotheletismus und mit der Ausrufung des Exarchen Gregorios zum Gegenkaiser. Kurz darauf fand dieser im Kampfe gegen die Araber den Tod, und seine Residenzstadt Sufetula wurde ausgeplündert. Gegen Zahlung eines reichen Tributs zogen die Araber wieder ab, da Iustinians Festungen standhielten und die Berber ihre alte Feindschaft gegen Rom kurze Zeit vergaßen.[4] Noch einmal blieb Nordafrika Rom erhalten.

Welch' tiefen Eindruck aber dieser erste Vorstoß in die Westwelt auf die Byzantiner gemacht hat, beweist die Tatsache, daß Herakleios' Nachfolger auf dem Kaiserthron Constans II. (641–668) unter dem schweren Druck der afrikanischen Ereignisse und des gleichzeitig geführten Kampfes gegen die Langobarden Italiens nach einem zwölftägigen Besuch Roms im Juli 663 (dem letzten eines Byzantiners) seine Residenz in Syrakus aufschlug. Dort befand er sich in der Mitte zwischen dem bedrohten italischen und afrikanischen Gebiet; auch stand ihm die Flotte zur Verfügung. Als er seine Familie in die neue Residenz nachkommen lassen wollte, wurde er das Opfer einer Verschwörung. Einer seiner Kämmerer erschlug ihn am 15. September 668 im Bade.[5]

Neben Nordafrika waren Kleinasien und Armenien die Ziele der nunmehr mit erneuter Kraft fortgesetzen arabischen Ausbreitung. Die Seele des Kampfes war hier Muawija, der damals schon Statthalter von Syrien war. In das Jahr 647 fiel, wie der Vormarsch in Nordafrika, der Beginn des Vordringens in Kleinasien. Dabei wurde Kappadokien mit seiner Hauptstadt Kaisareia erobert. Es folgten Vorstöße nach Phrygien wie auch nach Armenien. Aber Muawijas Hauptleistung lag auf einem anderen Gebiet. Er hat als Einziger unter allen arabischen Staatsmännern der Anfangszeit die Bedeutung einer starken Seemacht für den Kampf gegen Byzanz erkannt und seit dem Jahre 649 die Flotte mit eingesetzt.[6] Nach der Landung auf Kypros (Cypern) und nach der Erstürmung seiner Hauptstadt Constantia ging der Seekrieg nach Ablauf eines dreijährigen Waffenstillstandes im Jahre 654 weiter. Rhodos und Kos wurden erobert, Kreta geplündert und schließlich im Jahre 655 Constans in einer Seeschlacht an der lykischen Küste entscheidend geschlagen. Durch den Bürgerkrieg mit Othman kam die Expansion zur See vorübergehend zum Stillstand. Muawija suchte eine Verständigung mit den Byzantinern, ja, er verpflichtete sich in dem Friedensschluß vom Jahre 659 zu Zahlungen an den Gegner.

Der Doppelkampf zu Lande und zu Wasser wurde aber schon nach seiner Thronbesteigung im Jahre 661 wieder aufgenommen. Kleinasien wurde von dem Jahre 663 ab 15 Jahre lang jedes Jahr überfallen und ausgeplündert, mitunter bis nach Chalkedon hin. Doch der Schwerpunkt der Kämpfe lag wieder auf dem Meere. Besonders gefährlich wurde schließlich die Errichtung einer arabischen Flottenstation in dem bekannten ausgezeichneten Hafen von Kyzikos unmittelbar vor den Toren Constantinopels im Jahre 670. Von hier aus begann im Jahre 674 die Aktion gegen die Reichshauptstadt, die in einer fünfjährigen Blockade durchgeführt wurde. Erst die Anwendung des griechischen Feuers brachte das arabische Unternehmen im Jahre 678 zum Scheitern. Da gleichzeitig die arabische Landarmee in Kleinasien eine Niederlage erlitt, sah sich Muawija abermals zu einem Frieden mit Byzanz, diesmal auf die Dauer von dreißig Jahren, gezwungen. Der erste Gegenschlag gegen die arabische Expansion war gelungen. Dafür mußte der damalige Kaiser Constantin IV. (668–685) das unterdessen gegründete Bulgarenreich anerkennen, ja, sich zu alljährlichen Zahlungen an diesen jüngsten Staat des Balkans verpflichten.

Der kombinierte See- und Landkrieg in dem Ostmittelmeerbekken, wie ihn Muawija jahrelang geführt hatte, gab nun auch dem wieder beginnenden Kampf in Nordafrika neuen Auftrieb. Im Jahre 667 kam der ägyptische Statthalter Ibn Hudaidsch auf einer ersten Raubfahrt bis nach Sizilien. Aber erst Okba ibn Nafi, einem Neffen Amrs, gelang es im Jahre 670, im Bunde mit den Berbern die byzantinische Herrschaft in Afrika zu brechen. Er ist der Schöpfer des schon erwähnten Waffenplatzes Kairuan (Kairawan) mit der großen Moschee, die heute noch seinen Namen trägt.

Aber trotzdem gingen noch einmal große Teile des Landes an die Berberstämme des Innern unter ihrem Führer Kusaila verloren, die mit den noch verbliebenen byzantinischen Garnisonen einen verbissenen Widerstand organisierten. Dabei fand Okba im Jahre 683 den Tod. Die schweren Kämpfe ruhten infolgedessen eine Zeitlang. Aber im Jahre 697 stießen die Araber nach einer vorübergehenden Besetzung Karthagos im Jahre 695 (Rückschlag durch den Sieg der Berberkönigin Kahina bei Tebessa) von neuem vor und besetzten in einem raschen Siegeszug endgültig auch Karthago. Noch einmal leistete die byzantinische Flotte Widerstand, aber schon im nächsten Jahre wurde der arabische Sieg über Nordafrika vollendet. Die Gründung der neuen Hauptstadt Tunis mit dem Hafen La Goulette bedeutete eine wirkungsvolle Ergänzung des Landwaffenplatzes Kairuan durch eine große Flottenstation des Islam am Mittelmeer.

So waren in etwa 60 Jahren nacheinander Antiocheia sowie Alexandreia, durch die Jahrhunderte hindurch die größten Rivalinnen Constantinopels, und im Westen jetzt auch noch Karthago gefallen.

Dessen Bischof hatte am längsten dem römischen Amtsbruder opponiert und seine Papststellung in Frage gestellt, obwohl die Lehre von dem Primat Petri in der afrikanischen Kirche (durch Cyprian) entstanden war.

Einen Versuch, das verlorene Exarchat von Karthago zurückzugewinnen, hat Byzanz seitdem nicht mehr unternommen. Die Araber drangen schon ein paar Jahre später bis an den Ozean vor. Nur aus dem allein noch gehaltenen Septem[7] (Ceuta) an der Straße von Gibraltar, aus einigen Teilen von Mauretania secunda, aus den Balearen und wenigen Städten in Spanien, also aus einem Streubesitz, haben die Byzantiner noch ein unbedeutendes fernes Exarchat gebildet, das noch etwa zehn Jahre lang existierte.

Den letzen Widerstand in Afrika haben die Berber geleistet. Erst nach ihrer politischen und religiösen Bezwingung und nach der Niederwerfung Marokkos durch Musa ibn Nusair war die Eroberung Nordafrikas durch den Islam vollendet. Mit einem Schlage war alles, was das Altertum für Europa an Grundlagen dort geschaffen hatte, in Frage gestellt. Spanien und Südfrankreich, die Inseln des Westmeeres, vor allem Sizilien, dahinter Italien, im Osten Constantinopel waren bedroht. Was aber gerade die Bewohner der Gegenküsten des Mittelmeers, die von Kleinafrika und Kleinasien, für den Fortschritt der europäischen Menschheit geleistet haben, z. B. Ionien für die Anfänge der griechischen Philosophie und Wissenschaft, Nordafrika für den Aufstieg des Christentums zur Weltreligion, ist allbekannt. Die Namen Heraklit und Augustin leuchten über die Jahrtausende.

Vor allem das Westgotenreich in Spanien war auf das schwerste gefährdet. Zwar hatten die Araber schon im Jahre 675 Spanien zur See angegriffen, sie waren aber von der westgotischen Flotte zurückgeschlagen worden. Nun rückte an der Straße von Gibraltar die Gefahr in bedrohliche Nähe. Im Juli 711 überschritt ein fast ganz aus Berbern bestehendes arabisches Heer unter Tarik ibn Sijad die Meerenge und besiegte in der Schlacht von Wadi Bekka, die man fälschlich nach Xeres de la Frontera benennt,[8] den letzten Westgotenkönig Roderich, der in der Schlacht sein Leben ließ.[9] Nach Zuzug weiterer Verstärkungen wurde die Eroberung vollendet und der

Kalif von Damaskos im Jahre 713 in Toledo von Musa, dem Statthalter von Afrika, auch zum Herrn von Spanien ausgerufen.

Ein erstes europäisches Land war dem Islam verfallen. Da aber das Westgotenreich noch Besitzungen jenseits der Pyrenäen hatte, ging der Kampf weiter, zunächst zur See. Narbonne fiel und Toulouse wurde belagert. Wohl warf Herzog Odo von Aquitanien die Feinde zurück, Narbonne aber blieb in arabischer Hand. Von dort aus wurde im Jahre 725 sogar ein Zug über Carcassonne bis Autun unternommen, das am 22. August dieses Jahres geplündert wurde. Als dann im Jahre 732 ein neuer Einfall über die Pyrenäen hinweg durch den spanischen Emir Abdarrachman erfolgte, rief der aquitanische Herzog den Karolinger Karl Martell zu Hilfe. Dieser besiegte im Oktober 732 mit seinem in der Hauptsache austrasischen Vasallenheere bei Poitiers – genauer bei der Ortschaft Niré – den arabischen Feldherrn und tötete ihn.[10]

Abgesehen von der Provence, die die Araber noch etwas länger besetzt hielten, war das Reich der Franken und damit das Abendland gerettet. Um die Provence ganz zu befreien, mußte Karl allerdings im Jahre 739 noch die Hilfe der Langobarden in Anspruch nehmen. Narbonne wurde sogar erst durch Pipin III. im Jahre 759 endgültig zurückgewonnen. Trotzdem bleibt Karl Martell der Ruhm, das Abendland vor der Araberinvasion bewahrt zu haben.[11] Aber er teilt diesen Erfolg mit jenen großen Byzantinern, die Constantinopel in den Jahren 678, 708 und 718 (dieses letze Mal durch den tatkräftigen Leo III., den Isaurier, 717–741) vor den Arabern gerettet und Europa besser als achthundert Jahre später ihre Nachfolger vor der Türkengefahr abgeschirmt haben. Hervorgehoben muß werden, daß es letztlich der Ausbau der byzantinischen Flotte und ihre technische Überlegenheit durch das griechische Feuer gewesen sind, die die Muslime von dem Ägäischen Meer ferngehalten haben, während bei der Seeabgewandtheit der Franken im Tyrrhenischen Meer die Sarazenen trotz Poitiers überlegen waren. Dadurch ist zwischen dem muslimischen Afrika und dem christlichen Europa die Brücke zwar nicht abgebrochen, aber der Verkehr erschwert worden. Demgegenüber ist das für Europa ebenso wichtige Kleinasien, so tief auch der Gegner teilweise hier eingedrungen ist, großenteils noch jahrhundertelang Byzanz erhalten geblieben. Von den beiden alten Weltmächten, die nach dem Abflauen des arabischen Sturmes verblieben sind, dem Frankenreich und dem byzantinischen Imperium, war dieses für die allgemeine Weltlage zunächst noch bedeutungsvoller, allein schon wegen seiner Reichsflotte, die auch fernerhin den Handelsverkehr von Osten nach Westen auf dem Mittelmeer ermöglichte.[12]

Dies zeigte sich, als der Kampf um das wichtigste Streitobjekt der drei Mächte, die Insel Sizilien, um den seit Jahrtausenden am heißesten umstrittenen Trittstein im Westmeer, entbrannte. Nachdem schon seit dem Jahre 720 hart um die Insel gekämpft worden, der Streit aber durch innere Wirren in Afrika unterbrochen worden war, konzentrierte sich im neuen Jahrhundert (seit 827) der Kampf auf das von den Byzantinern zäh verteidigte Syrakus. Den Arabern von Nordafrika, die seit dem Jahre 800 unter den Aghlabiden fast unabhängig geworden waren, gelang es nach manchen Wechselfällen, durch die Einnahme von Palermo im September 831 festen Fuß auf der Insel zu fassen und dadurch eine Operationsbasis ersten Ranges zu gewinnen. Bis zum Jahre 840 war schon fast ein Drittel der Insel von ihnen unterworfen.[13] Doch hat es noch bis zum Jahre 878 gedauert, bis Syrakus nach letzter heldenmütiger Verteidigung (am 21. Mai) niedergerungen wurde.[14] Diese Verdrängung aus Sizilien war der größte Verlust für Byzanz seit der Aufgabe Afrikas und Spaniens. Denn diese paradiesische sagenumwobene Insel, das Kreta des Westmeeres, war die bedeutendste Hochburg des Ostreiches. Tatsache aber ist, daß Sizilien bis in das 13. Jahrhundert hinein geistig mit Byzanz in engster Verbindung geblieben ist und vor allem den byzantinischen Einfluß dem Frankenreich vermittelt hat „hinsichtlich der politischen Ideenbildung, der Kultgestaltung und der kirchlichen Organisation".[15]

Machtpolitisch verfügte Byzanz längere Zeit nur noch über die adriatische Küste Italiens, und zwar im äußersten Norden über Venedig, jenes einzigartige Gebilde, „das neben den Vereinigten Niederlanden die seltsamste Schöpfung in der Wirtschaftsgeschichte aller Zeiten darstellt",[16] und im Süden über Apulien. Noch bei dem Tode des kraftvollen Kaisers Basileios I. (867–886) war Unteritalien fest in byzantinischer Hand und das Bollwerk gegen weitere arabische Angriffe.[17] „Hier hat der griechische Block standgehalten und hat dadurch Europa und zweifellos die Christenheit gerettet",[18] wie sie einst Basileios' Vorgänger vor den Toren Constantinopels und Karl Martell bei Poitiers gerettet hatten.

Seitdem aber war das ehemalige Herrenland Italien unter drei Mächte aufgeteilt: unter das Papsttum, das sich unterdessen von Byzanz gelöst hatte, unter die durch den Islam lange Zeit gegen die fränkische Gefahr geschützten Langobarden und unter Byzanz. Dieses behielt Unteritalien; hier kam es zu einem neuen Hellenisierungsprozeß wie einst in den Zeiten der Magna Graecia. Mit dem Zerfall Italiens in Kleinstaatengebilde und mit dem Überwiegen der Ostseite gegenüber dem bisher führenden Westen des Landes war die Auflösung des römischen Westreiches ein für allemal beendet. Italien, durch ein Jahrtausend das Herrenland, wurde zum dienenden Glied in dem Mittelmeer-Staatensystem und nach dem Siege Karls d. Gr. über die Langobarden zu zwei Dritteln ein Teil des Frankenreiches. Abgesehen von dem byzantinischen Rest gravitierte jetzt alles von dem Mittelmeer weg nach Norden hin, nicht zum wenigsten auch das Papsttum, das sich von Byzanz emanzipiert hatte. Rom suchte in seiner erfolgreichen Christenmission in den nordischen Ländern Ersatz für die an den Islam verlorenen Gebiete. Die zweite Zone und bereits Teile der dritten traten breit in den Vordergrund des geschichtlichen Interesses.

Aber unterdessen hatte das arabische Weltreich selbst unter schweren Kämpfen eine große Wandlung im Innern durchgemacht, die seine Struktur stark veränderte und seine Fähigkeit zur Weltbeherrschung auf die Dauer erst ermöglichte. Seit Alis Tod (656) war die führende Rolle von Arabien an die Provinzen Syrien und Irak übergegangen. Auf Syrien übten die Kultur von Byzanz und seine Verwaltungsorganisation die gleiche Wirkung aus wie auf die längst davon erfaßten syrischen Araber der Randgebiete. In dem Irak vertiefte sich zunächst die religiöse Idee in mancher Beziehung. Der Märtyrertod Hussains, des zweiten Sohnes Alis, förderte dort die religiöse Entwicklung in der fanatischen Schi'a, der Partei der Aliden.[19] Eine Reihe aufeinanderfolgender schiitischer Bewegungen leitete den Sturz der Umaijaden-Herrschaft unter Hischam (724–734) ein. Die habsüchtige Politik dieses Kalifen trieb die Fremdvölker, darunter auch die Perser und die Türken, zur Verzweiflung und bereitete im Osten den Sendboten der Abbassiden den Boden.[20] Diese beuteten die feindliche Stimmung Irans gegen die Umaijaden aus, ebenso das von den Aliden vertretene Legitimitätsprinzip, das auch den Iraniern seit alters vertraut war. Von der iranischen Grenzlandschaft Chorasan ging die Erhebung der Abbassiden aus. Am 28. November 749 konnte Abu'l-Abbas in der Moschee von Kufa die öffentliche Huldigung für die neue Dynastie entgegennehmen.[21]

Was eintrat, war nicht nur ein blutiger Umbruch, sondern auch ein völliger Systemwechsel. Mit dem Untergang der Umaijaden verloren die Syrer wie auch die Araber die Alleinherrschaft im Bereiche des Islam. Die Nichtaraber wurden ihnen von jetzt ab gleichgestellt, vor allem gewannen die Iranier das Übergewicht.

Dem ersten Abbassiden war nur eine kurze Regierungsdauer gegönnt (750–754).[22] Der eigentliche Begründer des Hauses wurde Al-Mansur (754–775). Nach der endgültigen Niederwerfung der Aliden baute er die neue Reichshauptstadt Bagdad. Dies war seine entscheidende Tat wie einst die Gründung Constantinopels im Römerreich die Constantins I. Die Araber verlegten damit ihre Zentrale in die Nähe von Babylon und der alten parthisch-persischen Residenz von Ktesiphon. Von dem Boden Babyloniens (Irak), von dem so manche Weltherrschaft ihren Ausgang genommen hatte, ging der mächtige internationale Impuls aus, der in der größten Zeit des Kalifats (750 bis etwa 900) in der Welt des Islam und weit darüber hinaus fühlbar wurde. Bagdad wurde gleichzeitig die Erbin von Seleukeia, der innerasiatischen Metropole des Seleukidenreiches, und zugleich von Ktesiphon, der parthisch-persischen Westresidenz. Seitdem zeigt die Kalifen-Kultur immer stärker persische Züge,[23] während die Umaijaden, die in Syrien verankert gewesen waren, mehr unter byzantinischem Einfluß gestanden hatten.

Der Hof von Bagdad knüpfte in viel höherem Maße als bisher an den der Sasaniden an, dessen Zeremoniell übernommen oder nachgeahmt wurde. In der Verwaltung wurde neben dem byzantinischen Kanzleiwesen das sasanidische zum Muster genommen. Die Abbassiden erkannten die Vorzüge der persischen Bürokratie und rezipierten vielerlei von ihr. Dies ist der letzte und vielleicht der größte Sieg der Perser in der Weltgeschichte. Die Kalifen von Bagdad wurden auch die Testamentsvollstrecker Alexanders d. Gr.[24] Dem Geiste des auch im Osten sterbenden Hellenismus dagegen entstammte das Streben nach Wissen und nach einem geläuterten Glauben, der auch die arabische Welt ergriff.[25] Den Islam beeinflußte neben dem Zoroastrismus auch der Manichäismus, der zeitweise die Religion der Gebildeten wurde.[26] Das Arabertum wurde so in den geistigen und religiösen Synkretismus hineingezogen, der längst in Babylonien Platz gegriffen hatte und von dort ausstrahlte. Griechische Wissenschaft und persische Dichtung, in der die Sasanidenepoche immer mehr als das goldene Zeitalter des Perservolkes erschien, trieben neue Blüten. Aber wie Bagdad außerdem der Stapelplatz des Indienhandels wurde, so trat hier die indische Wissenschaft, vor allem die Medizin, in Konkurrenz mit der griechischen.[27] Hellenismus und Iranismus erlebten gleichermaßen im Arabertum eine letzte, höchst bemerkenswerte Weiterbildung; aber sie kamen auch gleichzeitig mit den Geistesmächten des fernen Ostens in Berührung. Bagdad wurde der Sammelplatz nicht nur für die materiellen, sondern auch für die geistigen Güter der Menschheit. Von hier aus breiteten sie sich nach allen Richtungen hin aus, besonders nach Osten (Turfan) und nach Westen (Europa).

Den Einfluß auf Europas Mittelalter hat Konrad Burdach vor einer Reihe von Jahren mit folgenden Worten gekennzeichnet:[28] „Man wird sich gewöhnen müssen, die Kultur und das literarische Leben des abendländischen Mittelalters in viel höherem Maße als bisher in seinem internationalen Charakter als Erben hellenistischer (alexandrinischer) und ihrer persisch-arabischen Umformung anzusehen.“ Dabei wäre es vielleicht besser, den Gedanken der „Umformung“ durch die Feststellung einer zweiten selbständigen Wurzel im orientalischen Kulturkreis zu ersetzen.[29]

Ohne direkte Beeinflussung gehen manche Erscheinungsformen des persisch-islamischen und des christlich-abendländischen Rittertums in merkwürdiger Weise einander parallel, wie an einer besonderen Form des islamischen Rittertums, der Futuwwa („Burschenbund", „Ritterbund") nachgewiesen wurde,[30] die sich in Angleichung an das religiöse Ordenswesen des Islam, das Derwischtum, zu einer Art von Ordensrittertum des Orients entwickelt hat. Der ritterliche Minnesang des Mittelalters; der bekanntlich wie die Araber die verheiratete Frau feiert, ist ohne den islamischen Bruder nicht denkbar.[31] Endlich: wirksam geworden in dem römischen Kaisertum deutscher Nation ist in der äußeren Form die Autokratie des alten Orients, wie sie der größte makedonische Erobererkönig an die Stelle der persischen gesetzt hatte und wie sie dann in der hellenistisch-römischen Weiterbildung Constantin I. mit der Universalidee des Christentums verschmolzen hat zu dem Imperium Christianum mit einem Gott und einem Kaiser an der Spitze. Über dieser nach Europa als Konkurrenten des byzantinischen Reiches verpflanzten Kaiserherrlichkeit steht Alexander d. Gr., auf den überall zurückgegangen wird.[32] Je mehr die Antike sich ihrem Ende zuneigte, desto mehr griff man auf die Anfänge des tausendjährigen Weltentags zurück. In ihm aber spielen nicht nur Perser und Makedonen, sondern die nach ihnen plötzlich zu schwindelnder Höhe emporgestiegenen Araber eine Rolle. Deshalb gehören sie mit ihrer hohen Kultur unstreitig zu der Geschichte des Abendlandes, von dem sie weite ehemals römische Gebiete beherrschten. Eine Trennung der beiden Welten, so sehr auch die Araber das Trennende unterstrichen haben, ist nicht möglich. Einer der Wege zum Verständnis der mittelalterlichen europäischen Welt geht über den Orient.

Dies zeigt sich in Europa wie im Orient mehr noch als in der Geschichte des Aufbaues des Staates, der Gestaltung des Schrifttums und der Literatur auf dem weiten Gebiete der Kunst und des Kunsthandwerks. Die islamische Kunst baute mehr noch als auf hellenistischem Erbgut auf der persischen Tradition mit ihrem „symbolgeladenen" Rückgriff auf die altiranische, achämenidische Ideenwelt mit ihrem unerhörten Formenreichtum sowie auf dem seit langem wirkungsvoll gewordenen „Tierstil" der innerasiatischen, aber stark iranisierten Reitervölker auf.[33] In der iranisch-islamischen Baukunst wurden Kuppel und Liwan zu den bestimmenden

Elementen. Moscheebauten und Kalifenschlösser stehen ihrer Architektur nach ganz im Banne des Orients und ihre Wirkung erstreckt sich sogar bis nach Byzanz hin.[34] Im Bereich der Dekoration bleibt die Wandmalerei konservativer, während die Stuckverzierungen einem größeren Wandel unterliegen. Als Erbin der Toreutik, die durch das Edelmetallverbot des Islam zeitweilig zum Erliegen kommt, bringt die glänzende islamische Keramik manche Andeutung der sasanidischen Kunst erst zur vollen Entfaltung. Iran, wo sie beginnt, ist der einzige Kulturkreis des Orients, der, auf der altorientalischen Formenwelt ruhend, durch den Islam eine ungeheure Fernwirkung nach Osten und Westen gehabt hat.

Nach der vorangegangenen starken Beeinflussung der Ostgermanen durch die iranisierten Reitervölker Asiens ist auch die Aufnahmefähigkeit des romanisch-germanischen Abendlandes für diese iranische Islamkunst ungemein groß. Hieraus erklärt sich die äußere und innere Berührung und Ähnlichkeit frühmittelalterlicher und sasanidisch-islamischer Kunstwerke. „Die Dekorationen am Sarkophag der 665 gestorbenen Äbtissin Aguilberta in Jouarre bei Château Thierry könnten in Ktesiphon gefunden sein, und die ornamentalen Mosaiken der karolingischen Kirche von Germigny des Près bei Orléans haben ihre letzten Verwandten in den Lebensbäumen des Taq i Bostan: das sind Beispiele, die sich mühelos zu Hunderten bringen lassen."[35] Die vielen altorientalischen Motive in der romanischen Kunst des Abendlandes mit ihrer bekannten Tierfreudigkeit sind nur von hier aus zu verstehen: altes Formengut des Orients ist im Sasanidenreich noch einmal stark iranisiert worden und ist z.T. erst von dem Islam an den Westen weitergegeben worden.

Die Entwicklung des Doppeladlers bis zum Wappentier des alten Deutschen Reiches und des Russischen Reiches ist ein Musterbeispiel für die Ausstrahlung Neupersiens und seines Erben, des Islam, bis in das hohe deutsche Mittelalter.[36] Ein altorientalisches, rein religiöses und kultischen Motiven entsprungenes Phantasiegebilde ist als Stoffornament der südiranischen Textilindustrie aktiviert worden und zuerst in dem sarazenischen, dann auch in dem seldschukisch-türkischen Kulturkreis zum Wappentier und Herrschaftssymbol emporgestiegen. In dem Abendland ist die gleiche Entwicklung vom Ornament zum Wappen zu beobachten, und zwar zum erstenmal, wenn auch nur vorübergehend, um die Wende des 12. zum 13. Jahrhundert in Sizilien. Auf breiterer Grundlage aber wird dieses Symbol erst sichtbar in dem handelsmächtigen Flandern. Von diesem früh weltverbundenen Raume her trug es Ludwig der Bayer in das Binnenland. Die Einigung Europas zur Türkenabwehr machte den Doppeladler zum Symbol der neuen Staatenpolitik und damit zu einem neuen staatlichen Sinnbild.[37]

Diese Entwicklung eines Staatswappens aus dem Ornament führt uns auf die große Fernwirkung der persisch-islamischen Textilindustrie, vor allem auf dem Gebiete der Teppiche und Prunkgewänder, die im Mittelalter in höfischem und kirchlichem Gebrauch waren, eine Fernwirkung, die frühzeitig bis tief hinein nach Gallien zu beobachten ist.[38] So ist Persien das Ursprungsland vieler Erzeugnisse, die weithin nach Osten und Westen gewandert sind. Den Arabern aber kommt eine große Rolle nicht nur bei der Weiterbildung, sondern auch bei der Verbreitung orientalischen Kunsthandwerks zu und damit eine wichtige Einflußnahme auf Europa auch in künstlerischer Hinsicht.

Wie im Osten, der gerade damals am stärksten unter arabischen Einwirkungen aller Art stand, so war auch im Westen das Jahrhundert von 650 bis 750 die Zeit der Umbildung zu einer neuen Weltepoche. In ihr hat der Islam seinen Sieg bis zum letzten erreichbaren Ziel im Innern und nach außen vollendet. Im Westen aber ist die Entromanisierung weiter Grenzgebiete der bisher im Römerreich und in seinem Lebensstil verankerten Germanenreiche zu Ende geführt worden. Europa wurde seitdem auf kleinerem Raum als bisher unter germanisch-karolingischer Herrschaft isoliert. Es ist jedoch in diesem engeren Kreise zusammengewachsen zu dem festen Völkerverband, der der übrigen Welt als ein geschlossenes Ganzes entgegentreten sollte.

Die Zukunft gehörte hier dem Frankenreich, das in dem politischen Abwehrkampf gegen den Islam zu einem Machtfaktor ersten Ranges geworden war. Das Hausmeiergeschlecht der Pipiniden,

Großgrundbesitzer aus dem Maasland am Rande der Ardennen nördlich von Metz, der alten Hauptstadt Austrasiens, stellte die schöpferischen Männer zum Aufbau der europäischen Welt. Sie wurde von ihnen an der Spitze des grundherrlichen Adels von Austrasien und nicht mehr aus dem nach dem Mittelmeergebiet gravitierenden, stark urbanisierten Neustrien geschaffen, war daher primitiver und bäuerlicher als die vorangegangene, noch mehr in den Bahnen der Antike wandelnde Merowingerzeit.[39]

Der Begründer der karolingischen Hausmeierstellung, Pipin der Ältere (I.), ist im Jahre 639 gestorben, d.h. in demselben Jahr, in dem König Dagobert I. starb, der letzte wirklich noch bedeutende Merowingerkönig, der der Zeitgenosse und seit dem Jahre 629 der Verbündete des Herakleios war. Die Pipiniden wuchsen mit den großen Aufgaben, die ihnen in dieser Entscheidungsstunde der Weltgeschichte gestellt waren. Die bedeutungsvollste Tat Pipins des Mittleren (II.), des Vaters Karl Martells, war, daß er im Jahre 688 die Macht im Gesamtreich errang. Sein Bastardsohn Karl Martell (714–741) regierte daher schon wie ein Souverän über das *Regnum Francorum,* brach den letzten Widerstand der Neustrier und gewann Friesland sowie Teile von Alamannien für sein Reich. Er vermochte aber trotz des Sieges bei Poitiers die Provence nicht hinreichend zu schützen. Immerhin, das Reich ruhte schon in dieser Zeit auf dem Norden und auf Austrasien.

Im Jahre 741 starben gleichzeitig, wie hundert Jahre vorher, die leitenden Männer in West und Ost: Karl Martell, Papst Gregor III. (731–741) und Leo III., der Isaurier (717–741). Ihre Nachfolger waren Pipin der Kleine (III.) (741–768), Papst Zacharias (741–752) und der Bilderfeind Constantin V. Kopronymos (741–775). Im Frankenreich brachte das Jahr 751 das Ende der merowingischen Scheindynastie. Pipin III. wurde König. Der Norden und der Osten hatten endgültig gesiegt; der Islam hatte Südgallien zugrunde gerichtet. Das Papsttum hatte durch die in Angriff genommene nordische Mission und die von Norden her erfolgende Bekehrung Germaniens (Bonifatius) seine Tätigkeit ebenfalls in die zweite Zone verlegt, in der von nun an das Schwergewicht lag. Die europäische Mission des Frankenreiches stand damit fest.

Auch an der Schwelle der jetzt beginnenden europäischen Geschichte im engeren Sinne stehen genau wie an den Anfängen der drei großen Epochen der antiken Universalreiche wieder zwei Männer von größtem Können an der Spitze, abermals wie bei den Makedonen Vater und Sohn, gleich groß und von gleicher Wirkung in die Ferne: Pipin der Kleine und Karl der Große (768–814), die Schöpfer des karolingischen Königtums über die Franken und über die von ihnen unterworfenen Stämme sowie des ersten Kaiserreiches nördlich der Alpen (800).

Nach dem Jahrhundert des Übergangs von der antiken Welt zu dem neuen Europa (650–750) kam der Umsturz durch den Bund der großen Karolinger mit der Kirche, zum erstenmal im Jahre 751, hervorgerufen durch die endgültige Gewinnung Ravennas durch die Langobarden und ihren Marsch auf Rom. „Zerbrochen ist die Einheitskultur der Mittelmeerländer. Neue Völker drängen sich ans Licht und streben nach neuer Einheit: eine neue Zeit beginnt: die des Übergangs ist vorüber."[40]

Papst Stefan II. (752–757), von Byzanz nicht ausdrücklich genug unterstützt, verhandelte mit dem König Aistulf (749–756) in Pavia und rief, nachdem er die Alpen überschritten hatte, Pipin persönlich im Januar 754 zu Hilfe. „Im Jahre 751 setzte sich Pipin über die Tradition hinweg; drei Jahre später tat es der Papst."[41] Der Bund zwischen dem Papst und dem Frankenkönig wurde geschlossen und in Quiersy (Carisiacum) an der Oise urkundlich verbrieft. Der Karolinger wurde „von Gottes Gnaden" *(Dei gratia)* Frankenkönig, was die Merowinger mit ihrem Laienregiment niemals gewesen waren. Der neue Königstitel brachte den Anspruch auf volle Souveränität zum Ausdruck. Dieser Bund von Staat und Kirche vom Jahre 754 hat die Geschichte Europas für Jahrhunderte die Richtung gegeben; er war in manchem wohl segenspendend, aber gleichzeitig hat er auch die beiden Institutionen schwer belastet. Hieran trug die rasend schnelle Ausbreitung des Islam auf afrikanischer und südeuropäischer Erde mit die Schuld.

Das merkwürdigste Ergebnis der Verständigung zwischen Pipin und dem Papst war die Schöpfung des Kirchenstaates. Seine Ausdehnung blieb allerdings – entgegen der gefälschten constantinischen Urkunde –, da sich die langobardischen Herzöge von Spoleto und Benevent weigerten, sich unterzuordnen, eine beschränkte, er unterstand jedoch in dieser seiner Beschränkung dem Schutze des Frankenkönigs. Stefan II. verlieh dafür Pipin und seinen beiden Söhnen den hohen Titel „Patricius Romanorum“, den im Grunde nur der römische Kaiser zu verleihen hatte und den bisher nur der Exarch von Ravenna trug. Pipin wurde so der Schutzherr Roms und des Landes des heiligen Petrus – denn dieser war der eigentliche Vertragspartner – und hatte somit die Aufgabe, sie gegen die Langobarden und die Araber zu verteidigen.[42]

4. Das Reich Karls des Großen

Aber trotz dieser neuen Italienpolitik lag der Schwerpunkt des karolingischen Frankenstaates nach wie vor im Norden. Doch sah dieser Staat in vielem anders aus als die dahingesunkene Merowingerzeit mit ihrem mehr antiken Gepräge, ihrem Laien-Beamtentum und mit ihrer stärkeren Betonung des Handels neben der bäuerlichen Urproduktion, mit ihrem Finanzwesen, ihrer Münzprägung (noch Gold statt von jetzt ab nur Silber), mit ihrer Literatur und Kunst, kurz mit ihrem mehr dem Römertum traditionsverbundenen Wesen. Von jetzt ab war man nordischer, war man germanischer. Das Mittelmeer wurde mit dem Islam geteilt, und zwar sehr zugunsten der Araber. Rom, die ehemalige Herrin der Welt, rückte an die Südperipherie der neuen europäischen Staatsbildung.

Karl d. Gr. vollendete, was sein bedeutender Vater begonnen hatte, sowohl in der Italienpolitik als auch im Ausbau der austrasischen Machtstellung und der fränkischen Weltgeltung. In Italien beseitigte er im Jahre 774 das Königreich der Langobarden. Nach Absetzung des letzten Königs Desiderius fügte er den Titel eines „Königs der Langobarden" dem des Frankenkönigs hinzu: *rex Francorum et Langobardorum atque patricius Romanorum*. Das nordische Königtum hatte sich Italien mit der Schutzherrschaft über St. Petersland angegliedert, aber diese Neuerwerbung spielte nicht die maßgebende Rolle. Nicht das Langobardenreich oder der Kirchenstaat bekamen die Ehre, die Residenz zu stellen. Der Hof blieb weiterhin in Aachen. In Italien aber war Karl der Herrscher nicht nur über die besiegten Langobarden, sondern auch über den Papst, dessen Haltung in dogmatischen Fragen der römische Kaiser bestimmte.[43] Bei dem Bilderstreit von Byzanz griff Karl auf der Frankfurter Synode vom Jahre 794 persönlich in die theologische Debatte ein, lehnte die Lehren der Bilderverehrung ab und legte für die ganze abendländische Christenheit die orthodoxe Ansicht fest.[44] Aus dem Patricius Romanorum wurde, zumal nach dem ersten Sieg über die heidnischen Sachsen und nach der Zurückdrängung der Avaren bis über die Theiß (796), der „Schutzherr der Christenheit".

Zu Sachsen wurde jetzt noch Bayern erobert. Gleichzeitig mit der Beseitigung der Avarengefahr wurden die Slawenstämme in den Ostalpen und in Böhmen unterworfen. Die Einrichtung der „Marken" schuf Grenzbezirke mit erhöhter Abwehrbereitschaft. „An der Ostgrenze trat noch der Gedanke der Mission und der Siedlung mit Deutschen hinzu."[45] Hieraus spricht eine erste große Konzeption europäischer Gemeinschaft: für die christlich-abendländische Kultur zog Karl überall das Schwert. Dies bewies auch sein Nachstoß hinter den in Gallien eingedrungenen Arabern nach Spanien hinein über die Pyrenäen hinweg, so gering auch der Erfolg hier war.

Durch die Initiative des Papstes wurde am 25. Dezember 800 das Kaisertum errichtet. Karl hat sich, so ungehalten er sich darüber auch nach außen gab, der großen Idee gebeugt. Damit war ein neues christliches Westimperium kirchlich anerkannt, das den Rahmen für das Mittelalter abgegeben hat, dies seltsamerweise in dem Augenblick, in dem in Byzanz eine Frau, Irene (797–802), nicht als Basilissa, sondern als Basileus regierte[46] – allerdings ohne daß sie Einfluß auf die Geschehnisse im Westen genommen hätte. Von dem Papste ausgegangen, aber im einzelnen wohl vorher vereinbart, ist die Kaiserwürde dem großen Karolinger als der angemessene Ausdruck seiner im Jahre 800 erreichten Stellung erschienen. Die reale Macht blieb aber bei dem Königtum über die Franken und die Langobarden. Zur Kennzeichnung der mehr dekorativen neuen Würde fügte Karl seinen Königstiteln die Worte hinzu: *imperator Romanum Imperium gubernans* = „Lenker des römischen Reiches", eine bescheidene Formulierung, die vielleicht auch mit Rücksicht auf Byzanz gewählt war.[47] Dadurch wurde sein Imperium als das Reich des Abendlandes, das einst die Römer besessen hatten, gekennzeichnet: aber es rangierte hinter dem fränkischen Königtum.[48] Zum erstenmal trat ein germanischer König in die Erscheinung, der gleichzeitig die mehr sakrale Würde des Kaisers besaß. Aber jeden Anspruch des Papstes und der Kaiserwähler in Rom, der sich aus der besonderen Art der Krönungsfeier von 800 ableiten konnte, machte Karl dadurch zunichte, daß er das Kaisertum auch auf die Länder nördlich der Alpen ausdehnte und seinem Sohne Ludwig zu Aachen im Jahre 813 die Kaiserkrone als seinem Mitherrscher selbst aufsetzte.[49]

Byzanz verhielt sich zunächst ablehnend. Erst im Jahre 812 erkannte Michael I. (811–813) den Rivalen des Westens an, allerdings erst nach dem Verzicht Karls auf Venedig und auf Süditalien, die als byzantinischer Besitz bestätigt wurden.[50] Von nun an traten zwei Italien, das germanische und das griechische, in Erscheinung. Die Erhöhung vom ,,Sohn" zum ,,Bruder" innerhalb der ,,Familie der Könige" war die Folge dieser Anerkennung, ebenso Michaels Anfrage wegen seiner ehelichen Verbindung seines Sohnes Theophylaktos mit einer fränkischen Prinzessin.[51] Dadurch wurde die Ebenbürtigkeit des westlichen, nur ,,hegemonialen" Kaisertums zum Ausdruck gebracht.

Man hat neuerdings den schroffen Gegensatz zwischen der östlichen und der westlichen Auffassung vom Kaisertum recht präzis herausgearbeitet. Im Osten war das Reich keine zufällige, von der Erweiterung eines Stammeskönigtums abhängige Erscheinung, sondern eine im Weltenplan des Schöpfers vorgesehene, in der christlichen Eschatologie verankerte, aus der vieltausendjährigen Geschichte der Menschheit entwickelte Institution.[52] Demgegenüber stand die germanisch-fränkische Auffassung des jungen westlichen Kaisertums: die fränkischen Großen und zunächst auch Karl d. Gr. selbst dachten gar nicht an eine wirkliche oder ideelle Universalität der Herrschaft über die Oikumene.[53] Das Kaisertum war vielmehr die äußere Anerkennung der Hegemonie des fränkischen, später des deutschen Reiches im Staatensystem des Abendlandes, worunter der Papst die Schutzherrschaft des Kaisers über die Christenheit verstand.[54] Es lag in der tief angelegten Persönlichkeit des Westkaisers und in der Richtung seiner Zeit begründet, daß er aus der Erhebung zum Kaiser eine Vertiefung seiner herrscherlichen Pflichten als christlicher Schutzherr ableitete.[55]

Für die Weltstellung des fränkischen Reiches seit der Erhebung Karls zum Kaiser legt aber nicht nur der Rangstreit mit Byzanz beredtes Zeugnis ab, sondern auch die Tatsache, daß der Kaiser zwischen 797 und 809 die besten Beziehungen zu dem größten Abbassiden Harun ar-Raschid unterhielt. Im Jahre 800 empfing dessen Lehensfürst Ibn Aghlab in seiner neuen arabischen Hauptstadt Abbassija drei Meilen südlich von Kairuan in Tunesien Karls Gesandte, angeblich um Reliquien des Hl. Cyprian zu erbitten, in

Wahrheit aber um diplomatische Beziehungen anzuknüpfen und wegen eines gemeinsamen Vorgehens gegen Spanien zu sondieren. Dagegen wissen die arabischen Quellen nichts von einer Gesandtschaft Haruns in Aachen; vielleicht handelte es sich um orientalische Händler, die sich als Abgesandte des Kalifen ausgaben.[56] Strittig ist auch, wie weit Harun dem Frankenkönig bezüglich seiner Wünsche nach Übereignung des hl. Grabes oder nach einer Schutzherrschaft über Palästina entgegenkam.[57] Was wir wissen, genügt aber, um das neue kaiserliche Frankenreich als die dritte Macht mit Weltgeltung neben dem Islam und Byzanz erkennen zu lassen.

Wie das griechisch-makedonische Weltreich Philipps und Alexanders, so hat dieses fränkisch-germanische Kaisertum der Pipiniden in seiner Ganzheit keine lange Dauer gehabt, es blieb aber auch nach dem Auseinanderfallen in Neustrien und Austrasien, aus denen sich die feindlichen Schwester-Nationalstaaten Frankreich und Deutschland entwickelten, die Dachkonstruktion für die christliche Welt Europas. Sie überwölbte den Aufstieg des jugendfrischen und krafterfüllten deutschen Volkes, dem dadurch – auch wegen des gleichzeitigen Strebens des Papsttums nach Universalität – oft schwere Wege zu gehen bestimmt war.[58]

Als daher der Sachse Otto I. im Januar 962 in Rom das Kaisertum erneuerte, standen er und die Deutschen „unter dem übermächtigen Eindruck einer ihnen in festen Formen entgegentretenden Idee, deren Ursprung, Tragweite und Gültigkeit sie weder abzumessen noch zu prüfen vermochten".[59] Das ottonisch-sächsische Kaisertum war nicht die direkte Erneuerung des römischen, sondern die des karolingischen Kaisertums und erst indirekt durch dieses die des antiken.[60] Aber schon unter der Regierung Ottos II. ist es im Jahre 982 zu einer wichtigen Neuerung gekommen. Seit dem März dieses Jahres gewöhnte sich die italienische Kanzlei daran, dem Titel des Kaisers die Bezeichnung „Romanorum" hinzuzufügen und damit also dem römischen Kaiser des griechischen Ostens zum erstenmal einen solchen des germanischen Westens zur Seite zu setzen.[61]

Beide römischen Kaisertümer waren von Rom losgelöst; das griechische thronte in Constantinopel, das deutsche hatte seinen Sitz in der Karlsstadt Aachen. Wie die antike Bildung durch das

Christentum schließlich bis nach Irland gewandert war, so war jetzt die Machtgrundlage des weströmischen Reiches in die zweite Zone verlagert. Hier wurde bei der viel geringeren Ausdehnung des Kaiserreiches Ottos I. und seiner Nachfolger, gemessen an dem viel größeren fränkischen – abgesehen von den Lehensabhängigkeiten –, die kaiserliche Oberherrschaft immer mehr zu einer ideellen. Sie, die schon lange nur eine faktische Pluralhegemonie gewesen war, wurde nun die „des Abstieges".[62] Nach neuerer Auffassung war sie damals noch gegründet auf das Fortleben der altrömischen, von Augustus geschaffenen erhöhten auctoritas des Kaisers gegenüber den Königen des Abendlandes.[63] Auch das Wiederaufleben eines anderen staatsrechtlichen Begriffes, nämlich des der *amici populi Romani* („Freunde des römischen Volkes"), hat man geglaubt feststellen zu können – ob mit Recht, sei dahingestellt. Viel wichtiger war das Fortleben des römischen Rechts- und Gemeinschaftsgedankens, der von dem höchsten Würdenträger des Abendlandes gegenüber den Völkern seines Umkreises und dessen Königen zum ersten Male wieder vertreten wurde.

Otto III., der mütterlicherseits aus griechischem Blute stammte, ging weit über seine Vorfahren hinaus. Er schlug seine Residenz in Rom auf dem Aventin auf und verkündete in Verbindung mit dem ererbten, auf das höchste gesteigerten Karlskult die *Renovatio Imperii Romani*.[64] „Unser, unser ist das römische Reich", ruft jubelnd, alle Ansprüche Constantinopels beiseite schiebend, dem jugendlichen König sein philosophischer Lehrer, der geniale Gerbert – später Papst Silvester II. – zu.[65] Man hatte einen ersten Höhepunkt erreicht – in scharfem Gegensatz zur römischen Ideologie; aber was man schuf, blieb eine Episode ohne Folgewirkung.

Unterdessen war die dritte europäische Zone zu höherem geschichtlichen Leben erwacht und hatte tief in die Geschicke Europas mit einzugreifen begonnen. Die britische Inselwelt und Skandinavien waren aktiver als bisher geworden. Schon zur Keltenzeit hatten alte Handelsverbindungen und geistige Beziehungen zwischen Spanien und Britannien sowie Irland bestanden.[66] Unter der Römerherrschaft war dazu der Seehandel zwischen den Schelde-, Maas- und Rheinmündungen und Britannien sowie in umgekehrter Richtung zu hoher Blüte gekommen.[67] Aber in dem sinkenden Reiche wurde diese Verbindung oft durch Piratenzüge der festländischen Sachsen gestört, so daß die römische Kriegsflotte in den Nordgewässern von immer größerer Bedeutung wurde.

Nach dem Übergang der Angeln und Sachsen auf die Insel war der Verkehr wieder reger geworden und hatte sich in der Merowingerzeit bis nach Skandinavien zu erstrecken begonnen. An die Stelle der alten Römerhäfen bei Boulogne und in Fectio (Vechten bei Utrecht) traten jetzt Duurstede am Rhein und Quentovic an der Zanchemündung.[68] Entscheidend aber wurde die Eingliederung Frieslands in das Frankreich, der die Christianisierung auf dem Fuße folgte. Seine rührige Bevölkerung ging zum Handel über und spielte bald im Nordverkehr die Rolle, die die Syrer im Mittelmeer und in Südgallien innehatten.

Skandinavien, dessen Beziehungen über Rußland zu Byzanz und zu den islamischen Ländern früh angebahnt worden waren, wurde nun von Friesland aus mobilisiert. Dadurch wurde auch die Ostsee in die großen Entwicklungen hineingezogen, wie die Ausgrabungen in den dortigen Hauptstapelplätzen Haithabu (bei Schleswig) und Birka am Mälarsee (Schweden) gezeigt haben. Die Wikingerkultur war im Aufblühen.

Da kam für das Frankreich der große Rückschlag durch die Normannen-Einfälle, die an seiner Nordküste eine noch größere Plage wurden als vordem die Angriffe der Araber auf die Mittelmeerhäfen.[69] Schon im Jahre 834 wurde Duurstede teilweise eingeäschert und der Handel Frieslands schwer getroffen. In den Jahren 842 und 844 wurden harte Schläge gegen Quentovic geführt. Zwischendurch wurde auch Nantes niedergebrannt und dadurch der von der Loiremündung ausgehende Außenhandel stark eingeengt. Die Normannen-Raubzüge haben zunächst einen mächtigen Wirtschaftsverfall in den davon betroffenen Gebieten des Nordens zur Folge gehabt. Das schwächer gewordene Karolingerreich vermochte dagegen nichts auszurichten. Sein Heer und sein Staat waren durch die Grundherrschaft und das Lehenswesen schon zu stark zersetzt.[70]

Ein Wandel trat erst ein, als die staatsmännisch hochbegabten

Normannen von der nach ihnen benannten Nordlandschaft Frankreichs, der Normandie, Besitz ergriffen. Dadurch erhielten das französische Nordland und sein Volk sowie auch England, nachdem sie nach Britannien hinübergegangen waren, einen gewaltigen Machtzuwachs. Seit der Ausbreitung des Islam am Mittelmeer bis tief nach Europa hinein sind die Nachkommen der nordischen Seefahrer nach der grauenhaften Zerstörung der atlantischen Küste die stärksten Förderer eines neuen Aufstiegs der europäischen Staaten- und Völkergemeinschaft geworden. „Man kann ihre Bedeutung nicht hoch genug veranschlagen."[71] Ob man ihre Ausbreitung als Söldner und Kolonisatoren im Mittelmeerraum (Sizilien) und in Rußland (Waräger) in Betracht zieht, ob man sich in die ältere Entdeckungsgeschichte Grönlands und Amerikas von Island aus vertieft,[72] ob man sich der durch sie geschaffenen Seeherrschaft Englands in der modernen Welt erinnert, überall ist es das gleiche Bild. Überall waren die Normannen die Bahnbrecher und die Schrittmacher einer neuen Zeit. Ihre gewaltige Expansion zu Lande und zu Wasser in und um Europa hat die Bedeutung der nordischen Länder und ihrer Völker für die Entwicklung der weißen Rasse zwar erst spät, aber um so heller ins Licht gerückt. Allein die Normannen können mit den Griechen konkurrieren in der Kühnheit der Seefahrten, in der Weite des Ausgreifens in fernste Land- und Seeräume, in der Bewältigung schwierigster kolonisatorischer Aufgaben. Sie dürfen zusammen mit den Arabern genannt werden hinsichtlich der Schnelligkeit der Eroberungen und der Rücksichtslosigkeit in der Beherrschung fremder Völker. Mit Recht ist das Wort gesprochen worden:[73] sehr wohl „kann eine Minderheit ein Volk umwandeln, wenn sie es wirklich beherrschen will, nur Verachtung dafür übrig hat und es als Ausbeutungsobjekt betrachtet. So handelten die Normannen in England, die Muhammedaner überall, wo sie auftreten, und auch die Römer in den eroberten Provinzen".

Weltgeschichtlich folgenschwer aber wurde das Zusammentreffen der beiden neuen Herrenvölker des Ostens und des Nordens, der Araber und der Normannen, auf dem Boden Siziliens und Unteritaliens. Nach Kaperfahrten im neunten Jahrhundert sind die

Normannen bald nach dem Jahre 1000 als Söldner auf die heißumstrittene Insel gekommen, sind hier seßhaft geworden und haben sich, durch Zuzug verstärkt, zu Eroberern und Herren entwickelt und das arabisch-persische Verwaltungssystem sowie grundlegende Elemente byzantinischer und islamischer Kultur in ihr Geistesleben und ihre Kunst übernommen.[74] Seit etwa dem Jahre 1050 haben sich Normannen in Unteritalien Schritt für Schritt vorwärtsgekämpft und im Jahre 1053 den aus dem Elsaß stammenden Papst Leo IX. mit seinen deutschen Truppen geschlagen und gefangengenommen. Als Folge davon hat der Papst nicht nur den Kampf gegen das neue Erobererolk aufgegeben, sondern auch einen Bund mit den Eindringlingen geschlossen. Infolgedessen huldigten im Jahre 1059 Richard von Capua und Robert von Apulien dem Hl. Petrus als Vasallen und nahmen von ihm alle ihre bisherigen und künftigen Eroberungen in Apulien, Kalabrien und Sizilien zu Lehen. Es ist bekannt, wie das Papsttum, gestützt auf diesen Bund, von dem deutschen Kaiser unabhängig wurde und als Sieger aus dem jetzt beginnenden Kampf zwischen Kaiserstaat und Universalkirche, aus dem sog. „Investiturstreit", hervorging.[75]

Aber bereits hundert Jahre später waren die Vasallen mächtiger als der Lehnsherr. Aus den einzelnen normannischen Teilherrschaften entstand ein Einheitsstaat, das Königreich Sizilien und Unteritalien. Dieses erreichte unter Roger II., der sich im Jahre 1130 im Dom zu Palermo selbst zum sizilisch-apulischen König krönte, seinen Höhepunkt und wurde durch die Beherrschung des Meeres eine Großmacht, die von Süden her den päpstlichen Kirchenstaat ähnlich bedrängte wie von Norden her das Unabhängigkeitsstreben der mächtig emporblühenden lombardischen Städte, deren Stunde unterdessen gekommen war.

Dieses war die Situation zu der Zeit des großen staufischen Kaisers Friedrich I. (1152–1190), durch den noch einmal dem römischen Kaisertum der Deutschen eine Nachblüte, vielleicht besser gesagt, eine Scheinblüte geschenkt wurde.[76] Die orientalisch-christliche Ideologie von den Weltreichen, deren letztes das römische war, beherrschte noch einmal das Denken der Zeit. Wie es nur einen Gott und eine Kirche gäbe, so auch nur ein Reich, das Romanum

Imperium, jetzt verklärt zum gottunmittelbaren Sacrum Imperium.[77] Das römische Recht der großen Juristenschule von Bologna wurde als Reichsrecht aufgegriffen und sanktioniert.

Aber schon pochte die neue Zeit an die Tore des letzten Universalreiches. Schon begannen sich die europäischen Nationen aus der Scheinhegemonie von Kaisertum und Papsttum zu selbständigen Gebilden zu entwickeln, darunter auch der Normannenstaat. An den lombardischen Städten und an dem Kampfe mit dem Papst fast gescheitert, hat der große Staufer mit dem König von Sizilien schließlich einen Bund geschlossen und ihn durch die Heirat seines Sohnes, des späteren Heinrich VI., mit der viel älteren Constanze, der Vatersschwester des letzten Königs, besiegelt.

Da Friedrich I. während des dritten Kreuzzuges auf tragische Weise den Tod gefunden hatte (1190) und da im Jahre zuvor das sizilische Königshaus im Mannesstamm mit Wilhelm II. ausgestorben war, eröffnete die Verbindung der damals stärksten Mittelmeermacht mit dem deutschen Reiche dem Staufersohn die Aussicht auf die Nachfolge auch im Süden und ermöglichte seine Krönung in Palermo an Weihnachten 1194: ein Höhepunkt und ein Wendepunkt in der deutschen Geschichte. Noch einmal triumphierte der kaiserliche Universalismus über die aufsteigenden Nationen in Ost und West und gab dem Kaiser sogar eine Seemacht in die Hand, die weithin das Mittelmeer beherrschte. Das Normannentum schien im Begriffe, wie seit kurzem der englischen, so auch der deutschen Geschichte eine neue Richtung zu geben.

Heinrich VI. strebte zudem nach dem Erbkaisertum im staufischen Hause.[78] Man prägte gegen Ende seines Lebens oder gleich danach zum erstenmal Goldmünzen in Sizilien mit dem Doppeladler, dem Symbol der Großreichsbildung über Ost und West, vielleicht wegen der von den Normannen erhobenen Ansprüche auf Westteile des zum byzantinischen Reiche gehörigen Balkanraumes.[79] Da starb der junge Kaiser am 28. September 1197 in fast dem gleichen Alter wie einst Alexander d. Gr. und hinterließ eine Lücke ähnlich der nach dem Tode des großen Makedonen.

Geblieben war in dieser kritischen Stunde deutscher Geschichte nur die Witwe aus Normannenstamm mit ihrem erst dreijährigen

Söhnchen (von der Mutter zunächst bezeichnenderweise Constantin geheißen), dem späteren Kaiser Friedrich II., der zum deutschen König wohl gewählt, aber noch nicht gekrönt war. Wie einst das makedonisch-persische Weltreich Alexanders, so stand in diesem entscheidenden Augenblick der deutsch-normannische Großstaat vor einer verhängnisvollen Leere. Sie wurde im Jahre darauf (1198) durch die unter französischem und englischem Einfluß zustande gekommene Doppelwahl des Staufers Philipp von Schwaben und des Welfen Otto von Braunschweig sowie durch die Erhebung des genialen, erst 37jährigen Innocenz III. auf den Papststuhl (1198–1216) noch erschreckender.

Wieder nur ein Kind an der Spitze eines Staates, der eben erst mit der Großraumbildung begonnen hatte und der dringend des dahingegangenen Reichsschöpfers bedurft hätte! Diesmal aber wurde der Knabe, das ,,Kint von Pülle" *(puer Apuliae)* nicht – wie ehedem Roxanes Sohn – früh getötet, sondern er wuchs empor zu einer der interessantesten Herrschergestalten, die die Weltgeschichte je erlebt hat, zu dem letzten Vertreter so vieler noch lebendiger antiker Ideen, zugleich aber auch zu dem ersten Schöpfer eines modernen Staates auf dem Boden Siziliens; er wurde jedoch auch zu dem Totengräber Deutschlands, und zwar gerade in dem Augenblick, in dem die rivalisierenden Nationen Westeuropas zu bewußterem Dasein erwachten. Unter ihm erst endet die alte Welt des römischen Kaisertums mit seinem Anspruch auf die Hegemonie des gesamten übernationalen Imperium Christianum des Abendlandes und unter ihm beginnt die neue Zeit der Nationalstaaten, die von hier aus in ihrer Gesamtheit zur Völkerfamilie Europas zusammenwachsen sollten.[80]

Gleich nach dem Jahre 1200 entbrannte der Kampf zwischen den erstarkten Westmächten England und Frankreich. Nach dem vernichtenden Schlag des französischen Thronfolgers gegen den englischen König Johann in Poitou siegte am 27. Juli 1214 König Philipp II. August in der denkwürdigen Schlacht von Bouvines über das deutsche Heer Kaiser Ottos IV., der im Bunde mit England stand. Frankreich begründete durch diese Schlacht seine innere Einheit, England durch das Grundgesetz der Magna Charta vom Jahre 1215 seine freiheitliche Staatsentwicklung, auf der seitdem seine Größe ruht. Deutschland aber wurde seine innere Zerrissenheit vor aller Welt bescheinigt.[81] Der Mann jedoch, der noch bis zu der Mitte des Jahrhunderts (1250) Deutschlands Weltstellung wahren sollte, Friedrich II., zog zunächst jeden Nutzen aus dem französischen Sieg.[82] Er war auf Innocenz' III., seines Vormundes, Betreiben im Jahre 1211 gegen Otto IV. in Deutschland zum König ausgerufen worden und kämpfte seit dem Jahre 1212, dem Jahre seiner Ankunft auf deutschem Boden in Konstanz, für seine ererbte deutsche Krone. Im Jahre 1215 wurde er in Aachen zum König gekrönt, nahm zu aller Überraschung auch das Kreuz und stellte sich dadurch an die Spitze der Kreuzzugsbewegung, die Innocenz selbst mit allergrößtem Eifer betrieb. Seit dem Todesjahr Ottos IV. (1218) war Friedrich unbestritten deutscher König und ließ sich zwei Jahre später in Rom zum Kaiser krönen. Noch einmal wurde unterstrichen und der Kurie ausdrücklich zugestanden, daß lediglich eine Personalunion zwischen dem Imperium und dem sizilischen Erbland der Kaiserinmutter Constanze bestand.[83]

In Sizilien und an Sizilien oder besser noch an seinem unteritalischen Besitz, den er noch mehr liebte als die üppige Insel, ist Friedrich zum Staatsmann geworden. Das ehemals normannische Königreich mußte zur Machtbasis des Staufertums ausgebaut werden; war es doch in der Kreuzfahrerzeit „Nabel und Hafen aller Königreiche der Welt" in ganz ähnlicher Weise wie in vorgriechisch-minoischer Zeit Kreta oder im Zeitalter der Entdeckungen das Spanien Karls V.[84] Mit dem Erlaß des berühmten Privilegiengesetzes *(de resignandis privilegiis)* begann auf dem wichtigen ersten Hoftag zu Capua (Dezember 1220) Friedrichs Tätigkeit zur Schaffung des streng auf seine Person hin zentralisierten sizilianischen Beamtenstaates, der das gerade Gegenteil des im Lehenswesen untergehenden Deutschland wurde. Die Macht des großen Lehensadels in dem sizilischen Königreich wurde gebrochen. Aus ihm wurde ein Hof- und Staatsadel, der den autokraten König umgab und dessen Macht durch den Bau von Burgen und Kastellen in der Form staatlicher Wehranlagen allerorts stark gehoben wurde.[85] Zu der gleichen Zeit wurden die fremden Seemächte aus den Häfen der

Insel verjagt, in denen sie sich eingenistet und Vorrechte erworben hatten; auch wurde eine eigene ausreichende sizilische Flotte von Handelsschiffen und Kriegsgaleeren geschaffen, wie sie für den geplanten Kreuzzug benötigt wurde. Des weiteren zeichneten sich die Anfänge einer zentralisierten königlichen Wirtschaftspolitik ab. Sie sollte den sizilischen Handel unter einseitiger Bevorzugung des Hafens von Palermo aktiver gestalten, dem das Recht abgabefreier Einfuhr gegeben wurde (wohl um die Lebensmittelversorgung des Heeres sicherzustellen).[86] Das modernste aber war die im Jahre 1223 beginnende Erhebung einer direkten Steuer, der sog. „Kollekte".

Die Stärkung von Heer und Wirtschaft war nötig für den Krieg, den Friedrich II. seit dem Jahre 1222 führen mußte, einen Sarazenenkrieg im Innern der Insel und in ihrem Süden (Girgenti). In einem recht kostspieligen, mühevollen Kleinkriege beseitigte er unter mancherlei Wechselfällen die Reste der orientalischen Bevölkerung der Insel. Die Mehrheit der Besiegten wurde in der großen sarazenischen Militärkolonie Nordapuliens, Lucera, angesiedelt. Hier tritt uns ein ganz neuer Herrscher entgegen: der orientalische Despot, der mit den Mitteln der Kalifen, diesmal gegen die Muslime, regierte. Dabei gewann er eine schlagbereite Heeresmacht und eine Leibwache, die, vergleichbar den Janitscharen der Osmanen, unmittelbar an der Grenze des Kirchenstaates den „Sultan von Lucera" umgab.

Nach Herstellung von Friede und Ordnung in dem ganzen Königreich schuf Friedrich den modernen Beamtenstaat, der auf einem juristisch vorgebildeten Staatsbeamtentum aufgebaut war. Für dessen Ausbildung wurde im Frühjahr 1224 die Staatsuniversität Neapel durch ein königliches Edikt ins Leben gerufen.

Dieses staufische Universalkaisertum hatte also seinen Schwerpunkt nicht mehr in Deutschland, sondern in Süditalien und Sizilien, wo nicht nur die eigentlichen Aufgaben lagen, sondern auch die größeren Machtmittel zur Verfügung standen.[87] Dieses Kaisertum, tatsächlich immer mehr ein römisch-italisch-sizilisches Gebilde, trat somit in die große Mittelmeerpolitik ein, die zeitgemäß mit dem Kreuzzugsproblem verknüpft war. Hieran aber entzündete sich der Gegensatz zu der Kurie, die durch den Bruch des Kreuzzugsgelübdes des Kaisers – er hatte versprochen, den Zug im Jahre 1221 zu unternehmen – verstimmt war. Dazu kam, daß ein von dem Papst (seit 1216 Honorius III.) inszenierter Kreuzzug gegen Ägypten scheiterte und auch die Geschwader mit den kaiserlichen Hilfskräften zu spät eintrafen. Infolgedessen ging Damiette verloren, der einzige Ort, den die Kreuzfahrer bis dahin in Händen hatten. In neuen Verhandlungen zwischen Kaiser und Papst, die in San Germano im Jahre 1225 geführt wurden, wurde Friedrich ein Aufschub bis zum Jahre 1227 zugestanden, widrigenfalls er dem Banne verfiel.

Als das Schwert versagte und die Zeit mangelte, weil Friedrich für die Neuordnung seines sizilischen Reiches noch eine bestimmte Frist brauchte, wurde durch eine neue Ehe des Kaisers – Constanze von Aragon, die erste Frau, war im Jahre 1222 gestorben – eine Verbindung mit Palästina hergestellt. Denn die Erbin der Krone Jerusalems, Isabella von Brienne, wurde die neue Lebensgefährtin des jungen Herrschers; sie brachte ihm als Morgengabe die Krone des hl. Landes. Seit dieser Heirat (November 1223) führte Friedrich den Titel eines „Königs von Jerusalem", den er stets dem des römischen Kaisers unmittelbar folgen ließ, vor dem des sizilischen Königs. So hatte durch die Krone von Jerusalem der Kreuzzug für Friedrich II. plötzlich einen greifbaren politischen Sinn erhalten: er wollte sich im Orient sein neues Königreich erobern. Erst als „auf diese Weise Staatliches und Persönliches, Weltkirche, Weltreich und Weltpolitik zusammenwuchsen, wurde das Kreuzzugsunternehmen allmählich für den Kaiser inhaltsschwer und beziehungsreich".[88]

Die Ausfahrt aus Brindisi zu der terminmäßig festgesetzten Zeit (August 1227) wurde durch den Ausbruch einer furchtbaren Seuche im Kreuzfahrerheer vereitelt. Der Bannfluch des Papstes war die Folge. Trotzdem wurde der Kreuzzug in den Jahren 1228 und 1229 unternommen. Er brachte erst Cypern, ein altes Lehen des Reiches, wieder in dessen Abhängigkeit. Dann erreichte es Friedrich durch Verhandlungen mit dem ihm befreundeten ägyptischen Sultan al-Kamil in Syrien, daß ihm Jerusalem mit Bethlehem und Nazareth, dazu je ein Korridor nach Jaffa und Saida (Sidon) abgetreten wurde.[89] Am 17. März 1229 hielt Friedrich seinen Einzug in Jerusalem und krönte sich am Tage darauf selbst in der Kirche des hl. Grabes. „An der heiligsten Stätte der christlichen Welt erneuerte er das Gott unmittelbare Königtum und verband sich als ein Triumphierender ohne Vermittlung der Kirche mit Gott."[90]

Friedrich II. stand auf der Höhe seiner Macht. Der abendländische Herrscher hatte auch auf dem Boden des Orients Fuß gefaßt. Dies umgab ihn mit einem Nimbus sondergleichen, wie ihn noch kein deutscher Herrscher vor ihm aufzuweisen hatte. Aber weder bei den Christen noch bei den Muslimen fand das geringe reale Ergebnis des Zuges wirklich Beifall. Der Papst ließ sogar durch den Patriarchen von Jerusalem das Interdikt über die Stadt verhängen, solange der gebannte Kaiser in ihr weilte. Bei des Kaisers Abfahrt von Akkon kam es zu höchst beschämenden Auftritten. Obwohl al-Kamil bei den Verhandlungen mit Friedrich nur bis zur Grenze des Möglichen gegangen war, wurde er von dem Kalifen von Bagdad zur Rechenschaft gezogen. Jerusalem wurde nach Ablauf des mit dem Kaiser geschlossenen Vertrages im Jahre 1239 wieder von den Arabern besetzt und im Jahre 1244 endgültig zurückerobert. Auch der mit al-Kamil geschlossene Handelsvertrag hatte nur im Verkehr mit Ägypten (und Indien?) einigen Erfolg.

Bei diesen geringen materiellen Ergebnissen im Osten war im Grunde die Rückstrahlung der errungenen orientalischen Stellung auf die abendländische Kaiser- und Königswürde die Hauptsache.[91] Die großen Mächte der Vergangenheit, vor allem der Hellenismus und der Iranismus, wurden auf der Zauberinsel des Südens noch einmal lebendig wirkende Kräfte, der Hellenismus durch das Medium des ganz griechisch gewordenen Byzanz und des von Byzanz tief beeinflußten Normannentums, der Iranismus durch das Arabertum, dessen gelehrigster Schüler der größte Hohenstaufe wurde. Die Errichtung des weltlichen Juristenstaates, aufgebaut auf höchster Gerechtigkeit, war innenpolitisch der Haupterfolg im Sinne der Vergangenheit.

Friedrichs II. große Vorläufer und Wegebereiter waren sein bedeutender normannischer Großvater Roger II., der in seiner Assisensammlung einen würdigen Anfang zur Rechtskodifikation gemacht hatte, und Friedrich Barbarossa, der staufische Großvater, der aus dem wiederbelebten römischen Recht die hohe Stellung von Kaiser und Reich abgeleitet hatte, endlich auch bis zu einem gewissen Grade der gewaltige zeitgenössische Papst Innocenz III., der das Richter- und Königsamt mit dem hohepriesterlichen Geiste erfüllt hatte, den sich Friedrich als weltlicher Mittler jetzt zunutze machte. Nicht zu vergessen sind aber – wie überall bei Friedrich – die arabischen Einflüsse; denn bei den Muslimen waren die Ulemas, die Gottesgelehrten, Juristen und Priester zugleich.

Des Kaisers neue Staatsmetaphysik gründete sich ganz wie im Altertum auf Frieden *(pax)* und Gerechtigkeit *(iustitia)*. Die Gerechtigkeit, seit dem großen Perserkönig Dareios I. das Kennzeichen eines wahren und geordneten Staatswesens, war in dem jetzt zu Ende gehenden ,,juristischen Jahrhundert" (1150–1250) des Hochmittelalters der eigentliche Grundpfeiler aller staatsmännischen Weisheit. Friedrichs berühmte Gesetzessammlung von Melfi (August/September 1231), der *liber Augustalis,* das ,,Kaiserbuch", ,,die Geburtsurkunde der modernen Bureaukratie",[92] führte, obwohl nur für Sizilien erlassen, hinter dem Namen des Herrschers die Titel des römischen Kaisers auf, darunter den Namen Augustus, zu dem man als dem Zeitgenossen Jesu Christi verehrungsvoll emporschaute. Sie beendete, wie die gleichzeitige päpstliche Dekretalensammlung (für das kanonische Recht [1234] von Gregor IX. herausgegeben), die Justitia-Suche,[93] zu der einst Iustinian das Beispiel gegeben hatte.

Wieder schien wie in dem goldenen Zeitalter des Augustus die Zeit ,,erfüllet"; daher in erster Linie dieser Ruf nach Iustitia, die eine Art von Staatsgottheit wurde, wie die immer wiederkehrende Formel *Deus et iustitia* beweist.[94] Der Glaube an das bevorstehende Weltende aber brachte die Friedensstimmung, die an Augustus' Zeiten erinnerte.

In diesem Sinne war das neue Gesetzbuch hinausgegangen, nach dem Vorwort geschaffen ,,durch die zwingende Notwendigkeit der Dinge selbst und nicht minder durch Eingebung der göttlichen Voraussicht".[95] Darauf war aristotelisch der neue weltliche Staat gegründet, die ureigenste Schöpfung des an arabisch-hellenistischer

Weisheit gebildeten kaiserlichen Philosophen. Eine erste grundsätzliche Wandlung des mittelalterlichen Denkens trat ein: nicht das Wunder, sondern die Gesetzmäßigkeit durchflutete alles in diesem neuen Staat, der römische Rechtsgedanken, arabisch eingekleidete aristotelisch-neuplatonische Vorstellungen und christlich-priesterliche Elemente zu einer neuen Synthese brachte.[96] Daraus hat Dante das gewaltige Bild der einen römischen Weltmonarchie geschaffen, „die längst nicht so utopisch ist, wie man bisweilen annimmt".

Der weltliche Staat Friedrichs in Sizilien, seine stark fiskalisch ausgebaute Staatswirtschaft mit den zumeist erst seit dem Jahre 1231 eingerichteten Staatsmonopolen, dem verstaatlichten Ärzte- und Apothekerwesen, die z. T. über das Normannentum hinweg viel Antikes und Byzantinisches konservierten, war, geistesgeschichtlich gesehen, ein Sieg der neuen Laienbildung und vor allem des juristischen Fachstudiums über die bisherige rein kirchliche Erziehung.[97] Hier war der Großhofrichter Peter della Vigna, der Vorsteher der kaiserlichen Kanzlei, Seele und Mittelpunkt zugleich, „der Tribonian dieses neuen Iustinian von Sizilien".

Aber trotzdem blieb Friedrichs Hof, der bekanntlich nicht Palermo, sondern Foggia in der Capitanata als Zentralsitz bevorzugte,[98] immer noch reichlich mittelalterlich-ritterlich. Ihm verliehen der Zauber eines Dichterfürsten und das Gepränge eines morgenländischen Sultans einen besonderen Reiz. Liebte es doch dieser seltsame Kaiser seit seinem Aufenthalt im Orient, von einem Tierpark, einer Menagerie, umgeben aufzutreten und in „Hofkammern", d. h. in Arbeitswerkstätten und Arsenalen, Sarazeninnen nebst Eunuchen zu beschäftigen, von denen manche auch im kaiserlichen Troß mitzogen.[99] So mittelalterlich und orientalisch auch alles dies wirkte, so antik mutet die Existenz eines Hofastrologen, des geheimnisvollen Michael Scotus, an. Mittelalterlich dagegen war wieder die von den Normannen überkommene französische Form der Valets (Edelknappen, Pagen) des Kaisers *(valetti imperatoris)*, von denen viele u. a. bei dem vornehmsten Jagdvergnügen des Herrschers, der Falkenjagd, Dienste leisteten.

Das auf Drängen seines Sohnes Manfred für Jagdzwecke verfaßte und von diesem posthum herausgegebene große Falkenbuch des

Kaisers, betitelt „Über die Kunst, mit Vögeln zu jagen" *(De arte venandi cum avibus)*, eine allgemeine, sechs Bücher umfassende Vogelkunde, die inhaltlich weit über den Titel hinausgeht, sowie die „Hippiatrik" des kalabresischen Beamten Jordanus Rufus, die erste abendländische Veterinärkunde (mit Unterstützung und auf Veranlassung des Kaisers herausgegeben), lassen das Verhältnis Friedrichs und seiner höfischen Gelehrtenrepublik zu den damaligen philosophisch-spekulativ ausgerichteten Naturwissenschaften erkennen.[100] Für sie, die auf dem „durch neuplatonische Spekulationen faßbarer gemachten Aristoteles ruhten", waren die Araber – vor allem der Spanier Averroës (gest. 1198) – die vorzüglichsten Mittler, gelehrte, arabisierte Juden wie Maimonides (gest. 1205) die besten Übersetzer.[101] Das Falkenbuch des Kaisers übertrifft aber an Wissenschaftlichkeit alle übrigen Werke. Nach Ranke[102] muß Friedrich II. als einer der besten Kenner des von ihm behandelten Teiles der Zoologie betrachtet werden. Die Existenz des sagenhaften Vogels Phönix der Alten lehnt der gelehrte Kaiser ab. Die dem Buche beigegebenen Zeichnungen, darunter Vögel im Fluge und in den verschiedenen Phasen der Bewegung, z. T. in prachtvoll farbiger Ausführung, wohl im Entwurf von des Kaisers eigener Hand, gehen z. T. vielleicht auf Vorlagen, d. h. persische[103] oder sarazenische Zeichnungen, bzw. auf solche aus antiken Codices zurück. „Jedenfalls beurteilen Sachkenner die Zeichnungen des Falkenbuchs als ebenso erstaunlich verfrüht wie die sizilische Plastik."[104]

Neben der Zoologie nahmen Mathematik, Astronomie und Astrologie, aber auch Medizin und Hygiene eine besonders hohe Stellung am kaiserlichen Gelehrtenhof ein. Die Beziehungen der Hofgelehrten Friedrichs untereinander und mit den Hofleuten des Kaisers sind ein besonders interessantes Kapitel; sie bieten das Bild eines höchst regen geistigen Lebens. „Was sich mit dieser schon ganz renaissancehaften Akademie, deren Haupt – gleichsam als primus inter pares – der Kaiser war, erstmals dartat, war der Nationen, Religionen und Stände überwölbende freie menschliche Geist, der im Weltlichen – obwohl in ganz anderer Richtung – genau so ständeverschmelzend wirkte wie im Geistlichen der Glaube der Kirche."[105] Bei dem Lesen eines solchen Satzes steigt das Bild eines mittelalterlichen späten Hellenismus vor unseren Augen auf, der durch den von dem Kaiser selbst gepflegten arabischen Anteil auch viel Iranistisches enthält: der letzte Kaiserhof des Abendlandes, der noch einmal orientalische Spekulation und Weisheit mit dem römisch-hellenischen Traditionsgut bewußt verband.

Dies alles aber ging doch in letzter Linie auf die geniale Persönlichkeit des geistvollen, hochgebildeten, alle damaligen Kultursprachen beherrschenden Staufers zurück: ein selbständiger Denker, der – zeitgebunden wie auch die Größten der Weltgeschichte in allen Epochen, aber doch oft fast faustisch anmutend – bei allen Problemen geistes- und naturwissenschaftlicher Art rein sachlich nach Aufklärung strebte und dem jede Mystik fremd war.[106] Das Sichwundern, die daraus sich ergebende Wißbegier, das Fragestellen ist der Anfang aller Wissenschaft. Insofern ist Friedrich II. auch ein wissenschaftlicher Mensch gewesen, allerdings noch Vertreter einer Wissenschaft, die in der Hauptsache deduktiv arbeitete und des Gebrauches des Auges sich entwöhnt hatte, so sehr sich der Kaiser selbst gerade hiergegen zu sperren versuchte und sich bis zu wissenschaftlichen oder pseudowissenschaftlichen Versuchen vortastete. Um hier die Höhe des antiken Griechentums wieder zu erreichen, mußten noch Jahrhunderte vergehen und mußte Platon in der Renaissance erst wieder entdeckt werden. Aber die Anfänge zu einem neuen Aufstieg der Menschheit in weite Gebiete der Erfahrungswissenschaft (Albertus Magnus, Roger Bacon) waren gemacht. Neben der Justitia-Suche seines Staates ist diese Wahrheitssuche des Kaisers eine der Keimzellen der großen Wandlungen, die die Menschheit über Renaissance und Reformation hinweg bis zu dem modernen zerklüfteten, individualistisch aufgebauten Staats- und Gesellschaftsleben durchgemacht hat. Wie so oft in der Weltgeschichte stehen in einer derart umwälzenden Epoche das Ende einer alten Welt und die keimenden Anfänge einer neuen unvermittelt nebeneinander.

In dem politischen Sektor war es besonders interessant zu sehen, wie sich Friedrich mit den zwei grundverschiedenen Welten Sizilien und Deutschland abfand. Dort herrschte er über ein geld- und kreditwirtschaftlich unterbautes autokratisch-zentralistisch regiertes Gebilde fortschrittlicher Art, hier über einen noch geldarmen, teilweise noch naturalwirtschaftlich organisierten Lehensstaat, in dem der international überbildete Kaiser mit seinem exotischen Staatsapparat wie ein Wunderwesen angestaunt wurde. Der sultanisch-orientalische Autokrat des Südens kam in Deutschland in eine ganz andere Welt, in der er sich völlig umstellen mußte. Der König in Deutschland war im Gegensatz zu dem sizilischen nur der „Hegemon" der Fürsten, der Staat kein Einheitsstaat, sondern ein „bündisches Gefüge", äußerlich kenntlich durch eine Mehrheit von geistlichen Territorien und von Stammesherzogtümern, die schon seit der Entartung des karolingischen Reiches eine große Selbständigkeit gewonnen hatten.[107] Im Gegensatz zu dem Zentralismus in dem italisch-sizilischen Südreich hat Friedrich in Deutschland die Dezentralisation durch die Verleihung der Landeshoheit an die Territorialfürsten, erst an die geistlichen (1220), dann auch an die weltlichen (1232), zum Abschluß gebracht. Zu der Entwicklung der Souveränität der weltlichen Würdenträger hat sein Sohn, König Heinrich (VII.), der bekanntlich als Rebell gegen seinen Vater endete, wenig rühmenswerte Beiträge geleistet. Das große Privileg der weltlichen Fürsten ist dem jungen politisch hilflosen König auf dem Reichstag von Worms (Mai 1231) abgerungen[108] und von dem Kaiser im Jahre darauf wohl oder übel sanktioniert worden. Der deutsche König war seitdem nur noch *primus inter pares,* „unter Gleichen der Erste".

Für Deutschland suchte also Friedrich II. zu retten, was noch zu retten war. Durch die neue Ehe mit der englischen Isabella (der Schwester König Heinrichs III.) bahnte er die Beilegung des unseligen welfisch-staufischen Gegensatzes an, der mit der Errichtung des neuen Herzogtums Braunschweig-Lüneburg endete. Das Hauptergebnis des großen Hoftages in Mainz (August 1235), die Landfriedensordnung, wurde zum erstenmal in deutscher Sprache verfaßt.[109] In Anpassung an sizilische Verhältnisse war die Schaffung eines Reichs-Hofjustitiars für Deutschland eine wichtige Neuerung.

Besonders beachtenswert in der letzten Periode von Friedrichs Leben und Wirken war aber das erstmalige Hervortreten des europäischen Solidaritätsgedankens und der gesteigerten Romidee.[110] Der Solidaritätsgedanke war schon in der Bestellung eines abendländischen Gerichtshofs in der Judenfrage angedeutet,[111] wurde aber hochaktuell bei dem Lombardenproblem, das von dem Kaiser vor das europäische Forum gebracht wurde unter der Parole, den Weltfrieden als ,,Exekution des Rechtes" herzustellen. Der ganz europäisch inszenierte Kreuzzug gegen die Lombarden endete bekanntlich mit dem Siege des Kaisers bei Cortenuova (1237). Durch die gewaltigen Triumphe von Cremona und von Rom wurde er der Wendepunkt einer neuen Verkündung der Romidee. Die staufische ,,*Renovatio imperii*" wurde jetzt immer konkreter als die Erneuerung der augusteischen goldenen Zeitalters gefaßt. Im Gegensatz zu Barbarossa wehrte sich Friedrich II. keineswegs dagegen, zuzugeben, daß ihm die Kaiserwürde von dem Senat und von dem römischen Volk übertragen war. Rom wurde gegen das besiegte Mailand ausgespielt. Die Titulaturen und Bestrebungen des Augustus traten mehr denn je hervor: Titel wie Prinzeps und Augustus, Soter, Wohltäter und Vater des Vaterlands wurden mit Vorliebe angewandt, bei den Beamten die Bezeichnungen Prokonsuln oder Principes. Die kaiserliche ,,Milde" wurde bei allem Haß als Requisit der cäsarischen Zeit *(clementia Caesaris)* gepflegt, ebenso die Fortuna Augusti. Wie antik man fühlte, zeigen auch die Ostenta und Prodigia, d.h. die bösen Vorzeichen bei der Verschwörung des Jahres 1246.[112] Als der Kaiser plötzlich durch den Bannfluch Gregors IX. in den gewaltigen Kampf gegen die Kurie und das Patrimonium Petri getrieben wurde, reorganisierte er unter Betonung des mächtigen Glaubens an die Heilsendung des Imperium Romanum Italien als Kernland des Weltreiches und suchte es wie Sizilien mit Hilfe seiner getreuen Apulier unter die kaiserliche Herrschaft zu beugen in einer bis dahin nicht dagewesenen Art und Weise.[113]

Mitten in all diese Geschehnisse schlug wie eine Bombe der Tatareneinfall, der am 9. April 1241 zu der Niederlage und zu dem Tode Herzog Heinrichs von Liegnitz auf der Wahlstatt führte. Trotz aller Aufrufe Friedrichs an die Völker und Könige des Abendlandes zur Sammlung um ,,das übermächtige kaiserliche Europa" machte die Kirche keinen Frieden mit ihm. ,,In dem kaiserlichen Schreiben aber bekam es die Welt deutlich genug zu hören, daß nur des Papstes unversöhnliche Hadersucht ein tätigeres Eingreifen Friedrichs II. in den Mongolenkampf verhindere." In dem Verhältnis zu den abendländischen Königen trat jetzt immer mehr der Zustand ein, den man ausgezeichnet als „Römerimperium und dennoch Nationen" charakterisiert hat.[114] Friedrichs Kaisertum hatte noch einmal einen übernationalen Charakter mit hegemonialen Befugnissen, die aber nach den schlechten Erfahrungen, die Barbarossa gemacht hatte,[115] immer geringer wurden und irgendwelche Befehlsgewalt nicht mehr zuließen. Im Gegensatz zu seinen Vorgängern erkannte Friedrich II. die Eigenentwicklung der einzelnen Nationen in staatsmännisch kluger Weise an.[116]

Darin aber lag, wie er selbst wußte, die Schwäche seiner Position in dem Kampfe mit der Kirche und dem Papste, dem ganz andere Machtmittel zur Verfügung standen. Die Standeseinheit aller abendländischen Herrscher, „die Gilde der weltlichen Fürsten" *(corpus saecularium principum)* zu schaffen, war allein noch Friedrichs II. Bemühen, um auf diese Weise die eine Weltmonarchie, an deren Spitze er stand, zu erhalten. Der byzantinische Gedanke der „Familie der Könige" wurde dabei durch das germanische Geblütsrecht, „die Blutsgemeinschaft der Könige", sowie durch die mannigfachen Heiraten und Verbindungen seiner Nachkommen noch weiter gestützt. Das Stauferblut des Mannes an der Spitze der Weltmonarchie hatte sich zur *stirps Caesarea,* zum cäsarischen Kaisergeschlecht, gewandelt mit einem Kult des Herrschers, der lebhaft an den Augustus-Geniuskult des Altertums erinnert.[117]

Die 22monatige Sedisvakanz (1241–1243) nach dem Tode Gregors IX., die Wahl des verschlagenen Genuesen Sinibald Fieschi, Grafen von Lavagna, zum Papst unter dem vielsagenden Namen Innocenz IV. (1243) und dessen Flucht nach Lyon (1244) veränderten die Situation stark zuungunsten des *„Dominus mundi"*. Seine Absetzung durch den Papst (1245) war das Ende.

Die Gegensätze zwischen Staat und Kirche verschärften sich dadurch zusehends. Der Kaiser ging zu einem grausigen Terrorregiment über und betrieb in seinem Reform-Manifest an die Könige Europas eine „Säkularisation" der römischen Kirche, um auch in dieser Hinsicht die Augustuszeit mit der Fülle der Erdenmacht und des nur auf das Geistige und Religiöse abgestellten Christentums zu erneuern. Abgesehen von einer Fürstenopposition im Südosten des Deutschen Reiches (Passauer Vertrag) und am Rhein (Konrad von Hochstaden in Köln und Siegfrid von Mainz) fand der Kaiser mit seinen Reformationsdoktrinen am meisten in Deutschland Anklang. Dagegen setzte eine wilde Agitation des Papstes ein, die den deutschen Klerus in völlige Abhängigkeit von der römischen Kurie brachte.[118] Auf der anderen Seite war in Italien alles auf Verrat und Abfall abgestellt. Schließlich kam es zu einer Verschwörung aus dem Kreise der Getreuen in höchster Stellung gegen das Leben des Kaisers und des Königs Enzio (1246)[119] – und zwar unter Mitwissen des Papstes[120] – mit dem Zentrum in dem südlichen Campanien auf klassischem Boden zwischen Salerno und Pästum. Das furchtbare Strafgericht an den Verrätern, ,,den Vatermördern" – sie wurden an Nase, Hand und Beinen verstümmelt und mit glühenden Eisen geblendet –, entsprach dem römisch-byzantinischen, von Assyrien und Persien übernommenen grausamen Verfahren, das die langen Zwischenzeiten überdauert hatte.

Gegenkönige in Deutschland (Heinrich von Thüringen, genannt Raspe, Wilhelm von Holland), Verschärfung der Lage in Italien – alles dies führte wieder zu Gegenmaßnahmen des Kaisers: neue Planung eines Zuges nach Deutschland über Burgund und Lyon, Vergebung der Generalvikariate Italiens möglichst an Verwandte, Aufstieg Peters della Vigna zu dem für ihn neugeschaffenen Amt eines Logotheten, eines ersten Ministers oder Reichskanzlers, wie es nur der byzantinische Staat kannte.[121] Da kam durch den Abfall von Parma und durch die Erhebung der italienischen Guelfen (1247) der Stein ins Rollen. Ein Kampf aller gegen alle begann in Italien. Der Kaiser gab den Marsch auf Lyon auf. Vor Parma erlitt er die schwerste Niederlage seines Lebens (1248). Der Ruf der kaiserlichen Unbesiegbarkeit und der Glaube an die Fortuna Augusti kamen ins Wanken: der Stein rollte immer schneller den Berg hinab.

Die Männer seiner allernächsten Umgebung übten Verrat an dem Kaiser: vor allem Peter della Vigna, der durch Unterschleife und Annahme von Bestechungsgeldern schwere Schuld in den Augen des Kaisers auf sich lud, der auf reine Hände seiner Beamten zeit seines Lebens den größten Wert legte. Er wurde verhaftet und beseitigt (1249), ebenso des Kaisers Leibarzt, der ihm den Gifttrunk gemischt hatte, dessen Anschlag aber im letzten Augenblick entdeckt wurde. Der gewaltige Kampf ging weiter, auch als König Enzio, Friedrichs Lieblingssohn, von den Bolognesen gefangengenommen worden war. Er brachte noch einmal einige Erfolge. Erneut tauchte der Plan auf, den nach Lyon geflohenen Papst zu fassen und sich den Königen wieder zu nähern. Unter ihnen hatte Ludwig der Heilige von Frankreich mit seinem Kreuzzug (1249/50) unglücklich geendet und war in Gefangenschaft der Muslime geraten. Der Kaiser schien der Verwirklichung seines alten Lieblingsplanes eines gemeinsamen Kampfes aller weltlichen Fürsten gegen den Papst nahe zu sein und die große, längst ins Auge gefaßte letzte Deutschlandfahrt unternehmen zu können.

Da starb der Hohenstaufe am 13. Dezember 1250 in Castel Fiorentino, *„sub flore"*, wie ihm ein altes Orakel geweissagt hatte, im Alter Iulius Cäsars, eines seiner großen Vorbilder aus der Römerzeit. Noch einmal ließ sich die Sibylle, die getreue Begleiterin dieses tausendjährigen Weltentags, zum Tode des „wunderbaren Verwandlers" *(immutator mirabilis)* vernehmen, der in diesem Punkte nur dem großen „Neuerer und Umstürzer aller Dinge", Constantin I., vergleichbar war, dessen Namen er ursprünglich nach der Mutter Willen führen sollte.

Zum letztenmal starb ein Weltenkaiser, ein Pantokrator von stark antiker Formung. Mit ihm ging das heroische Zeitalter des Römischen Kaisertums der Deutschen eigentlich zu Ende. Was kam, war, an seiner genialen Persönlichkeit gemessen, Epigonentum, an seiner Persönlichkeit, die „durch Dante im Geistigen jene ungeheure Ausweitung verfuhr"[122] bis in das Zeitalter des Humanismus und der Renaissance.

Noch einmal lag der Schwerpunkt des Reiches und seiner Führung in der ersten Zone. Hier brach geistig die neue Zeit gleich nach Friedrichs Tod an und führte durch Dantes weit überragende Persönlichkeit (geb. 8. Mai 1265) zu Italiens hervorragender Stellung in der europäischen Kulturwelt. Anders als in den sich überall bildenden Nationalstaaten der Völker Europas erwuchs hier früh eine kulturelle Gemeinschaft, getragen von der jetzt entstehenden italienischen Volkssprache und von einer vertieften religiösen Bewegung (Bettelorden, an der Spitze Franz von Assisi). In den sich immer höher entwickelnden italienischen Städten und Stadtrepubliken mit ihren z. T. glänzenden Stadtverfassungen erblühten ein neues geistiges Leben, ein neues Recht und das neue italienische Selbstbewußtsein. Nach der gewaltigen Blüte von Hellas im Altertum erlebte die Welt noch einmal das wunderbare Schauspiel, daß ohne staatliche Zusammenfassung der Volkskraft eine nationale Kultur in einer Polis-Kleinstaaterei größeren und kleineren Ausmaßes emporwuchs, die, wie einst die griechische, weithin ausstrahlte und auf die neuen Nationalstaaten ringsum befruchtend und europäisch einigend wirkte.[123]

Das alte Gebilde, das deutsche Römerreich, wanderte wieder in die zweite und in die dritte Zone zurück und begann als Staat in dem „Heiligen Römischen Reich Deutscher Nation" zusehends niederzugehen.[124] Aus seiner Asche stieg „Europa" empor. Ein älteres Deutschland mußte sterben, auf daß die größere Gemeinschaft der europäischen Völker Leben erhielt. Zugleich blühten die neuen Nationalstaaten empor, beginnend im Westen Europas an dem Meere der Zukunft, an dem Atlantischen Ozean. Sie stellten die neue europäische Völkerfamilie dar. Um sie schlang sich ein durch über tausendjährige Tradition geheiligtes Band. In dieses Band waren das Römertum in seiner spätantiken, von Friedrich II. erneuerten Form, der unsterbliche, ewig jugendliche, schließlich durch Byzanz vertretene Hellenengeist, aber auch der durch das Arabertum noch einmal wirksam gewordene Iranismus eingewoben. Ohne den letzten wirklich genialen Kaiser, den die Welt gesehen hat, entsprossen aus deutschem und normannischem Blute, hätte dies alles nicht zu solch schwindelnder Höhe emporführen können. Friedrich II. erst steht auf der Grenzscheide der alten und der neuen Welt Europas. Sein Wirken stellt den Vorfrühling dar für den jetzt beginnenden Völkersommer Europas, in dem mit dem Bau der gotischen Dome das Zeitalter des faustischen Ringens um ein neues Weltbild – vor allem in Italien – anhob. Durch dieses Ringen erst hat sich Europa, das längst zu einer Einheit zusammengewachsen war, den Anspruch erworben, der Schöpfer der Kulturen aller Völker der weißen Rasse auf Erden zu sein.

Auch die Zweiteilung der alten Welt in Griechentum und in Römertum, das im Staatlichen von Iran mitgestaltet wurde, diese Zweiteilung lebte fort, in das Religiöse und Sakrale umgesetzt, in dem griechisch-katholischen und dem römisch-katholischen Christentum, auch dies vor allem ein Erbteil der über tausend Jahre sich erstreckenden Spätantike. Diese Erbschaft ist es auch, die uns so schwer die Grenze des wahren Europa gegen Osten hin finden läßt.[125] Sie ist durch das Vordringen immer neuer Massen aus Asien (Mongolen, Türken, der letzten noch iranistisch beeinflußten Völker) in den weiten Steppen und Wäldern Osteuropas ständig nach dem Westen hin vorgeschoben worden.

Europa als Ganzem aber, der Mutter so vieler Welten, wird, so fürchte ich, von der menschlichen Unvernunft seiner Kinder das Grab geschaufelt, anstatt ihm in einer neuen Gemeinschaft, etwa als „Vereinigte Staaten von Europa", eine andere und bessere Zukunft zu geben.[126] Zwischen der Mutter Asien und der Tochter Amerika, so scheint es fast, soll Europa, das im neunzehnten Jahrhundert seine höchste Höhe erreichte, zerrieben werden – ein kaum ausdenkbares Unglück für die gesamte Menschheit. Denn es würde wirklich den „Untergang des Abendlandes" bedeuten, wie ihn Oswald Spengler schon vor Jahrzehnten seherisch vorausgesagt hat.

Herrscherverzeichnis

Die römischen Kaiser

Constantin I. (d. Gr.)	306–337
als Alleinherrscher	324–337
Licinius	308–324
Constantin II.	337–340
Constantius II.	337–361
als Alleinherrscher	350–361
Constans	337–350
Julian (als Alleinherrscher)	361–363
Jovian	363–364
Valentinian I.	364–375
Valens	364–378

Im Osten		*Im Westen*	
Theodosius I.	379–395	Gratian	367–383
		Valentinian II.	375–392
		Flavius Eugenius	392–394

395: sog. Reichsteilung

Arkadios	395–408	Honorius	395–423
Theodosius II.	408–450	Johannes	423–425
Markianos	450–457	Valentinian III.	424–455
Leon I.	457–474	Petronius Maximus	455
Zenon	474–491	Avitus	455–456
		Maiorianus	457–461
		Libius Severus	461–465
		Anthemius	467–472
		Olybrius	472
		Glycerius	473
		Iulius Nepos	474–480
		Romulus Augustulus	475–476

Anastasios I.	491–518
Iustin I.	518–527
Iustinian I.	527–565
Iustin II.	565–578
Tiberios I. Konstantinos	578–582
Maurikios	582–602
Phokas	602–610
Herakleios	610–641

Die Kaiser von Byzanz

Konstans II.	641–668
Konstantin IV.	668–685
Justinian II.	685–695
Leontios	695–698
Tiberios II.	698–705
Justinian II. nochmals	705–711
Philippikos	711–713
Anastasios II.	713–715
Theodosius III.	715–717
Leon III.	717–741
Konstantin V.	741–775
Leon IV.	775–780
Konstantin VI.	780–797
Irene	797–802

Zeittafel

306 Constantius Chlorus stirbt in Eburacum (York), sein ältester Sohn *Constantin* zum Augustus ausgerufen (25. Juli). *Maxentius,* Sohn des Maximian, zum Augustus in Rom proklamiert (28. Okt.)

307 Abdankung des Flavius Severus (im Herbst ermordet)

308 (Herbst) Zusammenkunft der Kaiser in Carnuntum. Licinius von Galerius zum Augustus des Westens ernannt. Maximinus Daia und Constantin erhalten den Titel „Söhne der Augusti": 4 legitime Augusti und ein illegitimer (Maxentius)

309 Abfall des Domitius Alexander in Afrika: Das Reich in sechs Teilgebiete aufgespalten

311 (30. April) Entscheidendes Toleranzedikt des Galerius für die Christen

312 (28. Okt.) Schlacht bei Saxa Rubra: Constantin siegt über Maxentius, der im Tiber ertrinkt. Constantin wird „Maximus Augustus". Seine Hinwendung zum Christentum

313 Mailänder Vereinbarungen zwischen dem Westherrscher Constantin und dem Ostherrscher Licinius: Bejahung des Christentums. Licinius siegt im Mai bei Tzirallum über Maximinus Daia († Aug. 313)

313–324 *Constantin* und *Licinius* Augusti: Doppelreich und Doppelprinzipat

314 Erster Krieg zwischen Constantin und Licinius

316 (3. Dez.) Diocletianus stirbt in Spalato

316 Constantin verlegt seine Residenz von Arles und Trier nach Sirmium, dann nach Serdika (Sofia)

317 (1. März) Die Söhne der Augusti, Crispus, Constantin (II.) und Licinius, zu Caesares erhoben: Durchbruch des Prinzips der Erbmonarchie

321 Der Sonntag zum gesetzlichen Feiertag erklärt

324 Zweiter Krieg zwischen Constantin und Licinius, der bei Chrysopolis (Skutari) entscheidend geschlagen wird (18. Sept.): *Constantin Alleinherrscher des Reiches*

324–337 *Constantin I. der Große*

324 Beginn des Baues von Constantinopel an der Stelle des alten Byzantion (die neue Hauptstadt wurde am 11. Mai 330 eingeweiht)

325 Konzil von Nicäa: Sieg des Athanasius über Arius. Christus nach Auffassung des Konzils wesenseins mit Gottvater

seit 330 Kämpfe an der unteren Donau, nach 332 die Goten mit der Grenzwacht betraut

335 Hannibalianus (Neffe Constantins I.) zum „König von Armenien und der verbündeten Nationen ringsum“ erhoben

337 (22. Mai) Tod Constantins I. bei Nikomedien. Das vierköpfige Familienregiment (drei Söhne und ein Neffe Constantins) durch eine Palastrevolution in ein dreiköpfiges Kaisertum umgewandelt

337–340 *Dreikaisertum:* Constantin II. im Westen, Constantius II. im Osten, Constans als Herrscher der mittleren Reichsgebiete (unter Vormundschaft des Constantin II.)

338 (?) Der Kirchenhistoriker Eusebius von Cäsarea stirbt

340 Krieg zwischen Constantin II. und Constans. Constantin II. getötet, Constans Herrscher des Westens (einschl. des größten Teiles des Balkans): Doppelreich (340–350)

seit 340 Perserkrieg des Constantius II.

341 Wulfila Missionsbischof der Donaugoten

341 Scharfe Maßnahmen gegen das Heidentum: Schließung der Tempel, Verbot der Opfer

342 Friedensschluß des Constans mit den Franken

343 Synode von Serdika (Sofia)

350 Constans von *Flavius Magnus Magnentius* gestürzt. Der *magister militum per Illyricum, Vetranio,* nimmt den Purpur, stellt sich aber dem Constantius II. zur Verfügung

351 (28. Sept.) Sieg des Constantius II. über Magnentius bei Mursa (Pannonien)

353 Magnentius endet durch Selbstmord in Lyon: *Constantius II. Herrscher des Gesamtreiches.* Verbot der nächtlichen heidnischen Opfer.

355 Julianus Cäsar des Westens

357 (April–Mai) Constantius II. in Rom. Sieg des Julianus bei Straßburg über die Alamannen

359–361 Perserkrieg des Constantius II. († in Kilikien, 3. Nov. 361)

360 Julian zum Augustus gekrönt

361–363 Julian Alleinherrscher des Reiches: Heidnische Reaktion, Wiederherstellung des alten Glaubens, Verfolgung der christlichen Kirche, Reorganisation des Hofes und der Verwaltung

362 (17. Juni) Edikt des Julian: nur noch Altgläubige können Lehrer sein

363 Wiederaufbau des Tempels in Jerusalem schlägt fehl. (März): Per-

serkrieg Julians, sein Tod auf dem Schlachtfeld am 27. Juni 363

363 Aufgabe der diokletianischen Eroberungen und Armeniens durch *Jovian* (363–364)

364–375 *Kaiser Flavius Valentinianus I.*, Mitherrscher im Osten sein Bruder *Valens* (364–378)

366 Streit um die Besetzung des stadtrömischen Bischofsstuhles. Damasus wird Nachfolger des Liberius. Vettius Agorius Praetextatus praefectus urbi

368–369 Kämpfe in Britannien. Errichtung der Provinz Valentia durch Theodosius den Älteren (Vater des späteren Kaisers gleichen Namens)

368 u. 371 Rheinübergänge des Valentinian I.

372–374 Aufstand in Nordafrika, niedergeworfen durch Theodosius den Älteren

373 Tod des Athanasius; Ambrosius Bischof von Mailand (374–397)

374–375 Donaukrieg des Valentinian I. gegen die Quaden. Tod des Kaisers in Brigetio (gegenüber Komorn) 17. Nov. 375

seit 375 Beginn der Völkerwanderung durch die Bewegungen der *Hunnen*

378 (9. Aug.) Schlacht bei Adrianopel: Sieg der Westgoten, Kaiser Valens bleibt auf dem Schlachtfeld. Entscheidender Wendepunkt für das Römerreich

379 (19. Jan.) Theodosius I. zum Augustus des Ostens erhoben (–395)

379 u. 380 Scharfe Gesetze der Kaiser Gratian und Theodosius I. gegen das Heidentum

381 Konzil von Constantinopel: Sieg der „jungnicänischen" Lehre: Christus nach dieser Auffassung wesensgleich mit Gottvater. *Geburtsjahr der christlichen Staatskirche*

382 Der Altar der Göttin Victoria aus dem Sitzungssaal des römischen Senats entfernt

383 *Gratian* ermordet (25. Aug.). Gegenkaiser im Westen: *Magnus Maximus* (383–388)

383–392 Valentinian II. Herrscher des Westens, zuerst unter Leitung des Bauto, dann des Arbogastes

388 Magnus Maximus von Theodosius I. bei Poetovio besiegt. Tod des Maximus am 28. August

390 Blutbad von Thessalonike. Kirchenbuße des Theodosius I.

391 Der Sarapistempel in Alexandrien zerstört

392 Tod Valentinians II. Flavius Eugenius Gegenkaiser im Westen

393 Feier der letzten olympischen Spiele

394 (5./6. Sept.) Eugenius am Frigidus von Theodosius I. besiegt

395 (17. Jan.) Tod des Theodosius I. „Reichsteilung“ unter Aufrechterhaltung der ideellen Einheit

Der Osten

395–408 *Kaiser Arkadios,* unter der Leitung des Rufinus, später des Eutropius

395–396 Verwüstung der Balkangebiete, auch Griechenlands, durch Alarich

400 Aufstand des Goten Gainas in Constantinopel

408–450 Theodosius II.

412 Kyrillos Patriarch von Alexandrien. Errichtung des ägyptischen Kirchenstaates. Schenute von Atripe

415 Die Philosophin Hypatia in Alexandrien ermordet

Der Westen

395–423 *Kaiser Honorius* unter Stilicho

397 Tod des Ambrosius von Mailand

397 Aufstand des Gildo in Afrika („Circumcellionen“)

um 400 Ravenna Hauptstadt des Westreiches

401 Alarich in Italien

402 Unentschiedene Schlacht bei Pollentia. Sieg des Stilicho bei Verona über Alarich

405–406 Zug des Radagaïs nach Italien

406 (31. Dez.) Rheinübergang der Sueben, Alanen und Vandalen. (409 Spanien durchs Los unter die Germanen verteilt)

407–413 Gegenkaiser in Gallien (Constantinus, Jovinus)

408 Stilicho gestürzt

410 Rom von Alarich eingenommen und geplündert. Alarichs Tod bei Cosenza am Busento

412 Die Westgoten unter Athaulf in Südgallien

414 Athaulf heiratet Galla Placidia, die Halbschwester des Honorius

414/415 Übergang der Westgoten nach Spanien

415 (August) Athaulf ermordet

421 (8. Febr.) Flavius Constan-

421–422 Kämpfe mit den Persern um Armenien

425 Ausbau der Universität Constantinopel

428–432 Nestorios Patriarch von Constantinopel

tius III., Gemahl der Galla Placidia, Mitregent (gest. 2. Sept.)

423 (15. Aug.) *Tod des Kaisers Honorius.* (Dez.) Der Jurist *Johannes* zum Kaiser durch den römischen Senat gewählt

424–455 Kaiser Valentinian III. (Sohn des Constantius III. und der Galla Placidia)

426 (7. Nov.) ,,Zitiergesetz" Valentinians III. und der Galla Placidia

428 ,,Gottesstaat" des Augustinus

429 Übergang der Vandalen nach Nordafrika

430 Augustin stirbt in Hippo Regius

429–438 Schaffung des *Codex Theodosianus* (Sammlung der Kaiserkonstitutionen seit 312 n. Chr.)

431 3. ökumenisches Konzil von Ephesos

441 Perserkrieg: Armenien verliert seine politische Selbständigkeit. Sirmium an die Hunnen verloren

445 Das Hunnenreich unter der Regierung Attilas (–453)

447 Plünderungszug Attilas bis an die Thermopylen

449 ,,Räubersynode" von Ephesos

450–457 Kaiser Markianos

432–434 Vandalenkrieg

436 Das Burgunderreich am Niederrhein zerschlagen

439 Einnahme Karthagos durch die Vandalen (Geiserich)

440–461 Papst Leo I.

440 Aufruf an die Reichsbevölkerung zur Verteidigung gegen die Barbaren

Der Osten	*Der Westen*
451 Konzil von Chalkedon	451 (Juli) Schlacht auf den katalaunischen Feldern
	453 Attilas Tod
	454 Sturz des Aëtius
457–474 Kaiser Leon I.	455 Valentinian III. ermordet. Plünderung Roms durch die Vandalen
	469 Die Westgoten (Eurich) Herren von Spanien und Westgallien
474–491 Kaiser Zenon	472 Tod Rikimers
	476 (23. Aug.) Odovakar König von Italien. Romulus Augustulus abgesetzt.
482 „Henotikon“ (Annäherung an die Monophysiten)	480 (9. Mai) Julius Nepos in Dalmatien ermordet. Ende des weströmischen Reiches

482–511 Chlodwig I., König der Franken
488 Der Amaler (Ostgote) Theoderich zieht nach Italien
491–518 *Kaiser Anastasios I.*
493 Odovakar getötet. Gründung des Ostgotenreiches in Italien
502–506 Perserkrieg (König Kawadh I.)
512 Das *Edictum Theodorici*
513 Empörung des thrakischen Statthalters Vitalianus
524 Boëthius hingerichtet
526 Tod des Theoderich. Seine Nachfolgerin Amalaswintha (–534)
527–565 *Kaiser Iustinian I.*
529 Schließung der Universität Athen. Die letzten heidnischen Professoren wandern nach Persien aus. Gründung des Klosters Monte Cassino durch Benedikt von Nursia
529 Codex Iustinianus (2. Ausgabe 534)
532 Ewiger Friede mit Persien. Nika-Aufstand in Constantinopel
533 Die Digesten (Pandectae). Die Institutionen
533–534 Vandalenkrieg: Ende des Vandalenreiches in Nordafrika
535–553 Invasion Italiens durch die Oströmer unter *Belisar,* später unter *Narses,* Untergang des Ostgotenreiches
536 Rom von Belisar besetzt

537 Vollendung der Hagia Sophia in Constantinopel
540 Neuer Perserkrieg (Friede erst 562)
543–555 „Dreikapitel"-Streit
548 Tod Theodoras
553 Konzil in Konstantinopel
554 Die Südostspitze Spaniens durch die Oströmer besetzt
555 Italien oströmische Provinz. Das Exarchat Ravenna
563 Zweite Einweihung der Hagia Sophia
565 Tod Iustinians I.
569 Einbruch der Langobarden in Italien, der Avaren in Ungarn
um 570 Muhammed in Mekka geboren
572 Einnahme Pavias durch die Langobarden
582 Sirmium von den Avaren erobert. Allmähliche Slawisierung der Balkanhalbinsel
590–604 Papst Gregor I.
590 Gründung von Klöstern (Bobbio, Luxeuil) durch irische Mönche (Columban)
610–641 *Kaiser Herakleios*
614 Damaskos und Jerusalem von den Sasaniden erobert
619 Ägypten an die Neuperser verloren
620 Beginnende Erfolge des Herakleios. Reorganisation des Reiches: Themenverfassung
622 (Sept.) „Hidschra" Muhammeds: seine Auswanderung von Mekka nach Medina
Großer Perserkrieg von Herakleios eröffnet
626 Bündnis des Herakleios mit den Chazaren
627 (Ende) Entscheidender Sieg des Herakleios über die Perser bei Nineve
628 Friedensschluß: Die Ostprovinzen des oströmischen Reiches, auch Ägypten, durch die Perser zurückgegeben
630 Wiederaufrichtung des heiligen Kreuzes in Jerusalem. Mekka von Muhammed erobert
630/31 Der Islam faßt in Bahrain und Oman Fuß
632 (8. Juni) Tod des Propheten Muhammed
634–644 Der Kalif Omar, der erste der großen arabischen Eroberer
635 Damaskos in arabischer Hand
636 (20. Aug.) Sieg der Araber über die Byzantiner am Jarmuk: Syrien für Ostrom verloren
638 Omar zieht in Jerusalem ein
639 Beginn der arabischen Eroberung Ägyptens

642 (Sept.) Fall Alexandreias (zweite Eroberung 646)

642 Entscheidender Sieg der Araber über die Perser bei Nihawend (südl. von Ekbatana)

647 Arabische Eroberung von Tripolitanien

649 Beginn des Seekrieges, Eroberung Cyperns durch die Araber

651 Der letzte Sasanide Jezdegerd III. in Merv ermordet

656 Der Schwerpunkt der arabischen Macht verlagert sich nach dem Irak

661–680 Der Kalif Muawija I.

674–678 Arabische Blockade Constantinopels

697 Endgültige Besetzung Karthagos durch die Araber

711 Schlacht von Wadi Bekka (vulg. Xeres de la Frontera), Tod des letzten Westgotenkönigs Roderich, Beginn der arabischen Eroberung Spaniens

711–712 Die Landschaften Sind und Transoxanien von den Arabern gewonnen

720 Erste Kämpfe um Sizilien

725 Arabischer Plünderungszug bis Autun

732 Sieg des Karl Martell über die Araber bei Tours und Poitiers

751 Ende der Merowingerdynastie bei den Franken

754–775 Der Abbasside Al Mansur. Gründung von Bagdad

750–900 *Blütezeit des Kalifats*

754 Papst Stefan II. ruft Pipin den Kleinen nach Italien zur Hilfe: Gründung des Kirchenstaates

774 Beseitigung des Langobardenreiches in Italien durch Karl d. Gr.

786–809 Harun ar-Raschid: *Blüte der arabischen Literatur*

800 (25. Dez.) Karl d. Gr. in Rom gekrönt: Errichtung des abendländischen Kaisertums. Gesandte Karls in Nordafrika

831 Die Araber erobern Palermo

878 Syrakus durch die Araber erobert

962 Erneuerung des Kaisertums durch Otto I.

nach 1000 Normannen auf Sizilien

1130 Der Normanne Roger II. krönt sich in Palermo zum sizilisch-apulischen König

1152–1190 Der Hohenstaufe Friedrich I.

1194 Sein Sohn Heinrich VI. in Palermo gekrönt († 1197)

1198–1216 Papst Innocenz III.

1215 Friedrich II. von Hohenstaufen in Aachen zum deutschen König gekrönt

seit 1220 Schaffung eines zentralistischen Beamtenstaates in Sizilien und Unteritalien durch Friedrich II.
1223 Friedrich II. nimmt den Titel ,,König von Jerusalem" an
1224 Stiftung der staatlichen Universität Neapel
1228/29 Kreuzzug Friedrichs II.
1229 (17. März) Einzug des Hohenstaufen in Jerusalem
1237 Sieg über die lombardischen Städte bei Cortenuova
1241 Tatareneinfall in Schlesien: Niederlage und Tod des Herzogs Heinrich von Liegnitz
1250 (13. Dez.) Friedrich II. stirbt in Castel Fiorentino
1265 Dante geboren

Anmerkungen

Einführung:

[1] *E. Kornemann,* Zwischen zwei Welten, in „Gestalten und Reiche", 1943, 367 ff.

[2] Über die Randvölker *F. Altheim,* Krise der Alten Welt I, 1943, 1 ff.

[3] *R. Laqueur* in: Probleme der Spätantike, 1930, 1 ff.

[4] *Frank Thieß,* Das Reich der Dämonen, 1941, 220.

[5] *E. Kornemann,* Prinzipat und Dominat, die Staatsformen der röm. Kaiserzeit, Forsch. u. Fortschr. 1940, 75 ff.

[6] Dazu jetzt *W. Schubart,* Justinian und Theodora, 1943, 43 f., 77 f.

[7] *Joh. Straub,* Vom Herrscherideal in der Spätantike, 1939, 124; *Alex. Graf Schenk v. Stauffenberg* in der *Haller*-Festschrift 1940, 78 und 80.

[8] Dazu die Arbeiten von *Franz Kampers,* die die Probleme aber nicht glücklich zur Darstellung gebracht haben.

1. Auflösung der diokletianischen Staatsform:

[1] Über das Geburtsjahr *Jos. Vogt,* Streitfragen um Constantin d. Gr., Röm. Mitt. 58, 1943, 190 ff.

[2] *W. Enßlin,* RE XIV 2515 f.; *Jos. Vogt,* Röm. Mitt. 58, 203.

[3] *Edm. Groag,* RE XIV 2462 ff.; *H. v. Schoenebeck,* Beiträge zur Religionspolitik des Maxentius und Constantin, Klio-Beiheft 43, 1939, 21 f.; *Jos. Vogt,* Zeitschr. für Kirchengeschichte 1942, 173 und 178.

[4] *H. v. Schoenebeck* a. a. O. 22 f.

[5] Von dem ursprünglichen Bau ist nur ein Seitenschiff erhalten.

[6] *A. Kaniuth* a. a. O. 54.

[7] *Jos. Vogt,* Röm. Mitt. 58, 196.

[8] *Jos. Vogt,* Z. für Kirch.-Gesch. 1942, 174.

[9] *Derselbe,* Röm. Mitt. 58, 195.

[10] Dies die Ansicht von *O. Seeck,* Untergang der ant. Welt I^4 131 ff. und 496 ff.

[11] Auf Festprägungen vor den Vizennalien d. J. 326 wurde noch einmal „der ewige Ruhm von Senat und Volk" gefeiert – eine leere Geste des neuen Herrn der Welt, *A. Alföldi*, Röm. Mitt. 50, 1935, 17.

[12] *Ed. Schwartz*, Kaiser Constantin und die christliche Kirche², 1936, 63.

[13] [Vgl. dazu *J. Straub*, Constantins christliches Sendungsbewußtsein in: „Das Neue Bild der Antike", herausg. von *H. Berve*, II, 1942, 374ff.]

[14] [Die berühmte Kreuzesvision Constantins in Gallien (Euseb. Vit. Const. I, 28) wird als unhistorisch betrachtet, u. a. von *J. Vogt*, Constantin und sein Jahrh., 1949, 164ff.]

[15] *Ed. Schwartz* a. a. O. 63 und 66; *Jos. Vogt*, Z. für Kirch.-Gesch. 1942, 171ff.; *A. Alföldi*, Corvina VI, 1943, 529ff.

[16] *H. Lietzmann*, Sitz.-Ber. Berl. Ak. 1937, Nr. 29, 268.

[17] *Jos. Vogt*, Z. für Kirch.-Gesch. 1942, 174.

[18] *A. Alföldi*, Journ. of Rom. Studies 22, 1932, 10ff.

[19] *Alföldi*, ebenda 13; *H. v. Schoenebeck* a. a. O. 37; *Vogt* a. a. O. 175.

[20] *Jos. Vogt* a. a. O. 178ff.

[21] [Euseb. Hist. eccl. IX 9, 10f.]; ablehnend *H. v. Schoenebeck* a. a. O. 27, anders *Jos. Vogt* a. a. O. 172 und 176ff.

[22] Neben *Vogt* auch *Alföldi*, Corvina VI, 1943, 530 und 537f.

[23] So richtig *Jos. Vogt* a. a. O. 184.

[24] *H. P. L'Orange* und *A. v. Gerkan*, Der spätrömische Bildschmuck des Konstantinsbogen (Studien zur spätantiken Kunstgesch. 10), 1939, 57ff.

[25] *E. Kornemann*, Röm. Gesch. II², 380 u. 415.

[26] *Jos. Vogt* a. a. O. 187f.; vorher *Seston*, Mélanges Cumont 384ff.

[27] [Eusebius, Hist. eccl. VIII, 17; Lactantius, De mortibus persecutorum 33–34.]

[28] *E. Caspar*, Gesch. des Papsttums I, 1930, 105 und 581.

[29] So gut *Vogt* a. a. O. 182.

[30] *N. H. Baynes*, CAH XII 689; *Vogt* a. a. O. 185f.

[31] *O. Seeck*, Untergang I⁴ 164f.; *E. Stein*, Gesch. des spätröm. Reiches I 145.

[32] *Jos. Vogt* a. a. O. 182f.

[33] *A. Alföldi* a. a. O. 536.

[34] *Frank Thieß* a. a. O. 220.

[35] [Als Todesursache wird Wassersucht angegeben.]

[36] *Jos. Vogt* a. a. O. 183.

[37] *N. H. Baynes* a. a. O. 694.

[38] Ebenda 695f.

[39] *E. Stein*, Zeitschr. für neutestamentl. Wiss. 30, 1931, 177ff.

2. Constantins Alleinherrschaft:

[1] *H. Lietzmann,* Gesch. der alten Kirche IV, 1944, 89f.

[2] *W. Schubart,* Justinian u. Theodora, 1943, 11.

[3] [Siehe *J. Vogt,* Constantin und sein Jahrhundert, 1949, 177ff.]

[4] *Karl Müller,* Hist. Z. 140, 1929, 273.

[5] Vgl. den Ruf aus orthodoxem Munde: „Vielgötterei hat gesiegt, ein großer Gott ist bei ihnen und ein kleiner Gott."

[6] Nach *W. Schubart* a.a.O. 104f., der griech. Text 279, 69.

[7] „Um ein Iota drehte sich die Weltgeschichte"; *H. Delbrück,* zitiert bei *Fr. Thieß* a.a.O. 242 [ὁμοούσιος „wesenseins", ὁμοιούσιος „wesensähnlich"].

[8] *Ed. Schwartz,* Zur Gesch. d. Athanasius, Nachrichten der Götting. Gesellsch. d. Wiss. 1904, 1905, 1908 und 1911.

[9] *A. Alföldi,* Corvina VI, 1943, 539ff.

[10] Über das erst etwas spätere Aufkommen des Namens *Nova Roma* vgl. *F. Dölger,* Z. für Kirchengesch. 56, 1937, 1ff. [Zur Gründung Constantinopels siehe noch *A. Alföldi,* Journ. Röm. Stud. 37, 1947, 10ff.]

[11] Siehe S. 316 Anm. 11.

[12] *Ed. Schwartz,* Constantin^2 95; *A. Philippson,* Das byz. Reich als geographische Erscheinung, Leiden 1939, 29f.

[13] *A. Alföldi,* Röm. Mitt. 49 (1934) und 50 (1935).

[14] *K. Stade* a.a.O. 54; *A. Alföldi,* Röm. Mitt. 49, 4.

[15] *O. Treitinger,* Die oström. Kaiser und Reichsidee, 1938, 6, A. 19. *G. Ostrogorsky,* Gesch. des byz. Staates 18, 1.

[16] *Alföldi,* Röm. Mitt. 49, 100.

[17] Ebenda 103.

[18] *A. Alföldi* a.a.O. 50, 149.

[19] *Alföldi* a.a.O. 50, 122 und 139ff.

[20] Darüber zuletzt *Agathe Kaniuth* a.a.O. 39ff.

[21] *Alföldi,* Röm. Mitt. 50, 145ff.; *A. Kaniuth* a.a.O. 43.

[22] *Alföldi* a.a.O. 49, 31ff. und 50, 127ff.

[23] Ebenda 50, 158.

[24] Darüber eine große Literatur seit *A. Dieterich,* Kl. Schr., 1911, 440ff.; vgl. *Alföldi,* Röm. Mitt. 49, 33ff.

[25] *A. Kaniuth* a.a.O. 45.

[26] *Alföldi,* Röm. Mitt. 49, 1934, 38.

[27] *W. Schubart* a.a.O. 28.

[28] [Die Proskynese galt als das typische Zeichen der Orientalen. Alexander hatte sie auch bei den Makedonen einzuführen versucht.]

[29] XVI 10, 7, dazu *E. Kornemann,* Gestalten und Reiche, 1943, 383 [vgl. vor allem *J. Straub,* Vom Herrscherideal in der Spätantike, 1939, 182ff.]

[30] *A. Kaniuth* a.a.O. 46.

[31] *Alföldi* a.a.O. 90ff.; *A. Kaniuth* a.a.O. 46f.

[32] *R. Delbrück,* Spätantike Kaiserporträts, 1933, 127; *A. Kaniuth* a.a.O. 48f.

[33] *Th. Preger,* Konst.-Helios, Hermes 36, 1901, 457ff.; *A. Kaniuth* a.a.O. 48.

[34] *Jean Gagé,* La théologie de la victoire impériale, Rev. Hist. 171, 1933, 1ff.

[35] [Vgl. CIL. XI 5265 = *Dessau,* Inscr. Lat. sel. 705.]

[36] *Frank Thieß* a.a.O. 234.

[37] *A. Kaniuth* a.a.O. 71.

[38] *Alföldi,* Röm. Mitt. 49, 44.

[39] *O. Hirschfeld,* Kl. Schr., 1913, 624ff.

[40] *W. Enßlin,* Klio 23, 1930, 306ff. und 24, 1931, 102ff. [Dazu *A. Höpffner,* Byzantion 11, 1936, 483ff.]

[41] *W. Schubart,* Just. 27.

[42] *Schubart* a.a.O. 119.

[43] [Dazu kommt dann noch das *aurum coronarium,* das die Dekurionen bei besonderen Gelegenheiten zahlen mußten.]

[44] *E. Stein,* Gesch. des spätröm. Reiches I, 1928, 179. [Dafür bestand aber die Möglichkeit einer Wiederaufnahme des Verfahrens durch Antrag an den Kaiser.]

[45] Zosimos II 34, 1; dazu *W. Enßlin,* Ostpolitik 66.

[46] *Th. Mommsen,* Das röm. Militärwesen seit Diokletian, Ges. Schr. VI, 248.

[47] *W. Enßlin,* Der konstantinische Patriziat, Mélanges Bidez, 1933/34, 361ff.

[48] *Karl Müller,* Hist. Z. 140, 1929, 261.

[49] *W. Schubart* a.a.O. 11f.

[50] *Schubart,* ebenda 13f.

[51] Ebenda 62ff.

[52] [*Kanon* = ,,Richtschnur", ,,Regel".]

[53] *W. Schubart* a.a.O. 64.

[54] *A. Heisenberg,* Neue Jahrbb. 23, 1909, 198.

[55] *Jos. Vogt,* Kaiser Julian und das Judentum, Morgenland 30, 1939, 27.

[56] *R. Egger* a. a. O. 13ff.

[57] *Cod. Theod.* VII 1, 1 [vom 28. April 323] droht Lebendigverbrennen denen an, die den Eindringlingen Vorschub leisten!

[58] Aurel. Victor, Cäs. 41, 18.

[59] *L. Schmidt,* Die Ostgermanen, 1941, 225ff.

[60] *Carl Patsch,* Beitr. zur Völkerkunde Südosteuropas I, Sitz.-Ber. Wien. Ak. 1925, 181ff.

[61] *L. Schmidt* a. a. O. 228.

[62] Ebenda 106 und 229.

[63] *E. Stein* a. a. O. 198.

[64] Prokop. Bell. Vand. I 11, 3; dazu *Th. Mommsen,* Ges. Schr. VI, 226, 5; *E. Kornemann,* Staaten, Völker, Männer (1934), 103ff.

[65] *A. Alföldi,* Röm. Mitt. 50, 68ff.

[66] Ebenda 94 mit Anm. 4.

[67] CIL III 5326 [aus Seckau = Flavia Solva in Noricum].

[68] *Frank Thieß* a. a. O. 231; man vergleiche seine Panzerbüste im Lateran; *R. Delbrück* a. a. O.; *J. Bidez,* Julian, 1940, 144.

[69] *H. P. L'Orange,* Bildschmuck 174ff. und Symbolae Osloenses, 1935, 86; *A. Kaniuth* a. a. O. 47 und 74f.

[70] *Joh. Straub,* Vom Herrscherideal, 1939, 244 Anm. 218; *A. Kaniuth* a. a. O. 57.

[71] *A. Kaniuth* a. a. O. 58.

[72] [Dazu *J. Vogt* in der Festschrift f. L. Wenger II, 1944, 145ff.]

[73] *Ed. Schwartz,* Const.^{2} 74 und 126ff.

[74] *A. Kaniuth* a. a. O. 58.

[75] *A. Alföldi* a. a. O. 49, 44f.

[76] *A. Kaniuth* a. a. O. 33; vgl. auch *W. Enßlin,* Klio 36, 1944, 256.

[77] *A. Kaniuth* a. a. O. 9ff.

[78] Grabeskirche und Apostelkirche, 1908, dazu die Korrekturen *A. Kaniuths* a. a. O. 18ff.

[79] Vita Const. IV 60.

[80] *A. Kaniuth* a. a. O. 28ff.

[81] *H. Koethe,* Jahrb. d. D. Arch.-Inst. 48, 1933, 187f.; *Kaniuth* 29.

[82] *O. Weinreich,* Triskaidekad. Studien, Religionsgesch. Vers. u. Vorarb. XVI, 1916, 12.

[83] *Kaniuth* a. a. O. 63. [Der 21. Mai ist noch heute in der griechischen Kirche dem Gedächtnis Constantins und Helenas gewidmet.]

[84] Ebenda 38.

[85] *A. Kaniuth* 55f. und 58ff.

[86] [Siehe dazu *J. Vogt,* Zur Frage des christlichen Einflusses auf die Gesetzgebung Constantins d. Gr., Festschr. f. L. Wenger II, 1944, 118ff.]

[87] *E. Stein* a.a.O. I 201.

[88] *A. Alföldi,* Die Kontorniaten, 1943, 41.

[89] *Fr. Schemmel,* N. Jahrb. XXII, 1908, 147ff.

[90] So richtig *Frank Thieß* 232 gegen *O. Seeck.*

[91] *N. H. Baynes,* CAH XII, 1939, 78ff.; vgl. auch *denselben,* Constantine the Great and the Christ. Church, London 1929.

[92] *Jos. Vogt,* Morgenland 30, 1939, 25; auch zum Folgenden.

[93] *Vogt* a.a.O. 23.

[94] Meine Zweifel an der Echtheit des Lebens Constantins (R. G. II[2] 488 A.) ziehe ich zurück; vgl. *Jos. Vogt,* Röm. Mitt. 58, 198ff.

[95] *W. Schubart* a.a.O. 186.

[96] *Joh. Geffcken,* Aus der Werdezeit des Christentums[2], 1909, 93.

3. Rom bis zur Reichsteilung:

[1] [Vgl. hierzu und zum Folgenden: *J. R. Palanque,* Collégialité et partages dans l'empire rom. aux IVe et Ve siècles, Rev. Ét. Anc. 46, 1944, 47ff.; 280ff.]

[2] *E. Kornemann,* Doppelprinzipat, 1930, 117ff.

[3] *A. Kaniuth* a.a.O. 6 nach Eusebius.

[4] Ebenda 7ff.

[5] Darüber *De Cavalieri,* I funerali ed il sepolcro di Costantino Magno, Mél. d'Arch. et d'Hist. 36, 1916/17, 205ff.

[6] *A. Kaniuth* a.a.O. 8.

[7] *Arthur Christensen,* L'Iran sous les Sasanides, 1936, 231.

[8] Zur Erinnerung ist wohl die offizielle Schaumünze II 12 bei *A. Alföldi,* Die Kontorniaten 1943, 9, zum Neujahr 343 geprägt worden.

[9] [Der Vater war ein Britannier; Magnentius wurde in Amiens geboren.]

[10] *E. Kornemann,* Doppelprinzipat 137; *A. Alföldi,* Röm. Mitt. 50, 21.

[11] *M. Rostovtzeff,* Gesellschaft und Wirtschaft II 137f.

[12] *A. v. Harnack.*

[13] Justinian u. Theodora 190.

[14] Von mir kursiv gesetzt.

[15] *W. Schubart* a.a.O. 14.

[16] *H. Lietzmann,* Gesch. d. Alten Kirche IV 1944, 116–92.

[17] *A. Kaniuth* a. a. O. 46.

[18] *A. Alföldi,* Die Kontorniaten, 1943, 54f.; Orfitus als General: CIL VI 1739, 1740 und 1742.

[19] *Joh. Straub,* Vom Herrscherideal 187.

[20] *Alföldi* a. a. O. 52.

[21] *Alföldi* a. a. O. 48ff. Schon die italienischen Humanisten nannten diese Pseudomünzen „Kontorniaten", weil an ihrem Rande eine Einfassung (contorno) angebracht war.

[22] *Alföldi* a. a. O. 18ff., 21ff.

[23] *Alföldi* 25ff.

[24] Das Material ebenda 130ff.

[25] Ebenda 74ff.

[26] Ebenda 80.

[27] Genauer darüber S. 116f.

[28] *A. Alföldi,* A festival of Isis in Rome under the Christian Emperors of the IVth century (Diss. Pann. II, 7), 1937, 27, Taf. 7 und 24; dazu *ders.,* Kontorniaten 56ff.

[29] *Alföldi,* Kont. 109.

[30] *Alföldi,* A festival of Isis.

[31] Über Gallus *Jos. Bidez,* Julian der Abtr., in deutscher Übersetzung von *H. Rinn,* München 1940 (französische Ausg. 1930), 72ff. und 108ff.

[32] *J. Bidez* a. a. O. 139ff.

[33] *E. Stein* a. a. O. I 221.

[34] Über Theurgie am besten *J. Bidez* a. a. O. 87ff.

[35] [Zu seiner Person siehe *E. Hohl,* Gnomon, 1943, 57f. Er ist wohl der Verfasser der Schrift „Über die Götter und über die Welt" (Περὶ θεῶν καὶ κόσμου); sie ist wichtig für die Erkenntnis der zeitgenössischen heidnischen Theologie; die Schrift liegt jetzt in der Übersetzung von *A. J. Festugière,* Trois dévots païens, 1944, vor.]

[36] *L. Schmidt,* Die Ostgermanen², 1941, 133.

[37] Vgl. das schöne Kapitel: „Julian in Paris" bei *J. Bidez* 175ff.

[38] Ebenda 180ff.

[39] *L. Schmidt* a. a. O. 546f.

[40] *R. Egger* a. a. O. 16.

[41] *L. Schmidt* a. a. O. 236 und 638.

[42] *H. E. Giesecke,* Die Ostgermanen und der Arianismus, 1939, 61; er findet stärkeren Dualismus bei Wulfila, d. h. offenbar Berührung mit persischem religiösen Gedankengut; der Beweis ist jedoch nach Lage der Dinge nicht zu erbringen.

[43] Über die Torques-Krönung und Schilderhebung *A. Alföldi* a. a. O. 50, 52ff. und *W. Enßlin,* Klio 35, 1942, 268–298.

[44] *R. Herzog,* Trierer Zeitschrift 1937, 137.

[45] *J. Bidez* a. a. O. 93ff.

[46] *J. Bidez* a. a. O. 83ff. und 87.

[47] *Jos. Vogt,* Morgenland 30, 1939, 38f.; *Jos. Bidez* a. a. O. 324ff.

[48] *Jos. Vogt* a. a. O. 35.

[49] Ebenda 35.

[50] Über die Bedeutung des Jamblichos für J. vgl. *Joh. Geffcken,* Ausg. des griech.-röm. Heidentums[2], 1929, 103ff.; *J. Bidez* a. a. O. 76ff.

[51] *Jos. Vogt* a. a. O. 41f.

[52] *Jos. Vogt* a. a. O. 46ff.

[53] *Kurt Latte,* Kaiser Julian, Die Antike IV, 1928, 335.

[54] W. Enßlin, Klio XVIII, 1922, 104ff.

[55] [Er starb, zu Tode verwundet, während er sich mit seinen Freunden über die Unsterblichkeit der Seele unterhielt.]

[56] Stammbaum bei *J. Bidez* a. a. O. 372.

[57] Er benannte eine in der Nähe von Nicaea von ihm gegründete Stadt Basilinopolis, *J. Bidez* a. a. O. 17.

[58] Hymnos auf Helios, *Bidez* a. a. O. 92f. und 388, 15.

[59] Über Julians Einweihung in die Mysterien der neuplatonischen „Theurgie" des Maximus von Ephesos am besten *J. Bidez* 89ff.; über die christl. „Gnosis" *Frank Thieß* a. a. O. 171ff.

[60] *K. Latte* a. a. O. 325.

[61] *Bidez* 371.

[62] *Latte* a. a. O. 350ff.

[63] Jovian war Christ aus Pannonien; er war rangältester *protector domesticus, E. Stein* I 263.

[64] Mit Hilfe des Salutius, *Seeck,* RE I A 2, 2074.

[65] *E. Stein* I 288f.

[66] [Der zeitliche Ansatz ist umstritten; für 384 neuerdings J. Doise, Rev. étud. anc. 1945, 274ff.]

[67] *W. Heering,* Kaiser Valentinian I. Jenenser Diss. 1927, 13ff.; *Joh. Straub,* Vom Herrscherideal, 1939, 67.

[68] Darüber gut *R. Laqueur* in: Probleme der Spätantike 21f.

[69] *A. Alföldi,* 25 Jahre usw., 1930, 13, A. 22.

[70] CIL VI 1725, 10f.

[71] Über sie *A. Alföldi,* Röm. Mitt. 50, 83ff. und 124. [Dazu *H. U. Instinsky,* Kaiser und Ewigkeit, Hermes 77 (1942), 313ff.]

[72] Bezeichnend ist Praetextatus' Scherzwort zu Damasus: „Macht mich zum Bischof von Rom, und ich werde sofort Christ."

[73] *M. Gelzer,* Studien zur byz. Verwaltung Ägyptens, 1909, 72ff.

[74] [*Riccobono,* Fontes I² (1941), 511ff. Nr. 108.]

[75] Darüber *E. Stein* I 275ff.

[76] [Über die Rheingrenze siehe *H. Nesselhauf,* Die spätröm. Verwaltung der gallisch-germanischen Länder, Abh. Berl. Ak. 1938 Nr. 2; *G. Faider-Feytmans,* La frontière du nord de la Gaule sous le Bas-Empire, Mél. Marouzeau, 1948, 161ff.]

[77] Mit dem Gaukönig Makrian in der Gegend von Wiesbaden, *L. Schmidt* a.a.O. 133.

[78] Vielleicht geschah dies wegen des damaligen starken Vordringens der Burgunder bis zum Rhein, vgl. *L. Schmidt* a.a.O.

[79] [Vgl. hierzu *A. Alföldi,* L'Antiquité Classique 7 (1938), 18.]

[80] *R. Egger,* Die österreichischen Länder im Altertum, 1936, 14f.

[81] Cod. Theod. III 14, 1.

[82] *H. Pirenne,* Geburt des Abendlandes, 1940, 22.

[83] [Siehe *A. Alföldi,* Valentinien Ier, le dernier des grandes Pannoniens, Rev. hist. comparée du Sud-Est européen 24, 1946/47.]

[84] Zuletzt *H. Pirenne* a.a.O. 32f., dem die tiefere Kenntnis der alten Geschichte fehlt, überlegen *H. Aubin,* Neue Prop.-Weltgesch. II 47ff.

[85] *F. Altheim,* Die Krise der Alten Welt I, 1943, 83ff.

[86] *H. Aubin* a.a.O. 65ff.

[87] *H. v. Schubert,* Gesch. der christl. Kirche im Frühmittelalter I, 1917, 25ff.; auch *H. E. Giesecke* a.a.O. 15ff. und 72ff.

[88] *Joh. Straub,* Die Wirkung der Niederlage bei Adr., Philologus 95, 1943, 255ff. [abgedr. in: Regeneratio Imperii, Darmstadt 1972, S. 195ff.].

[89] *E. Stein* I 301ff.

[90] [*J. R. Palanque,* St. Ambroise et l'empire rom., contribution à l'hist. des rapportes de l'Église et de l'État à la fin du IVe s., Paris 1933.]

[91] *A. v. Harnack,* Gesch. der christl. Religion in „Kultur der Gegenwart", Teil I², Abt. IV, 1, 161.

[92] Darüber *Frank Thieß* a.a.O. 286f.

[93] *E. Caspar,* Gesch. des Papsttums, I, 1930, 276; *H. Lietzmann* a.a.O. IV, 1944, 80f.

[94] [*J. R. Palanque,* L'empereur Gratien et le grand pontificat païen, Byzantion 8, 1933, 41ff.]

[95] Vgl. die illustrierte Chronik des Pap. Golenischew, herausgegeben

durch *A. Bauer* und *Jos. Strzygowski,* Denkschr. der Wiener Ak. 51, 1905, 70 und 122, dazu Taf. 6, reprod. bei *E. Kornemann,* Gestalten und Reiche, 1943, 80.

96 *W. Schubart* a. a. O. 13. [Der Begriff *paganus* = ,,heidnisch" wird zum erstenmal im Codex Theodosianus XVI 2, 18 (v. J. 370) genannt. Nach *A. Piganiol,* Hist. de Rome³, 1949, 498 sind die *pagani* vielmehr die ,,Zivilisten" im Gegensatz zur *,,militia Christi".* Vgl. schließlich *J. Keil,* Anz. Akad. d. Wiss. Wien 1942, 84.]

97 *L. Schmidt* a. a. O. 424.

98 *Th. Mommsen.*

99 Nach *L. Schmidt* a. a. O. 425 = dem heutigen Hubl.

100 [Ausgezeichnete Schilderung der Schlacht und des Schlachtfeldes bei *O. Seeck,* Gesch. d. Untergangs d. ant. Welt V, 252ff.]

101 *Frank Thieß* a. a. O. 366.

102 Ihn hat *Fr. Klingner,* Vom Geistesleben im Rom des ausgehenden Altertums, Freies Deutsches Hochstift Frankfurt a. M., Vortr. und Schriften, Band 3, 1941, wiederholt in ,,Röm. Geisteswelt", 1943, 338ff., ausgezeichnet geschildert.

103 Über ihn *R. Laqueur,* Probleme 11ff. und 27ff. [Dazu *W. Stegemann,* RE. V A, 1642ff.]

104 *U. v. Wilamowitz,* Gr. Lit.-Gesch. bei *P. Hinneberg,* Kultur d. Gegenwart VIII, 1912, 290.

105 *Jos. Bidez* a. a. O. 76ff.

106 Ebenda 80ff. [Vgl. o. S. 93.]

107 Dazu *Jos. Bidez* a. a. O. 24 und 129ff. (über das Zerrbild Julians aus der Feder Gregors von Nazianz).

108 R. Laqueur a. a. O. 17.

109 Über ihn *R. Herzog,* Trierer Zeitschrift XIII, 1937, 127ff.; vgl. auch *Th. W. Joh. Nikolaas,* Holl. Diss. 1940, dazu *W. Enßlin,* Klio 35, 1942, 271. Ich folge *Herzog.*

110 *Fr. Klingner* a. a. O. 351ff.

111 A. a. O. 353ff.

112 *Fr. Klingner* a. a. O. 30 = Röm. Geisteswelt 362.

113 [*P. Fargues,* Claudien, étude sur sa poésie et son temps, Paris 1933; *H. Steinbeiß,* Das Geschichtsbild Claudians, Diss. Halle 1936, dazu A. *Cameron,* Claudian, Oxford 1970, und *Chr. Gnilka,* Gnomon 1977, 26ff.].

114 *Fr. Klingner,* Röm. Geisteswelt, 1943, 444ff.

115 Die Kontorniaten, 1943, 59, 64 und 75f.

116 Hermes XXIV, 1889, 337ff. (Dieser berühmte Aufsatz ist aus einer

Vorlesung entstanden, um die ich zusammen mit *Fr. Münzer* und *P. M. Meyer* den jungen Privatdozenten D. gebeten hatte.) Zum ganzen Problem *E. Kornemann* bei Gercke-Norden III 2^3 155ff.

117 *Alföldi* a.a.O. 75.

118 The Hist. Aug., its date and purpose, 1926, 107ff.

119 Angenommen von *Ernst Hohl,* unserem besten Kenner des Problems.

120 *A. Alföldi* a.a.O. 62ff.

121 *R. Delbrück,* Consulardiptychen, 1929, Nr. 59, auch bei *J. Bidez* a.a.O. 129.

122 *R. Herzog* a.a.O. 116ff.; danach *A. Alföldi* 63ff.

123 Ebenda 64.

124 Ebenda 59. „Auch in der Historia Augusta wird die antichristliche Polemik durch fiktive historische Einkleidung maskiert wie auf den Kontorniaten."

125 *W. Hartke,* Gesch. und Politik im spätantiken Rom, Klio, Beiheft 45, 1940, 116ff.

126 Auch von *Alföldi* abgelehnt.

127 So richtig *W. Hartke* a.a.O. 141; dazu *Joh. Straub,* vgl. Philol. 95, 1943, 281, 37. [Weiteres bei demselben, Regeneratio Imperii, 1972, passim.]

128 *Fr. Klingner* a.a.O. 41, ausgezeichnet auch über Aug. *Karl Holl,* Augustins innere Entwicklung, Abh. Berl. Ak., 1923, und *Rich. Reitzenstein,* Aug. als antiker und mittelalterl. Mensch, Vorträge der Bibl. Warburg 1922/23 (gedr. 1924), 28.

129 [Vgl. *J. Wytzer,* Der Streit um den Altar der Victoria. Die Texte der betr. Schriften des Symmachus und Ambrosius, Amsterd.-Paris 1936; *L. Malunowicz,* De ara Victoriae in curia Romana quomodo certatum sit, Wilna 1937.]

130 *Fr. Klingner* a.a.O. 45ff.

131 *Fr. Klingner,* ebenda 54; über die Bedeutung des Werkes *Harald Fuchs,* Aug. und der antike Friedensgedanke, Berlin 1926.

132 [Vgl. *A. v. Harnacks* Vortrag: Augustins Konfessiones, 3. Aufl., Gießen 1903. Harnack vergleicht das Werk mit Goethes „Faust".]

133 Ausgezeichnet darüber *Fr. Klingner,* Röm. Geisteswelt 457.

134 *Frank Thieß* 318.

135 Ebenda 319.

136 *Lommatzsch,* Zeitschr. f. vergl. Literaturgesch., N. F. 15, 1904, 177ff., dazu *Alföldi* a.a.O. 71 mit Anm. 119 und 84.

[1] Über ihn jetzt *Santo Mazzarino,* Stilicone, la crisi imperiale dopo Teodosio, Rom 1942, 99ff.

[2] *E. Stein* I 345: Im Osten sind „fast 200 Jahre vergangen, bis wieder ein regierender Kaiser (Mauricius 592) persönlich ins Feld gezogen ist“ [s. aber dazu *W. Enßlin,* Gnomon, 1930, 502, der auf Markians Feldzug gegen die Hunnen (451 n. Chr.) hinweist].

[3] *R. G. Collingwood,* The Roman Evacuation of Britain, Journ. of Rom. Studies XII, 1922, 74ff. [s. aber *S. Schultz,* ebd. XXIII, 1933, 36].

[4] *R. Egger* a. a. O. 15f.

[5] *E. Kornemann,* Doppelprinzipat, 1930, 147.

[6] [Bezeichnend für die Strömung die Rede des Neuplatonikers (und späteren Bischofs) Synesios von Kyrene „Über das Königtum“ (Περὶ βασιλείας), gehalten im Jahre 399 in Constantinopel vor Arcadius.]

[7] *Joh. Straub* a. a. O. 274ff.

[8] *E. Stein* I 377.

[9] *H. Aubin* a. a. O. 71.

[10] Adversus paganos VII 43, 9 (aus Hieronymus). Übersetzung nach *Pirenne* a. a. O. 24.

[11] Vgl. die kritische Bemerkung von *Joh. Straub,* Philol. 95, 1943, 274ff.; ähnliche Gedanken schon bei den Gotenführern der theodosianischen Zeit.

[12] *H. Aubin* a. a. O. 72.

[13] A. a. O. 133.

[14] *Fr. Dölger,* Die Familie der Könige im Mittelalter, Hist. Jahrb. 1940, 403ff.

[15] *Dölger* 403, 13.

[16] *E. Kornemann,* Röm. Gesch. II^2 508.

[17] Über Attalus vgl. oben S. 126.

[18] Placidia bekam gleichzeitig die Würde einer Augusta, Valentinian III. den Rang eines Nobilissimus, d. h. den Rang eines kaiserlichen Prinzen.

[19] *E. Kornemann,* Große Frauen, 1942, 334ff.

[20] *H. Aubin* a. a. O. 73.

[21] [*J. L. Maria de Lepper,* De rebus gestis Bonifatii comitis Africae et magistri militum, Tilburg-Breda 1941.]

[22] *Heinrich Gelzer,* Abriß der byz. Gesch., und *K. Krumbacher,* Byz. Lit.-Gesch., 2. Aufl., 915.

[23] *Frank Thieß* a. a. O. 368 vergleicht Theodosius II. mit dem letzten Zaren.

[24] *O. Seeck,* Untergang VI, 1920, 89.
[25] *E. Stein* I 472.
[26] *E. Kornemann,* Große Frauen 340ff.
[27] Bestritten von *L. Schmidt,* Gesch. der Wandalen, 2. Aufl., 1942, 59.
[28] Geiserich stammte von einer nichtgerm. Sklavin ab, *L. Schmidt* a. a. O. 27 m. A. 7; über ihn vgl. *Gautier,* Geiserich, übersetzt von Lechler, 1934.
[29] *G. Widmann,* Vergangenheit und Gegenwart 31, 1941, 169ff.; *L. Schmidt,* Wandalen[2] 160ff. mit Karte am Schluß.
[30] *M. Assunta Nagl,* Galla Placidia, 1908, 45.
[31] *H. Lietzmann,* Die Landmauer von Constantinopel, Abh. der Berl. Ak. 1929, Nr. 2.
[32] *U. Wilcken,* Grundzüge und Chrest. der Papyruskunde 322.
[33] *M. Gelzer,* Stud. zur byz. Verwaltung Ägyptens 72ff.; *G. Mickwitz* a.a.O. 185.
[34] *W. Schubart,* Ägypten 376.
[35] *E. Stein* I 431; *W. Schubart,* Justinian und Theodora, 1943, 77.
[36] *H. Gelzer* a. a. O. 919.
[37] *G. Ostrogorsky,* Gesch. des byz. Staates, 1940, 35.
[38] Ebenda 36.
[39] *F. Klingner,* Röm. Geisteswelt, 1943, 455.
[40] Hippo Regius [Bone] war wohl zunächst Geiserichs Residenz.
[41] *Dessau* 804 = Fiebiger-Schmidt, Inschriftensamml. zur Gesch. der Ostgermanen, 1917, Nr. 33 (vgl. auch Nr. 34).
[42] *L. Schmidt,* Wandalen[2] 69.
[43] *H. Pirenne* a. a. O. 46.
[44] Das Edikt Geiserichs gegen die Katholiken v. J. 448 ist dem des Honorius gegen die Donatisten v. J. 412 nachgebildet, *Pirenne* 47.
[45] *L. Schmidt,* Wandalen[2] 75.
[46] *L. Schmidt,* Ostgerm.[2] 306f.
[47] *E. Kornemann,* Große Frauen 348f.
[48] *L. Schmidt,* Ostgerm.[2] 471, bezeichnet dies fälschlich als Hofklatsch.
[49] [Andere Quellen nennen die Ortschaft *Maurica* bzw. das *„mauriacische Feld";* die Örtlichkeit liegt $7^1/_2$ km westlich Troyes an der Straße nach Sens.]
[50] *H. Pirenne* a. a. O. 27.
[51] Über Einzelheiten der denkwürdigen Schlacht vgl. *L. Schmidt,* Ostgerm.[2] 475f.
[52] [Die seit langem erwartete Attila-Biographie *A. Alföldis* ist noch nicht erschienen. Siehe immerhin *M. Brion,* Vie d'Attila, Paris 1933.]
[53] *R. Egger* a. a. O. 17; auch zum Folgenden.

[54] [Das Leben des hl. Severin († 482) hat Eugippius in einer ungemein anschaulichen Biographie beschrieben; vgl. *F. Kaphan,* Zwischen Antike und Mittelalter. Das Donaualpenland im Zeitalter St. Severins, 1947.]

[55] Agnellus (ein ravennatischer Mönch des 9. Jahrhunderts) läßt die Regierung ihres Sohnes erst nach dem Ableben der Mutter beginnen.

[56] Gegen *Otto Seecks* Charakteristik der Pulcheria erhebt *Frank Thieß* a. a. O. 368 A. mit Recht Einspruch.

[57] Im ganzen wird aber das Ausmaß der vandalischen Plünderung Roms weit übertrieben; dazu *L. Schmidt,* Wandalen[2] 79f.; *H. Aubin* a. a. O. 75.

[58] [Zum Reiche seines Sohnes Syagrius s. Karte Nr. 2, vgl. S. 167.]

[59] Etwas zu weitgehend *H. Pirenne* a. a. O. 29ff.

[60] *W. Schubart,* Iustinian u. Theodora 188.

[61] *G. Ostrogorsky* a. a. O. 33; *Joh. Haller,* Papsttum I 142ff., wird der Persönlichkeit dieses Papstes nicht ganz gerecht.

[62] *W. Schubart* a. a. O. 66.

[63] *Fr. Klingner,* Röm. Geisteswelt 388.

[64] Ebenda 386.

[65] *G. Kaufmann* und *Fr. Raumers* Taschenbuch 4. F. 10, 1869; *Th. Mommsen,* Reden und Aufsätze, 1905, 132ff.

[66] *Fr. Klingner* a. a. O. 389.

[67] [Des Kaisers Avitus, siehe o. S. 154; zu Sidonius vgl. *C. E. Stevens,* Sidonius Apoll. and his age, Oxf. 1933.]

[68] Beispiele bei *H. Pirenne* a. a. O. 42.

5. Vom Sturz des Westreiches bis zum Tode Iustinians:

[1] *W. Enßlin,* RE. VA 1615 und Serta Hoffilleriana 388 sowie Rhein. Mus. 92, 271. [Dazu jetzt *derselbe,* Theoderich d. Gr., 1947, 71f.]

[2] *H. Aubin* a. a. O. 82.

[3] [Siehe zu ihm jetzt *W. Enßlin,* Theoderich d. Gr., München 1947.]

[4] *W. Enßlin,* Rhein. Mus. 92, 278ff. [vgl. *denselben,* Theoderich d. Gr. 81ff.].

[5] *Fr. Dölger,* Hist. Jahrb. 1940, 403ff.

[6] *W. Enßlin,* Rhein. Mus. a. a. O. 275.

[7] [Dazu ausführlich *W. Enßlin,* Theoderich d. Gr. 227ff.]

[8] *Th. Mommsen,* Ostgot. Studien, Ges. Schr. VI, 663ff.; *H. Pirenne* a. a. O. 44ff. [*L. Schmidt,* Die Ostgermanen[2], 1941, 360ff.; *W. Enßlin,* Theoderich d. Gr., 1947, 157ff.]

[9] *H. Pirenne* 45. Manche gotische Bezeichnung für eine römische Institution kam aber vor, wie *sajones* für die *agentes in rebus*.

[10] Cassiodor Var. III 43, 1.

[11] *A. Graf Schenk von Stauffenberg,* Würzburger Studien XIII, 1938, 45ff.

[12] Cassiodor Var. II 27: religionem imperare non possumus, quia nemo cogitur, ut credat invitus; vgl. *W. Schubart* a.a.O. 18f.

[13] *L. M. Hartmann,* Gesch. Italiens im MA I 1; *Frank Thieß* a.a.O. 445 A. [Auf jeden Fall sind an der Via Appia zwischen Tripontium und Terracina Meliorationen vorgenommen worden.]

[14] *R. Egger* a.a.O. 19f.

[15] *H. Triepel,* Hegemonie 491.

[16] *W. Schubart* a.a.O. 17f.

[17] *G. Ostrogorsky* a.a.O. 40.

[18] *W. Schubart* a.a.O. 31.

[19] *C. Brockelmann,* Gesch. der islam. Völker 46. [Die Lehre des Mazdak führte praktisch zur Weiber- und Gütergemeinschaft.]

[20] *A. Christensen,* L'Iran sous les Sas., 1936, 330ff.; *W. Schubart* a.a.O. 73.

[21] *Fr. Dölger* a.a.O. 404, 14 und 414f.

[22] Ebenda 415, 53.

[23] [Vgl. dazu die wichtigen Urkunden, herausgegeben von *Ed. Schwartz,* Publizistische Sammlungen zum acacianischen Schisma, Abh. Bayer. Ak. N. F. 10, 1934.]

[24] [Zum Prozeß des Boëthius siehe nunmehr *W. Enßlin,* Theoderich d. Gr., 1947, 316ff.: *Enßlin* betrachtet ihn wohl mit Recht als einen politischen Prozeß; daß der König von der Schuld des Angeklagten überzeugt war, hält er für gewiß.]

[25] *Fr. Klingner* a.a.O. 409.

[26] *W. Schubart* a.a.O. 21.

[27] *E. Kornemann,* Große Frauen 366ff.; *W. Schubart* a.a.O. 50ff.

[28] So *Fr. Wieacker,* Der Praetor, Die Antike XX, 1944, 70.

[29] *W. Schubart* a.a.O. 77f.

[30] Übersetzung nach *W. Schubart* a.a.O. 78f., der lat. Text ebenda 275f.

[31] *Frank Thieß* a.a.O. 506 hat an diesem Vergleich Anstoß genommen, daher die Einschränkung im Text.

[32] *W. Schubart* a.a.O. 91f.

[33] Man kann sogar sagen, er war (schon seit Constantin I.) eine Art von Vizekaiser; Berufung gegen seine Urteile an den Kaiser war unzulässig; *W. Schubart* a.a.O. 118.

[34] *M. A. Nagl,* Theodora, RE 2. Reihe V 2, 1779ff.

[35] *Ed. Grupe,* Kaiser Justinian, Wiss. und Bildung 184, 1923, 23ff.

[36] *Frank Thieß* a. a. O. 565.

[37] *J. B. Bury,* The Later Roman Empire II 30. Abweichend und zu weitgehend meine Darstellung in Große Frauen 376ff.

[38] *W. Schubart* a. a. O. 89.

[39] *E. Grupe* a. a. O. 29.

[40] Prokop bell. Vand. I 8, 15f., 25; dazu *Fr. Altheim,* Krise I 152, über die berberische Dromedartaktik.

[41] *L. Schmidt,* Wand.[2] 128.

[42] *L. Schmidt,* ebenda 144.

[43] *W. Schubart* a. a. O. 107.

[44] Ebenda 109.

[45] *W. Schubart* a. a. O. 153.

[46] *W. Schubart* a. a. O. 115.

[47] *W. Schubart,* ebenda 115.

[48] *W. Schubart* a. a. O. 126ff., auch zum Folgenden.

[49] Das zeigt sich auch in der Aufstellung der kaiserlichen Erlasse sowie der staatlich geeichten Maße und Gewichte in den Kirchen.

[50] Nov. 24, I; *Schubart* 136.

[51] *Schubart* a. a. O. 143.

[52] *E. Kornemann,* Große Frauen 379f.

[53] [Der Ort heißt auch *Busta Gallorum.*]

[54] *W. Schubart* a. a. O. 170f.

[55] *E. Kornemann,* Gestalten und Reiche, 1943, 27.

[56] Nov. 115 und 117, dazu *Schubart* 172.

[57] *Schubart* a. a. O. 176.

[58] *W. Schubart* a. a. O. 179ff.

[59] Dieses Vater-Sohn-Verhältnis von Papst und Kaiser stammt nicht aus der politischen Sphäre, sondern ist aus dem pneumatischen (geistigen) Standpunkt der östlichen Theologie zu erklären, *Fr. Dölger* a. a. O. 412, 49.

[60] Nov. 131, 2 v. J. 545, dazu *Schubart* a. a. O. 183.

[61] *Joh. Haller,* Papsttum I 249; *Schubart* 184ff.

[62] *W. Schubart* a. a. O. 194.

[63] *Ed. Schwartz,* Sav. Zeitschr. Kanon. Abt. 42, 1921, 253.

[64] *W. Schubart* a. a. O. 223.

[65] *Joh. Haller* a. a. O. I 263.

[66] *W. Schubart* a. a. O. 226.

[67] *K. Krumbacher,* Gesch. der byz. Lit.[2], 1897, 231.

[68] *E. Kornemann,* Große Frauen 365f.

[69] *W. Schubart* 239; der griech. Text 290, 133.

[70] *Fr. Klingner* a.a.O. 412.

[71] *W. Schubart* a.a.O. 72.

[72] *H. H. Schaeder,* Der Orient und das griech. Erbe, Die Antike IV, 1928, 252.

[73] So nennt Ausonius die Stadt.

[74] *R. Koebner,* Ven. Fort., in: Beiträge zur Kulturgesch. des MA und der Renaissance 22, 1915.

[75] *H. Pirenne* a.a.O. 275ff.

[76] *W. Schubart* a.a.O. 201f.

[77] Abgebildet ebenda neben S. 97.

[78] *R. Delbrück,* Consulardiptychen, 1929; *A. Alföldi,* Kontorniaten, 1943, 63f.

[79] Ein Probestück älterer Zeit bei *Fr. Klingner* a.a.O. neben S. 384; vgl. auch 499f.

[80] *Schubart* a.a.O. 200f.; ein Pflanzenbild ebenda neben S. 240.

[81] Tochter von Theodoras Schwester Komito aus ihrer Ehe mit Sittas.

[82] Nach Prokop lag dort eine Landschaft, die er Germania nennt.

[83] Große Frauen 367.

[84] *Joh. Haller,* Papsttum I 241f.

[85] Vgl. Iustinus II. in der Einleitung zur 161. Novelle.

[86] *W. Schubart* a.a.O. 43.

[87] *Assunta Nagl* a.a.O. 788f.

[88] *E. Grupe* a.a.O. 57.

6. Vom Tode Iustinians bis zum Sieg der Araber:

[1] *G. Ostrogorsky* a.a.O. 48.

[2] Die sogen. „Keszthelykultur" ist die im asiatischen Geschmack gehaltene Hinterlassenschaft der Avaren: *A. Alföldi,* Untergang der Römerherrschaft in Pannonien I, 1926, 2ff.

[3] Noch zu Paulus Diaconus' Zeiten gab es in Norditalien gepidische Dörfer, *L. Schmidt,* Ostgerm.[2] 542.

[4] *L. Schmidt* a.a.O. 588ff.

[5] Einzelheiten bei *H. Pirenne* a.a.O. 69, 187 und 211.

[6] *H. Pirenne* a.a.O. 72.

[7] Anders *E. Honigmann,* Die Ostgrenze des byz. Reiches von 363–1071, Brüssel 1935, 32f.; *A. Philippson* a.a.O. 177.

[8] *W. Enßlin,* Die weltgeschichtliche Bedeutung der Kämpfe zwischen Rom und Persien, Neue Jahrbb. IV, 1928, 411.

[9] Vor allem zur Erbeutung von Schätzen und zur Gewinnung von geschulten Facharbeitern, an denen Persien Mangel litt, dazu *H. H. Schaeder,* Muhammed in Arabische Welt 5, 1.

[10] *W. Enßlin* a. a. O. 412.

[11] *E. Stein,* Byz. Studien 1919, 117ff. und Byz.-neugriech. Jahrb. I, 1920, 70ff.; *G. Ostrogorsky* a. a. O. 57.

[12] *G. Ostrogorsky* a. a. O. 62.

[13] *H. Pirenne* a. a. O. 188.

[14] *G. Ostrogorsky* a. a. O. 64.

[15] *E. Kornemann,* Doppelprinzipat 162ff.

[16] *J. B. Bury,* The constitution of the later Empire, 1919, 12ff.; *G. Ostrogorsky* a. a. O. 64f.

[17] *G. Ostrogorsky* 65f.

[18] Ebenda 65.

[19] *G. Ostrogorsky* a. a. O. 65f., auch zum Folgenden.

[20] *G. Ostrogorsky* a. a. O. 66.

[21] *H. Pirenne* a. a. O. 143.

[22] *L. Halphen,* Les Barbares in Peuples et Civilisation V[3], 1936, 192; *H. Pirenne* a. a. O. 142.

[23] *W. Enßlin* a. a. O. 415.

[24] Geogr. XVI 780.

[25] *Fr. Altheim* a. a. O. I 148f.

[26] *C. H. Becker,* Vom Werden und Wesen der islam. Welt I, 1924.

[27] Caravan cities 52f.

[28] *C. Brockelmann,* Gesch. der islam. Völker[2], 1943, 1ff.

[29] *H. Grimme,* Die weltgeschichtliche Bedeutung Arabiens und Moh. 24.

[30] Plin. N. H. VI 13.

[31] *F. Altheim* a. a. O. I 128ff. nach *Enno Littmann,* Thamud. und Safa 2f.

[32] Plin. N. H. VI 157.

[33] *F. Altheim* I 129f.

[34] *M. Rostovtzeff,* Soc. and econ. history of the Hell. world I 457ff.

[35] *H. H. Schaeder* a. a. O. 3.

[36] Ebenda 5.

[37] Ebenda 12, auch zum Folgenden.

[38] *H. H. Schaeder* a. a. O. 7f.

[39] *F. Altheim* a. a. O. I 143.

[40] *H. H. Schaeder* a. a. O. 13.

[41] *H. H. Schaeder* a. a. O. 33; es waren keine epileptischen Anfälle.

[42] *H. H. Schaeder* a. a. O. 36 über die merkwürdigen Nebenerscheinungen der Vielehe, „die mit dem Wesen eines heiligen Buches schwer vereinbar erscheinen".

[43] *H. H. Schaeder* a. a. O. 40ff.; auch zum Folgenden.

[44] *C. Brockelmann,* Gesch. der islam. Völker², 1943, 34.

[45] *Siehe die Karte bei C. Brockelmann* a. a. O. 25.

[46] *H. H. Schaeder* a. a. O. 68ff.

[47] *C. Brockelmann* a. a. O. 34.

[48] *H. H. Schaeder* a. a. O. 71.

[49] *Jacob Burckhardt* und ihm folgend *H. H. Schaeder* a. a. O. 70 warnen davor, aus großen Wirkungen auf große Ursachen oder auf Größe des Urhebers zu schließen. Ich bin anderer Ansicht.

[50] *H. H. Schaeder* a. a. O. 69.

[51] *C. Brockelmann* a. a. O. 36f.

[52] *H. Grimme,* Mohammed 86f.

[53] Auch die Haremswirtschaft ist erst in der Abbassidenzeit auf breiterer Grundlage durchgeführt worden: *C. Brockelmann,* Gesch. der islam. Völker², 24.

[54] *G. Ostrogorsky* a. a. O. 67.

[55] *C. Brockelmann* a. a. O. 52.

[56] *G. Ostrogorsky* a. a. O. 68.

[57] *C. Brockelmann* a. a. O. 50.

[58] *W. Schubart,* Ägypten, 1922, 373.

[59] *E. Herzfeld,* Am Tor von Asien, 1920, 139ff.

[60] *H. Pirenne* a. a. O. 129ff.

[61] Ebenda 40f.

[62] *Fr. Kampers,* Vom Werdegang der abendländischen Kaisermystik, 1924.

[63] *H. Pirenne* a. a. O. 277.

[64] *Ch. Dawson,* Die Entstehung des Abendlandes, 1935, 208; *H. Pirenne* a. a. O. 120 und 277ff.

Epilog: Das arabische Weltreich als Theokratie, sein Verhältnis zum Persertum:

[1] *C. Brockelmann* a. a. O. 54ff.

[2] *C. Brockelmann* a. a. O. 61.

[3] Ebenda 66f.

[4] *G. Ostrogorsky* a. a. O. 74f.

[5] Ebenda 77ff.

[6] Ebenda 73.

[7] *Philippson,* Das byz. Reich, 1939, 86, schreibt Septum; ist das nicht ein Druckfehler?

[8] *C. Brockelmann* a. a. O. 76.

[9] Sein Bild und Name sind unter den Herrschern der von den Arabern überwundenen vier Großreiche im Wüstenschloß von Mschatta angebracht: *C. Brockelmann* a. a. O. 86.

[10] *H. Pirenne* a. a. O. 151 und 327, 23.

[11] *G. Ostrogorsky* a. a. O. 81; *H. Pirenne* a. a. O. 152 und 217.

[12] So richtig gegen die überspitzte These *Pirennes* (159ff.). *Fr. Dölger,* Europas Gestaltung im Spiegel der fränkisch-byz. Auseinandersetzung des 9. Jahrhunderts in „Der Vertrag von Verdun", 1943, 266ff.

[13] *C. Brockelmann* a. a. O. 143.

[14] *H. Pirenne* a. a. O. 152f.

[15] *Fr. Dölger* a. a. O. 265.

[16] *H. Pirenne* a. a. O. 171.

[17] *G. Ostrogorsky* a. a. O. 167; *Fr. Dölger* a. a. O. 247f.

[18] *H. Pirenne* a. a. O. 170.

[19] *C. Brockelmann* a. a. O. 69. Hussains Grab in Kerbela ist noch heute das Wallfahrtsziel für alle Schiiten.

[20] Ebenda 89ff.

[21] Ebenda 95ff.

[22] Ebenda 98.

[23] *C. H. Becker,* Islamstudien I, 1924, 18f.

[24] *E. Kornemann* bei *Gercke-Norden* III 2^3, 146; *Fr. Heichelheim,* Strukturprobleme des Alex.-Reiches und des Reiches der ersten Kalifen, Chronique d'Égypte, 1932, 172ff.

[25] *H. H. Schaeder,* Die Antike IV, 1928, 226ff.; *C. H. Becker,* Das Erbe der Antike im Orient und Okzident, 1931, 10ff.

[26] *C. Brockelmann* a. a. O. 103.

[27] Ebenda 114.

[28] Sitz.-Berl. Ak. 1904, 900.

[29] Dazu *Jos. Strzygowski,* Mschatta 373.

[30] *Franz Taeschner,* ZDMG 1933, 6ff.; *ders.,* Das islamische Rittertum im Mittelalter. Der Orient in deutscher Forschung, 1944, 94ff.

[31] *S. Singer,* Arab. und europ. Poesie im Mittelalter, Abh. Berl. Ak. 1918, Nr. 13.

[32] *Fr. Kampers,* Die deutsche Kaiseridee in Prophetie und Sage, München 1896; *ders.*, Vom Werdegang der abendländischen Kaisermystik, 1924, 6ff.; *H. H. Schaeder,* Die Antike IV, 1928, 236; *H. Aubin,* Das erste deutsche Reich, in: Die Weltreiche, Breslau 1942, 66ff.

[33] *Kurt Erdmann,* Neue Wege zur Erforschung der sasanid. Kunst, in: Der Orient in deutscher Forschung, 1944, 170ff., und *Ernst Kühnel,* Ergebnisse und Aufgaben der islam. Archäol., ebenda 255ff.

[34] *Fr. Dölger* a.a.O. 267.

[35] *K. Erdmann* a.a.O. 180f.

[36] Unter Kaiser Sigismund erscheint auf dem Reichswappen endgültig der Doppeladler anstatt des einköpfigen; nicht ganz richtig *H. Aubin,* Neue Propyl.-Weltgesch. a.a.O. 68.

[37] *E. Kornemann,* Adler und Doppeladler in Joh.-Haller-Festschrift 1940, 45ff. und in Gestalten und Reiche, 1943, 402ff.

[38] *E. Sabbe,* L'importation des tissus orientaux en Europe occ.; Revue belge de phil. et d'hist. 14 (1935); *H. Pirenne* a.a.O. 125; *Fr. Dölger* a.a.O. 267.

[39] Die Verlagerung des politischen und wirtschaftlichen Schwergewichts nach dem Norden war nicht die ausschließliche Folge der arabischen Beherrschung des Mittelmeers, wie *H. Pirenne* (285ff.) glaubt; richtiger darüber *Fr. Dölger* a.a.O. 264ff.

[40] *H. v. Schubert,* Gesch. der christl. Kirche im frühen Mittelalter, 1931, 287; *H. Pirenne* a.a.O. 223.

[41] *H. Pirenne* a.a.O. 224.

[42] Die eminente Folgewirkung dieser Ereignisse hat *Joh. Haller* in glänzender Weise gezeichnet; vgl. *K. Brandis* Besprechung, Hist. Z. 159, 1939, 336ff.

[43] *H. Pirenne* a.a.O. 230f.

[44] *H. Aubin* a.a.O. 81.

[45] Ebenda 80.

[46] *G. Ostrogorsky* a.a.O. 121ff.

[47] *P. E. Schramm,* Kaiser, Rom und Renovatio I, 1929, 13; *R. Holtzmann,* Hist. Z. 159, 1939, 258; *O. Treitinger,* Zum oström. Staats- und Reichsgedanken, Leipziger Vierteljahrsschr. für Südosteuropa IV, 1940, 20; Der Ostkaiser nannte sich seitdem „Basileus der Römer".

[48] *P. E. Schramm* a.a.O. 14f.

[49] *H. Aubin* a.a.O. 86.

[50] *H. Pirenne* a.a.O. 233ff.

[51] Schon 781 hatte eine byzantinische Gesandtschaft Karl um die Hand

seiner Tochter Rotraud für den jungen Constantin VI. gebeten; *Pirenne* a. a. O. 230.

[52] Näher ausgeführt von *O. Treitinger* a. a. O. 1 ff.

[53] *R. Holtzmann* a. a. O. 251 f. und 257 ff.

[54] *H. Triepel* a. a. O. 498 ff. auf Grund der bahnbrechenden Forschungen von *Heinrich Mitteis*.

[55] *H. Aubin* a. a. O. 81.

[56] *C. Brockelmann* a. a. O. 106.

[57] *H. Pirenne* a. a. O. 162 und 329, 51.

[58] Dazu die tiefschürfenden Bemerkungen von *H. Aubin* a. a. O. 66 ff.

[59] Ebenda 71.

[60] *P. E. Schramm* a. a. O. 68 ff.

[61] Ebenda 83.

[62] *H. Triepel,* Hegemonie 497 und 509.

[63] *R. Holtzmann* a. a. O. 255 ff.

[64] Darüber *P. E. Schramm* a. a. O. I 87 ff. und II 62 ff. mit neuen Ergebnissen.

[65] *H. Aubin* a. a. O. 67.

[66] *H. Zimmer,* Sitz.-Ber. Berl. Ak. 1910.

[67] *M. Rostovtzeff,* Gesellschaft und Wirtschaft im römischen Kaiserreich I 136 ff. und 186 ff.

[68] *H. Pirenne* a. a. O. 239 f.

[69] *H. Pirenne* a. a. O. 241 ff.

[70] *L. M. Hartmann,* Gesch. Italiens im Mittelalter III 1, 22.

[71] *H. Pirenne* a. a. O. 241.

[72] Dazu *C. Zechlin,* Neue Propyl.-Weltgesch. III, 1941, 74 ff.

[73] *H. Pirenne* a. a. O. 35.

[74] *C. Brockelmann* a. a. O. 143.

[75] *Joh. Haller,* Epochen der deutschen Geschichte 59 ff.

[76] *Joh. Haller* a. a. O. 69 ff.; *H. Aubin* a. a. O. 68 f.

[77] Der Titel stammt aus der Kanzlei Barbarossas und hängt mit der Politik Reinald von Dassels zusammen: *K. Zeumer,* Quellen und Studien zur Verf.-Gesch. IV 2, 12 f.; *Adolf Diehl,* Hist. Z. 156, 1937, 458.

[78] *Joh. Haller,* Hist. Z. 113, im Sonderabzug 12 ff.

[79] *F. Dölger* bei *E. Kornemann,* Gestalten und Reiche, 1943, 407 f. und 411.

[80] *Ernst Kantorowicz,* Kaiser Friedrich II., 1927, mit Ergänzungsband 1931 (das Werk bleibt trotz mancher Mängel, die aufgezeigt worden sind, eine Leistung ersten Ranges).

[81] *E. Kantorowicz* a. a. O. 67, Erg.-Bd. 32 mit Literatur.

[82] Ebenda 504.

[83] *E. Kantorowicz* a.a.O. 99f.

[84] Ebenda 103.

[85] Sie wurden die Vorbilder der Ordensburgen des preußischen Ordensstaates.

[86] *E. Kantorowicz* a.a.O. 119.

[87] *Joh. Haller,* Epochen 82ff.

[88] *E. Kantorowicz* a.a.O. 130f.

[89] *C. Brockelmann* a.a.O. 211f.

[90] *E. Kantorowicz* a.a.O. 183ff.

[91] Ebenda 195ff. und 340ff.

[92] *Joh. Haller,* Papsttum III 1, 1945, 80.

[93] *E. Kantorowicz* 207f.; auch die gleichzeitig geprägte Goldmünze hieß *Augustalis.*

[94] Ebenda 212f.

[95] *E. Kantorowicz* a.a.O. 224ff.

[96] Ebenda 232f.

[97] Ebenda 269ff.

[98] Daneben unter den apulischen Schlössern Castel del Monte (nahe Barletta), vgl. *Arthur Haseloff,* Die Bauten der Hohenstaufen in Unteritalien, 1920.

[99] Darüber *E. Kantorowicz* 286ff.

[100] *E. Kantorowicz* 304ff.; grundlegend *Chr. H. Haskins,* Studies in the history of medieval science, 1924.

[101] *C. Brockelmann* a.a.O. 183.

[102] Weltgesch. VII^{4}, 1921, 215; *E. Kantorowicz* 332.

[103] Ein persisches Falkenbuch wurde auf Befehl König Enzios übersetzt.

[104] *E. Kantorowicz* 35, II 156; über die sizilische Plastik *ders.* 479ff.

[105] Ebenda 318f.

[106] *E. Kantorowicz* a.a.O. 321ff.

[107] *H. Triepel* a.a.O. 507.

[108] *E. Kantorowicz* 342 und 347.

[109] Ebenda 372ff.

[110] Ebenda II 173.

[111] Ebenda I 378ff.

[112] Ebenda 577ff.

[113] Ebenda 442ff.

[114] Ebenda 515.

[115] *H. Triepel* a.a.O. 499.

[116] *E. Kantorowicz* 515f.

[117] Ebenda 522.

[118] *E. Kantorowicz* 561ff.

[119] Ebenda 573ff.

[120] *Joh. Haller,* Papsttum III 1, 217ff.

[121] *G. Ostrogorsky* a. a. O. 260; über den Umfang des neuen Amtes Peters vgl. *E. Kantorowicz* a. a. O. 608.

[122] *E. Kantorowicz* 612. Die neueste Charakteristik Friedrich II. bei *Joh. Haller,* Papsttum III 1, 1945, 235ff., befriedigt nicht ganz. Wohl war er „ein Fremder in seiner eignen Zeit", aber er war es, weil er noch einmal in besonders starker Weise das hellenistisch-iranistische Bildungsgut in sich trug und schöpferisch verwertete.

[123] *Walter Goetz,* Das Werden des italienischen Nationalgefühls, Sitz.-Ber. Bayer. Ak. d. Wiss. 1939, 7, 11ff., 36ff., 51f.

[124] *Adolf Diehl* a. a. O. 459ff.

[125] *H. H. Schaeder,* Der Osten im westl.-östl. Divan in: Goethe, West-östl. Divan, unter Mitwirkung von *H. H. Schaeder* hg. von *E. Beutler,* 1943; *H. H. Schaeder,* Asien und die Ostgrenze der europ. Kultur, in: Der Orient in deutscher Forschung, 1944, 6ff.

[126] Über dieses heute allgemein behandelte Thema habe ich mich schon in „Die neue Welt" (The New Times), hg. von *Michael Singer,* Chicago, vom Mai 1922 geäußert. Mein Weckruf verhallte leider ungehört.

Register